MATTHES & SEITZ BERLIN

PAPERBACK

Nicolás Gómez Dávila

NOTAS

Unzeitgemäße Gedanken

Mit einem Essay von
Martin Mosebach
Und einem Nachwort von
Franco Volpi

Aus dem Spanischen von
Ulrich Kunzmann

Matthes & Seitz Berlin

Martin Mosebach

Nicolás Gómez Dávila — Einsiedler am Rand der bewohnten Erde

Sein Haus war von feierlicher Stille; vor siebzig Jahren hatte es zu seiner endgültigen Form gefunden. Eine feingraue Blässe lag über allen Gegenständen. Ich kann mir nur schwer vorstellen, daß seine Interieurs nicht mehr existieren, denn sie hatten etwas von ägyptischen Grabkammern, die erst nach dem Tod des Grabherrn ihre Aufgabe zu erfüllen haben. Nicolás Gómez Dávila hätte das Bedauern der Freunde, die von ihm einmal geschaffene und dann nie mehr veränderte Umgebung schon bald nach seinem Tod zerschlagen zu sehen, hingegen nicht verstanden. Dem antiken Lakonismus seines Werks wäre das Anekdotische einer wohlkonservierten Dichterresidenz nicht angemessen gewesen. Man hätte von seinem Haus als einem Kleid sprechen können, das er nicht mit in den Sarg nahm. Und doch lohnt es sich, an die matte Patina und das schon historisch gewordene Unpersönliche seiner Räume zu erinnern, in denen er sich wie auf den Straßen und Plätzen einer verlassenen Stadt bewegte. Bei meinem ersten Besuch sah ich vor dem aus Sandsteinquadern errichteten Tudor-Haus eine Indianerin Blumen verkaufen. Ich hatte keine Gabe bei mir, denn der alte Familienfreund der Gómez, der mich begleitete, hatte mich gewarnt, daß »Don Nicolás nichts mehr ißt, trinkt und liest«. Blumen dürfte ich auf keinen Fall mitbringen, sagte der Mann, wie mir vorkam, etwas verächtlich. In diesem dem trivialen Leben weit entrückten Haus hätten frische Blüten tatsächlich geradezu schockierend gewirkt, wie unanständig mit Lebenssaft prahlend. Die umliegenden Villen waren durch stacheldrahtrollenbewehrte Mauern gesichert, in Schilderhäuschen hockten bewaffnete Wächter. Das Haus Gómez Dávila wurde offenbar nur von seinen blinden, bleigefaßten kleinen Fensterscheiben geschützt. Omnibuskarawanen rollten an ihm vorbei; gegenüber gab es einen hochmodernen Supermarkt mit Computerbildschirm über jedem Mangohaufen. Das Haus lag weit entfernt von der barocken Altstadt, an einer schnurgeraden Achse, an der entlang das neue Bogotá ins leere Land vorrückte. Häufig ist die Andenhochebene, die sich mehr und mehr mit den Hütten bäuerlicher Zuwanderer und Betonunrat füllt, in eine Nieselregenwolke gehüllt. Obwohl die Stadt hoch liegt, ist es in ihr wie in einer Unterwelt. Santafé de Bogotá ist ein Verbannungsort. Es verblüfft zunächst, daß ein Nicolás Gómez Dávila hier lebte und nicht in Neuilly oder auf den Parioli-Hügeln. Doch dann fragt man sich: Wo anders als am Rand der besiedelten Erde hätte ein Mann wie er wohnen sollen?

Es ist gewiß ungewöhnlich, über einen philosophischen Schriftsteller zu sprechen, indem man seine Zimmer beschreibt, bei Nicolás Gómez Dávila aber aufschlußreich, weil sich in diesen Räumen eine Einheit von Denken und Leben offenbart. Die große Halle war kahl, hatte einen Steinboden und einen dicken schwefelgelben Teppich mit einem wappenartigen Muster in der Mitte, kein Familienwappen übrigens, die Familie besaß keins, ungeachtet ihrer Tradition und ihrer bis in vorrepublikanische Zeiten zurückreichenden Geschichte. Einziger Schmuck der Wände war ein Mönchsporträt aus dem 18. Jahrhundert, sehr schwarz, ein ehemaliger spanischer Vizekönig. Er hatte sich in seiner Staatskarosse zu einem Franziskanerkloster fahren lassen, um dort Minderbruder zu werden. In der Rückwand der Halle war eine Glastür zum Innenhof; hier stand ein schwarzer Buick aus den vierziger Jahren. Auf Frontscheibe und Lack lag gelblicher Staub: Kaiser Rotbarts Limousine im Kyffhäuser hätte so aussehen können. Im Salon hatte gewiß selten ein Mensch Platz genommen. Rot und silbern gefaßte Prunkmöbel im kolumbianischen Kolonialbarock paradierten vor den Wänden, Erbstücke der Dávilas aus der Sklavenhändlerstadt Santa Marta. In der Mitte stand ein Boulle-Tisch aus dem zweiten Kaiserreich, wahrscheinlich in Paris auf der Weltausstellung gekauft. Ein bleigrauer venezianischer Spiegel reflektierte schemenhaft eine ebenso bleigraue spanische Kolonialbarock-Madonna in pyramidenförmigem Ornat, ihr kleiner Kopf war indianisch dunkelhäutig.

Das Eßzimmer war mit Art-Déco-Möbeln eingerichtet, sehr kühl in schwarzem Lack und grauen Bezügen. Es glich dem Salon einer Yacht. Der Mann, der nach seinen Pariser Jugendjahren nur noch eine einzige Reise, nach dem zweiten Weltkrieg nach Europa, unternehmen sollte, konnte sich bei seinen Mahlzeiten wie auf einem Paqueboot fühlen. Das Eßzimmer war wohl ein Geschenk der Eltern für den frisch verheirateten Don Nicolás. Über dem Beginn der Ehe lag etwas Dramatisches: Der soeben aus Paris zurückgekehrte Zwanzigjährige hatte sich in eine verheiratete Frau von einundzwanzig Jahren verliebt — welche Anstrengungen erforderlich waren, diese Ehe im Kolumbien der zwanziger Jahre zu annullieren, ist mir nicht bekannt; der neuen Ehe war es bestimmt, sechzig Jahre zu dauern, bis zu Don Nicolás Tod.

An anderer Stelle habe ich beschrieben, wie ich im Haus Gómez Dávila bei meinem ersten Besuch empfangen wurde: wie sich hinter der schweren, mit schmiedeeisernen Nägeln beschlagenen Tür nach dem Klingeln zunächst nichts rührte, bis schließlich durch ein Fensterchen das Pfannekuchengesicht eines Faktotums sichtbar wurde, die Tür sich öffnete und die gesamte Casa Gómez Dávila, nach Rang und Alter, eine Art Ehrenspalier zu dem Greis bildete, der sich vor der trüben Glastür und dem staubigen Buick aufgestellt hatte. Der achtzigjährige Gómez Dávila, dem das Stehen schwerfiel, stand im Raum, wie er wohl sein ganzes Leben gestanden hatte, leicht gebeugt, wie hochgewachsene Leute es zu tun pflegen, die gewöhnt sind, sich ihren Mitmenschen zuzuneigen. Er war im Morgenrock und hielt eine kalte Zigarre zwischen den Lippen. Als er mich begrüßte, fiel sie zu Boden, was mir die Gelegenheit gab, ihm zu Füßen zu fallen und sie aufzuheben. Ich sah seinen großen Schädel mit der gewölbten Stirn, le front bombé, wie bei den Statuen der späten Gotik, die Wangen wirkten eingefallen, die Lippen bildeten einen schmalen dunkelroten Strich. Mit einer Handbewegung bat er mich in die Bibliothek. Er lächelte nicht. Er gebrauchte keinerlei konventionelle Begrüßungsformeln und stellte keine rituellen Fragen nach dem Verlauf meiner Reise. Ich war Tausende von Kilometern zu ihm gereist; am ganzen Kontinent Südamerika interessierte mich er allein, und auch in Kolumbien würde für mich nur bedeutsam sein, was mit ihm in Verbindung stand. Obwohl erst sehr wenige ausländische Leser zu ihm gefunden hatten, erschien es ihm selbstverständlich, daß ich zu ihm kam und mit ihm sprechen wollte. Die Bibliothek war ein kleiner Saal mit Regalen bis zur Decke. Ein langer Tisch war hoch mit Büchern beladen, auch unter dem Tisch stapelten sie sich, als wüchsen sie aus dem Boden. Wir setzten uns vor den Kamin, auf dessen Sims die alte Enzyklopädie der kastilischen Sprache aus dem 17. Jahrhundert stand. In der Feuerstelle stand ein Gasöfchen, das trotz der Kälte nicht angeschaltet war. Draußen der Nieselregen, hier drinnen die schönen, dämmrigen, seit Jahrzehnten in einem Prozeß der Petrifizierung begriffenen Zimmer. Gómez Dávila konnte auf sein Haus wie auf ein weit entrücktes Stück Geschichte blicken, wie auf eine untergegangene Epoche, mit der er sympathisieren mochte, ohne sich über ihre Unwiederbringlichkeit zu täuschen.

Er übte sich in der Kunst, sich von seinem erloschenen Öfchen nicht wegzubewegen und doch nicht zu Hause zu sein. Er sah sich nicht als Bürger seines Landes und nicht als Zeitgenossen. Seine Leidenschaft galt der Beschäftigung mit der Geschichte, aber nicht um aus der eigenen Zeit in geisterfüllte Räume zu fliehen, obwohl er glaubte, daß etwa die Jahrhunderte zwischen Konstantin dem Großen und Dante »goldene Zeiten« waren. Dennoch war Geschichte für ihn nicht die Erzählung eines Niedergangs. Schöpferische Epochen, Gipfelpunkte der Kultur, Austrocknung, Barbarei und Unfruchtbarkeit wechselten sich in seinen Augen regellos ab; sein Weg durch die Geschichte führte ihn, über wenige Anhöhen, vor allem durch Täler, Sümpfe und Abgründe. Das Geschichtsbild des Christen beschrieb er so: »Die Geschichte beginnt mit einer Katastrophe, erlebt in ihrer Mitte ein Wunder und endet im Kataklysmus.« Schon deshalb gab es für ihn kein Verweilen in besseren Zeiten: er suchte vielmehr nach einem Schlupfloch, um der Geschichte zu entkommen. In seiner Verachtung der Gegenwart machte es ihm zwar Freude, den Begriff Reaktionär schon allein deshalb für sich zu beanspruchen, weil das Wort in keinem politischen Lager Prestige besaß, aber er stiftete damit für oberflächliche Leser – die ihm freilich gleichgültig gewesen wären – auch ein Mißverständnis: der Reaktionär bekämpft, aus marxistischer Sicht, die Revolution, um das Rad der Geschichte zurückzudrehen, und über eine solche Absicht hätte Gómez Dávila nur den Kopf geschüttelt. Das Vorwärts- wie das Rückwärtsdrehen waren für ihn gleich absurde Unterfangen. Ihm ging es darum, den historischen Zusammenhang ganz zu verlassen. Das Recht des Heiligen Römischen Reiches Deutscher Nation kannte auch für sehr kleine oder gar kleinste politische Einheiten, die keinem Territorialherrn, sondern dem fernen Kaiser – und damit oft genug in Wahrheit niemandem – unterworfen waren, den Begriff der Reichsunmittelbarkeit. Es verblüfft, wenn sich im 20. Jahrhundert in den Anden einer als reichsunmittelbar bezeichnet, aber genau das tat Gómez Dávila, sogar auf deutsch, das er offenbar mühelos las. Reichsunmittelbarkeit war für ihn etwas Ähnliches wie der Ultramontanismus, der den deutschen Katholiken im späten 19. Jahrhundert von den Preußen unterstellt wurde, daß sie nämlich einer Macht »jenseits des Gebirges« loyal waren. Seine Heimat war weder das durch seine Kolonialgeschichte subaltern gewordene Kolumbien noch das durch die dominante ökonomische Mentalität barbarisierte 20. Jahrhundert. Er betrachtete sich als Sohn der katholischen Kirche, die er nicht einfach als eine von mehreren christlichen Konfessionen ansah, sondern als das große Sammelbecken aller Religionen, als Erbin aller Heidentümer, als fortlebende Urreligion. Daß die Kirche nach dem II. Vatikanischen Konzil diesem Ideal nicht mehr entsprach, war niemandem schmerzhafter bewußt als ihm. Um so leichter fiel ihm die Emigration aus der Gegenwart, deren Analyse ihm freilich half, gegen sie seine Bruchstücke einer »ewigen Anthropologie« zu formulieren.

Seine meist jüngeren Freunde bedauerten, daß ich Gómez Dávila erst in der Hinfälligkeit seines hohen Alters kennenlernte, nicht mehr als den eleganten, ja dandyhaften Reiter und Gesellschaftsmenschen seiner mittleren Jahre. Aber mir war, als stimme das Leben, das er nach schwerer Krankheit führte, dies Sitzen im Schlafrock in der kalten Bücherhöhle, mit seinem Werk in höchstem Maße überein. Da er die Zeit nicht mehr für fähig hielt, große intellektuelle Architekturen wie die Aquinatische *Summa* aufzunehmen, behandelte er seine gefeilten, zu äußerster Reduktion gebrachten Sätze, als wären es Löwenzahnsamen, die man in die Welt bläst. Wenige Schriftsteller sind achtloser mit ihrem Werk umgegangen. Wenn die Bücher mit den auf keinerlei Wirkung bedachten Titeln *Notas*, *Textos* und *Escolios* nicht in Privatdrucken erschienen – oder eben nicht »erschienen« –, dann in winzigen Auflagen und bei nichtkommerziellen Verlagen. Es gehört zum Tröstlichsten in einer vom Kommerz vielfältig bedrohten Literaturwelt, daß sich dies lange verborgene Werk gleichsam osmotisch in viele Länder verbreitet, ohne Werbung und öffentliche Unterstützung zu erfahren. Wie Pavel Florenskij, dem Gómez Dávila trotz vollständig verschiedener Biographie und andersartiger geistiger Herkunft nah verwandt ist, wurde auch der Kolumbianer im deutschen Sprachraum früher bekannt als in seinem Heimatland.

Die Mühe, mit der Don Nicolás sprach, die Zeit, die zwischen seinen Sätzen verfloß, waren wie eine Art Anleitung, die scheinbar ungeordnete Abfolge der Aphorismen in den drei »Glossen«-Sammlungen richtig zu lesen. Sein Denken offenbarte sich in der Stille seiner Bibliothek als ein hochkomprimiertes Notgepäck für den unbefristeten Aufenthalt in eisigen Regionen. Bei mehreren Besuchen sah ich den alten Mann auch von Familie und Freunden umgeben, und dennoch verlor ich nie das Gefühl, einem Einsiedler von der Art der großen Wüstenväter begegnet zu sein.

Nicolás Gómez Dávila

Notas

Unzeitgemäße Gedanken

»Erit autem id longe optimum ut qui in lectitando percontando scribendo commentando numquam voluptates numquam labores ceperunt, (…) abeant procul atque alia sibi oblectamenta quaerant.«

Aulus Gellius[1]

Wenig gibt es, das so schnell wie die Ideen stirbt, und wenige Leichen lassen derart kalt.

Wenn ihre Frische schwindet, fallen die Ideen der Vergessenheit anheim, und allein jene überdauern, die unsere Begierden oder unsere seltenen Gewißheiten unverfälscht ausdrücken.

Die Ideen ermüden; selbst unsere eigenen beschäftigen uns nur so lange, wie sie für unser Leben nützlich sind und seinen Interessen dienen.

Geistige Liebe ist selten und Großmut noch seltener.

Wir Menschen interessieren uns nur für Menschen; unsere Gesten wecken unsere gegenseitige Neugier; wegen einer belanglosen Anekdote verändern wir ein System, das seinen Schöpfer dreißig Jahre gekostet hat. Nur Klatsch welkt nie.

Eine Sammlung theologischer Schriften, die geistige Bibliographie einer Epoche, ein Katalog politischer Broschüren lähmen jegliches Streben.

Nur das individuelle und konkrete Detail vermag die Nachwelt zu unterhalten.

Die Ideen sind unsere einfältigste und nichtigste Sorge.

Dennoch will ich hier nichts weiter als Gedankensplitter bieten, leichte Andeutungen, die auf Ideen hinweisen.

Es ist die Aufgabe des Humanisten, welke Ideen zu verjüngen. Seine geduldige Lektüre dringt zum verhärteten Herzen der Idee vor. So vollenden sich jene grundlosen Akte der Gerechtigkeit, und gerade ihre Zwecklosigkeit fasziniert einen großmütigen Verstand noch unfehlbarer. Jede Spur einer aufgehobenen Vergangenheit ist für gewisse fromme Seelen von unendlichem Wert.

Ein Buch, das nicht unterhält oder gefällt, ist der Gefahr ausgesetzt, den einzigen intelligenten Leser zu verlieren: den, der bei der Lektüre sein Vergnügen und nur sein Vergnügen sucht.

Allerdings ist es unsere Pflicht, dieses Vergnügen immer weiter zu verfeinern, bis uns vergönnt ist, es in seltener und reiner Form an den rauhesten und unfruchtbarsten Orten zu finden; gleichwohl fehlt es jeder Beschäftigung mit der Literatur, die nicht auf einem gewissen

Epikureismus des Verstandes und einer sinnlichen Lust beruht, an Dauerhaftigkeit, Nachdruck und einleuchtender Erkenntnis.

Wenn uns die Ideen abstrakt und für sich allein interessierten, würden wir in wenigen Tagen das vollständige Repertoire dessen ausschöpfen, was der Mensch gedacht hat. Die Dürftigkeit des menschlichen Verstandes ist unbegrenzt. Doch was uns fasziniert, sind die zahllosen Variationen, die diese Ideen in der malerischen Vielfalt der Geschichte annehmen.

Unsere Zivilisation gründet sich auf das Postulat der Diskontinuität und kennt nur ersetzbare Güter.

Keine andere hat gleich ihr den unersättlichen Neuigkeitsdrang und die andächtige Bewunderung des rein Alltäglichen gekannt.

Wir haben unter der Vorherrschaft des Vergänglichen gelebt; der Unsicherheit der Gesellschaft entsprach ein unvergleichliches Mißtrauen gegen das vom Menschen Geschaffene.

Es triumphiert ein journalistischer Geist. Es gibt keine Geisteshaltung mehr, die er nicht infiziert, und auch kein Werk, das seine implizite Gegenwart nicht zersetzt. Wir leben von dem, was heute geboren wird, und wir leben nur für den heutigen Tag.

Was ein gewisses Vertrauen in seine Dauer voraussetzt und einen gewissen Glauben an die Beständigkeit unserer Handlungen verlangt, trifft auf zurückhaltende Ironie oder offenkundigen Sarkasmus.

Die Nachwelt ist heute ein veralteter Mythos, der es nicht vermag, zu beunruhigen oder zu beeinflussen. Früher einmal gab es einen rein geistigen Stolz als Erscheinungsform eines unbändigen, jedoch keine Anmaßung kennenden Ehrgeizes, da das Streben nach dem Höchsten durchaus nicht die Demut ausschloß und die Eitelkeit oft dazu diente, die schwierigsten Unternehmungen zu bewältigen.

Der Ehrgeiz, etwas zu schaffen, das von ungewisser Dauer ist, und die Achtung gegenüber einer gleichgültigen Nachwelt waren der Anlaß, daß der Mensch von sich selbst Genauigkeit und Ehrlichkeit, Opferbereitschaft und Mühsal verlangte.

Vielleicht gibt es Werke, die solche Tugenden nicht benötigen, doch ohne sie ist die Meditation ein zweckloses Spiel; allerdings jenes, das diese Tugenden dennoch am leichtesten vortäuscht.

Jede Gesellschaft geht zugrunde, wenn sie ihre Mythen beseitigt.

Die Menschheit ist erstaunlich gleichgültig gegenüber allem, was ihre Existenz nicht bedroht, sondern sie lediglich beschmutzt und entwürdigt.

Die Menschheit beäugt nur jene argwöhnisch, die keine Ruhe in dem trivialen Dasein finden, mit dem sich alle übrigen zufriedengeben.

Ich bin durchaus damit einverstanden, daß wir jeden Leser geringschätzen, daß die Lust, die wir beim Schreiben empfinden, unser Ziel sein soll und daß wir nichts anderes als unsere einsamste Befriedigung anstreben; was ich aber nicht ertragen kann, ist, daß wir uns gleichgültig mit der Mittelmäßigkeit unserer Ideen abfinden.

Es kommt nicht darauf an, daß sich unsere Idee zu nichts gebrauchen läßt oder daß sich niemand ihrer bedient, daß sie unbeachtet verschwindet und stirbt, wenn sie mehr als ein sinnentleerter und wohlklingender Satz war, wenn sich in ihr eine Wahrheit kristallisierte und etwas Wesentliches verkörperte.

Es kommt nicht darauf an, daß wir unseren Ideen keinen unpersönlichen Stellenwert beimessen können – ihn hat vielleicht keine von ihnen –, doch ihr Wert muß unabhängig von dem sein, was er für andere bedeutet, denn es gibt einen Wert, selbst wenn er sich einem einzigen Individuum offenbart und für ein einziges Wesen seinen Höhepunkt erreicht.

Die Wahrheit einer Idee unterscheidet sich von ihrem Leben und ihrem Tod. Stärker als die Wahrheit schwankt die Fähigkeit des Menschen, sie anzuerkennen. Vielleicht bewirkt unsere Zurückweisung die Falschheit dessen, was sie zurückweist.

Dennoch ist eine abgesonderte und unterschiedliche Wahrheit, die sich einsam in einem abstrakten Himmel erhebt und keine Beziehung zu einem Verstand hat, eine bloße Hypothese unserer Unwissenheit und Sehnsucht. Jede Wahrheit ist ein Werk des Geistes, seine Frucht und Blüte.

So können ein maßloser Subjektivismus, ein ungehemmter Relativismus die Allgemeingültigkeit ihrer Werte anerkennen, selbst wenn sie verkünden, daß die Verallgemeinerung verfälsche und die Unpersönlichkeit ein Mythos sei.

Wer es wagt, seine Ideen darzulegen, muß sich dem strengen Urteil des Zuhörenden unterwerfen. Wer jedoch dem, was er sagt, Bedeutung beimißt, darf sich nicht allein mit den Ansprüchen des gewöhnlichen Lesers zufriedengeben.

Man muß für den schwierigsten und unerbittlichsten Leser schreiben.

Erstreben wir einen klaren und offenen Sieg über den härtesten Gegner. Mehr als in einem Sieg oder einer Niederlage, die aufsehenerregend und offenkundig sind, besteht hier der eigentliche Edelmut in einer bestimmten Art, zu siegen oder zu unterliegen.

Wenn wir uns zufriedengeben, weil wir alles, was wir konnten, getan haben, so ist das ein unheilvolles Gefühl. Als Schöpfer einer abscheulichen Verwirrung gestalten wir damit eine zwiespältige Welt, in der das Mittelmäßige und das Vortreffliche den gleichen Wert haben, ebenso wie das Vollkommene und das Mißlungene.

Offensichtlich ist es unsere Pflicht, alles zu tun, was wir können, doch es ist absurd, sich einzubilden, daß allein schon die Bemühung ein Wert sei und daß, wenn man etwas erstrebt, ohne es zu erreichen, dies etwas anderes als ein Mißerfolg sein könne.

Eine solche Feststellung ist tatsächlich niederschmetternd, denn wir Menschen sind in unserer Mehrheit nur Probeexemplare und bloße Versuche. Unser Leben ist ein zum Scheitern verurteiltes Experiment.

Mit unserem beschränkten Willen sind uns unwiderruflich die Wurzel und der Grund des Daseins gegeben. Wenn wir, um nicht vor Ekel umzukommen, Rechtfertigungen für unsere Handlungen erfinden, dürfen wir diesen armseligen Kunstgriff nicht der Ordnung des Weltalls zuschreiben.

Eine derart unnachgiebige Bejahung der willkürlichen und ungerechten Grundlage jeder Vortrefflichkeit wirkt vielleicht empörend; wenn aber nichts unsere Hoffnungslosigkeit widerlegt und wir nichts außer vielen Mißerfolgen hervorbringen können, was kommt es dann auf unsere Befriedigung, unser Leben und seine möglichen Vorwände an?

Die reine Hellsichtigkeit ist hingegen ein Wert und die Demut eine Tugend.

Seien wir vor allem dem Weltall gegenüber aufrichtig. Wenn es nötig ist, soll uns die Hellsichtigkeit des Stolzes zur Demut führen und die Liebe zu den Worten dem Schweigen preisgeben.

Plötzlich sehen wir uns gezwungen, das zu sein, was wir sind, dem unerbittlichen und kalten Bewußtsein unserer Mittelmäßigkeit ausgeliefert.

Welche Geheimnisse hatten wir gehütet, wie wir uns einbildeten! Es ging lediglich darum, uns selbst gegenüber ehrlich, unserem reinsten Wesen treu zu sein, um erhabene Vortrefflichkeit zu erreichen. Doch es kommt der Tag mit winterlichem Licht, da wir unsere skeletthafte Nacktheit betrachten, den elenden Menschen, der wir sind, entdecken und den Abstand zwischen der Größe, von der wir träumten, und der dürftigen Armseligkeit unseres Menschseins ermessen.

Uns bleibt nur übrig, uns selbst anzunehmen oder zu beseitigen.

Uns zu beseitigen? Für eine derart überspannte Geste brauchten wir ein so großes Maß an Stolz, wie es unser klares Bewußtsein nicht mehr erträgt; wir müßten unsere Bedeutung auf einer Falschmünzerwaage wiegen, wenn sich das Dilemma dem drängend stellt, der sich selbst gerecht prüfte.

Uns selbst anzunehmen? Ganz recht — aber wie, auf welche Weise?

Natürlich auf redliche Weise, ohne Kunstgriffe oder hinterlistige Rechtfertigungen.

Aber soll uns die Hingabe an die tausend alltäglichen Umstände unseres Lebens genügen, damit wir im Banne einer übermächtigen Apathie unserem Tod entgegengehen?

Gibt es denn keine untergeordneten Beschäftigungen, denen man einen gesunden und redlichen Verstand widmen darf, wenn man seinen Mißerfolg anerkennt? Gewiß könnte ich nicht den Menschen verspotten, der sich fügt, um sich nicht zu verschwenden, doch einer solch schicksalsergebenen Weisheit vermag ich nur kalte Achtung zu erweisen.

Was soll ich dann tun, wenn alles, was mich fasziniert, sich mir entzieht oder mich zurückweist, wenn alles, was ich unternehmen könnte, mich langweilt und abstößt? Wie soll ich gleichwohl leben, wenn ich mich ganz der Aufgabe widme, lediglich zu leben? Wie soll ich meine Tage verbringen, wenn ich wie ein weidendes Tier die Stirn dem Augenblick zuneige, den nahen Winter und das ihn einhüllende reine Licht vergesse?

Ich strebe danach, daß diese Randbemerkungen, die handgreiflichen Beweise meines Verzichts und meiner Selbstaufgabe, aus meinem Schiffbruch meinen letzten Daseinsgrund retten.

Mir ist unmöglich, ohne Hellsichtigkeit zu leben, unmöglich, auf das vollständige Bewußtsein meines Lebens zu verzichten.

Als erbärmlicher Schauspieler suche ich nach einem Platz als Zuschauer.

Da ich beim Drama der Welt nicht in einer edlen Rolle mitwirken kann, soll man mich lieber als unfähig verabschieden, als mich als Komparsen oder Statisten zuzulassen.

Ich glaube gewiß nicht, daß man immer schreiben muß, um zu denken, zu meditieren oder zu träumen. Es gibt Leute, die schweigend und mit weit offenen Augen durchs Leben spazieren können.

Es gibt Geister, die einsam genug sind, um sich in ihrem inneren Schweigen die Frucht ihrer Erfahrungen selbst mitteilen zu können.

Doch ich gehöre nicht zu einer derart abweisenden Verstandesordnung; ich brauche das Gespräch, das sich dem schwachen Geräusch des Bleistifts zugesellt, wenn er über das unberührte Blatt gleitet.

Der letzte Lebensgrund: der Drang zu verstehen.

Ein geheimes, dauerhaftes Verlangen.

Ein maßloses Streben, doch ein Streben, das sich der Enge des ihm vom Schicksal gewährten Raums bewußt ist. Ein hartnäckiges Streben, das entschlossen ist, den ihm vergönnten winzigen Platz einzunehmen. Mir bleibt nicht verborgen, wie mittelmäßig die erreichbaren Ergebnisse sind, doch mir genügt die bloße Tätigkeit des denkenden Geistes.

Daher sehe ich diese Hefte nicht als Verwahrungsort einzigartiger Offenbarungen an; ich gebe mich damit zufrieden, meinem unfruchtbaren Verstand ein paar flüchtige Funken zu entreißen.

Wenn wir uns selbst annehmen, können wir uns leicht übermäßig geringschätzen. Da wir schon gleichgültig sind, finden wir uns mit stumpfsinnigen Einverständnissen ab.

Übermäßige Demut bringt die Gefahr mit sich, uns zu übermäßigen Niedrigkeiten zu verleiten.

Sollen wir etwa in Pfützen hausen, weil uns die Gipfelluft versagt wurde?

Die Nachgiebigkeit der Welt gegenüber, die den Charakter herabwürdigt und verdirbt, kann daher kommen, daß wir unseren Kräften maßlos mißtrauen.

Die schlimmsten Sünden sind nicht jene, die wir gegen die Gesellschaft begehen.

Sträflich ist nur, was den höchsten Begriff des Menschen in uns herabsetzt.

Faulheit und Weisheit sind die abwechselnden Triebe ein und desselben Stammes.

Die Trägheit wird leicht zufriedengestellt, doch die leichte Befriedigung ist eine ausgeprägte Form der Weisheit.

Maßloser Ehrgeiz findet entweder seinen Höhepunkt in öder Unfruchtbarkeit oder ist nur die ängstliche Tarnung der Ohnmacht. Ein übermäßiges Verlangen bereitet eine theatralische und bequeme Entschuldigung für unser Scheitern vor. Eine lächerliche List, denn die Bitternis läßt sich eher am Verlangen als an der Verheißung ermessen.

Da der Stolz mich verstummen läßt, möchte ich mich den Wonnen einer Meditation hingeben, die nichts unterbricht.

Hier beginne ich mit einer eintönigen Reihung.

Ohne diesen Randbemerkungen eine Bedeutung zu unterstellen, die ihnen fehlt, schreibe ich sie mit uneigennütziger Aufrichtigkeit, die unserer Haltung gegenüber den dem Schlaf vorausgehenden Bildern gleicht. Ich erkläre, daß sie nicht die geringste Bedeutung haben und ebendeshalb Randbemerkungen, Glossen, Scholien sind, das heißt die diskreteste, dem Schweigen nächste Ausdrucksform.

Das Tagebuch, die Randbemerkung, die Notiz, die jeden großen Geist, der sich ihrer bedient, hintergehen, denn da sie wenig von ihm verlangen, erlauben sie ihm nicht, seine Begabung, seine seltenen Tugenden zu zeigen. Gleich listigen Komplizen helfen sie vielmehr dem Mittelmäßigen, der sie benutzt.

Sie helfen ihm, weil sie eine ideale Fortsetzung suggerieren, ein fiktives Werk, das sie nicht begleitet.

Sie verwirren den großmütigen Leser, da er von der Erinnerung an ein gleichermaßen untergeordnetes Werk geblendet wird, das ein Geist achtlos und souverän in seinen anderen Werken ohne Lug und Trug preisgegeben hat.

Ich möchte streng und einfach schreiben können. Ich verschmähe durchaus nicht eine gewisse Emphase, die zuweilen liebenswert ist, wenn Ironie und ein gewisser Spott hinzukommen; doch ich verabscheue den sentimentalen Ton, diese Sätze, die wie eine Mischung aus Zerknirschung des Herzens und Zahnschmerz klingen.

Die didaktische Darstellung, die Abhandlung, das Buch sind nur für den geeignet, der zu ihn befriedigenden Schlußfolgerungen gelangt ist.

Unbeständige, widerspruchsvolle Gedanken, die unbequem im Waggon einer irregeleiteten Dialektik reisen, ertragen gerade noch eine Randbemerkung, die ihnen als vorübergehender Anhaltspunkt dienen kann.

Bei jeder Idee einen Augenblick verweilen.

Damit wir meditieren können, müssen Wille und Spontaneität zusammenwirken, muß uns der Wille gerade das vollständig geben, was die Spontaneität bereits gewährt hatte.

Denken zu wollen, wenn sich die Ideen nicht großmütig anbieten, ist vergebliche Mühe; doch zu hoffen, daß man es erreicht, wenn man sich passiv dem Leichten ergibt, ist nicht weniger unnütz.

Gewiß schaffen wir die Ideen nicht selbst, und ihre Entstehung hängt auch nicht von unseren Wünschen ab; die Ideen wählen gewiß uns (und es gibt keine größere Ungerechtigkeit, als daß der Verstand etwas Vorherbestimmtes ist), doch ohne unsere Mitwirkung geben uns die Götter nur eine vage Unrast, eine grüblerische Unruhe, ein wankelmütiges Nichteinverständnis.

Die Idee erscheint nicht als eine grundlose und plötzliche Offenbarung, nach der nichts in uns verlangt und die von nichts erwartet wird. Unsere Seelen müssen sich schweigend vorbereiten und im Dunkeln das Aufblitzen der Ideen belauern.

Wenn wir uns nicht der tödlichen Trägheit des Geistes entziehen, ersticken wir ungeahnte Verheißungen.

Wer sich nicht aus der Wüste seiner Mittelmäßigkeit erhebt, entdeckt nicht das lebendige Wasser, das vielleicht nur von seiner Trägheit versperrt wird.

Zufriedenheit und Glück – und die göttliche Seelenruhe – sind denen vorbehalten, die sich fügen und nachgiebig annehmen; doch Urteilskraft und Bewußtsein, Klarheit und Licht sind das Vorrecht der ungestümen und stolzen Seelen.

Der Verstand äußert sich nicht mit einer einladenden und liebevollen Geste. Der Verstand ist heimtückisch und verräterisch, argwöhnisch und mißtrauisch, immer stößt er zunächst zurück und widerlegt, immer lehnt er ab, und immer protestiert er.

Wenn wir nicht die langweiligen Stunden des Verstandes ertragen können, verharren wir in einem blassen Frühling, und unserem

Geist bleiben die Glut des Sommers und die vollen Kornkammern des Herbstes unbekannt.

Was wir mit größter Begierde suchen, ist die Bedeutung der Tatsachen, ihr Sinn.

Wir können alle Einzelheiten aus dem Leben einer beliebigen Persönlichkeit kennen, alles wissen, was ihr widerfuhr, und dennoch eine Vorstellung von ihr haben, die ebenso sinnentleert wie die eines Lehrbuches der Geschichte ist.

Doch wenn wir plötzlich durchschauen können, was sie für sich selbst und für sich allein ist, entdecken wir erstaunt Dichte in jeder Geste, Fülle in jeder Handlung.

Die Bedeutung, mit der sich das Objekt innerlich erhellt, ist keine transitive Relation, die ein anderes Objekt offenbart, wofür das erste existiert; es ist vielmehr die Äußerung seines absoluten Wesens, seiner unbezwinglichen Positivität.

Die Bedeutung eines Objekts ist seine absolute Stellung im System des Universums; sie ist kein klassifizierendes Etikett und kein Begriff; sie ist eine sinnliche, glühende und harte Gegenwart.

Die Bedeutung beschränkt sich nicht auf Begriffe, weil die Totalität, auf die sie sich ausrichtet, kein Begriff, sondern jenes reine Konkretum ist, das wir Gott nennen.

Die Dinge erhalten ihre Bedeutung, wenn wir sie in ihrem göttlichen Zustand erahnen: so, wie sie für Gott sind.

Das heißt, wie sie in Wirklichkeit sind; denn die Wirklichkeit ist nichts anderes als die Beziehung der Dinge zu Gott.

Die Dinge haben eine Bedeutung, wenn wir sie sehen, wie Gott sie sieht. Die Bedeutung einer Sache ist ihre Wirklichkeit.

Wenn sich die Bedeutung niemals aus einem Begriffssystem herleiten läßt und auch kein System enthält, wie können wir sie dann entdecken und wissen, daß wir sie gefunden haben?

Nie mit absoluter Gewißheit, allerdings oft mit grenzenloser Überzeugung.

Wenn wir fühlen, daß unser Geist angesichts eines Objekts oder eines Sachverhalts kristallisiert und feste Gestalt annimmt; wenn wir fühlen, daß sich unsere Tätigkeiten zusammenfügen; wenn wir fühlen, daß uns ein klares und hellsichtiges Glück überwältigt, hat sich die Bedeutung für unseren Geist schlagartig eröffnet, wie eine Frucht, die den harten Wesenskern vieler Sonnen einschließt.

Der Verstand, der wollüstige Gesten vergißt oder geringschätzt, verkennt die Dichte, welche die dunkle Gegenwart des Fleisches der Welt gibt.

Keine Geschichtsphilosophie konnte mich überzeugen. In allen entdecke ich den entsetzlichen Hang zur Leichtfertigkeit. Sie alle scheinen mir eher einfallsreich als zuverlässig.

Keine stellt ein System auf, das nicht automatisch widerlegt wird, wenn man zwei oder drei Tatsachen berücksichtigt.

Welches System kann zum Beispiel diese so merkwürdige, bedeutsame und dunkle Tatsache erklären, daß Konfuzius, Lao-tse, Mahavira, Buddha, Zarathustra, die Begründer der griechischen Mysterien und Deuterojesaja beinahe gleichzeitig gelebt haben?

Kein System erklärt, warum derart unterschiedliche und so weit voneinander entfernte Kulturen zu ein und demselben Zeitpunkt, wie Weißdorne, die der Winter eingeschläfert hatte, einzigartige Blüten hervorgebracht haben.

Niemand hat erklärt, was jenen geheimnisvollen Frühling vorbereitet.

Manchmal scheint es, daß nur ein neuer Providentialismus den historischen Tatsachen angemessen ist. Doch worin unterscheidet sich eine derartige Lehre, wenn es ihr an theologischer Strenge fehlt, von einem reinen Kontingentialismus, bei dem wir den Zufall mit dem Namen Gottes belegen?

Eine religiöse oder philosophische Lehre ist nicht von dem Körper verschieden, in dem sie sich äußert. Das »Wesen« ist hier ein Mythos. Jeder Versuch, sie davon zu abstrahieren, zu unterscheiden oder zu trennen, ist zum Scheitern verurteilt: Das einzige Ergebnis ist, daß sich spontan eine neue Lehre herausbildet.

Das Wesen einer Lehre besitzt dieselbe Ausdehnung wie ihr Ausdruck.

Wenn man nach der Definition einer Lehre oder ihrer Formel sucht, bedeutet so etwas, daß man die den Werken des Geistes eigentümliche Notwendigkeit verkennt. Was ein tiefgründiger Geist sagen wollte, ist mit seinen Worten gesagt und kann nur von ihnen gesagt werden.

Die Entwicklung der Wissenschaft besteht in einem ununterbrochenen Prozeß, der jene der unmittelbar vorhergehenden Epoche eigentümlichen Kenntnisse korrigiert; daher geht sie von dem aus, was sie zuvor geschaffen hat, und sie stützt sich darauf, um weiter voranzukommen.

Die Entwicklung der Philosophie besteht hingegen in einem sporadischen Prozeß, der jede vorherige begriffliche Entdeckung beseitigt, in einem systematischen Bemühen, sie zu negieren. Der falsche philosophische Fortschritt ist die Entwicklung der Lehre durch die Schüler: Epikureismus oder Stoizismus, Thomismus oder Marxismus; der wahre Fortschritt ist der Verrat des Schülers, die kritische Ungerechtigkeit, der doktrinäre Haß.

Das trifft so sehr zu, daß die Wissenschaft ihre ganze Vergangenheit nur ein einziges Mal in ihrer Geschichte systematisch verwirft: als sie methodologisch von Bacon und Descartes und experimentell von Galilei begründet wird. Das heißt, als sie eine bestimmte epistemologische Haltung annimmt, als sie den Charakter der Philosophie annimmt.

Ich denke gern, daß es nur zwei annehmbare Arten zu schreiben gibt: die langsame und sorgfältige und die knappe und elliptische.

Auf die erste Art schreiben heißt sich in das Thema wonnevoll versenken, es bewußt durchdringen, sich seinen Mäandern widerstandslos hingeben und darauf verzichten, es zu bewältigen, damit das Thema uns ganz beherrscht. Hier sind Langsamkeit und Ruhe angemessen; hier ist es angebracht, bei jeder Idee zu verweilen, an der Betrachtung jedes Prinzips festzuhalten, sich allmählich auf jede Folgerung einzulassen. Die Übergänge sind hier von größter Bedeutung, denn dies ist vor allem eine Kunst des Kontextes der Idee, ihres Ursprungs, ihres Halbdunkels, ihrer Zusammenhänge und Ruhepunkte.

So schreibt Péguy oder Proust, so wäre eine große metaphysische Meditation möglich.

Auf die zweite Art schreiben heißt das Thema in seiner abstraktesten Form erfassen, wenn es gerade entsteht oder wenn es stirbt und ein bloßes Schema hinterläßt. Dann ist die Idee ein brennender Mittelpunkt, ein Fokus reinen Lichts.

Aus ihr werden unendlich viele Folgerungen hervorgehen, aber noch ist sie lediglich ein Keim und eine darin eingeschlossene Verheißung. Wer so schreibt, berührt nur die Gipfel der Idee, eine harte Diamantspitze. Zwischen den Ideen weht die Luft und erstreckt sich der Raum. Ihre Beziehungen sind geheimnisvoll und ihre Wurzeln verborgen. Das Denken, das sie vereint und trägt, offenbart sich nicht in seiner Arbeit, sondern in seinen Früchten, in den getrennten und vereinzelten Ideen — Archipelen, die aus einem unbekannten Meer aufragen.

So schreibt Nietzsche, so wollte der Tod, daß Pascal schriebe.

Warum sollten wir darunter leiden, daß wir kein Talent haben, daß wir fühlen, wie haltlos unser Verlangen nach Größe ist, wenn sich unseren Augen soviel Schönheit darbietet? Welche Bedeutung hat es schon, was wir sind, wenn unser schließlich vergessener Stolz und unsere endlich gewonnene Demut uns gestatten, den Glanz der Welt zu lieben?

Was kommt es darauf an, daß uns das Ungestüm unserer Seele zugrunde richtet, wenn es unser Scheitern verklärt?

Es gibt eine gewisse Schönheit, eine gewisse Reife des Verstandes, die nur erscheinen, wenn sich der Geist seiner eigenen Bewegung überläßt, wenn sich die Mühe in einer trägen Nachgiebigkeit auflöst, wenn das Denken aus seinem eigenen Fluß hervorgeht.

Der Verstand vergißt leicht sich selbst und gibt sich auf. Die alltäglichen Kleinigkeiten, die mittelmäßigen Sorgen, das alles reicht, um uns Hellsichtigkeit und Leidenschaft zu rauben.

Kampflos ergeben wir uns dem, was alle interessiert, und vergessen, daß es möglich – unerläßlich, notwendig – ist, zu handeln, ohne unseren kritischen Blick, unsere leidenschaftliche und ironische Betrachtungsweise einzubüßen. »Vivre en bourgeois et penser en demi-dieu«[2], hat Flaubert vorgeschlagen. Aber was sollen wir tun, wenn wir zwar nicht an der Mythologie, doch jedenfalls an unserer Anwartschaft auf Göttlichkeit zweifeln?

Da wir mit unserem Leben beschäftigt sind und uns viel zu klar bewußt ist, was wir sind, erstickt uns die eigene Mittelmäßigkeit.

Der einzige Ausweg ist vielleicht, vor uns selbst zu fliehen, denn nichts kann so tief fallen wie ein Mensch, der sich genau kennt. Sich selbst zu verkennen ist vielleicht der Anfang der Weisheit.

Ist ein zufriedener Mensch zwangsläufig ein mittelmäßiger Mensch?

Befriedigung gibt es tatsächlich immer, wenn sich ein Mensch als zufrieden bezeichnet, gleichgültig, welches Objekt ihn zufriedenstellt; doch nicht alle Befriedigungen haben denselben Wert: es gibt edle und niederträchtige.

Ein zufriedener Mensch ist mittelmäßig, wenn seine Befriedigung von kurzlebigen Handlungen oder Objekten herrührt, wenn er sich zufriedengibt mit allem, was vergeht und stirbt, mit allem, was nicht danach strebt, nicht zu vergehen und nicht zu sterben. Wenn er nichts sucht, was ein Symbol der Ewigkeit, das Verlangen nach ihr, ihr Widerschein oder ihr Bild ist.

Doch wird es wirklich möglich sein, Zufriedenheit beim Ewigen zu finden, uns im Ewigen einzurichten (»… qui bibit, adhuc sitiet«[3]), uns vielleicht nur mit dem Ewigen zu beschäftigen?

Ja! Der einzige Edelmut des Menschen.

Ach, das nie zufriedene, nie ermattete Herz.

»Ich will dich kennen, selbst dir dienen.«[4]

Lieber nie jemand sein, lieber nie etwas sein, als in uns das Verlangen abzutöten, als unseren Durst zu ersticken.

Das Lesen: »Opium des Geistes«, Trägheit, die sich als Tätigkeit tarnt, eine Form der Angst vor sich selbst und vor der Welt. Das

Buch wäre für uns ein Ersatz, ein Surrogat; wir würden in der Lektüre untertauchen, damit uns nicht die Pflicht bände, alles Neue in unserem Leben mit einem neuartigen Verhalten aufzunehmen.

Was die Tätigkeiten des Geistes wirklich einschläfert und ihn langsam verleitet, wie ein Automat zu leben, was dazu treibt, daß er den unmittelbaren Lebensgeschmack und Lebenssinn verliert, was ihn einem Luftschloß aus vulgären Begriffen und dummen Gewohnheiten zuführt, ist das Alltagsleben mit seinen üblichen Verrichtungen, seinen gewöhnlichen Bedürfnissen, seiner oberflächlichen Tätigkeit, seiner fiktiven Intensität.

Hingegen ist es die Lektüre, die den Geist aus jenem dogmatischen Schlaf des Alltagslebens weckt und ins unbekannte Meer der eigenen Gedanken, der originellen Gefühle wirft.

Die Berührung mit anderen Geistern, mit ihrem fremden, harten und schneidenden Denken beunruhigt unsere trivialen und voreiligen Überzeugungen. Schließlich werden uns der Reichtum und die Dichte des Bewußtseins wie auch seine Subtilität nicht ohne die Handlung gegeben, mit der wir den menschlichen Teil unseres Erbes erwerben.

Philosophieren heißt die Fiktion verabscheuen und auf das Leichte verzichten.

Lesen heißt einen Stoß erhalten, einen Schlag spüren, auf ein Hindernis treffen. Es bedeutet, die passive und träge Fügsamkeit unseres Denkens durch die unnachgiebigen Geleise eines fremden, abgeschlossenen und harten Denkens zu ersetzen.

Die Literatur ist nicht allein ein Spiel der Phantasie. Die literarische Dimension ist kein oberflächlicher Aspekt der Welt, sie ist die Tiefe der Dinge selbst.

Die Literatur ist der Akt des Geistes, der das jenseits der Oberfläche Liegende wahrnimmt.

Die Vortrefflichkeit oder Mittelmäßigkeit eines Lebens wird selten von der Vortrefflichkeit oder Mittelmäßigkeit der Ereignisse bestimmt. Der Geist und seine Haltung gegenüber der Welt schaffen dessen Wert und Bedeutung.

Bedeutung und Wert unseres Lebens hängen von unserem Verstand und unserer Sensibilität ab.

Hellsichtigkeit, Scharfsinn, Verständnis, Feingefühl, Subtilität sind die Eigenschaften, welche die Wichtigkeit, den Ernst und die Bedeutung eines Lebens bewirken.

Das Beste an den Vereinigten Staaten ist ein verworrenes, aber tiefes Gefühl, daß es auf jeden einzelnen ankommt. Das ist so etwas wie ein primitiver Humanismus, ein elementarer Liberalismus.

Bei einer gewissen Art von Amerikanern bildet sich leicht das Unabhängigkeitsverlangen heraus, so daß sie unmöglich etwas anerkennen können, was nicht vom Gewissen geboten wird.

Die Gefahr dieses naiven Individualismus liegt in dem Vertrauen, das man sich selbst entgegenbringt. So wird die Entstehung lächerlicher Doktrinen und Sekten vorbereitet, die keine Kritik mäßigt und nicht die geringste Ironie beunruhigt.

Die unvermeidliche Kehrseite jener Eigenschaft ist der Provinzialismus.

Bachs Musik ist »geschlossen«; sie bietet sich wie ein vollständiges und totales Universum dar: als etwas Vollkommenes.

Sie schließt nicht nur den Gedanken aus, daß etwas außerhalb von ihr für sie notwendig sei, vielmehr verneint sie auch eine solche Möglichkeit. Sie enthält die Totalität ihres Wesens in sich selbst. Jenseits von ihr mag es etwas anderes geben, doch sie ist in jedem einzelnen ihrer Werke vorhanden. Das Wunder eines autonomen Universums; ein reines ästhetisches Objekt.

»... l'homme le plus intelligent de son siècle«[5], sagt Balzac. Mag sein. Doch wie sollten wir nicht lächeln, wenn George Sand schreibt: »il a remué le monde avec le froncement de son sourcil«[6]?

Wie sollten wir nicht lächeln, wenn wir feststellen, daß sein politisches Talent in seinem wendigen, nachgiebigen und geschickten

Einverständnis und allenfalls in seiner Voraussicht bestand? Heute scheint uns, daß der klügste aller Menschen lediglich auf listige Weise ohnmächtig gewesen ist.

In der Geschichte hat diese oder jene Gruppe von Zeitungsredakteuren, dieser oder jener obskure Pamphletist, dieser oder jener mittelmäßige Erfinder von Schrauben oder Muttern ein größeres Gewicht als jenes Wesen mit seiner bewundernswerten Klugheit, seiner unvergleichlichen Hellsichtigkeit.

Taten sind vielleicht das Feld der großen Seelen und der mittelmäßigen Geister.

Einsamkeit des Menschen: Keine Epoche zeigt ihn weiter getrennt von allem, von allen und auch von sich selbst.

Gewiß ereignet sich das Wesentliche des menschlichen Daseins stets in einer unendlichen Einsamkeit: die Gegenwart des Todes, der uns jede Hilfe entzieht und der, bevor er sich unseres Körpers bemächtigt, uns einer entsetzlichen Verlassenheit preisgibt, und selbst jene Gesten der Liebe, die uns Vereinigung und Vergessen erhoffen lassen, um uns noch leichter in den Abgrund unserer Enttäuschung zu stürzen.

Dennoch glaubte der Mensch bis gestern an den Mythos eines gemeinsamen Handelns, eines Handelns, das ihn von sich selbst lösen sollte, damit er sich mit den übrigen Menschen vereinen und die tiefste und zugleich strengste Forderung seines Geistes erfüllen könnte. Doch was soll man heute tun, da jede gemeinsame Handlung, jede kollektive Geste nur Weltordnungen schafft, in denen die Größe des Menschen und sein Edelmut unmöglich sind?

Das kollektive Handeln veranlaßt ihn, beim Niedrigen und Gemeinen mitzuwirken; nur ein abweisender Egoismus, der die Einsamkeit vergrößert, gestattet ihm, sich seiner eigentlichen Pflicht zu widmen.

Die Tragödie des modernen Menschen, den nur ein gemeinsames Handeln zusammen mit den anderen Menschen befriedigen kann, der sich aber danach sehnen muß, daß diese Handlungen scheitern, um seinen eigenen Edelmut zu retten.

Um die Angriffe Nietzsches gegen seine Schüler zu rächen, hat Christus ironischerweise beschlossen, die Nietzscheaner zu schaffen.

Wie auch immer sein Ursprung, seine anfänglichen Ansprüche oder seine gestrigen Hoffnungen gewesen sind, der Kommunismus ist nur eine Erscheinungsform jener wirtschaftlichen und gesellschaftlichen Struktur, zu der ebenfalls der Kapitalismus gehört.

Die übliche Gegenüberstellung von Kommunismus und Kapitalismus beruht auf einer juristischen Tatsache von geringer historischer Bedeutung.

Daß das Eigentum an den Produktionsinstrumenten hier ein Individuum und dort eine Gemeinschaft als Rechtssubjekt hat, ist ein spezifischer Unterschied, der nicht die allgemeine Identität beider Systeme verändert.

Die Beziehung zwischen Mensch und Welt ist gewiß wichtiger als die Beziehung zwischen Mensch und Eigentumsrecht.

Kommunismus und Kapitalismus formen den menschlichen Geist tatsächlich in ein und demselben Sinn um.

Wenn der Kapitalismus eine industrielle, städtische und dem Herdentrieb gehorchende Zivilisation hervorbringt, wenn hier ein Mensch erscheint, der von der wesentlichen Vertrautheit mit den Dingen getrennt und unfähig ist, in seiner Arbeit eine Möglichkeit der Vervollkommnung und ein Bedürfnis der Vernunft zu finden, der sich allein dem Streben nach Bequemlichkeit ergibt, der stets zur niederträchtigsten Deutung bereit ist, damit er, weil es ihn mit Grauen erfüllt, auf etwas Edles zu stoßen, sich dem beunruhigenden Drang entzieht, diesem Edlen zu folgen, der schließlich allen Dämonen der kollektiven Inspirationen ausgeliefert ist — so gelingt es dort nicht der überlebten Rhetorik der kommunistischen Predigt (während sie den Verstand von Leuten hintergeht, die in der Lage sind, der bourgeoisen Propaganda zu mißtrauen), uns die schreckliche Tatsache zu verbergen, daß auf eine abscheuliche Weltordnung die gleiche abscheuliche Weltordnung folgen wird. Ce mort saisit ce vif.[7]

Was kommt es für uns schon darauf an, wer der Fabrikbesitzer ist, wenn die Fabrik weiterbestehen soll?

Die neueste Geschichte, diese wahrhaftige Vorgeschichte.

Nichts ist so gefährlich wie die Geschichte.

Die lange Reihe zahlloser Leben, unendlicher gescheiterter Ambitionen, vergeblicher Triumphe, mißglückter Systeme läßt uns glauben, daß alles sinnlos und nichtig sei, daß nur ein vulgärer Skeptizismus weise sei, daß sich alles auf eine ohnmächtige Gleichgültigkeit beschränken müsse.

Die heutige Kritik schreibt den Themen und der Haltung des Dichters eine unbegreifliche Bedeutung zu.

Der Dichter schafft das Thema und die Haltung, nicht die Haltung oder das Thema den Dichter. Das ist eine solch elementare Wahrheit, daß man sich schämt, sie zu wiederholen. Es ist eine riesige Dummheit, die Literatur nach dem zu beurteilen, was sie darstellt, offenbart oder wiedergibt, nach der Großmut oder Brüderlichkeit ihres Autors, nach seiner Modernität, seinen demokratischen oder kommunistischen Tendenzen, seinem Verständnis der modernen Gesellschaft oder der industriellen Zivilisation.

Es ist für den Dichter gleichermaßen unwesentlich, ob er sich in einer Bibliothek vergräbt oder sich der politischen Aktion widmet, ob er in einer Fabrik arbeitet oder Mönch wird; wichtig ist der Dichter selbst.

Wenn ich von Dichtern höre, die ihr Zeitalter verstanden haben, die nicht auf ihre gesellschaftlichen Pflichten verzichtet und mitten unter den Menschen gelebt haben, lächele ich und denke daran, daß in den beiden führenden Literaturen des Abendlandes die Wegbereiter der modernen Lyrik, ihre kühnsten Revolutionäre und leidenschaftlichsten Kundschafter ein bescheidener Englischlehrer und ein Jesuit waren: Mallarmé und Hopkins.

Wenn uns nur die übrigen beschäftigen, wenn uns die Zukunft der Welt beunruhigt: Kultur, Gesellschaft, ihr Zustand und Schicksal, entziehen wir uns unserer sichersten Pflicht und vergessen das Bemühen um unsere Vervollkommnung, suchen wir Zuflucht bei der kindischen Eitelkeit, daß wir uns so fühlen, als sei uns die Welt anvertraut.

Unser Problem besteht nicht in der Welt, sondern in unserem Verstand und unserer Sensibilität, in unserer unersetzlichen und einzigartigen Seele, so unbedeutend sie auch sein mag.

Die schwerwiegendste geistige Tatsache des 20. Jahrhunderts ist vielleicht, daß der übermäßige Anspruch des Evolutionsgedankens gescheitert ist.

Das 19. Jahrhundert glaubte, in ihm die endgültige Erklärung der Welt gefunden zu haben: Scheinbar ließ sich alles erhellen, wenn man es als einen Entwicklungsprozeß betrachten konnte. Man bildete sich ein, das Problem bestehe lediglich darin, die einfachsten Grundbestandteile jedes selbständigen Systems zu suchen und den Entwicklungsgedanken einzuführen, sobald man sie gefunden habe.

Eine derartige Erklärung wirkte einleuchtend und ausreichend. Nichts ist heute mysteriöser.

Die Schwierigkeit verschwindet nicht, wenn man sie aufteilt und untergliedert. Die Schwierigkeiten aufzuteilen ist eine grundlegende methodologische Vorschrift und vielleicht ein Erklärungsprinzip der räumlichen Realität, doch es ist dort ein unwirksames Verfahren, wo die Qualität souverän herrscht: das heißt in unserem Geist und im Mittelpunkt der Welt.

Die reine Zeit erklärt zweitens auch nichts. Was bedeutet denn die Evolution anderes als die Zeit? Was ist sie denn anderes als ein bloßes Synonym der Zeit, wenn wir es ablehnen, ihr auf magische Art unbekannte Wesenszüge und ungeahnte Kräfte zuzuschreiben?

Der Identifikationsprozeß schließlich, den Meyerson entdeckt und als heimliche Triebkraft des wissenschaftlichen Denkens bezeichnet, negiert geradezu den erklärenden Wert des Evolutionsgedankens. Die Evolution schien tatsächlich jener Prozeß zu sein, der es gestatten würde, das Komplizierte mit der Entwicklung des Einfachen zu erklären; doch wenn die Erklärung nur in der reinen Identifikation des Komplizierten mit dem Einfachen besteht, verschwindet das Komplizierte, welches das Konkrete und Reale ist, damit eine bloße Fiktion des analytischen Geistes triumphiert.

Aus epistemologischer Sicht scheitert die evolutionistische These rettungslos.

Das Problem, welches Wesen der Nationalcharakter hat, ist das allernichtigste Problem.

Ein Volk, das nach der Definition seines Wesens sucht, bevor es die Taten ausführt, die es allein bestimmen, wird stets eine fiktive Existenz durchleben und handlungsunfähig sein, weil es befürchtet, sein Wesen zu verfälschen, während die Verfälschung gerade in jener Furcht besteht.

Wenn schon die romantische Zwangsvorstellung vom Individuum übertrieben wirkt, wieviel absurder sind dann die modernen Zwangsvorstellungen von den verschiedenen Kollektivismen!

Nur mit dem Menschen kann sich der Mensch ohne Überdruß und ohne Gefahr beschäftigen.

Jedes Land hat ein eigenes und unersetzliches Wesen, eine unübertragbare und mysteriöse Natur. Etwas, das es von allen übrigen trennt, etwas, das es unserem Herzen nahebringt. Das Ähnliche, das Identische und das Allgemeine widerstreben uns wegen ihrer allumfassenden Abgeschmacktheit. Je mehr ein Geschöpf oder eine Sache zutiefst einzigartig sind, je mehr sie sich mit ihrem eigenen Wesen identifizieren, desto mehr bildet sich in unserer Seele eine heimliche Sympathie mit dieser dunklen Kraft heraus.

Wie gut sagt es der Engländer Belloc: »... that savour of fullness and inheritance which lay fruitfully over all the land«[8].

Die Überfülle des Mittelmäßigen und unsere eigene Unsicherheit raten uns, nicht zu schreiben, oder wenn wir uns nicht zurückhalten können, es diskret für uns selbst zu tun.

Ob Schreiben für uns ein Spiel oder unsere ernsteste Handlung ist, auf jeden Fall sollen wir das Geschriebene ebenso schamhaft wie die Gesten der Liebe behandeln, die so sehr befriedigen, aber allen widerstreben.

Was an La Bruyère am meisten fasziniert, ist das Fehlen jedes Systems. Bei ihm wird nur beschrieben: er sieht, notiert, bezeichnet. Vielleicht ist das seine wahre, eigentliche Tiefe.

Tatsächlich ist nichts leichter als ein System; jeder beliebige Standpunkt kann eines hervorbringen, und wenn der Standpunkt selten falsch oder absurd ist, ist dies das System beinahe unfehlbar. (Und das gilt selbst für meine Zurückweisung!)

Wie es scheint, setzt sich die Welt aus so feinen, zarten, unbeständigen und subtilen Wesenheiten zusammen, daß dasselbe analytische Verfahren, das es uns ermöglicht, sie zu erfassen, sie auch negieren und zerstören kann, wenn es lediglich seiner logischen und selbständigen Entwicklung gehorcht.

Das Schrecklichste am Laster ist jene Verderbtheit der Seele, die uns lehrt, sogar unsere eigene Niedertracht zu vergessen.

Wenn die meisten Schriftsteller abwarten könnten, wenn sie sich nicht vom Mitteilungs- und Schaffensdrang – und vielleicht von der Furcht und Angst vor sich selbst, die nur das Werk zerstreut – verleiten ließen, hätten wir möglicherweise weniger Autoren und verlören ein paar ausgezeichnete Werke, aber die Dichte einiger Bücher wäre unvergleichlich.

Selten ist der Romancier, der mehr als ein Buch schreibt, wie groß auch immer die Zahl der Bände sein mag, die in seiner Bibliographie erscheinen; nur die größten schreiben mehrere Bücher. Ein Romancier ist nur ein einziges Thema, etwas weniger genau Bestimmtes als eine Idee, gewissermaßen so etwas wie ein Schema, das weder rein noch abstrakt, sondern reich an Nuancen, Andeutungen, Bezügen ist, Vorstellung und Gefühl zugleich, das sich für unterschiedliche Formen eignet, unendlich und einfach.

Mauriac ist ein typisches Beispiel für die Ungeduld.

Das wunderbare Buch, dessen Mauriac fähig gewesen wäre, wurde nicht geschrieben und wird es wahrscheinlich auch nicht mehr.

Wir finden es verstreut in zwanzig verschiedenen Bänden. Sie alle gehen dem idealen Buch voraus, das sich hinter jedem einzelnen als eine ständige, geheime und unzugängliche Gegenwart erahnen läßt. Jeder Roman scheint dem Thema unangemessen, das er verarbeiten soll; doch ihm ist auch das Gesamtwerk unangemessen. Die Summe der unwirksamen Versuche richtet nichts gegen die Unwirksamkeit jedes einzelnen Versuchs aus. Das Werk beweist insgesamt nur, daß es das Thema gibt und daß es künstlerisch gescheitert ist. Hätte man abwarten können, so hätte man demnach ermöglicht, daß das Leben ein einziges Sujet allmählich mit dem vielfältigen Reichtum des Themas füllte; man hätte auch ermöglicht, daß dieses Auswahlverfahren, das nur in einer wachen und weltzugewandten, aber in sich selbst verschlossenen Seele wirkt, das Überflüssige, Unnütze, Mangelhafte, Unangemessene ausstieße, damit dem einzigen Thema die einzige Ausdrucksform entspräche, die es in seiner Gesamtheit und Reinheit offenbart.

Die Literatur der letzten hundert Jahre war, so schien es den Zeitgenossen – und das noch bis gestern –, unendlich reich an Romanen. Das betrifft nicht nur die Menge, sondern auch das erstaunlich kontinuierliche Vorhandensein der Qualität.

Der Roman schien unumgänglich: Selbst Taine versucht sich an einem Etienne Mayran und Renan an einem Patrice. Von jener gewissermaßen immanenten literarischen Pflichtaufgabe, von dem Roman, dem sich niemand entzog, überdauern wohl nur *Les Déracinés*[9], der Roman eines Kritikers und Essayisten, der einzige, der den kritischen Verstand und die ständigen Kommentare in einen wirklichen Romanstoff integrieren konnte.

Es schien, als sei über alles ein Roman möglich: aus jeder Erfahrung, jedem Leben ließ sich offenbar ein Roman gewinnen: jeder Mensch schien fähig, einen zu schreiben.

Der größte Teil dieser Werke ist jedoch bereits unlesbar, und wir könnten beinahe sagen, daß keine Literaturgattung weniger Anwärter auf die Unsterblichkeit vorzuweisen hat.

Diese außerordentliche Fruchtbarkeit hat uns verblendet, und wir haben hier eine Erscheinung übersehen, die in der Literaturgeschichte wohlbekannt ist. Die klassische französische Tragödie, die deutsche idealistische Philosophie, das petrarkistische Sonett der Renaissance oder das Sonett der Parnassiens von vorgestern zeigen die gleiche überreiche Fruchtbarkeit. In jedem Zeitalter gibt es Menschen, die unbegrenzt fähig sind, das Selbstverständliche hervorzubringen.

Alle Philosophie wird im eigentlichen Wesen einer Sprache gedacht; sie geht aus einem Wortmaterial hervor. Es ist unmöglich, eine Philosophie zu übersetzen, weil wir ihren Sinn vernichten, wenn wir die sprachliche Ordnung beseitigen, zu der sie gehört und auf die sich selbst die abstraktesten Begriffe beziehen, damit sie ihren vollständigen Wert erhalten können.

Als politische Doktrin kann der Traditionalismus keinerlei Prinzipienstrenge haben; allein die Tatsache, daß er als Doktrin auftritt, zeigt, daß zwei oder mehr Tendenzen in ein und demselben politischen Organismus nebeneinander bestehen; doch wenn der Traditionalismus eine polemische Haltung annimmt, wenn er etwas als seinen Gegner bezeichnet, beweist er sein Unvermögen, diese verschiedenen Tendenzen zu integrieren — das heißt, Traditionalismus, eine Doktrin all dessen zu sein, was in einer Nation lebt.

Der Traditionalismus kann nur eine theoretische Haltung, die Doktrin der geschichtlichen Kontinuität sein; nie wird er eine zuverlässige Grundlage für das Handeln werden.

Vielleicht hat das nichts zu bedeuten, doch es ist unterhaltsam festzustellen, daß die ungeheure Entwicklung des Postwesens nach 1840 mit einem offenkundigen Verfall der Kunst des Briefeschreibens übereinstimmt.

Das arme 18. Jahrhundert, dem alle Erleichterungen der Kommunikation fehlten, das aber das Jahrhundert Voltaires und Horace Walpoles war!

Es ist unmöglich, daß Freiheit und Gleichheit nebeneinander bestehen, denn wir Menschen lieben augenscheinlich nicht die Freiheit, sondern nur, frei zu sein.

Das Verlangen, frei zu sein: die Gleichgültigkeit gegenüber der Freiheit an sich. Wenn wir nicht die Freiheit des anderen achten können, befriedigt uns tatsächlich die maßloseste und absurdeste Tyrannei, sofern sie nicht unsere eigene Freiheit verhindert. Um zu erreichen, wonach wir verlangen, denn das ist der eigentliche Akt unserer Freiheit, kommt es uns nicht darauf an, uns jedes beliebigen Despotismus zu bedienen.

Nun gehört die Macht in einer nivellierten und egalitären Gesellschaft uneingeschränkt der Mehrheit, die stets die Freiheit mit der Erfüllung ihrer Wünsche gleichsetzt. Dem politischen, wirtschaftlichen und gesellschaftlichen Sachverhalt der Gleichheit wohnt überdies das Bestreben inne, geistige Gleichheit und das Unvermögen zum Anderssein zu bewirken und damit das gute Gewissen des Andersdenkenden, die Bedeutung und Kraft jeder Minderheit zu beeinträchtigen.

Die Freiheit erhält sich nur als System, wenn die Menschen sie unwillkürlich verteidigen, sobald sie ihre kleinlichsten und eigennützigsten Rechte ausüben.

In einer für die Freiheit eingerichteten Gesellschaft gäbe es eine Hierarchie der Gewalten, der Vorrechte und Freiheiten, damit eine solche Vielfalt von Stellungen entstünde, daß sich niemals eine Gleichförmigkeit der Wünsche verwirklichen ließe. Ein aufrichtig freisinniger Geist muß danach trachten, daß sich im politischen Organismus jene zusammenhanglosen und widersprüchlichen Freiheitsbestrebungen eindeutig zeigen, deren Gegensatz zu einer eifersüchtigen Überwachung der Freiheiten führt, während allein aus deren Einklang und Ausgewogenheit die Garantie einer wirklichen und souveränen Freiheit entstehen kann.

Gott ist eine Notwendigkeit des Kritikers, er ist der Versöhnungspunkt[10] aller unreduzierbaren Unterschiede des Universums. Der Kritiker ist die Asymptote Gottes; der Kritiker sucht nach dem Standpunkt Gottes.

Die traurige Armseligkeit der Liebe. Angesichts eines Frauenkörpers sind die größten Maßlosigkeiten unzulänglich.

Alle obszönen Gesten, alles, was eine aufs äußerste erregte Phantasie suggeriert, ist der unbefriedigten Heftigkeit unseres Verlangens lächerlich unangemessen. Ich spreche nicht vom Abstand zwischen den Menschen, von der sie trennenden unergründlichen Gleichgültigkeit, sondern vom Körper mit seinem schweren und mühseligen Atmen.

Was wir ersehnen, was ein nackter und hingegebener Körper verlangt, ist etwas, das aus allem Unreinen besteht. Das Natürliche, das Alltägliche wirken unerträglich leicht. Ach! Sich in einem dichten, finsteren und fleischlichen Urwald verirren.

Wir streben nach einer dämonischen Besitznahme, aber wir üben nur den Beischlaf aus.

Die Gesellschaft wird gegen die Familie geschaffen, und einer größeren Intensität des sozialen Empfindens entspricht ein stärkerer Zerfall des Familienkomplexes.

Jeder Augenblick kann eine Ewigkeit sein, denn die Ewigkeit gehört nicht zur Zeitordnung, sondern zur Ordnung der Intensität.

Die Anpassung ist kein geheimnisvoller Prozeß: sie bedeutet, daß bestimmte Wirkungen verschwinden, wenn bestimmte Ursachen verschwinden, und daß, wenn bestimmte Ursachen erscheinen, auch bestimmte Wirkungen erscheinen.

Ihr Grund ist geheimnisvoll, doch nicht ihre Natur.

Der außerordentliche Pragmatismus Goethes: »Was fruchtbar ist, allein ist wahr«[11].

Die Wahrheit ist zweifellos eine Kategorie des Individuums, doch nicht deshalb, weil dieses sie erzeugt oder hervorbringt, sondern weil es als einziges sie wahrnimmt. Geistige Fruchtbarkeit ist nicht die Grundlage der Wahrheit, sondern nur ihr Zeichen und Bild: Was wahr ist, allein ist fruchtbar.[12]

Die Wahrheit geht nicht über die Dinge hinaus als deren geistige Form oder Formel: Wahrheit ist der Name der Wirklichkeit, die wir in ihrer Wirklichkeitsfülle wahrnehmen.

Da die Wirtschaftsordnung keine unabhängige Ordnung ist, ist keine wirtschaftliche Kausalität unabwendbar.

Ihre Gesetze gelten innerhalb jedes zeitlichen Systems, doch es gibt keine Kontinuität von einem System zum anderen. Ihre Gesetze verwirklichen sich immer, doch es sind nicht immer dieselben Gesetze: die Vielfalt der historischen Bedingungen, in denen ihre konkrete Axiomatik besteht, bringt vielfältige Folgen hervor.

Kein ökonomisches Gesetz ist absolut, doch es läßt innerhalb einer bestimmten Wirtschaftsordnung keine Ausnahmen zu. Das Auftreten von Sachverhalten, die zu jenen Ordnungen gehören, von denen die Wirtschaftsordnung abhängt, unterbricht die Kontinuität zwischen den zeitlichen Systemen und schafft neue Weltordnungen wirtschaftlicher Beziehungen.

Es ist ein vulgärer Irrtum, geistige Schöpfungen nach dem Ebenbild der wissenschaftlichen Kausalität anzusehen, wenn man so nach einer Identität dort sucht, wo es nur eine Beziehung zwischen Bedingung und Bedingtem mit der ganzen Spontaneität, Vielfalt und Ungewißheit gibt, die eine solche Beziehung impliziert.

Mehr als die Erkenntnis bringt die Tat den Menschen seinem wahren Wesen nahe.

Die Kritiker irren sich, wenn sie sich entrüsten, weil Leben und Werk eines Autors einander widersprechen. Sie bezichtigen ihn der Ironie und der Doppelzüngigkeit; sie erklären, jemand, der mit jeder einzelnen Tat jedes einzelne Wort verleugne, sei unmöglich aufrichtig.

Trotzdem sind Werk und Leben keine wechselseitige Wiedergabe ihrer selbst: das Werk offenbart nicht das Leben, und das Leben ist auch nicht der Stoff des Werkes. Die biographische Kritik hat einen bloßen Annäherungswert, gelangt indes nur zu den ersten Wahrheiten.

Werk und Leben sind Offenbarungen einer dritten Wirklichkeit, und beide geben jene Wirklichkeit wieder, wobei sie sich nach Erfordernissen richten, die ihnen eigentümlich und oft nicht miteinander vergleichbar sind. Werk und Leben stehen sich also nicht gegenüber, sondern integrieren sich und sind bestrebt, das Wesen des Seins systematisch zu versinnbildlichen.

In geistiger Hinsicht erlauben es die Früchte nicht, auf den Baum zu schließen, und vom Baum lassen sich auch nicht die Früchte herleiten; Baum und Früchte erfüllen, beide ihrer unterschiedlichen Natur gemäß, ihre Pflicht, eine geheime Macht zu verwirklichen, die über sie hinausgeht.

Jede Erkenntnis hat ihren Geschmack, ihr Gewicht und ihren Geruch; wenn wir sie darum bringen, bleibt nur ein unwirksamer und schwacher Abglanz übrig.

Ein Roman regt manchmal zahlreichere und fruchtbarere Gedanken als ein rein intellektuelles Werk an, vielleicht deshalb, weil der Roman vorzugsweise ein Konkretum zeigt, während das abstrakte Werk nur eine der vielfältigen Ausrichtungen eines Konkretums bietet.

Allegorie und Symbol bezeichnen ein und dieselbe Haltung: das Symbol, das sein Autor als Symbol ansieht, ist die Allegorie.

Um genau zu erkennen, was die allumfassende Persönlichkeit ist, macht es sich erforderlich, das Ich nicht von der unbestimmten Vielfalt des Meinigen zu isolieren. Das letzte und grundlegende Element des Ichs wird sich immer entziehen, und die Bewußtseinszustände werden als endgültiger Abschluß der psychologischen Analyse erscheinen.

Da das Forschungsobjekt in seiner Gesamtheit mit dem forschenden Subjekt identisch ist, kann es sich niemals selbst offenbaren und gibt lediglich seine peripheren Elemente zu erkennen: das heißt jenen Teil des Ichs, in dem die Identität des Subjekts und des Objekts nur teilweise vorhanden ist.

Jede wissenschaftliche Psychologie ist ihrem Wesen nach falsch, weil sie das als Objekt auffassen will, dessen Natur gerade darin besteht, Subjekt zu sein.

In unserer Zeit lassen sich einige Ausnahmen von der allgemeinen Mittelmäßigkeit des politischen Lebens finden. Manche Männer haben sich mit einer derart absoluten Hingabe der politischen Arbeit gewidmet, daß aus dieser uneingeschränkten Selbstaufopferung, aus dieser Zurückweisung all dessen, was sie von ihrem Ziel ablenken kann, das Bild eines reinen Lebens und einer beinahe religiösen Inbrunst entsteht. Der kommunistische Kämpfer ist vor seinem Sieg vielleicht der einzige Menschentypus unserer Zeit, der Achtung verdient.

Damit man denken kann, halte ich es für notwendig, daß das Denken parteiisch, beschränkt und ungerecht ist.

Es gibt eine leidenschaftliche, überspannte und maßlose Gerechtigkeitsliebe, die alle Handlungen lähmt. Wenn das Denken überall nur ein teilweises Fehlen des Irrtums entdeckt, beunruhigt und verabschiedet es sich.

Es gibt philosophische Themen, die lediglich lyrische Stoßgebete zulassen.

Die Welt verführt uns vor allem, wenn sie den haltlosen Träumen, die sie uns bietet, die hartnäckige Sehnsucht nach ihrer Nichtexistenz hinzufügt.

Gehört der dialektische Prozeß bei Platon zum entdeckenden Denken oder zum sich mitteilenden Denken? Sokrates sagt, daß er nichts wisse; warum weiß er aber, wenn er nichts weiß, daß das, was sein Gesprächspartner vorbringt, falsch ist? Wie beurteilt er den Irrtum? Womit vergleicht er die Wahrheit? Was ist sein »clare et distincte«[13]?

Du sonderbarer Sokrates, hast du lediglich vorgetäuscht, nichts zu wissen? Hat das Orakel dein ironisches Stillschweigen verraten?

Vermeiden wir es, gegen etwas oder gegen jemanden zu denken; nichts verfälscht so sehr das Denken, nichts läßt es so schnell altern.

Der Pelagianismus ist unhaltbar, und wir sehen, daß überall die Ungerechtigkeiten der Gnade triumphieren.

Die Beweise haben weder Wert noch Bedeutung; sie sind lediglich das Gerüst unserer Ideen.

Die Wahrheit hat tausend Erscheinungsformen, der Irrtum ist ein und derselbe.

Es gibt keine absoluten Irrtümer, sondern nur beschränkte Wahrheiten.

Der absolute Irrtum ist unbegreiflich, er wäre eine bloße Bejahung des Nichts und er selbst also auch ein Nichts.

Jeder sinnvolle Satz ist eine Wahrheit: Wahrheiten haben jedoch eine unterschiedliche Ordnung und einen verschiedenartigen Wert. Der absurde Satz bedeutet hingegen nichts und ist ein bloßes Durcheinander von Ziffern oder Tönen.

Wir sagen, daß ein Satz falsch ist, wenn wir darüber hinaus einen anderen Satz undeutlich wahrnehmen, der eine allgemeinere oder tiefere Wahrheit enthält.

Das Wesen, das die wissenschaftliche Psychologie konstruieren will, ist ein Wesen, das zu allem fähig ist, außer zum Fühlen, Wollen und Denken.

Wenn wir, selbst nur für einen Augenblick, das Vorhandensein der epistemologischen Probleme vergessen, das heißt, wenn wir aus Unachtsamkeit dahin gelangen, die Postulate der Wissenschaft als absolut und letztgültig anzunehmen, können wir uns ihren Schlußfolgerungen nicht mehr entziehen und auch ihre Ergebnisse nicht auf vernünftige Weise ablehnen.

Die Wissenschaftstheorie, die eine Philosophie mit sich bringt, bestimmt heute deren Rang und Ort.

Wenn uns ein einziges Gefühl beherrscht und ausfüllt, beschränkt sich das Universum für uns auf die Dimension jenes einsamen Gefühls; damit verflüchtigt sich jedoch nicht nur die Vielfalt der Welt, sondern es verringern sich auch die Intensität und der Reichtum desselben Gefühls, denn die Kraft jeder Bejahung hängt – mehr noch als von dem, was sie negiert – davon ab, daß sie angespannt und nachdrücklich bei ihrer Negation bleiben muß.

Die gesellschaftliche Stellung schafft nicht diesen oder jenen Menschentypus, sondern begünstigt ihn.

Hüten wir uns, daß unsere Liebe zur Vielfalt nicht so weit geht, ihrer Neuigkeit wegen jene Form zu lieben, welche die Vielfalt zerstört.

Die Französische Revolution wurde nicht gegen den Feudalismus, sondern gegen dessen Fehlen durchgeführt.

Unter Gleichen begründet die Gewalt das Recht, weil die Gewalt dort und nur dort eine Qualität ist, das heißt etwas Unterscheidendes.

Der Kommunismus ist für viele ein der Transzendenz entbehrendes Christentum. Tatsächlich ist er ein Mystizismus der reinen Immanenz.

Mehr als die Theorie einer Gesellschaftsklasse oder einer Geistesart ist der Kommunismus die Theorie eines Teils des Geistes, jedes Geistes.

Das Universalienproblem ist das einzige wichtige Problem.

Der philosophische Denkprozeß besteht in der Wechselwirkung zwischen der Vorliebe des Geistes für den Begriff und seiner Vorliebe für die konkrete Wirklichkeit.

Daher lebt er vom Vergleich eines Einzelnen mit einem Allgemeinen und von der Gestaltung des einen durch das andere.

Jede Tugend ist die Angemessenheit einer Leidenschaft und eines Zustands, jedes Laster die Unangemessenheit.

Die Ersetzung von Zielen ist der einzige positive Teil der Moral und vielleicht die wahre Kultur.

Eine Seele, die ihre Form übernimmt, anstatt sie selbst hervorzubringen, ist so mittelmäßig und unelegant wie Konfektionskleidung.

In der Geschichte macht jede Wirkung einer Ursache umgekehrt aus jener Ursache ihre Wirkung. So etwa fördert der Wohlstand die Industrie und die Industrie fördert den Wohlstand usw.

Der Grund für diese Wechselbeziehung besteht darin, daß beide, Ursache und Wirkung, von Sachverhalten einer anderen Ordnung postuliert werden.

Vielleicht ist die Freiheit des Menschen nicht geringer, wenn ihn seine Leidenschaften beherrschen; vielleicht ist es seine wahre Freiheit, seinen Leidenschaften zu gehorchen. Vielleicht sind seine Leidenschaften der Ausdruck seiner Natur und sein eigentlicher Wesensgrund.

Die echten Leidenschaften gehören nicht zu unserer Oberfläche, sie sind, was von nichts verordnet oder bedingt wird, unser Absolutes.

Das Interesse an der konkretesten Gegenwart ist ein ewiges Interesse, ebenso das Interesse an der Zukunft; doch das Interesse an morgen ist ein flüchtiges Interesse.

Bedeutung hat nur das Ewige oder das, was in einem Augenblick stirbt, aber nichts ist so haltlos wie etwas, das einige Tage währt.

Die Vernunft ist der Akt des Geistes, der über seine vorherigen Akte meditiert, so wie die Methode später als der Gedanke auftritt und ihn nicht hervorbringt, sondern lediglich vor seinem eigenen Gericht rechtfertigt.

Die Moral entsteht gleichzeitig aus den gesellschaftlichen Bedingungen, dem Grad der Tatkraft einer Rasse und der unbezwinglichen Haltung des Individuums.

Je mehr der Staat wächst, desto kleiner wird das Individuum.

Damit eine falsche soziologische Theorie eine Gesellschaft findet, die deren Behauptungen bestätigt, reicht es aus, daß sie zu einer Doktrin wird und daß man sie nachdrücklich genug verkündigt.

Jede Bestätigung einer Wesensart des Menschen neigt dazu, im Menschen diese Wesensart zu schaffen.

Nicht unsere Naturerkenntnis verwandelt die Natur, sondern unsere Macht über sie; doch unsere Erkenntnis des Menschen verwandelt den Menschen, und deshalb genügt unsere Definition, damit das definierte Objekt neue Wesenszüge erhält, die es verändern und nach einer neuen Definition verlangen. Die Definition des Menschen schafft den Menschen und ist daher ein endloser Prozeß.

Der Skeptizismus einer Gesellschaft und die Ungewißheit über ihr Schicksal erlauben die Existenz des Individuums.

Jede Gesellschaft, die sich als die Herrin ihrer Geschichte ansieht, die ihre Ziele für zuverlässig hält, von der Vortrefflichkeit ihrer Prinzipien überzeugt ist und als sicher annimmt, die Wahrheit zu besitzen, tyrannisiert und unterdrückt.

Da uns die Wissenschaft schon mit einer eindrucksvollen Sammlung von Wahrheiten bedroht, kann die Gesellschaft, die sie gutheißt, wenn sie ein paar unredliche Extrapolationen vornimmt, sie zum Instrument eines unbeschränkten Despotismus machen.

Der Zweifel und ein metaphysischer Irrationalismus sind die notwendigen Voraussetzungen für das Erscheinen und Überleben des Individuums.

Der gigantische Staat ist kein abstraktes Wesen, er ist eine unermeßlich große Summe kleiner Willensakte. Wenn der Staat groß ist, so nicht deshalb, weil die Willensakte, aus denen er sich zusammensetzt, groß sind, sondern weil die Zahl jener Willensakte groß ist. Die Willensakte können nicht groß sein, denn je mehr Willensakte es in der Zusammensetzung des Staates gibt, desto kleiner sind diese Willensakte, weil sie sich gegenseitig stören, behindern und einschränken; doch je zahlreicher und kleiner sie sind, desto größer ist ihre Gewalt und kollektive Macht.

Daher führt die Beteiligung einer großen Zahl von Willensakten an der Regierung eines Staates unvermeidlich zu einer absoluten Tyrannei und einer absoluten Mittelmäßigkeit.

Die Menschen, die sich dem Automatismus überlassen, werden einander immer ähnlicher. Man kann sich durchaus eine Grenze vorstellen, an der ein uneingeschränkter Automatismus eine absolute Identität hervorbringt, bei der das »distincti non discreti«[14] in einem »discreti non distincti«[15] aufgehoben ist, das als Definition für die absolute Materie dienen könnte.

Die Logik der Systeme ist anders als die Logik der Vorstellungen und Begriffe. Die eine ist die Logik des konkreten und lebendigen, spontanen und unvorhersehbaren Denkens, während die andere die Logik der Ergebnisse des Denkens, die Logik seiner Erzeugnisse, die notwendige, abstrakte und automatische Logik ist.

Wenn die gegenwärtige Totalität der Welt mit ihrer konkreten Totalität identisch wäre, ließe sich die Philosophie nicht begreifen.

Wenn die konkrete Totalität gegeben wäre, würden Schein und Sein identisch sein, und die Erkenntnis hätte keinen Sinn mehr, denn das Wie und das Warum würden sich in einem allumfassenden Dasein auflösen.

Der Schein ist der Stoff unseres Denkens und das Sein dessen Ziel.

Wissenschaftliche Wahrheiten sind spezifisch, sie sind die Wahrheiten einer besonderen Ordnung; sie sind nicht die Wahrheiten der ganzen Natur des Menschen, sondern die Wahrheiten eines bestimmten methodologischen Schemas.

Die wichtigsten Ergebnisse der wissenschaftlichen Psychologie wurden auf dem Gebiet der Psychopathologie erreicht, weil der dem pathologischen Bewußtsein eigentümliche Unterschied ermöglicht, daß man die subjektiven Erwägungen übergeht.

Die transitive Relation zwischen Ursache und Wirkung ist in der Geschichte selten. Die Art der historischen Relation ist die funktionale Relation, die es uns ermöglicht, die wechselseitige Variabilität zweier Erscheinungen zu bestimmen und so einen Zusammenhang mit einem dritten, vielleicht unerkennbaren Begriff zu vermuten.

Da es notwendig ist, etwas immer wieder vorzutragen, wenn wir erreichen wollen, daß man uns zuhört, müssen wir, denen Wiederholungen widerwärtig sind, uns damit abfinden, daß man uns nicht zuhört.

Lediglich ein zu Unrecht erworbener Ruhm ist noch haltloser als ein zu Recht erworbener Ruhm.

Es kommt nicht darauf an, Ruhm zu erwerben, vielmehr kommt es auf die Dinge an, mit denen man Ruhm erwirbt.

Wirkliche Größe hat es nicht nötig, daß andere sie betrachten; ihr eigenes Licht und ihre eigene Inbrunst genügen ihr.

Es gibt Wissenschaft nur über das, was ist, über die Tatsache; es gibt keine Wissenschaft des Möglichen.

Das Mögliche ist nur ein Gegenstand der Wissenschaft, wenn es aufhört, eine bloße Möglichkeit zu sein, und allein der Umstand, ein Gegenstand der Wissenschaft zu sein, verwandelt das Mögliche in eine Tatsache, in etwas Seiendes.

Die bloße Möglichkeit, das, was nur sein kann, was seinem Wesen nach nicht ist, entzieht sich jeder Art von Vernunft. Die Vernunft negiert oder ignoriert es. Das Mögliche ist nun aber der Wille.

Wenn es zwei gleichermaßen mögliche Tatsachen gibt, die einander ausschließen, läßt sich nur eine verwirklichen. Die Wissenschaft, die eine bloße Möglichkeit nicht kennt, glaubt, daß die Unmöglichkeit, die beiden Tatsachen gleichzeitig zu verwirklichen, der heimlichen Bestätigung gleichkomme, gerade jene Tatsache, die allein verwirklicht wird, sei notwendig.

Gleichwohl ist ein derartiger Ausschließlichkeitsanspruch rein formal und bezieht sich lediglich auf die Unmöglichkeit einer Koinzidenz; er berührt nicht im mindesten die eigentliche Natur der Tatsachen und verlangt nichts von dem, was sich auf ihre existentielle Wahrscheinlichkeit bezieht. Der Irrtum besteht hier darin, daß man aus einem lediglich formalen Anspruch einen substantiellen Anspruch macht.

Die Kirchenväter üben Kritik am Reichtum vom Standpunkt des Individuums aus; sie verdammen ihn nicht so sehr, weil er ungerecht ist, vielmehr deshalb, weil er das größte Hindernis für die Vervollkommnung des Menschen und für sein Seelenheil ist.

Die Sozialisten verdammen hingegen nicht den Reichtum, sondern seine ungerechte Verteilung, die ungleiche Beteiligung an ihm.

Eine Gesellschaft, in der alle Menschen reich wären, würde dem Sozialismus durchaus nicht widerstreben, sondern ihm im Gegenteil willkommen sein: sie würde das Ideal verwirklichen, das er sich zum Ziel setzt. Statt dessen ist dem wahrhaftigen Christentum nichts widerwärtiger, widerspricht nichts stärker seinem Geist, ist seiner Natur nichts fremder.

Das Christentum ist nicht so sehr eine Kritik des Reichtums als vielmehr das Lob der Armut, und vor allem ist es eher eine Kritik der Reichen als eine Kritik des Reichtums.

Das Christentum strebt danach, eine Gesellschaft der Armen zu schaffen, und der Sozialismus eine Gesellschaft der Reichen; im Reichtum sieht jenes sein Hindernis, dieser sein Ziel.

Eine gewisse Literatur gehört eher zur Soziologie als zur Ästhetik. Rein literarische Bücher helfen noch besser, ein politisches System zu verstehen, als die theoretischen Bücher, die es darlegen und erklären.

So etwa ermöglichen uns Aragons *Les beaux quartiers*[16] besser als jedes Lehr- oder Geschichtsbuch, den Kommunismus zu verstehen, weil uns dieses Buch bekundet, aus welcher Weltanschauung es hervorgegangen ist, oder weil es uns den Blickwinkel zeigt, unter dem sich ein bestimmter, vom Kommunismus geforderter Aspekt der Welt offenbart.

Ständig vergessen wir das Grundprinzip des Universums: jenes, das lehrt, daß das Gleichgewicht bei allem Konkreten aus der Verschmelzung mehrerer gegensätzlicher Begriffe entsteht.

Eher als ein Zustand im Sinn des Entwicklungsgedankens, als eine chronologische Etappe ist der theologische Zustand Comtes, den er als abstrakt bezeichnet und von dem er sagt, daß in ihm »l'esprit humain dirige essentiellement sa recherche vers la nature intime des êtres (...) vers la connaissance absolue«[17], ein Zustand im psychologischen oder analytischen Sinn, eine Wesensart in allen möglichen Zeiten.

Wir dürfen ihn außerdem nicht abstrakt oder fiktiv, sondern konkret und real nennen, weil er das Symptom der von bestimmten Geistern entdeckten Notwendigkeit ist, in jeder Sache eine Gegenwart und nicht so sehr eine Relation zu finden.

Die gefühlsmäßige Bedeutung einer Doktrin hängt von der Zahl der Gewissen ab, die an ihr beteiligt sind, doch ihre geistige Bedeutung hängt nur von der Wahrheit ab, die sie enthält.

In den menschlichen Gefühlen gibt es nichts Schrecklicheres als die Unmöglichkeit, die verbrecherischsten zu beseitigen, ohne gemeinsam mit ihnen die Verheißung der edelsten zu entwurzeln.

Die wirkliche Politik ist die Wissenschaft von den verschiedenen Bedingungen, die für das Auftreten der starken Persönlichkeiten notwendig sind.

Erst der Kontext gibt dem Text einen Sinn: der Wert eines Wortes hängt von dem Menschen ab, der es ausspricht.

Die Metaphysik ist zugleich Wissenschaft des Seins und Form der individuellen Substanz, reine Erkenntnis der letzten Wirklichkeit und reine Biographie ihres Autors.

Dies ist die Evidenz selbst, und der scheinbare Widerspruch, der uns beunruhigt, kommt von einer unangemessenen Vorstellung vom wirklichen Sein. Tatsächlich ist das wirkliche Sein nicht das allgemeine Sein der Wissenschaft, die reine Allgemeinheit, die allein als Attribut der Existenz betrachtet wird, es ist das besondere und konkrete, fleischliche und unreine Sein.

Reifen bedeutet für die meisten Menschen, nicht nur auf das zu verzichten, was sie erträumten, sondern auch auf das, was sie waren.

Wenn das Genie eine fortdauernde Kindheit ist, so ist der Verstand eine unsterbliche Jugend.

Leben heißt sich abfinden, und sich abfinden heißt sich erniedrigen.

Heldentum und Seelenadel sind Formen des Starrsinns.

Der Fanatismus ist die Wurzel aller Größe.

Nicht der Egoismus ist überraschend, sondern sein ständiger Mißerfolg.

Nur der Mittelmäßige opfert sich für die anderen; die großen Geister opfern sich für ihren Stolz, ihren Ehrgeiz oder ihre Träume.

Wir sollen nicht für unsere Zeit oder gegen unsere Zeit, sondern außerhalb unserer Zeit denken. Und was kommt es darauf an, wenn dies unmöglich wäre? Denn das ist vor allem eine grundsätzliche Forderung und eine methodische Regel.

Der Wert einer Idee läßt sich nicht an der Bedeutung der Rolle, die sie spielt, ermessen.

Wahre Größe gibt es nur im Menschen und im Werk, nicht in den Ergebnissen.

Sie läßt sich nicht vom Mißlingen oder Gelingen, von Wahrheit oder Irrtum hervorbringen oder an ihnen messen.

Die Wahrheit einer Idee hat weniger zu bedeuten als die Stärke, Aufrichtigkeit, Eleganz oder Würde ihres Autors.

Nicht nach der Wahrheit zu suchen ist ein Zeichen der Mittelmäßigkeit; doch es ist kein Zeichen der Größe, sie zu finden.

Es gibt eine Art, sich zu täuschen und zu irren, welche die Tiefe und Würde einer Seele besser als jeder Erfolg offenbart.

Der Mensch strebt nicht danach, sich zu befreien, sondern sich zu unterwerfen; die Wahrheit, die er sucht, kann, selbst wenn er sie findet, nur die reinste Erscheinungsform der Notwendigkeit sein.

Der allerabscheulichste Despotismus ist jener der Wahrheit. Welche Vorwände könnten wir ersinnen, um ihn zurückzuweisen? Welche Rechtfertigungen könnten wir für unsere Abneigung finden?

Unsere Freiheit hängt von unserer Unwissenheit ab, ebenso wie unsere Größe von unserer Schwäche.

Was wir suchen, macht unsere Größe aus, und was wir finden, unsere Mittelmäßigkeit.

Die Philosophie sollte lediglich beschreiben; wenn sie aber predigen will, soll sie das Ewige predigen.

Nach der Lösung des sozialen Problems zu suchen, das heißt nach einem vollkommenen und endgültigen Gleichgewicht zu streben, ist eine absurde Sehnsucht, weil sie voraussetzt, daß es eine wesenhafte Gesellschaftsordnung gibt, während es in Wirklichkeit so viele mögliche Ordnungen gibt, wie es mögliche Gesellschaften gibt, und beinahe so viele, wie es mögliche Individuen gibt.

Ein Parlament ist kein Regierungsinstrument, sondern ein Mechanismus für die Machtergreifung.

Eine soziale Klasse oder eine Menschengruppe schafft das Parlament, um einer anderen Klasse oder einer anderen Gruppe die Macht zu entreißen, aber nicht um zu regieren.

Solange die Macht geteilt ist, lebt das Parlament von diesem unentschiedenen Konflikt, doch es stirbt am eigenen Sieg, wenn seine Mehrheitspartei die gesetzgebende Gewalt (Bonald zufolge das Wesen der Macht) uneingeschränkt übernimmt und die vollständige Macht erringt.

Dann ist das souveräne Parlament nur noch eine überwundene Etappe der Machtergreifung, und die Mehrheitspartei schafft es eilig auf mehr oder weniger diskrete Art ab, um durch die Exekutive direkt zu regieren.

Um freizusprechen oder zu verurteilen, genügt es nicht, daß man weiß, ob es sich um Unterdrücker oder Unterdrückte handelt. Um über sie zu urteilen, muß man wissen, was sie tun, und vor allem, was sie sind.

Die Wahrnehmung vermittelt uns ein wirkliches Objekt, jedoch nicht das Objekt in seiner Gesamtheit, und darum ist unsere Welt wirklich und zugleich inkohärent.

Ich halte die Katastrophentheorie der Geschichte, die in Kulturblöcken denkt, für eine übertriebene Geringschätzung des Individuums und die maßlose Verehrung des Kollektiven.

Der Humanitarismus ist der Humanismus der Dummköpfe.

Die Liebe, die sie für den Menschen der Zukunft haben, entsteht aus ihrem Haß gegen den Menschen aus Fleisch und Blut.

Darum setzt sich jenes Phantom der Zukunft, von der sie träumen, aus dem Stoff ihrer Mißerfolge und Niederlagen zusammen.

Die Propheten und Reformatoren vergessen immer, daß allein dem Menschen, den sie tadeln, die Aufgabe zufallen kann, die Gesellschaft zu schaffen, von der sie träumen, und daß sich daher die gesellschaftliche Wirklichkeit von morgen nicht wesentlich von der heutigen sozialen Wirklichkeit unterscheiden kann.

Die Menschheit besteht aus der Vereinigung von etwas, das stets mit sich selbst identisch ist, und etwas, das wesenhaft anders ist. Die Form jeder Wirklichkeit ist die Synthese des Zeitlichen und des Ewigen. Es ist ein absurder Versuch, wenn man diese Synthese analysieren will, weil die Wirklichkeit nicht auf einem der isolierten Begriffe beruht, sondern gerade aus der konkreten Gegenwart der Synthese hervorgeht.

Daher scheitert in der Literatur sowohl der Regionalismus mit seiner ausschließlichen Berücksichtigung des Unmittelbaren und der bloßen Oberfläche als auch der epigonale Klassizismus mit seinem sinnentleerten Schematismus, womit der absurde Versuch aufgehoben wird, das Menschliche in seiner Reinheit und Allgemeinheit zu verwirklichen.

Die Wissenschaft entzieht sich jeder Erklärung des unmittelbaren Warum, und damit ist sie im Recht; wenn es sich nämlich um einen Versuch handelt, die Vielfalt auf die Einheit zurückzuführen, hat das Warum nur einen Sinn, wenn es auf jene Einheit angewendet wird.

Für den Pluralismus gibt es ein mögliches Warum jedes Objektes; für die Wissenschaft gibt es nur eines: das des gesamten Universums.

Die Wissenschaft ist eine monistische, irrationale, kontingente und sinnlose Ontologie.

Die Wissenschaft ist zweifellos wahr; wenn sie es aber so weitgehend wäre, wie sie behauptet, würde ihre eigene Existenz unmöglich sein. Die Wissenschaft ist die Frucht jener Attribute des Seins, die sie gerade negiert: sie wird vom Geist hervorgebracht und von einer absoluten sittlichen Pflicht befruchtet.

Der Skeptizismus begründet gewöhnlich den Liberalismus, doch unsere Ungewißheit muß nicht zwangsläufig der einzige Grund für unser geistiges Wohlwollen und unsere Großmut sein. Ein wahrhaftiger geistiger Liberalismus, der großmütig und hart, weit und streng ist, benötigt einen metaphysischen Pluralismus als Grundlage.

Der Zugang zu einem Werk kann sich nicht vom Zugang zu einer von jenen wesentlichen Sachverhalten der Menschheit, wie zum Beispiel der Liebe oder dem Tod, unterscheiden.

Im Geist gibt es die gleiche Fruchtbarkeit wie bei einem wesentlichen Sachverhalt, und das Leben eines Werks ist intensiver als das vulgäre Leben.

In einer Bibliothek genießt das Abenteuer kein Ansehen; aber in der Welt ist das Abenteuer selten und meistens mittelmäßig, und wer auf ein Abenteuer stößt, meidet oder ignoriert es gewöhnlich.

»Was uns das Leben lehrt« ist ein Thema der populären Rhetorik; das Leben lehrt nicht nur nichts, vielmehr trübt und verwischt es auch die verworrenen, aber scharfsinnigen Intuitionen unserer Jugendzeit.

Selten ist der Mensch, der nicht seine unbeständige, ungewisse, verräterische und edle Jugend der blinden und dumpfen Sicherheit seines Mannesalters opfert.

Der Einfluß unterscheidet sich so von der Nachahmung, wie sich die Geste von der sie verlangenden Notwendigkeit unterscheidet. Wer nachahmt, reagiert, wie schon der Nachgeahmte reagiert hatte; der Beeinflußte reagiert, wie jener, der ihn beeinflußte, hätte reagieren können.

Es ist das Ziel der reinen Prosa, eine objektive Idee mitzuteilen, eine Idee, deren Bedeutung unabhängig von dem ist, der sie vorträgt oder äußert. Das Ziel der literarischen Prosa ist, eine subjektive Idee vorzutragen, eine Idee, deren Bedeutung von dem abhängt, was sie für den Schriftsteller bezeichnet.

Die Objektivität oder Subjektivität einer Idee können naturgemäß nur bloße Wegrichtungen des Geistes sein: Objektivität und Subjektivität sind Tendenzen oder Nuancen, Variationen der Intensität oder Neigung eines Gedankens, der über diese Kategorien hinausgeht. Eine objektive Idee ist jene, deren Ursprung und Referent äußerlich sind, jene, die sich äußerliche Sachverhalte als äußerlich vornimmt, die findet, daß die Bedeutung des als Referenten dienenden Begriffs von der Natur oder der Gesellschaft im voraus bestimmt wird: ein Zahnschmerz, ein Erdbeben, eine gesellschaftliche Konvention, eine politische Revolution.

Die subjektive Idee ist jene, deren Referent äußerlich ist, deren Ursprung jedoch innerlich ist, jene, die, wenn sie ein Objekt vorstellt, es lediglich vorstellt, weil das Subjekt es impliziert, erfordert und verlangt.

So sieht der Unterschied zwischen Pascal und irgendeinem Apologetiklehrbuch aus.

Jedes Objekt ist poetisch, wenn es nach der Meinung des Dichters zum »Mein« oder »Dein« gehört; jedes Objekt ist prosaisch, wenn es ein »Sein« ist, wenn sich in ihm das Pronomen der dritten Person offenbart.

Die überschwengliche Freude des Publikums über einen schwachsinnigen Film genügt, um einen jeden von seinen reformistischen Utopien zu heilen.

In der Politik ist nichts alltäglicher als der Widerspruch zwischen den angestrebten Zielen und den Mitteln, die vorgeschlagen werden, um sie zu erreichen; trotzdem sollte nichts leichter sein, als diese Inkohärenz in jeder Doktrin zu beseitigen.

So ist es tatsächlich. Wenn die Gründe, die uns veranlassen, diese oder jene Moral anzunehmen (und die Politik ist nur der soziale Aspekt der Moral), zu einer individuellen Ordnung gehören und persönliche Kategorien sind, so sind die Mittel, um diese moralischen Ziele zu verwirklichen, unpersönliche Beziehungen, die allgemein und abstrakt betrachtet werden können. Selbst wenn die moralische Haltung der Botmäßigkeit einer widerlegenden Dialektik entgeht, kann daher der soziale Mechanismus, den man in Gang setzen muß, um die Postulate dieser oder jener moralischen Haltung zu verwirklichen, das vorzügliche Objekt exakter Definitionen sein.

Jedes theoretische System kann in seiner eigenen Ordnung bis zur Grenze ausgeweitet werden; doch im konkreten Bereich verfällt derjenige, der die Überlagerung verschiedener Ordnungen vergißt, bald in absurde Irrtümer.

In dem Fall, daß es »eine wesentliche und natürliche Ordnung der menschlichen Gesellschaft« gibt, handelt es sich nicht um eine unverletzliche Ordnung, wie dies für die Gesamtheit der Gesetze der Himmelsmechanik gilt.

Daher bedeutet eine soziale Institution wie die Familie keine Notwendigkeit, die sich etwa mit dem Atmen vergleichen ließe.

Tatsächlich kann diese Ordnung nur die Voraussetzung eines bestimmten gesellschaftlichen Zustandes sein; wenn man jedoch gegen sie verstößt, kann das zur Zerstörung all dessen führen, was in ihr nebeneinander besteht. Deshalb kann diese Ordnung nicht für den Menschen wesentlich sein, damit er als Organismus überlebt, wohl aber für alles, was es an eigentlich Menschlichem im Menschen gibt.

Der historische Materialismus ist nicht gefährlich, weil er falsch ist, sondern weil seine eingeschränkte Wahrheit so offensichtlich und klar ist, daß jede andere Lehre neben ihm wie ein bloßer Sophismus und eine bloße Spitzfindigkeit erscheint. Die allumfassende Wahrheit beruht jedoch weniger auf ihrer groben Evidenz als vielmehr auf dem flüchtigen und schwachen Licht verschiedener Erwägungen, mit denen man den historischen Materialismus beinahe beseitigt, während man ihn vervollständigen will.

Die Wahrheit eines Systems ist der Totalität des Systems immanent, und niemand kann sie ihm entnehmen.

Die Vulgarität des Lebens widerspiegelt teilweise die Vulgarität unserer Seele.

Denn unser träger Verstand, unser Sicherheitsstreben und unser Grauen vor dem Fremden, unsere freudige Annahme jedes Gemeinplatzes, jeder leichtfertigen Interpretation, jeder gewohnheitsmäßigen Trivialität vulgarisieren das uns umgebende seltsame und geheimnisvolle Universum.

Das Unmögliche fasziniert uns, weil es unsere Trägheit rechtfertigt.

Wenn man liest, ohne sich zu engagieren, ist das lediglich eine mühselige Belanglosigkeit. Jedes Buch muß für uns die unbestimmte Gestalt eines Schicksals haben, und jede Lektüre muß uns reicher oder ärmer, glücklicher oder trauriger, sicherer oder unsicherer machen, aber darf uns nie unberührt lassen.

Wenn wir ein Buch öffnen und nicht widerwillig oder liebevoll Anteil an ihm nehmen, sollen wir es lieber fortlegen, bis eine dunkle Notwendigkeit oder ein ausdrücklicher Wille in unserer Seele die Leidenschaft weckt, die bei einer solchen Lektüre aufscheint.

Jedes Buch, das nicht auf unser verborgenes, nacktes, erregtes und blutendes Fleisch trifft, ist lediglich eine vorübergehende Zuflucht.

Jede Weisheit besteht darin, Gemeinplätze aufrichtig, gelassen und tief zu überdenken.

Nur einer oberflächlichen Betrachtung scheint es, als seien die Dinge einander entgegengesetzt und schlössen sich gegenseitig aus: in Wahrheit strebt alles zu seinem Gegenteil und will den ihm antinomischen Begriff verwirklichen.

Die Verneinung vollendet die sie scheinbar ausschließende Bejahung, damit sie ihrem Wesen souverän gerecht wird. In jener dunklen negativen Mitte des Universums entdeckt daher sein heller Teil die Fülle seiner mittäglichen Verheißungen.

Je intensiver unsere Beschäftigung mit einem Gegenstand wird, desto mehr verflüchtigen sich die Gründe, die zuerst unser Interesse geweckt hatten, um von anderen Gründen verdrängt zu werden, wenn sich unsere Beschäftigung aus gegenteiligen Gründen fortsetzt.

Jede Leidenschaft, die sich verfeinert, ändert ihre frühere Natur so sehr, daß aus der unschuldigsten Neigung jene Verirrungen entstehen, die ein ganzes Volk erschrecken. Gleichwohl ist diese Änderung nur scheinbar, und die Identität überdauert unter der andersartigen Oberfläche.

Um ein und dieselbe Leidenschaft zu befriedigen, werden unterschiedliche Objekte erforderlich, doch am Ende genügt es nicht, daß sie lediglich unterschiedlich sind, vielmehr ist es unbedingt notwendig, daß sie das genaue Gegenteil der ersten sind. Das Gute setzt sich mit dem Bösen fort und erreicht mit ihm seinen Höhepunkt, denn jeder Dämon ist nur die übermäßige und unbeschränkte Gegenwart eines Gottes.

Der Mensch ist unmotivierter Handlungen und selbstloser Wißbegierde unfähig. Die Wurzel der Wissenschaft ist nicht die Wißbegierde, sondern ein ruheloses Nichteinverständnis; jeder Erkenntnisdrang stirbt, wenn der Mensch sich selbst genügt. Alle Dinge, die uns zufriedenstellen, lösen Probleme, mit denen sie überhaupt keine Beziehung haben.

Wir sind so unglücklich, daß eine gute Verdauung genügt, damit uns jede moralische Feinheit oder jede geistige Subtilität fiktiv und sinnentleert scheinen.

Der allgemeine gesunde Menschenverstand ist der Verstand, den wir haben, wenn wir gemein und vulgär sind.

Würde und Liebe sind umgekehrt proportional.

Die Liebe nimmt durch alle Erniedrigungen zu, die sie verlangt, und ihre Stärke hängt von der Animalität ab, zu der sie uns herabzieht.

Vielleicht entsteht die Liebe zwischen Frau und Mann, damit etwas die dunklen Taten ausgleicht, an denen sie mitschuldig waren.

Die Maßlosigkeiten der Liebe entstehen aus ihrer Unzulänglichkeit, und wir dringen in den dichten Urwald des Fleisches ein, um nach den trügerischen und unvergeßlichen Verheißungen ihres Morgenrots zu suchen.

Eine klar erkannte Wahrheit erschöpft unseren Geist: sobald wir sie mit wenigen Worten formuliert haben (und je größer die Klarheit ist, desto knapper wird der Ausdruck), bleiben nur eine bloße rhetorische Entwicklung und eine emphatische Redundanz übrig.

Der Sophismus ist das für uns günstige Klima, der Boden, in dem unser Geist seine größte Fruchtbarkeit erreicht.

Eine Leidenschaft, die Gründe ersinnt, ein unaussprechliches Verlangen, das sich rechtfertigen will, schließlich jeder heimliche Drang, die Wahrheit zu entstellen, sind die zuverlässigen Triebfedern unseres Verstandes.

Eine grenzenlose Geringschätzung der Wahrheit wie ihre maßlose Verehrung machen uns gleichermaßen unfruchtbar.

Mehr als ein Gott verbirgt sich auf den geheimen Pfaden der Hölle.

Die uns umgebenden Berge sind so hoch, daß wir manchmal der Wahrheit wie der Morgenröte den Rücken zudrehen müssen, um ihr Morgenlicht im Westen zu sehen.

Manche verwechseln das Leben mit der Erfahrung und vergessen, daß den Menschen die Augen dienen, um nicht zu sehen, die Ohren, um nicht zu hören, und die Beschäftigungen des Lebens, um die Erinnerung an jene Wahrheiten zu ersticken, die sie unvorbereitet überraschten.

Das Leben ist die Guillotine der Wahrheiten.

Der Unterschied zwischen dem intelligenten Menschen und dem Dummkopf besteht lediglich darin, daß der erste zeitlebens versucht, gute Argumente für Ideen zu liefern, die denen des zweiten gleichen.

Die Menschen haben dieselben Sehnsüchte, doch während die einen sie einfach anerkennen, müssen die anderen Gründe ersinnen, um sie anzuerkennen.

Am Grund unseres Bewußtseins verbirgt sich heute eine solch kalte, endgültige und trostlose Verzweiflung, daß uns jede Meditation über die Vorsehung wie ein unzeitgemäßes und grausames Spiel erscheint. Es ist sonderbar, daß uns nur unser Skeptizismus an der Blasphemie hindert und daß Glaube und Frömmigkeit heute keinen zuverlässigeren und besseren Verbündeten als den Wankelmut unserer Seele haben.

Mir hat es stets genügt, die Landschaft des trostlosen Bewußtseins zu erahnen, um zu fühlen, daß mich ein unwiderstehlicher Wind des Vertrauens zu Gottes Füßen mitreißt.

Wenn unsere ganze Weisheit darin besteht, das Unvermeidliche hinzunehmen, so besteht unsere ganze Würde darin, es zurückzuweisen.

Wie selten sind jene, die nicht erklären, Dinge, deren sie unfähig sind, seien bedeutungslos, und die ihre eigene Ohnmacht als Wertmaßstab nehmen.

Nichts offenbart so deutlich die Vulgarität einer Seele wie die Unfähigkeit, seinen Gegner zu bewundern.

Ohne Neid und Haß zu bewundern ist die einzige Möglichkeit, die Herrlichkeit der Welt zu retten, deren Besitz uns durch unsere Mittelmäßigkeit entrissen wurde.

Doch unser listiger Stolz konspiriert unermüdlich, um mit seinen verleumderischen Urteilen den hellsichtigen und kalten Spiegel jenes Verstandes zu trüben, der allein uns das verlorene Erbe zurückgibt.

Was uns an den jungen Leuten am meisten mißfällt, wenn wir in die Jahre kommen, ist unsere Ohnmacht.

Kein Mensch erweckt so sehr unseren Haß wie jener, der die Versprechen erfüllt, die wir uns selbst an der Schwelle des Lebens gegeben haben.

Daß wir das Große bewundern, wenn es Größe in unserer Seele gibt, ist eine natürliche, spontane und leichte Geste. Die mühsame Aufgabe, das schwierige Unternehmen bestehen darin, es zu bewundern, wenn es in uns lediglich ein bloßes Verlangen und gleichsam die Hohlform einer Abwesenheit gibt.

Jede Niederträchtigkeit der übrigen weckt heimliche Sympathie, weil sie unserem Stolz schmeichelt.

Die Spitzbuben, Fälscher, Betrüger und überhaupt all jene, die sich der Mittelmäßigkeit des Bösen widmen, sind für die gute Hygiene des gesellschaftlichen Organismus notwendig, weil sie es ermöglichen, daß die Menschen leben können, ohne sich übermäßig zu verachten.

Dieses Leben ist entweder die Schwelle zu unserem wirklichen Dasein, oder es bleibt uns nur übrig, uns dem stummen Stolz eines entmachteten und einsamen Königs hinzugeben.

Ob es der Grundsatz der Weisheit oder die Unterwerfung der Vernunft ist, wenn man sich mit der bloßen Plausibilität der Ideen zufriedengibt?

Es gibt eine Armut, die uns härter als Reichtum der Eitelkeit der Welt unterwirft: jene, die nur das Fehlen von Reichtümern ist, die unter ihrer Besitzlosigkeit leidet, die nach ihrer Aufhebung strebt und sich ständig Sorgen um ihr Mißgeschick macht.

Die einzige Armut, die man nicht ruhig mit ansehen kann, ohne ein Verbrechen zu begehen, ist die Armut der anderen.

Die Enthaltsamkeit erst zu loben, nachdem wir Enthaltsamkeit geübt haben, und die Armut erst, wenn wir arm sind, ist eine einfache Anstandsregel.

Verzichten ist eine der edelsten Gesten, aber auch eine, die gewöhnlich bei dem, der ihr Beifall spendet, entweder grausame Heuchelei oder eine heimliche Rache bedeutet.

Die Moral des 20. Jahrhunderts, diese kaum ausformulierte, aber von allen befolgte Moralität, ist eine gesellschaftliche Moral, in der das Vorhandensein des Kollektiven jedes andere Prinzip beherrscht und ausschließt.

Es scheint unseren Zeitgenossen, als werde die Norm einer Handlung und ihre Richtschnur nur von ihrer gesellschaftlichen Bedeutung bestimmt: der einzige Maßstab, den sie anerkennen, ist das, was den anderen nützt.

Dem moralischen Individualismus fehlt das gute Gewissen; tatsächlich wird er bereits als eine Verirrung oder eine Geste des Zynismus angesehen.

Dienen, nützlich sein, wirksam sein, das befriedigt sie, das erkennen sie aufrichtig an. Der Zweck des Menschen besteht ihrer Ansicht nach in den anderen Menschen: Grausamkeit ist das unverzeihliche Verbrechen, und der wahre Held ist jener, der für sie eine neue Bequemlichkeit, einen neuen Reichtum oder eine neue Erleichterung erfindet. Nichts außer der Nützlichkeit rechtfertigt einen Menschen; zu nichts nütze zu sein, die Anklage des sozialen Schmarotzertums verdient zu haben, das bedeutet, sich den schlimmsten moralischen Sanktionen, gesellschaftlichen Strafen und sogar politischen Hinrichtungen auszusetzen.

Die neue Moralität ist eine Moralität der Werke; eine rechtschaffene Absicht rechtfertigt keine abweichende Haltung mehr, sie ist keine Entschuldigung; und wenn ihr manche wohlwollendes Mitleid zugestehen, verurteilen andere ihre Irrtümer, als handelte es sich um die böswilligste Arglist.

Solidarität, Gegenseitigkeit, Gemeinschaftsfähigkeit sind die Begriffe, die man benutzt, um der neuen Moral den Anschein der Vernunft zu verschaffen; schwerlich können sie aber deren hauptsächlichen Fehler und Mangel verbergen: daß es keinen endgültigen Begriff und keine unwiderlegbare Grundlage gibt.

Wenn der Mensch der einzige Zweck des Menschen ist, entsteht aus diesem Grundsatz tatsächlich eine grenzenlose Wechselbeziehung, eine Wechselbeziehung, die aus dem Nichts kommt und ins Nichts geht, denn jeder Begriff existiert ja nur für seinen wechselseitigen Begriff, der zugleich nur für den erstgenannten existiert wie das unbestimmte gegenseitige Abbild zweier leerer Spiegel.

Niemals kann der Mensch aufrichtig glauben, daß es sein Wesen vollständig ausfüllt, wenn er einem anderen Menschen dient, weil der andere Mensch ihm im wesentlichen identisch ist und er in sich selbst nichts entdeckt, was ihm den Dienst eines anderen einbringen kann. Entweder wird die neue Moral mit einer maßlosen Selbstgefälligkeit begründet, oder sie geht unwiderruflich unter.

Damit sie existieren kann, braucht sie einen ungeheuerlichen Egoismus, der die Negation ihres eigenen Prinzips ist.

Die heidnische Moral oder die christliche Moral, kurz, jene Moral, die einige von uns noch im geheimsten Winkel unseres Fleisches eingeprägt haben, geht vom Individuum aus, von seiner Vervollkommnung oder seinem Heil, vom Edelmut seiner Seele oder ihrer Unsterblichkeit. Wir müssen etwas tun, weil wir sein müssen; unsere Seele lebt in einem Prozeß, der keinen endgültigen Abschluß findet, der jedoch in jedem von seinen Siegen einen Endzweck hat. Jeder Augenblick kann sein Kulminationspunkt sein. Nichts kann die in jedem Augenblick erreichte Fülle aufheben, selbst wenn stets eine noch reichere Fülle auf sie wartet. Schließlich beruht diese alte Moral auf dem persönlichen Dasein jedes einzelnen Menschen und erreicht so die unumstößliche Festigkeit ihrer eigenen Grundlagen.

Ihr Zweck ist ein Wert, der sich von ihr unterscheidet, sich indes nur in der Seele verwirklichen läßt: er ist die Größe oder das Gute oder auch der Wille Gottes.

Gewiß streben wir nach dem, was für uns selbst gut ist; aber dieses Gute ist nicht unser irdisches und vulgäres Dasein, es ist das, was in ihm an einem absoluten Wesen teilhaben kann.

Nichts ist gefährlicher als die neue Haltung des Menschen zu seinen Werken.

Bis gestern betrachtete der Mensch jede neue Erfindung mit Argwohn; er befürchtete, daß es irgendeine teuflische Macht in ihr gebe, und verlangte, daß ein langes Fegefeuer diese beunruhigenden Neuerungen läutere.

Ein maßloser Optimismus, ein hemmungsloser Glaube an das Wohlwollen des Schicksals und an die Güte der menschlichen Natur verleiten ihn heute dazu, jede Frucht seines Erfindungsgeistes zu bejubeln. Der moderne Mensch vermag nicht zu glauben, daß eine neue Idee oder ein neuer Gegenstand schädlich oder abartig sein können, er vermag nicht auf ihren Gebrauch zu verzichten, weil er sich einbildet, daß er dann so etwas wie eine heilige Pflicht mißachten würde.

Trotz alledem ist nichts weniger offensichtlich als diese naive Gleichsetzung von Neuem und Gutem, nichts weniger sicher als das uneingeschränkte Vertrauen zu jeder neuen Idee.

Regel- und prinzipienlos alles anzunehmen, was die Menschen erfinden, nie über die Folgen dieser Erfindungen nachzudenken, sondern sich ihnen blindlings zu unterwerfen und sie zu ertragen, ohne vorher zu versuchen, sie zu beurteilen, die Embryonen unbekannter Verfahren, die Keime ungeahnter Situationen ekstatisch zu begrüßen und zu fördern, aus einem solchen Vergessen unserer verderbten Natur und aus einer solchen Abdankung des Verstandes besteht nämlich die Haltung des modernen Menschen.

Die heutige Welt und ihre beängstigenden Probleme sind das Ergebnis einer kränklichen Selbstverherrlichung, eines schwärmerischen Narzißmus und des Vergessens gewisser elementarer Vorsichtsmaßnahmen eines gesunden geistigen Malthusianismus.

Unsere Jugend leidet unter Vervollkommnungsdrang; sie kümmert sich weniger um die Welt als um die Seele, mehr um eine geringfügige moralische Frage als um ein schwerwiegendes politisches Problem. Wenn wir jung sind, streben wir danach, mit unserem eigenen Fleisch und Blut alles zu verwirklichen, was unsere Träume begeistert hat. Was uns Bewunderung einflößt oder unseren Neid erregt und alles, was Größe hat, ehren wir mit sorgfältigen Bemühungen. Wir meditieren über uns selbst, über unsere Stärken und Schwächen; nie genügt uns unser gegenwärtiges Wesen, in unseren Augen sind wir nur Verheißungen. Doch jeder jugendliche Egoismus ist ein an zukünftigem Ruhm reicher Egoismus, er ist die Liebe zu nahen Ernten und heimlichen Weinlesen.

Die Jugend ist ständig unruhig, weil sie ein unaufhörliches Abenteuer erlebt; unser Ehrgeiz verlangt eine beharrliche und eifrige Beschäftigung. Kein Wesen, keine Sache, kein Ereignis sind dem Jugendlichen gleichgültig, denn alles kann ihn von seinem heimlichen Vorhaben abbringen. Darum ist alles für ihn ein Problem.

Das Leben ist eine geheime Liturgie, die der Zelebrant entdecken muß, während er zelebriert.

Da wir die Kultur auf gefährliche Weise mit den Instrumenten verwechseln, die uns die Nutzung der Welt erleichtern, sind wir dahin gelangt, ihrem schwachen Wesen die beharrliche Lebenskraft dieser Instrumente zuzuschreiben.

Der Mensch vergißt oder verliert kaum einmal die verschiedenen von ihm erfundenen Techniken; allzu viele Gründe wirken zusammen, um sie zu bewahren, doch es genügen der unpersönliche Charakter des technischen Sachverhalts und seine Eignung, restlos von einem Verstand einem anderen übermittelt zu werden, um sie aus jedem Schiffbruch zu retten.

Die Kultur hingegen ist schwach, weil sie alle Schwächen der Gefühle teilt, sie ist flüchtig wie die Gefühle und wie sie unnachahmlich; niemand kann sie lehren, und nur derjenige erlernt sie, der in Treue zu ihrem Licht geboren wird.

Wir können einen ungeahnten Kulturverfall erleben, während die Techniken eine unvergleichliche Blütezeit erreichen, weil die Kultur eine rein seelische Eigenschaft, ein Geisteszustand ist, sie ist gleichsam eine Richtung oder ein Weg des Seins, eine Aufmerksamkeit und eine Absicht.

Wir halten uns auf vulgäre Weise für Erben aller Jahrhunderte, weil wir ihre Reste zusammengetragen haben; wer sich jedoch eines Leichnams bemächtigt, beherrscht nicht den Geist, der in ihm haust, und der Vagabund, der sich in den Ruinen einnistet, ist ebensowenig Herr ihrer erloschenen Glanzzeiten und ihrer toten Ruhmestage.

Der in den Überresten einer Kultur verborgene Geist spricht nur zu dem, der ihn mit seinem eigenen Leben belebt und mit seiner eigenen Inbrunst entflammt. Wenn gewisse Feinheiten des Geistes und ein gewisses Zartgefühl untergehen, berechtigt uns nichts zu der Hoffnung, daß sie aus diesem Vergessen auferstehen können, um das wunderbare Gebäude des Verstandes und der Sensibilität wiederherzustellen, das sie einst in der unsicheren, unbeständigen und schwachen Seele des Menschen errichtet hatten.

Die Lehrmeister des religiösen Lebens sind Lehrmeister jedes innerlichen Lebens, denn die eigentliche Natur der Vervollkommnung, die sie beschäftigt, ihre größere Stärke, ihr größerer Anspruch, ihre Dürftigkeit und ihr Übermaß bewirken, daß die Erfahrung, die sie erwerben, und die Weisheit, die sie lehren, jedem edlen Streben und jedem edlen Drang angemessen sind.

Die Genauigkeit der Ideen ist so schwierig wie die Einfachheit der Gefühle.

Unser Geist nimmt die Idee, deren Komplexität von ihrer inneren Verworrenheit und ihrer Unbestimmtheit herrührt, leichter als jene an, deren Komplexität lediglich eine Vielfalt genauer und einfacher Ideen ist.

Die Idee, die sich die Komplizenschaft unserer Vorstellungskraft sichern kann, fasziniert uns stärker als jene, die nur unseren Verstand angesprochen hat.

Beharrliche Bemühungen und beständige Aufmerksamkeit härten unseren Geist wie einen Bogen aus wertvollem Holz, damit er seine langen Pfeile abschießen kann.

Die edle Begeisterung, die politische Ereignisse zu wecken vermochten, ist vielleicht das Gefühl, das ich am wenigsten begreife, denn nirgendwo sonst finde ich eine Wirkung, die in einem solchen Mißverhältnis zu ihrer Ursache steht.

Es setzt mich in Erstaunen, daß solch große Geister begierig auf das Eintreffen derart armseliger Ereignisse warten konnten, und das nicht nur, weil so etwas der Nachwelt zukommt, die bereits sieht, daß sie sich erschöpft haben und abgestorben sind; denn selbst wenn ich mir vorstelle, daß sich nicht etwa die Ereignisse in ihrer kläglichen irdischen Wirklichkeit, sondern die Verheißungen in der unendlichen Faszination ihrer Morgenfrühe erfüllt haben, sehe ich nur neue Mittelmäßigkeiten und neue Asche auf der Asche früherer Jahrhunderte.

Mir scheint, daß der politischen Tätigkeit mehr als allen anderen menschlichen Tätigkeiten jeder harte Wesenskern fehlt; selbst die gehaltloseste geistige Tätigkeit birgt eine feurigere Frucht. Vielleicht läßt alles, was wir tun können, den kalten Geist verzweifeln, der fähig ist, sich kurzzeitig von der gewohnheitsmäßigen Aufgabe des Lebens zu lösen, doch selbst manche Mißerfolge hinterlassen mit ihrer Bitternis einen heimlichen Stolz, und allein die politische Tätigkeit ist mittelmäßig in dem, was sie erreicht, und mittelmäßig in dem, was sie erstrebt.

Es ist etwas Alltägliches, unsere Ideen mit unseren Gefühlen zu verwechseln und darum zu glauben, daß wir etwas Neues gesagt haben, wenn wir lediglich unsere Liebe oder unsere Antipathie geäußert haben.

Das Leben ist wie die Kunst eine Suggestionstechnik, und das größte Geschick besteht darin, den Betrachter zu zwingen, die Lücken des Objektes, das wir ihm vorstellen, mit seiner Phantasie auszufüllen.

Da sich kein materielles Objekt mit dem ruhmreichen und unendlich verheißungsvollen Objekt der Phantasie vergleichen läßt, nutzt der scharfsinnige Künstler stets den Reichtum der fremden Phantasie, um die Blöße seines Werks zu bekleiden.

Das Sozialprestige eines Individuums und die Bedeutung des Platzes, den es in der Vorstellung der Menschen einnimmt, werden leichter mit Andeutungen und Suggestion als mit echten Tugenden und unzweifelhaften Verdiensten erworben.

Wer danach strebt, sich als Persönlichkeit zu schaffen und sich als Mythos zu vollenden, muß eine heuchlerische Technik vorsätzlicher Verschweigungen und wohlüberlegter Bekenntnisse praktizieren, damit er den schlafenden Bienenschwarm der Phantasie weckt.

Jeder Triumph, der länger anhält, führt schließlich zu einem Mißerfolg, und nur jener kennt nicht den Schrecken, seine Sternstunde zu überleben, der mit dem mittäglichen Hochgefühl seines Sieges stirbt.

Ein geheimnisvolles Gesetz bewirkt, daß die Bedeutungsfülle einer Geste ihrer materiellen Fülle vorausgeht und daß jeder Wert mit der vollständigen Verwirklichung der ihn verkörpernden Akte aufgehoben wird.

Wenn sich die geistige Analyse uneingeschränkt vollzieht, beseitigt sie ihren eigenen Gegenstand.

Wenn uns jedes Talent und jeder Ehrgeiz fehlen, besteht die Freude des Schreibens darin, unsere Ideen klar zu erkennen.

Unseren Gedanken in eine schriftliche Form zu bringen bedeutet vielleicht, ihn zu schaffen; auf jeden Fall heißt es, daß man sich seiner vollständig bewußt wird. Eine vage und verworrene Idee ist eine bloße Verheißung, eine Verheißung, die nicht in Erfüllung geht und die man bald vergißt, wenn die Worte sie nicht festhalten.

Es ist sicher, daß beinahe all unsere Ideen verkleinert scheinen, wenn sie aufgeschrieben werden, und daß sie, wenn man sie aus jenem veränderlichen, reichen und fruchtbaren Kontext des Denkens löst, das Leben verlieren, das sie im warmen Halbschatten des Bewußtseins erregt; doch erst wenn sie das Fruchtfleisch der Worte annehmen, können wir sie erkennen und sie so entweder zurückweisen oder gutheißen, wie es ihrer Vortrefflichkeit entspricht.

Lust oder Pflicht befriedigen gleichermaßen; was unabänderlich abstößt, ist die auferlegte Schuldigkeit, die unwiderstehliche Notwendigkeit, alles, was aus einem eigenen Anspruch oder einem eigenen Schicksal entsteht.

Unsere Unwissenheit ist der Hauptgrund für die Unvermeidlichkeit der Geschichte.

Ihr Lauf ist notwendig, doch nicht deshalb, weil es uns unmöglich ist, ihre Gesetze zu ändern, sondern weil wir uns ihnen blindlings unterwerfen, wenn wir sie nicht kennen.

Es ist leicht, den Lauf der Geschichte zu ändern, wenn wir unser Handeln auf die wahren Grundsätze ausrichten.

Die Macht, die viele Menschen besaßen, hätte genügt, um die umfangreichsten Änderungen durchzusetzen, wenn sie diese genutzt hätten, um bestimmte elementare Beziehungen umzugestalten, anstatt sich tausend Beschäftigungen zu widmen, die ebenso aufsehenerregend wie gehaltlos waren. Der Menschheit fehlt es eher an Wissen als an Macht, und es ist eher ihre Unwissenheit als ihre Schwäche, die sie den dunklen Dämonen der Geschichte ausliefert.

Der Ehrgeiz, meine Ideen zu systematisieren, verführt mich hin und wieder. Doch die offenkundige Willkür jedes Systemwillens hindert mich daran, einer Versuchung zu erliegen, in der ich lediglich einen Verstoß gegen die unbeständige Wahrheit entdecke, die ich erkannt habe.

Jede Idee ist eine vorübergehende Haltung des Geistes.

Aus der Wahrheit einer isolierten Idee ergibt sich nicht, daß die Methode, die sie hervorbringt, oder das System, das sie enthält, wahr sind.

Eine Gruppe isolierter Wahrheiten ist lediglich der geistige Ausdruck einer Sensibilität.

Wenn wir auf jedes System verzichten, müssen wir auch darauf verzichten, unseren Ideen eine Bedeutung beizumessen.

Es kann eine vernünftige Haltung sein, jedes System zu verleugnen, doch sich ohne weiteres damit zufriedenzugeben, jedes System zu vermeiden, ist eine Haltung, die ich nicht für vernünftig, sondern allein als meine Haltung ausgebe.

Ein einseitiger Skeptizismus, der von tausend unterschiedlichen Überzeugungen erregt wird, läßt sich auf viele Arten widerlegen und wirkt wie eine bloße Laune. Gleichwohl ist eine Laune nicht zwangsläufig ein grundloser Akt, sondern ein Akt, dessen Grund uns entgeht, weil er außerordentlich tiefe Wurzeln hat.

Mein Skeptizismus bedeutet nicht, daß ich jedes Prinzip, jede Norm oder Regel verwerfe, sondern daß es mir unmöglich ist, eine Regel, eine Norm oder ein Prinzip aus anderen Händen zu erhalten, und die Notwendigkeit, sie in meinem unmittelbaren Lebensprozeß allmählich zu schaffen.

Von der *Ἀπολογία*[18] bis zum *Discours de la méthode*[19] offenbart das abendländische Denken dasselbe Mißtrauen und denselben Argwohn gegenüber den Ansprüchen der Gesellschaft.

Der geistvolle Mensch weigert sich, sich mit den öffentlichen Angelegenheiten zu beschäftigen, und fordert, daß man ihm das Recht gewährt oder die Erlaubnis gibt, sich seiner persönlichen Aufgabe privat zu widmen.

Wenn das »ἰδιωτεύειν ἀλλὰ μὴ δημοσιεύειν«[20] bei einigen vor allem eine Vorsichtsmaßnahme ist, so gibt es bei anderen, »qui n'étant appelés ni par leur naissance ni par leur fortune au maniement des affaires publiques«[21], eine wahrhaftige Gleichgültigkeit, und schließlich würden wir bei weiteren offene Feindseligkeit finden. Auf jeden Fall ist soziale Gleichgültigkeit eine der achtbarsten Positionen unserer sterbenden Kultur, und heute, da ihre Feinde sie mit nie zuvor gesehener Wut angreifen und ihre Verteidiger sie preisgeben, muß man sich für sie einsetzen.

Die Argumente gegen die Sklaverei gelten für jene, welche die Lage des Sklaven beunruhigt, doch sie können nicht den Niedergang der Kultur beweisen, die auf der Sklaverei beruht.

Ein politisches System hat wie eine ästhetische Doktrin kein anderes Tribunal als die Geschichte: allein das Werk – seine Schönheit oder seine Vortrefflichkeit – ist die Norm, die sie verurteilt oder freispricht.

Wir verlangen nicht von einem politischen System, daß es das Glück des Menschen bewirkt, sondern daß es zu seiner Größe beiträgt oder sie wenigstens gestattet.

Vielleicht besteht die beste Verteidigung der Aristokratien im Grunde in der offenkundigen Notwendigkeit, Spezialisten in der Lebenskunst zu haben.

Die Lebenskunst verlangt wie jede Kunst eine gewisse natürliche Veranlagung, eine lange Lehrzeit und die Unabhängigkeit von dem, was den Menschen der Vulgarität seiner animalischen Bedürfnisse unterwirft.

Gut zu leben bedeutet, aus jeder Notwendigkeit ein Spiel zu machen, das mit Anmut, Feingefühl und diskreter Ironie ausgeschmückt ist.

Das stärkste Argument zugunsten der Demokratie besteht darin, daß es ihren Gegnern nicht gelungen ist, ein System zu finden, das sie ersetzen kann, obwohl ihre Anhänger unfähig waren, gültige Gründe zu entdecken, die sie rechtfertigen.

All jene, die ein Gott oder ein Dämon anspornt und leitet, müssen auf die haltlose politische Gestikulation verzichten, und darum ziehen sie den Launen der Menge, selbst wenn sie klug sind, die Beständigkeit, selbst wenn sie borniert ist, einer Oligarchie vor.

Die politische Theorie unterscheidet sich so sehr von der schöpferischen politischen Tätigkeit wie die Ästhetik vom künstlerischen Schaffen. Der politische Theoretiker, der eine Handlungsnorm predigt, ahmt den Kritiker nach, der anordnet und befiehlt.

Man muß hier an jene klassische Tragödie in Prosa erinnern, die Brunetière anriet und die nur einer zu schreiben versuchte … Hervieu.

Der Humanist ist weder Asket noch Ästhet, doch insgeheim achtet er den ersten und verachtet den zweiten.

Humanist zu sein heißt, die Menschen und die Dinge zu lieben, ohne wirklich sicher zu sein, daß sie Liebe verdienen, und sie zu achten, ohne wirklich sicher zu sein, daß sie Achtung verdienen.

Die Ironie ist eine von Sympathie durchdrungene Ungewißheit.

Wenn in einer Gesellschaft die Vorboten einer Revolution auftauchen, betrachtet der unparteiische Beobachter jene endlich ihrer Tarnung und Maske beraubten Dinge, die von den bedrohten Individuen wirklich geschätzt und geliebt werden.

Unsere Furcht verrät mit treffender Grausamkeit unsere heimliche Liebe.

Um sein Geld zu retten, opfert der Bourgeois zunächst alle möglichen Rettungsmittel; danach opfert er gerade jenes Geld, um sich selbst zu retten, bis ihn schließlich seine bloße Dummheit und seine dumme Blöße als ein klägliches und komisches Opfer zum verdienten Schafott schleifen.

Während ihrer einhundertfünfzigjährigen Vorherrschaft konnte die Bourgeoisie keine einzige hochherzige Geste vollbringen. Alles, was sie dem Volk zugestanden hat, hat sie widerwillig und nur dann gestattet, wenn das Volk stark genug war, um es zu verlangen.

Stets hat sie sich geweigert, diese Zugeständnisse zu machen, die ihr ein Mindestmaß an politischem Geist angeraten hätte.

Hingegen war sie immer bereit, aus Unfähigkeit oder Trägheit die zuverlässigsten Triebfedern der Macht aufzugeben und aus Angst das zu gewähren, was man von ihr ohne jeden Nachdruck verlangte.

Das Volk hat überhaupt keinen Grund, der Bourgeoisie dankbar zu sein: sie hat es als Instrument in ihren Kämpfen benutzt, es erbarmungslos ausgebeutet und mit schlechtem Gewissen regiert. Wenn sich das Leben des Volkes während der Vorherrschaft der Bourgeoisie verbessert hat und wenn diese Verbesserung kein bloßer trügerischer Schein ist, so waren ihre Ursachen unpersönlich oder höchstens das Werk eines Bourgeois, der die Seinigen aufgab und in sich selbst das unwiderstehliche Licht neuer Ansprüche entdeckte.

Die Bourgeoisie versteht nicht zu befehlen, weil ihr der Haß auf jene, die befohlen hatten, im Blut steckt und sie deshalb die Narben ihrer tausendjährigen Unterlegenheit in ihr tiefstes Fleisch eingeprägt trägt.

Der Bourgeois haßt die Macht, weil er weiß, daß er unfähig zu befehlen ist.

Der Bourgeois weiß, ohne es zugeben zu dürfen, daß seine Lebensweise zu einem untergeordneten politischen Typus gehört, und da er sich also nicht als Endzweck der politischen Tätigkeit ansehen kann, verzichtet er entweder widerstandslos auf die Macht, oder er benutzt sie würdelos mit dem Zynismus eines unverschämten Sklaven.

Die großen Seelen verwenden Macht und Reichtum, um den subtilen Stoff ihrer souveränen Hochgefühle zu erarbeiten.

Ein Leben ohne Grundsätze und ohne Regeln, das nur den materiellen Notwendigkeiten unterworfen ist und von allen Launen unterjocht wird, ist eines vernünftigen Wesens unwürdig und dem Tier eigentümlich, das ständig ohne jede Kenntnis der Vernunft dahinlebt.

Selbst derjenige, der keinen Imperativ entdeckt, dem er sich unterwerfen kann, und auch keine Doktrin, die sein Verhalten bestimmen kann, muß sich bemühen, die chaotische und launische Vielfalt seiner Akte auf Begriffe zurückzuführen. Wenn uns eine Norm, die über unser Dasein hinausgeht, wie ein bloßer Mythos vorkommt, genügt jedoch die geistige Gestaltung unseres von jeder normativen Tendenz freien Alltagslebens, um die Würde unseres Geistes zu retten.

Der Mensch strebt erst nach Freiheit, wenn er seine materiellen Bedürfnisse und sein Sicherheitsverlangen befriedigen konnte.

Die niedrigste Ebene des politischen Lebens ist die Sorge um Nahrung, Obdach und Sicherheit; diese sind aber zugleich seine Grundlage und Fundamente. Um sie zu erlangen, opfert der Mensch alles, und wenn sie bedroht werden, entstehen die heftigen Volksunruhen und die echte politische Angst der Massen. Die Freiheit ist hingegen eine untergeordnete Bestrebung, ein zweitrangiges Verlangen, sie ist die politische Leidenschaft der Reichen, Mächtigen und Großen.

Die Masse, die stets am Rand des Elends in einem labilen und unbeständigen Gleichgewicht lebt, kann sich nur für die Freiheit begeistern, wenn sie vorübergehenden Wohlstand genießt. Die Französische Revolution ist das beste Argument zugunsten des Ancien régime.

Dieser Begeisterung des Volkes fehlt es also an weitreichenden und tiefen Wurzeln, ein leichter Wind läßt sie erbeben, und allein die Furcht vor dem Sturm vertilgt sie.

Das Volk ist immer bereit, jeden Despotismus zu legitimieren, nicht nur, weil ihm die Freiheit gewöhnlich ein unnützer Luxus ist, sondern auch, weil das Vertrauen und die Festigkeit, die jede Tyrannei vortäuschen muß, und die Stärke selbst, mit der sie regiert, das Sicherheitsverlangen des Volkes befriedigen. Der Despotismus ist die natürliche politische Form der Menge.

Das Eigentum an den Produktionsinstrumenten ist die einzige Garantie der Freiheit. Sagen wir, selbst wenn wir übertreiben: Wer kein Land hat, hat keine Freiheit.

Es geht jedoch um direktes und nicht indirektes Eigentum, um ein Eigentum, das der Herr verwaltet und nicht nur durch eine juristische Fiktion besitzt, um ein Eigentum, das seine Hände anfassen und worüber er mit seinem Willen verfügt. Jeder kollektive Reichtum ist daher eine unwirksame Grundlage und eine trügerische Stütze der individuellen Freiheit, denn uns befreit nicht eigentlich der Reichtum, sondern dessen Aneignung.

Der wahre Herr ist nicht so sehr derjenige, der vorübergehend gebraucht oder mißbraucht, sondern derjenige, der den Mißbrauch oder Gebrauch regelt, beschränkt, bestimmt und gewährt. Wenn daher zu einer gesetzgeberischen Allmacht, die ständig die Gewohnheitsrechte ändern kann, die Kollektivierung des Eigentums hinzukommt, sind die Kollektivität allein oder ihre verschämten Herren frei, während das Individuum aufs äußerste unterjocht und unterworfen ist.

Damit die Freiheit entsteht, muß es nicht nur Überfluß, sondern auch die Sicherheit des Überflusses geben.

Der wohlgenährte Hund wagt es nicht, frei zu sein, weil ihn der Herr zum Fasten verurteilen kann; frei ist nur der Wolf in der Sommerszeit, im Wald voll wehrloser Tiere.

Der Geist denkt gewöhnlich nur frei und selbstlos, wenn ihn keine Ängste bedrücken, und darum helfen uns in unserer Zeit allein ein kalter Stoizismus oder eine einstudierte Frivolität, damit wir ehrlich meditieren können.

Die Toleranz, das Wohlwollen, die gleichgültige Sympathie, die Weite und Formbarkeit des Verstandes ergeben sich vielleicht aus einer beklagenswerten Entartung der Charaktere.

In den harten Gesichtszügen eines überschwenglichen Halbwüchsigen und in der fanatischen Unversehrtheit seiner Träume offenbart sich wirklich das reinste Licht des Geistes.

Wenn wir von einer langen Rundreise durch die verschiedenen politischen Utopien zurückkehren, erkennen wir schließlich offenkundig die bedauerliche Unzulänglichkeit aller vermeintlichen endgültigen Wohnstätten des Menschen. Nicht nur, was der abweisende und widerspenstige Stoff gestattet, mit dem man arbeiten muß, sondern auch das, was wir erfinden, wenn uns eine Niederlage erbittert oder ein Triumph begeistert, ist von unerträglicher Armseligkeit; was uns jedoch erschreckt, ist, daß diese Träume nach Erfüllung streben und sich auf abscheuliche Weise in einer endlich bezwungenen Geschichte fortsetzen wollen.

Jeder Wert, an dem sich der Mensch festhält, verflüchtigt sich. Wir Menschen, die der Zeit unterworfen und Sklaven ihrer grausamen Ansprüche sind, können nicht davonkommen und entfliehen. Das Ewige stirbt, wenn es in der Zeit fortbestehen und sich mit unserem Elend vereinen will.

Der Mensch lebt durch sein Streben, am Ewigen teilzuhaben, oder von seiner Erinnerung, daß er daran teilhatte, doch sein Leben identifiziert sich nie mit dieser Teilhabe, denn sie gelingt ihm nur auf flüchtige und vergängliche Weise, wenn ihn eine von jedem notwendigen und alltäglichen Leben abgesonderte, geheimnisvolle Gegenwart erleuchtet.

Die bequeme naturalistische Moral unserer Zeit vulgarisiert die Leiber und Seelen mit überraschender Unfehlbarkeit.

Ein unbegrenztes Vertrauen in das Wohlwollen der Natur läßt uns glauben, daß es eine Verirrung sei, unseren primitiven Trieben zu widerstehen, und daß Askese eine schädliche und kränkliche Neigung sei. Damit ist so etwas wie ein hygienisches Heidentum, ein eudämonistischer Rationalismus entstanden, eine Lehre, deren Richtschnur nicht so sehr im Glück des Menschen, sondern in seiner Ruhe und Bequemlichkeit, das heißt in der Abwesenheit von Konflikten besteht.

Diese Lehre gestattet es vielleicht dem Menschen, glücklich zu sein, denn die Verantwortung ist ja das, dem sich der Mensch vor allem zu entziehen sucht, weil sein Streben befriedigt wird, wenn er sich allein seinen materiellen Begierden uneingeschränkt widmet, doch wer ein edleres Hochgefühl sucht und eine edlere Vorstellung vom Menschen kennt, verabscheut eine Lehre, die Verstand und Geist zu bloßen Sklaven unserer uranfänglichen Animalität macht.

Die Seelen unserer Zeitgenossen stimmen alle in einer gleichartigen Bequemlichkeit überein, nichts unterscheidet sie voneinander, und alle scheinen gleichermaßen neutral, schlaff und weich. Nur jene, die von den vielfältigen Ansprüchen des Geistes gepeinigt werden, erreichen wahre Persönlichkeit; sie allein haben Kraft und Strenge, Geschmeidigkeit und Härte.

Der Leib selbst ahmt die Seele nach, und von ihr empfängt er seine höchste Form: Deshalb sehen wir dort Leiber, die in ihrer organischen Vollkommenheit reizlos sind, und Gesichter, die ausdruckslos oder ohne jede beunruhigende Schönheit sind. Hingegen zeigen selbst verkrümmte und mißgestaltete Leiber die Leidenschaft, die sie bewegt und beherrscht. In den Gesichtszügen, in den grausamen Kanten, in den harten Linien verrät der Geist, daß er anwesend und am Werk ist, wie das Wasser der sommerlichen Gebirgsströme den Boden mit seiner unwiderstehlichen Zerstörungskraft zeichnet.

Die Moral wegen ihrer ästhetischen Erfolge zu loben ist die unverschämteste Form der Immoralität.

Wenn ein Gegenstand, ein Gefühl oder eine Institution nur ihre Schönheit als einziges Argument haben, um ihr Dasein zu rechtfertigen, können wir, ohne uns zu irren, ihren Untergang ankündigen und ihren Tod vorhersagen.

Das Dasein ist ein unbarmherziger Kampf der Begierden, ein verzehrender Hunger, ein Streben ohne Regel, Scham oder Ende.

Das Wunder des Menschseins besteht darin, in dieses eintönige, blutige und bestialische Grundmuster hin und wieder eine zarte Arabeske der Schönheit oder ein edles Bild einzuprägen.

Wenn wir jung sind, streben wir begierig danach, daß Moral und Geschichte unsere Ideen bestätigen; später streben wir nur noch danach, daß sie unsere Ideen nicht widerlegen.

Ja, wenn unsere Prinzipien und Ideen triumphieren, beunruhigt uns nichts so schmerzlich wie die Unbeständigkeit der Geschichte; wenn wir uns mitten in einer Niederlage befinden, sind die Vergänglichkeit der menschlichen Dinge und der Treibsand des Lebens unsere sichersten Gründe, um Trost und Vertrauen zu finden.

Der Sieger oder jener, der seinen Sieg schon vorausahnt, glaubt an den unvermeidlichen Gang der Dinge; der Besiegte oder jener, der seine Niederlage voraussieht, glaubt hingegen an den übermächtigen Zufall, an die List des Daseins und die wunderbare Wirksamkeit des Irrationalen und des Freien.

Jede menschliche Tätigkeit scheint geeignet, einen Wert hervorzubringen, selbst wenn wir in ihr keine wirkende Kraft ahnen und nichts entdecken, was auf ihn vorausweist oder ihn ankündigt. So bringt der Geschlechtstrieb die Liebe und der Krieg das Heldentum hervor, gleich einem entblätterten, dürren und harten Baum, der im Morgenlicht mit unerwarteten Früchten beladen erscheint.

Die Macht wird immer einer Minderheit gehören, weil es keinen möglichen Vergleich zwischen dem gibt, was es für tausend Individuen bedeutet, wenn jedes ein Tausendstel eines Objekts verliert, und für ein einziges Individuum, alle Tausendstel desselben Objekts zu gewinnen.

Der Verteidiger verteidigt einen unbedeutenden Bruchteil der Macht; der Angreifer kann den unversehrten Körper der gesamten Macht erringen.

Nichts ist weniger großmütig als der Verstand des Menschen; wie ein listiger und träger Sklave arbeitet er nie spontan; er erwartet, daß ihn die Notwendigkeit peitscht oder der Wille antreibt.

Nichts war für die wahre Philosophie nützlicher als der Materialismus, weil sie von der Untauglichkeit seiner Postulate und der Kraft seiner Behauptungen gezwungen wird, sich zu prüfen und wahrzunehmen, und das hat ihr alles Fett und ihren ungesunden Speck entzogen.

Die wahre Weisheit ist wie die wahre Liebe ein Zustand, eine Wesensart, eine Haltung und eine Stimmung der Seele; sie sind keine Ideen, keine Grundsätze und kein System. Gewiß lassen sich beide mit Worten wiedergeben, auf die Ausdrucksebene emporheben; doch wenn es nur ein großer Dichter vermag, die Liebe auszusprechen, und wenn nur ein großer Schriftsteller die Weisheit aussprechen wird, ist der Dichter gleichwohl nicht zwangsläufig jener, der am meisten geliebt hat, und der Schriftsteller ist nicht zwangsläufig der weiseste.

Wer sich nicht auszudrücken vermag, bleibt nicht nur der Welt unbekannt, sondern auch sich selbst verborgen.

Die Worte reinigen den Geist von seiner Verwirrung und seinem Nebel.

Nach dem Höchsten zu streben ist der Ehrgeiz, der jedes Unternehmen am sichersten verhindert.

Der Stil Prousts ist der von Manieriertheiten befreite und wieder in die wesenhafte Tradition der französischen Prosa eingegliederte Stil der Goncourts, doch er bewahrt den Reichtum visueller Beiworte, viel von der syntaktischen Zerstückelung und dem eifrigen Verlangen, eine ausschließlich persönliche Sicht wiederzugeben.

Suchen wir in der Frau nur das angemessenste Instrument unserer Lust.

Je geistloser und den Tieren ähnlicher die Frau ist, desto erotischer im engeren Sinn wird die Lust sein, die sie verschafft.

Erotik nenne ich die Liebe, die jede Gefühlsbeteiligung bewußt ausschließt: allein den Sinnenreiz und seine fleischliche Befriedigung.

Kein Genuß läßt sich mit der Betrachtung des Aufruhrs vergleichen, den wir in einem sich heftig regenden Körper und einem verängstigten Gesicht heraufbeschwören.

Manchmal haben wir es nötig, daß die Liebe eine physiologische Pflichtaufgabe auf einem nackten Leib ist.

Jeder Sachverhalt oder jede Konstellation von Sachverhalten sind in einem von intentionalen Akten entleerten Universum schlicht und einfach da. Dort gibt es keine Notwendigkeit und keinen Zufall.

Ein allumfassender Zustand des Universums folgt auf einen anderen allumfassenden Zustand; diese Folge wird von keinerlei verständlicher Beziehung verbunden, solange das Vorhandensein eines intentionalen Akts nicht die faktische Autonomie des Systems durchbricht. Wenn der intentionale Akt mit einem unvorhergesehenen Sachverhalt zusammentrifft, läßt er an Zufall denken, und wenn er mit einem vorhergesehenen Sachverhalt zusammentrifft, an Notwendigkeit.

Die Notwendigkeit eines Sachverhalts ist die Möglichkeit, daß man ihn voraussehen kann, und die Überprüfung einer Voraussicht bewirkt die Notwendigkeit.

Je mehr die Voraussehbarkeit wächst, desto mehr verringert sich der Zufall, und er würde schließlich ganz aufgehoben werden, wenn er im reinen intentionalen Akt nicht die ewige und freigebige Quelle der Unvoraussehbarkeit des Universums fände.

Der Zufall besteht nicht in der Überlagerung mehrerer unabhängiger Kausalreihen; das Ergebnis dieser Überlagerung ist ein mit jedem Glied der Reihen identischer Sachverhalt, und in seiner Eigenschaft als bloßes Ergebnis dieser Überlagerung hat er kein begriffliches Vorrecht. Der Zufall besteht in der Überlagerung einer oder mehrerer Kausalreihen mit einem intentionalen Akt.

Vielleicht gibt es zwei Arten von Allgemeinheiten: die eine innerhalb der Dinge, die andere außerhalb von ihnen. Die eine natürlich und die andere gesellschaftlich. Nennen wir die erste Idee und die zweite Begriff.

In der Idee gewinnt das Besondere die Fülle der Attribute zurück, die ihm bei seiner konkreten Verwirklichung entzogen werden; im Begriff wird das Besondere auf die Attribute reduziert, die von einem Ordnungswillen ausgewählt werden.

Der anarchische Liberalismus ist jener, der auf der abstrakten Individualität beruht. Wenn der Mensch auf seine schematische Individualität, auf sein bloßes Wesen als Individuum beschränkt ist, sieht er sich in einem Gegensatz zu jeder Gesamtheit, denn seine Definition setzt einen unerbittlichen Isolationismus voraus. Wenn der Mensch jedoch im Gegensatz zu allem steht, befindet er sich außerhalb von allem, ist also in einer gesellschaftlichen Welt verloren, wo er kein Obdach und keine Zuflucht finden kann, wo ihn nichts schützt und wo nichts sein Leben lenkt, systematisiert oder ordnet.

Wir dürfen nicht müde werden, immer wieder zu sagen, daß die Freiheit kein Gut an sich, sondern ein Gut als Voraussetzung jeder Größe ist und daß sie folglich ein Übel ist, wenn die Erleichterungen, die sie bietet, seelische Zügellosigkeit zulassen.

Ich weiß nicht, wie ich eine Philosophie begreifen soll, die nicht die Vorstellung vom Individuum zur Grundlage hat.

Doch ich denke nicht so sehr an die vulgäre Vorstellung vom Individuum als der Summe gesellschaftlicher Realitäten oder als taxonomischem Begriff, sondern vielmehr an das Individuum als Mittelpunkt autonomer Kräfte, als schöpferische und an dichten Halbschatten reiche Realität.

Die Wahrheiten verschiedener Systeme lassen sich in ein neues System integrieren, dies aber nicht, wenn der Verstand sie entnimmt, um eine eklektische Synthese zu gestalten.

Die Integration wird nur erreicht, wenn der Geist, der ein neues System schafft, aus der Bewegung der vorherigen Systeme selbst, aus ihrer inneren Dialektik, ihrem geistigen Hochgefühl den Impuls erhält, der ihn zu den Wahrheiten erhebt, die diese Systeme besessen hatten.

Doch das neue System hat nur als Gesamtheit seinen Wert. Es ist nicht größer als jene, die es einbezieht, denn diese Integration ist nicht das Ergebnis aufeinanderfolgender Zusätze, sondern eines autonomen Aktes, der, wenn er sich auf die vorherigen Systeme stützt, eine identische Wahrheit erreicht.

Jede Wahrheit ist unterschiedlich, und alle sind ein und dieselbe Wahrheit.

Was die Freiheit bedroht, ist nicht der Kommunismus, sondern die Wissenschaft im Dienst des Kommunismus; es ist nicht allein der politische Versuch, soziale Gleichheit herzustellen, sondern auch der materielle Wohlstand, den seine Bequemlichkeit und seine Annehmlichkeit unzerstörbar in den Seelen verwurzeln.

Es ist notwendig zu analysieren, um zu verstehen, doch das lebendige Denken schreitet nicht durch Analysieren voran.

Ein wissenschaftlich organisierter Staat ist doppelt unzerstörbar: weil niemand ihn zerstören will und kann. Die Wissenschaft kann die Seelen mit der Überfülle körperlicher Bequemlichkeiten ersticken und die Körper mit ihrer unwahrscheinlichen Macht beherrschen. Dabei vereinigt sich jede Erleichterung mit jeder Niedrigkeit und eine unvergleichliche Fähigkeit zum Mittelmäßigen mit dem Unvermögen zum Edlen.

Jene Idee, die dauert und lebt, hat die Unreinheit der Tatsache.

Der Begriff wird nicht gestaltet, indem man vielfältige Einzelglieder zu ein und derselben Vorstellung erhebt, sondern indem man das ihnen Gemeinsame analytisch abstrahiert.

Der Begriffsbildungsprozeß strebt danach, eine Wesenheit zu schaffen, und er erreicht nur eine Definition.

Der Gesichtspunkt der reinen Kritik, das heißt derjenige, von dem aus alles Existierende eine Rechtfertigung findet, ist lediglich eine

Übertreibung der Vernunft. Praktisch widersetzt sich jeder Gesichtspunkt, wenn er formuliert wird und konkret existiert, und indem er sich widersetzt, fügt er sich als neues Glied, doch nur als ein Glied, in die Reihe möglicher Positionen ein. Die Geschichte ist die Theodizee der Kritik.

Der Sensualismus endet im Atomismus, weil er die Sinneswahrnehmungen untersucht; wenn er aber die Sinneswahrnehmung als totale Gegebenheit anerkennt, ist er einer rechtmäßigen metaphysischen Gestaltung fähig.

In unserer absurden Weltordnung ist die Verneinung des natürlichen und spontanen Gangs der Dinge die höchste Wertquelle. Der Natur zu widersprechen ist die oberste Regel, und alles, was die Größe des Menschen ausmacht, kommt von einer Zurückweisung. Der Mensch ist groß, weil er abartiger und verderbter Taten fähig ist.

Wenn eine Beziehung zwischen zwei Menschen entsteht, verschwindet ein Teil ihrer Freiheit und ein Teil der Beziehung wird entpersönlicht.

Wissenschaftliche Behauptungen sind wahr oder falsch, weil sie Behauptungen von Tatsachen, Existenzurteile und Wahrheiten des Seins sind; philosophische Behauptungen sind weder wahr noch falsch, sondern vorgetäuscht oder echt. Sie beziehen sich auf eine Bedeutung der Dinge, auf einen Sinn, der nicht widerlegt werden und nicht widerlegen kann, weil er eine wesenhafte Wahrnehmung ist. Da die Wahrnehmung einer Wesenheit, die einer anderen, zuvor wahrgenommenen Wesenheit entgegengesetzt ist, diese nicht aufhebt und da die Wahrnehmung einer Wesenheit, die mit einer anderen, zuvor wahrgenommenen Wesenheit identisch ist, diese auch nicht bestätigt, denn die Evidenz jeder Wahrnehmung einer Wesenheit befindet sich innerhalb des Wahrnehmungsaktes selbst, ist das Kriterium der philosophischen Behauptung die Echtheit der geistigen Erfahrung, die sie hervorbringt.

Die historische Bedeutung eines Menschen und seine innerste Natur sind nicht zwangsläufig identisch.

Es gibt einen abstrakten historischen Determinismus, eine dem Akt innerliche Notwendigkeit, eine analytische Folgerung aus einem konkreten Postulat.

Der reine historische Determinismus und sein logischer Schematismus werden verfälscht, wenn sie sich durch das Individuum verwirklichen.

Eine wissenschaftliche Moral, die Moral als eine Kunst, die von einer Wissenschaft der Sitten abhängt, ist etwas Absurdes, weil der moralische Imperativ keinen reinen Akt, sondern einen bedeutungsvollen Akt anordnet. Jedes moralische Urteil setzt die Wahrnehmung einer Wesenheit und folglich etwas voraus, das über eine reine Erkenntnis des Daseins hinausgeht.

Es gibt keine Wahrheit, die von der Bemühung, mit der sie erreicht wird, unabhängig und unterschieden ist.

Es ist wahr, daß sich die Weltordnung als ein System von Thesen und Antithesen darstellt, doch es ist falsch, daß sich die Widersprüche in allmählichen Synthesen harmonisch auflösen.

Die Synthese ist nicht der Abschluß des dialektischen Prozesses, sondern sein Ausgangspunkt. Die Synthese ist das konkrete Objekt selbst, die dichte und an Widersprüchen reiche Wirklichkeit, und der dialektische Prozeß folgt danach als Versuch einer konstruktiven Analyse des Objekts. Die Synthese ist somit eine Vereinigung von Gegensätzen, die dem dialektischen Akt vorausgeht, und keine Auflösung von Gegensätzen in einem Begriff, der über sie hinausgeht.

Die dialektische Analyse einer konkreten Situation ist der methodologische Kunstgriff einer voreingenommenen historischen Forschung, denn die innere Vielfalt der Synthese eignet sich für unendlich viele hypothetische Konstruktionen.

Die konkrete Synthese ist zugleich das Problem und seine Lösung.

Wenn die Wesenheit nicht die Existenz enthält, wenn jedes ontologische Argument scheitert, enthält die reine Existenz vielleicht auch keine Wesenheit. Das reine Sein ist außerhalb von allem, da ihm jedes Attribut fehlt, und eine Metaphysik des reinen Seins wäre ein mathematischer Spatialismus.

Der Einfluß, den ein Philosoph ausübt, ist das, was ihn in der Zeit verortet. Das Wesen jedes Denkens ist ewig, doch sein Einfluß, das heißt, was die Mittelmäßigen erfassen, fällt unter die zeitlichen Dinge.

Es gibt eine konkrete Zustimmung zu einer Idee, die uns von allen Erwägungen der Gründe absehen läßt.

Zur Zahl gehört und mathematisch ist alles, was wir von außen betrachten.

Die letzte Tatsache ist nicht das Denken selbst, sondern etwas, das ihm vorausgeht, eine Art reinen passiven Bewußtseins, eine bloße »awareness«[22], gleich einem flackernden Licht über einem Abgrund.

Wenn uns die Lösungen, die ein Philosoph vorschlägt, verworren scheinen, müssen wir, um sie zu verstehen, uns bemühen, das konkrete und vollkommen individuelle Problem zu bestimmen, das der Philosoph beantworten wollte.

Wer sich nicht vornimmt, zu lehren oder zu predigen, hat keinen Grund, sich um die Wissenschaft an sich zu kümmern, sondern muß sich nur um seine Wissenschaft kümmern. Nicht was der Mensch weiß, sondern was ich wissen kann, hat für mich wichtig zu sein.

Wissen ist ein Anspruch, den jede geistige Heuchelei verfälscht, denn dieser Vorsatz geht nur in Erfüllung, wenn sich das Problem vollständig in faßliche Bedeutungen auflöst.

Wer lehrt oder predigt, kann sich in allen Ehren auf die Wissenschaft derjenigen verlassen, die weiser oder intelligenter als er sind, und kann sich damit zufriedengeben, ein versiegeltes Gut zu übermitteln. Dabei handelt es sich nicht zwangsläufig um Verstellung, mag man auch über sich selbst hinausgehen. Aber derjenige, für den nur das Wissen bedeutsam ist, muß zur Wurzel jeder Vorstellung vordringen, vom Tiefsten und Einfachsten ausgehen, um sich allmählich zu erheben, als Etappen dieses Aufstiegs lediglich seine persönlichen Lösungen anerkennen und eher auf unbestimmte Zeit in der Mitte des Weges stehenbleiben, als die Hilfe einer Lösung passiv anzunehmen, die er nicht selbst gefunden hat oder die er nicht in seinem Innern mit verständlicher Fülle nachzugestalten vermag.

Die Folgerungen einer Wissenschaft sind weniger wichtig als ihre Prinzipien und ihre Prinzipien weniger wichtig als ihre Methode.

Es ist besser, daß man nirgendwohin gelangt, als daß man auf fremden Wegen dorthin gelangt.

Da unsere Überzeugungen gewöhnlich unserem Wissen vorausgehen, gibt es kein edleres Opfer, als daß wir unsere Überzeugungen für unser Wissen hingeben.

Wir dürfen nicht die Wahrheiten benutzen, die wir nicht entdeckt haben, und auch nicht die Irrtümer widerlegen, die wir nicht begangen haben.

Nehmen wir hin, daß andere mehr als wir wissen; geben wir uns damit zufrieden, das, was wir wissen, gut zu wissen.

Wenn wir nicht verstehen, aber auch nicht so tun, als verstünden wir, beweist unsere Ignoranz gleichzeitig die Schwäche unseres Verstandes und seine Ehrlichkeit.

Nur so zu denken, wie es unserer Ignoranz entspricht, ist die erste Norm einer Ethik des Verstandes.

Ich glaube, daß es nur eine erfahrungsmäßige Erkenntnis gibt, doch ich glaube auch, daß sich die totale Erfahrung von der vulgären Erfahrung unterscheidet und nach einer neuen Wahrnehmungstheorie verlangt.

Das Individuum der Wissenschaft ist der bloße Schnittpunkt zahlloser Kausalreihen; das Individuum der Philosophie ist eine absolut vorgegebene Realität.

Im Schweigen des gesättigten Fleisches erwachen die Fähigkeiten des Geistes.

Jeder Irrtum bringt wie jede Wahrheit eine eigene Gewißheit; für den, der sich irrt, erhellt ein reines Licht seine Irrtümer.

Der Philosoph ist im Staat entweder König oder Parasit; er ist geschaffen, um souverän zu befehlen und zu leiten oder um allem gegenüber gleichgültig zu leben.

Das Kunstwerk ist in unserer Welt etwas Absolutes, es ist unabhängig und autonom, ohne Wurzeln und Bindungen, ein reines Objekt, das unserem Gottesverlangen dargeboten wird.

Wir können der militanten Politik wie der ästhetischen Polemik nur entgehen, wenn wir verstanden haben, daß kein Ideal im Lauf der Zeit überdauert und daß es folglich nicht der Mühe wert ist, für derart unbeständige Siege zu kämpfen.

Die politische Aktion läßt sich rechtfertigen, wenn der notwendige Gang der Ereignisse einen Staat zu ermöglichen scheint, der mit unseren heimlichen Wünschen übereinstimmt; doch weder der Kampf gegen das Unvermeidliche noch die Bemühungen, einen jedem Edelmut gegenüber gleichgültigen Staat zu erhalten, verdienen es, uns von unseren sicheren Freuden abzulenken.

Reformer sind nur als Tote erträglich.

Alles Leben »imperialisiert«. Alles Lebende strebt danach, endlos zu leben.

Nichts setzt sich spontan feste Grenzen.

Keine Harmonie ist das Ergebnis gegenseitiger Achtung oder wechselseitiger Zurückhaltung; die Harmonie entsteht aus einer feindseligen Überlagerung und einem vorübergehenden Kräftegleichgewicht.

Die Gefühle streben nach unbeschränkter Befriedigung, das heißt, sie streben danach, allein weiterzubestehen.

Alles »autokratisiert« in der Welt, und alles »verabsolutiert«; jedes Ding ersehnt, die Gesamtheit der Dinge zu besitzen, die Gesamtheit der Dinge zu sein, alles zu sein und allein zu sein.

Alles strebt nicht zu Gott, sondern danach, Gott zu werden.

Jene, die revolutionäre Bewegungen einleiten und die ersten Siege erringen, sind meistens unfähig, sich an der Macht zu halten. Der für eine Rebellion notwendige Elan genügt nicht, um eine Regierung zu sichern.

Eine lange revolutionäre Periode mit ihren vielfältigen Umschwüngen und wechselhaften Umständen beseitigt nacheinander die verschiedenen revolutionären Haltungen, bis nur noch jene Menschen überdauern, die der Lage gerecht werden, das heißt diejenigen, die nicht von einer Idee, sondern von einem Verstand beherrscht werden, von einer Macht, allem alles zu sein.

Die Mittelmäßigkeit besteht nicht darin, den Gemeinplatz als Zielpunkt anzuerkennen, sondern als Ausgangspunkt zu nehmen. Mittelmäßig ist nicht jener, der auf seinen eigenen Wegen dorthin gelangt, sondern jener, der sich dort einrichtet, dort lebt und zurückbleibt.

Vielleicht ist es eine vergebliche Mühe, Realitäten herbeizusehnen, die über jene glänzende und glatte Oberfläche der Welt hinausgehen, wo Farben, Klänge und Worte ihre sich selbst genügenden Architekturen einrichten.

Die Originalität entsteht manchmal aus der Kleinmütigkeit, Knauserei und Armseligkeit unserer Natur; sie kommt nicht so sehr von dem, was wir sind, als vielmehr von dem, was wir nicht sein können: nicht so sehr von dem, was wir tun, als vielmehr von dem, was wir nicht tun können. Da die Ohnmacht beschränkt, schafft sie ein Unvermögen und macht aus ihm einen positiven Wesenszug.

Mancher Stil wird dadurch interessant, daß der Schriftsteller unfähig ist, gewisse Dinge zu sagen oder sie auf eine gewisse Weise zu sagen.

An den Fortschritt, an die Verwirklichung eines Staates zu glauben, der täglich vollkommener, unseren Wünschen ähnlicher wird, ist mir unmöglich, weil ich sehe, daß die edlen Eigenschaften des Menschen bei weitem kein System bilden und nicht in einem einzigen Punkt zusammenlaufen, daß sie widersprüchlich und divergierend, gegenseitige Widersacher sind, die, um sich zu entfalten, den Tod der anderen verlangen, so daß jeder Fortschritt und jede Blütezeit einen Verfall und einen Niedergang mit sich bringen.

Der Mensch erreicht Edelmut nicht ohne Leiden und Glück nicht ohne Mittelmäßigkeit. Da ihn jedoch das Leiden bald vom Edelmut entfernt und ihm die Mittelmäßigkeit bald das Glück vergällt, empört sich der Mensch unablässig, um sich unablässig zu unterwerfen.

Die Menschheit geht von der Mittelmäßigkeit zum Grauen und vom Grauen zur Mittelmäßigkeit über.

In den engen Straßen der Stadt sind Blutlachen zu sehen. Das Blut ist in der unerbittlichen Sonne getrocknet, und die schwerfälligen Bauernkarren befördern Leichenhaufen als abscheulichen und beklagenswerten Dünger.

Doch mehr als diese blutleeren Leiber, mehr als die Unterdrükkung des brüderlichen Lachens und selbst mehr noch als die erstickten Hoffnungen peinigt den Flüchtling auf dem Weg ins Exil die angstvolle Gewißheit, den Untergang einer edlen, großmütigen und fruchtbaren Lebensweise gesehen zu haben.

Nicht alle Toten sind gleichermaßen sterblich: Der Leichnam eines Gottes widerlegt den Tod, und der Leichnam eines Siegers adelt die Traurigkeit eines Triumphs.

Die Menschen lernen nur die Sternenkälte der Niederlage kennen, wenn die Ideen untergehen, die sie mit ihrem Blut sanktioniert haben. Wenn die hohen Mauern einstürzen, wenn der rötliche Widerschein die Plätze erhellt, wenn Schreie die Schreie ersticken, wenn aber in den Falten der Geschichte noch die ideale Stadt existiert, welche die in Brand gesteckte Stadt zu verwirklichen suchte, dann leidet und weint der Mensch angesichts der verstreuten menschlichen Asche, aber er verzweifelt nicht in seiner Agonie. Nur jene, die mit ihren sterblichen Augen den rettungslosen Untergang einer Idee und den Schiffbruch einer Kultur betrachten, kosten die Katastrophen bis zur Neige aus und hören das Gelächter der Höllengötter.

Der Stolz ist der zurückerstattete Rest unseres aufgehobenen Ruhms.

Was dem Historiker als Richtschnur dient, ist die Struktur der Gesellschaft, zu der er gehört. In einer matrilinearen Gesellschaft würden sich die ersten Kapitel der Biographien von den ersten Kapiteln unserer Biographien unterscheiden.

Wir dürfen nicht zulassen, daß, was einen Tag dauert, jenes geringschätzt, was einen Augenblick dauert.

Erklären wir, da uns ein Maßstab fehlt, um die absolute Bedeutung der Dinge zu messen, daß alles, was dem Dasein Schönheit oder lediglich Interesse verleiht, wenn nicht unserer Achtung, so doch wenigstens unserer Dankbarkeit würdig ist.

Das Alltagsleben mit seinen familiären Obliegenheiten und seinen beruflichen Pflichten ist meistens so eintönig und abgeschmackt, daß viele, wenn ein Krieg angekündigt wird, ein verworrenes und wonnevolles Hochgefühl empfinden.

Der schwerste Fehler, den wir bei unseren Urteilen über die politischen Ereignisse begehen, besteht in unserer Vorstellung, wenn allein eine bestimmte Doktrin die Probleme lösen kann, welche die Wünsche des Menschen in einem gegebenen Moment der Gesellschaft stellen, daß diese Doktrin zwangsläufig siegen müsse.

Selbst wenn heute der Kommunismus als die einzige angemessene Lösung für das Gleichheitsverlangen des modernen Menschen und die Anforderungen einer industriellen Wirtschaft erscheint, ist sein Sieg nicht unvermeidlich, denn die Mittelmäßigkeit der menschlichen Ambitionen läßt sich nur mit der unendlichen Fähigkeit des Menschen vergleichen, die Instrumente zu verkennen, die geeignet sind, um diese Ambitionen zu befriedigen.

Nicht nur beim moralischen Wert eines Aktes kommt es auf die Absicht an, mit der er ausgeführt wird, sondern auch bei seinem ästhetischen und geistigen Wert. Von der Absicht hängt sein wahres Wesen ab.

Zum Beispiel ist ein Ritualmord kein gewöhnlicher Mord, dessen religiöse Absicht es nahelegt, ihn mit einem gewissen Wohlwollen zu beurteilen; vielmehr ist er ein eigentümlicher Akt mit einer selbständigen Bedeutung und einem besonderen Wert, und er ähnelt mehr einer liturgischen Zeremonie wie etwa der Messe als dem vulgären Dolchstoß an einer Straßenecke.

Die Meinung eines Menschen über seine Taten ist so sehr wie die materiellen Gesten, mit denen er sie ausführt, oder noch mehr als sie ein Teil des Wesens dieser Taten.

Es gibt nicht zwei unterschiedliche und parallele Weltordnungen der menschlichen Akte: die eine, die immer mit sich selbst identisch wäre und aus denselben materiellen Realitäten bestünde; die andere, die immer wandelbar, immer verschiedenartig wäre und aus den vielfältigen Meinungen der Menschen bestünde. Tatsächlich existiert eine einzige Weltordnung, in der sich diese vorgeblich parallelen Reihen kreuzen, vereinen, verschmelzen und gegenseitig bestimmen.

Es gibt einen Unterbau[23], der sich einer Ideologie widersetzt, nur als vorübergehende Fiktion eines analytischen Vorhabens.

Wenn uns die mittelmäßigen Bücher jeden Tag unerträglicher vorkommen, dann wohl nicht deshalb, weil sich unser Geschmack reinigt und läutert, sondern weil unsere Vorstellungskraft abnimmt.

In der Jugend können wir ein mittelmäßiges Buch mit einer so reichen und großmütigen Vorstellungskraft lesen, daß der vulgärste Stoff von Reflexen und Feuern überstrahlt wird. Dann haben alltägliche und abgenutzte Adjektive eine morgendliche Frische, und jedes Substantiv identifiziert sich mit dem Gegenstand, den es bezeichnet.

Da wir noch nicht in einem Universum aus reinen Symbolen und abstrakten Wesenszügen leben, beschwört jedes Wort ein prächtiges Gefolge von Bildern und Gefühlen herauf. Das Kind spielt mit einem Besen oder einem Stuhl, weil die Sklerose seiner Vorstellungskraft nicht begonnen hat.

Die Freuden der Literatur verlangen, um weiterzubestehen, daß das Objekt, das sie hervorbringt, seine Strahlungen immer intensiver aussendet, das heißt, daß das Buch besser geschrieben, das Werk schöner sein muß. Und so, wie am Anfang ein paar Tropfen Laudanum oder eine Opiumpfeife genügen, fühlen wir uns, wie Thomas de Quincey mit seinen Tausenden Tropfen, später unfähig, etwas anderes als Dante oder Racine, Milton oder Sophokles zu lesen.

So wie sich die Kritik zunächst damit beschäftigte, was der Dichter sagt, und viele Jahrhunderte vergehen mußten, bevor sie sich für die Art interessierte, wie er es sagt, ebenso hatten wir in der Literatur den Ausgangspunkt unserer Träume gesehen, bevor wir … die Literatur entdeckt haben.

Das Volk empört sich nie gegen den Despotismus, sondern gegen die Knechtschaft, in der man es schlecht ernährt.

Die Vollkommenheiten, die wir bei den von uns geliebten Wesen finden, sind keine Erfindungen unserer Phantasie, sondern Wirklichkeiten, deren Erkenntnis dem liebenden Verstand als eine Gabe gewährt wird.

Der »Geist des Menschengeschlechts« verwirklicht sich nicht durch unsere Unwissenheit, sondern durch eine flüchtige Vision, die er uns gewährt.

Jedes Objekt enthält ungeahnte Herrlichkeiten. In allen schläft ein Gott, den unsere Liebe weckt.

In der grauen Welt der alltäglichen Akte die reine Vision eines Augenblicks fortsetzen, damit sie spürbar und dicht weiterbesteht, unabhängig von der Laune, die sie uns gewährte und uns nimmt...

Möge dieser Körper, der hingegeben neben dem unseren schläft, und möge diese zarte Kurve, die im Nacken geboren bis zum Bauch fließt, nicht vergehen.

Jene Kritik, die sich mit Kleinigkeiten und Details beschäftigt, ist die einzige wahre Kritik. Wenn sie die Bücher insgesamt behandelt und wenn sie von den Autoren im großen und ganzen spricht, ist sie nichts weiter als wirkungslose Rhetorik.

Die Zufriedenheit, die wir im Verstehen, Wissen und Denken finden, auf eine Art geistigen Hedonismus zu beschränken ist ein Unternehmen, das uns verführt, wenn uns Emphase und Anmaßung abstoßen, denn so erklären wir unsere Vorlieben mit einem Minimum an hochtrabenden Worten, ohne daß wir uns auf prahlerisch erhabene Erwägungen berufen.

Doch uns lenkt diese ehrbare Furcht ab, weil bloßer Hedonismus nicht ausreicht, um unsere Haltung auf ein System zu beschränken.

Diese Vorlieben und Freuden existieren nicht getrennt von einer unablässigen Tätigkeit des Geistes, der sich nicht mit einer passiven Betrachtung zufriedengibt und endlos ein über sich selbst hinausweisendes Ideal der Wahrheit, Hellsichtigkeit, Aufrichtigkeit und Würde anstrebt.

Es gibt etwas im Hedonismus, das jede Anstrengung zurückweist, etwas, das von uns verlangt, daß wir in ihm die niedrigste Ebene einer bewußten Tätigkeit sehen, gleichsam die erste Stufe, die unmittelbar über den lauen Wassern des Unbewußtseins liegt, und deshalb lassen sich in diesem Zustand einer kaum hellsichtigen Passivität die Unruhe, die Tendenzen und Konflikte schwer begreifen, die das Geistesleben selbst in seiner kontemplativsten, isoliertesten und zurückgezogensten Form mit sich bringt.

Das liebevolle, aufmerksame und ernsthafte Studium der Nacktheit trägt soviel wie die strengste Meditation zu unserem Geistesleben bei.

Die Liebe, die sich vor bestimmten Gesten fürchtet, bereitet ihren Untergang vor.

Die edlen Worte, die ein souveräner Geist ordnet und gliedert, bergen einen zuverlässigen und offenkundigen Glanz; doch wenn sie in unsere Hand geraten, sind sie in der Nacht funkelnde Edelsteine, und nur unsere inbrünstige Liebe vermag es, ihnen jenes Feuerwerk zu entreißen, das unseren öden Inselfrieden erleuchtet.

Die rituelle Geste ist keine symbolische, sondern eine technische Geste. Grund und Zweck der Geste sind eine beinahe pragmatische Wirkungsabsicht. Hier geht es nicht darum, zu erinnern oder nahezulegen, es gibt kein ästhetisches Element, vielmehr sollen konkrete Wirkungen vermieden, gestattet, hervorgebracht oder aufgehoben werden.

Die Schönheit erscheint uns wie ein Attribut, ein Wesenszug bestimmter Dinge, wie etwas, das diese Dinge sich hinzufügen und auf sich anwenden, mit dem sie sich schmücken wie mit einem Adjektiv, dessen Substantiv sie wären; bis zu jenem unerwarteten Augenblick, da uns die Schönheit hingegen wie eine selbständige Wesenheit, eine Wirklichkeit, ein Objekt erscheint, als etwas, das an sich existiert, als etwas konkret Individuelles, beinahe Handgreifliches, beinahe Materielles: wenn wir es zum Beispiel mit Bachs *Brandenburgischem Konzert* Nr. 2 in F-dur oder mit Shelleys *Epipsychidion*, Racines *Phädra* oder auch der Nike von Samothrake zu tun haben.

Der Hauptmangel der meisten politischen Doktrinen besteht darin, daß sie als Protestäußerungen entstanden sind und sich in einem polemischen Klima entwickelt haben.

Diese Doktrinen sind gewöhnlich ein Klageruf des verletzten Interesses oder ein Schrei der geringgeschätzten Überzeugung, und als Reflexhandlung, die nicht ihre Reichweite ermessen kann, haben sie sich stets über ihre ersten Ziele hinaus ausgeweitet.

Da sie sich außerdem allein mit dem Gegner beschäftigen, bilden sie sich in Abhängigkeit von ihm heraus und schreiben dem, was ihrer feindlichen Einstellung dient, mehr Bedeutung als dem zu, was ihrem eigenen Wesen angemessen ist.

Nur das Lob, das der Besiegte dem Sieger spendet, ist schöner und edler als das Lob, das der Sieger dem Besiegten spendet.

Die geistige Frühreife der sogenannten primitiven Völker gestattet es dem jungen Mann, das vollendete gesellschaftliche Mannesalter schnell zu erreichen. In unserer Zivilisation verlängert sich hingegen die Vorbereitungszeit, und in ihr ist das Kind kindlicher und der junge Mann jugendlicher. Die Verlängerung der Jugend eignet sich offenbar bei den verschiedenen Sonderformen des Menschengeschlechts, um die kulturelle Situation anzugeben. So bestimmt die Frühreife des Mannes offenbar den primitiven Zustand und die verspätete Reife den zivilisierten Zustand.

Doch so etwas ist nicht ohne Gefahren.

Ein verlängerter Infantilismus, das heißt ein Zustand, in dem sich die geistige und sittliche Puerilität endlos fortsetzt, in dem die Reife, das Ziel und der Zweck des Prozesses, nie erreicht wird, kann hier tatsächlich ein schwerwiegendes soziales Übergewicht erhalten.

Unsere Zivilisation zeigt bereits alarmierende Symptome, wie ernst die Gefahr ist. Der politische Vorrang der Jugend, die ernsthafte Auffassung des Spiels, das Wohlgefallen an bloßen Neuerungen, die Unbeständigkeit der Gesten, das Verlangen nach heftigen Gefühlseindrücken, die Unschuld in der Grausamkeit, das naive Zukunftsvertrauen ermöglichen uns schon jetzt, daß wir uns eine Zivilisation vorstellen, die verrottet, ohne je zur Reife zu gelangen, die soziale Senilität eines verderbten Jünglings.

Der Klassenkampf ist nur dort möglich, wo die Grenzlinie zwischen den Klassen veränderlich genug ist, damit die Individuen der unteren Klassen den Übergang zu den höheren Klassen als schwierig, aber nicht unmöglich ansehen.

Dort, wo die Sozialstruktur hingegen erstarrt ist, wo der Wechsel von einer Klasse zu einer anderen unwahrscheinlich ist, reizt diese Unmöglichkeit bei weitem nicht zur Unzufriedenheit und verschärft auch nicht die Meinungsunterschiede, sondern schafft eine grenzenlose Resignation, eine Resignation, die nicht von einem unterdrückten Verlangen, sondern vom Fehlen eines Verlangens herrührt. Proust sagt uns: »La difficulté d'atteindre l'objet d'un désir l'accroît (la difficulté, non l'impossibilité, car cette dernière le supprime).«[24]

Jede Politik, die den Imperialismus des menschlichen Wesens verkennt und glaubt, ohne Zwang und Gewalt eine Ordnung, das heißt eine ständige Beziehung zwischen der Einheit und der Mehrheit, gestalten zu können, und das lediglich mit Hilfe der Erziehung oder einer besonderen Verteilung der wirtschaftlichen Güter, scheitert unerbittlich.

Ronsard ist vielleicht eine bedeutsamere Gestalt der Literaturgeschichte, aber bei Du Bellay fehlen Hörner und Trompeten, während das ständige Gemurmel des Innenlebens auf diskrete Weise gegenwärtig ist, so daß uns dies viel zuverlässiger fasziniert.

Es gibt gewisse stilistische Fehler, die der Schriftsteller nicht korrigieren kann, indem er neue Adjektive oder andere Zeiten des Verbs gebraucht, sondern nur, wenn er sein Leben ändert.

Wer seine Meinung energisch verkündet, beweist nicht die Kraft seiner Überzeugungen; wenn nämlich jemand nicht daran zweifelt, im Besitz der Wahrheit zu sein, verspürt er keinen Drang, sie zu verteidigen.

Der Apostel und der Fanatiker sind keine Heuchler, sie sind keine Individuen, die offenkundig wissen, daß falsch ist, was sie predigen, wohl aber argwöhnen sie, daß ihre Glaubensüberzeugungen unzulänglich sind.

Tatsächlich ist der Argwohn die heimliche Triebfeder des Apostolats wie des Fanatismus. Schwanken und Zweifel machen den erschrockenen Neophyten zum Fanatiker oder Apostel.

Bekehrung oder Mord sind die einzigen Möglichkeiten, diese Gleichgültigkeit oder Feindseligkeit zu beseitigen, deren bloßes Vorhandensein den Argwohn, den wir hegen und der uns erschreckt, zu bestätigen scheint.

Wer hingegen fühlt, daß er der Wahrheit sicher ist, gibt sich meistens damit zufrieden, sie unauffällig zu äußern.

Die wütende Zurückweisung der Wahrheit oder die Verherrlichung des Irrtums entlocken ihm nur ein leichtes Lächeln oder eine mitleidige Geste.

Es gibt keine Rhetorik der Wahrheit. Die Beredsamkeit ist Symptom eines schwankenden Glaubens.

Die Wahrheit des Menschen ist nichts weiter als eine aufrichtige Überzeugung. Wahrheit ist, was wir als Wahrheit beurteilen, nachdem wir die Gründe erwogen, die Argumente bedacht und unsere Überzeugung auf das breiteste Fundament der Aufrichtigkeit und Ehrlichkeit gestellt haben.

Die Wahrheit ist eine Tugend — wie die Blüte, die manchen harten und knorrigen moralischen Wurzeln entstammt. Vielleicht sollte man in der Logik lediglich ein Kapitel der Ethik sehen.

Die Romanautoren rühmen sich, durch die Technik des inneren Monologs den Bewußtseinsstrom mit seinen schnellen Wechseln, unerwarteten Sprüngen und mehrdeutigen Gedankenverbindungen, seiner Vielfalt und Widersprüchlichkeit genau wiederzugeben. Gleichwohl dringen sie nur zu einer äußeren Schale des geistigen Lebens vor, einer gewiß psychologischen Schale, die daher tiefer und dem Wesen näher als die soziale Rinde ist, die dem gewöhnlichen Roman genügt; doch trotz alledem ist sie Oberfläche und bloß anekdotische, willkürliche, empirische Hülle einer Realität, und das dumpfe Rauschen ihres Wassers ist aus tieferen Höhlen zu vernehmen.

Das Leben des Geistes liegt unter dem Seelenleben.

Vielleicht dem augenblicklichen Bewußtsein unerreichbar, das vom Funkenflug des Seelenlebens geblendet wird, offenbart das geistige Leben seine Existenz nur der systematisch forschenden Vernunft, weil es im wesentlichen ein System ist und eher der Tätigkeit der aufgeweckten Vernunft als der Tätigkeit unseres alltäglichen psychischen Bewußtseins gleicht.

Das geistige Leben eines Menschen entwickelt sich von der Geburt bis zum Tode nicht mit der Strenge eines Lehrsatzes, der seine Folgerungen auf unpersönliche und unerbittliche Weise ausformt, doch auch nicht mit der lebhaften Unordnung des Seelenlebens. Es ist Vernunft, freie Vernunft, autonome Vernunft. Sie kann spontan vorankommen, da sie über den Reichtum der ihr innewohnenden Kräfte und die Macht, sich den Dingen anzupassen, verfügt; sie vermag nachzugeben, um zu überwinden, und fügsam zu sein, um unwiderstehlich zu werden.

Das geistige Leben wird durch das Seelenleben gestaltet. Zuweilen dem kurzen Schwall gegenüber gleichgültig, der das Bewußtsein überflutet, dann wieder auf seine flüchtigsten Erleuchtungen achtend, webt es dort in seinen versunkenen Höhlen die harte Kette unseres Wesens.

Unser empirisches Dasein mit seinen Niederlagen oder Siegen, seinen Tugenden oder Lastern ist gleichsam das Schwemmland, das die verborgenen Gletscher des Geistes auf ihrem Weg ablagern. Unser geistiges Leben verwirklicht ein Schicksal, das heißt eine Pflicht, daß es sich von einem nur aktuellen Wesen unterscheiden muß; selbstverständlich ein Schicksal, das anders als die äußerliche und mechanische Parze ist, ein Schicksal, das zum Teil empfängt und zum Teil verarbeitet und schafft, ein Schicksal, das an der Notwendigkeit und der Freiheit teilhat, ein Schicksal, das Ordnung und Regel, nicht Gewalt oder Zwang ist.

Der tiefen Natur des menschlichen Wesens entspricht daher die systematische und scheinbar auf absurde Weise unangemessene Darlegung besser, besser sind ebenso die traditionelle psychologische Analyse und die alte Romanstruktur.

Die Idee im Sinne Platons ist die wahre Substanz unseres Lebens, und darum ist die Vernunft, die bis zu jenem Universum aus geistigen Vorstellungen vordringt, ein besser geeignetes Instrument, um uns das eigene Wesen zu offenbaren, als die empirische Beobachtung, die lediglich über rote Morgenwolken und Sturmböen gebietet.

Auf einmal begegnen wir einer Person, die wir als intelligent ansehen, weil wir die von ihr geäußerten Meinungen für eine spontane Antwort halten, für eine reine und neue Widerspiegelung der Dinge, eine originelle Reaktion des Geistes; doch es ist selten, daß diese Person nicht nach einiger Zeit ein Repertoire von Grundsätzen, eine Gesamtheit von Regeln offenbart, die ihre Ideen unfehlbar bestimmen, so daß wir glauben, das automatische Funktionieren einer äußerst leistungsfähigen Maschine mitzuerleben.

Dann verschwindet unser Interesse an dieser Person, weil jene geistige Unabhängigkeit, die uns gefallen hatte, nur eine Täuschung war, mit der unsere Unwissenheit einen monotonen Automatismus überlagerte.

Allerdings sind diese Grundsätze und Regeln nichts Willkürliches und auch nichts Bewußtes – und wir sind Betrachter, die sie abstrahieren und gestalten –, vielmehr sind sie die Form, die Struktur des Geistes selbst, seine eigentlichste und unumgänglichste Notwendigkeit. Doch der Verstand besteht vor allem darin, über diese Notwendigkeit hinauszugehen, keinen Mechanismus hinzunehmen, und weniger als jeden anderen den in seinem Wesen verborgenen Mechanismus.

Den meisten von denen, die wir für intelligent gehalten haben, fehlen deshalb, wie uns bald scheint, Intelligenz und Interesse, weil der Mechanismus, dessen Prinzip und Organe wir kennen, für unseren Geist nur noch die unbedeutende Anwendung eines allgemeinen Prinzips ist. Wenn man schließlich sieht, wie ein Mechanismus unermüdlich funktioniert, dessen Prinzipien uns vertraut sind, ist das eine kindliche Lust und geistiger Strenge unwürdig.

Es gibt eine Geschichtsschreibung, die sich nicht mit der üblichen Darstellung der Tatsachen nach der Art einer Chronik und auch nicht mit dem Ordnungsprinzip zufriedengibt, das in ihnen eine systematische Philosophie einführen will, die sich jedoch vorstellt, sie hätte der Geschichte eine neue Dimension gegeben, wenn sie sich bemüht, die Geschichtsperioden in Abhängigkeit von Ideen, Aufgaben oder Problemen zu durchdenken, die sich unterscheiden und der jeweiligen Periode eigentümlich sind.

In den Vorstellungen, die diese Geschichtsschreibung in ihren verschiedenen Beziehungen gestaltet, sieht sie das Material und Wesen der Geschichte. So etwa die griechische Polis, der römische Imperialismus, das Christentum, der Feudalismus, die Renaissance, die Reformation, der Kapitalismus, die Demokratie, die Bourgeoisie, das Proletariat usw. oder Orient und Okzident, Nord und Süd, Germanen und Romanen, Nomaden und Seßhafte usw. oder auch das Dionysische und das Apollinische, Religion und Wissenschaft, Individuum und Gemeinschaft usw. wie ebenso die tausend anderen möglichen Begriffe.

Diese Begriffe zu bilden oder bestimmte konkrete Tatsachen als ihren Ort zu durchdenken ist nicht falsch; der Irrtum besteht in dem Glauben, daß solche Begriffe an sich einen rein historischen Wert haben, daß sie im eigentlichen Sinn ein historisches Wesen bezeichnen.

Jedes historische Problem ist eine zeitweilige und vorübergehende Anordnung der Tatsachen, in der sich ein Wesenszug des Menschen äußert. Doch die Berücksichtigung eines derartigen Wesenszugs, wenn man einmal von der Unreinheit und Komplexität der konkreten Beziehungen absieht, reicht nicht aus, um die Geschichte einer Epoche zu schreiben; andererseits können uns auch nicht das ausschließliche Bemühen, einen dieser Wesenszüge lediglich historisch einzuordnen, und deren rein historische Erkenntnis eine klare Vorstellung dessen, was sie an sich sind, eine ihrer Natur angemessene Wissenschaft vermitteln.

Die Zeit, also jene Kategorie, die der Geschichte wie der Geschichtsschreibung eigentümlich ist, erweist sich als machtlos bei einem Wesensproblem, das von Natur aus zeitlos ist, und sie kann nur den Geist täuschen, indem sie ihm nahelegt, daß bloße zeitliche Beziehungen die Erklärung eines Problems, das über sie hinausgeht, ausreichend enthalten.

Die Geschichte löst keines der Probleme, die sie aufwirft. Jedes historische Problem ist ständig aktuell und überdauert, selbst wenn niemand mehr daran denkt, wie es auch existierte, bevor es erschien und durchdacht wurde.

Was wir Geschichte nennen, ist ein reines Bewußtseinsphänomen, und darum ist der Wesenskern der Geschichte jenes historische Problem, das zu einem gegebenen Zeitpunkt den Bewußtseinsraum einnimmt. Da der Mensch nur fähig ist, sich in ein und derselben Periode mit einem einzigen derartigen Problem zu beschäftigen – während stets alle gegenwärtig sind –, besteht die Geschichte aus diesen aufeinanderfolgenden Beschäftigungen, doch das Problem wurde nicht im Bereich der Geschichte geschaffen und wird auch nicht in ihm gelöst werden. Das Interesse an der Geschichte beruht im Grunde auf ihrer im wesentlichen unhistorischen Natur.

Keine schwerwiegende, ernste, große Tatsache hört jemals auf, uns zu begeistern, denn was damals geschah, geschieht ständig weiter; in der ewigen Gegenwart der Geschichte äußert sich die ewige Gegenwart unseres menschlichen Wesens.

Jede Geschichtserkenntnis trägt zu unserer eigenen Erkenntnis bei, und jede Selbsterkenntnis trägt zur Geschichtserkenntnis bei.

Was eine neue Epoche offenbart oder im zeitlosen und ewigen Wesen des Menschen bekannter und offenkundiger macht, widerspiegelt sich in der Geschichtsschreibung dieser Epoche und fällt wie ein Lichtstrahl auf die vergangenen Epochen zurück.

Daher ist eine ständige Bereicherung der Geschichte das Werk der Geschichte selbst.

Demnach würde erst die abgeschlossene und besiegelte Geschichte in ihrer konkreten Fülle die endgültige philosophische

Anthropologie ergeben. Unsere Geschichte, die reale Geschichte, die Geschichte im Fluß der Zeit ist keine der Realität angemessene Erkenntnis, die wir bereits wahrnehmen können, und zusammen mit ihr müssen wir eine metaphysische Anthropologie begründen.

Vielleicht stellt sich heraus, daß jenes, was wir für eine metaphysische Anthropologie halten, nichts anders als eine Zusammenfassung dessen ist, was uns die Geschichtswissenschaft gegenwärtig über den Menschen lehrt.

Wahrscheinlich sollte man nicht in der ehrgeizigen Vielzahl paralleler oder übereinstimmender Disziplinen die Lösung des Problems suchen, das die Erkenntnis des Menschen aufwirft. Die Geschichte genügt; eine Geschichte, die reich an unmittelbarer menschlicher Erfahrung ist, ein konkretes, dichtes und umfängliches Material beherrscht, sich ihrer Prinzipien, ihrer Normen und ihres epistemologischen Wesens bewußt ist.

Eines Tages wird es möglich sein, die Geschichte der letzten einhundertfünfzig Jahre ausreichend genau zu schreiben, nicht deshalb, weil man Statistiken, Zeitungen, Filme und vielfältige, verschiedenartige Dokumente hat, sondern vor allem und vielleicht nur, weil es ein umfangreiches Romanschaffen gegeben hat.

Ein mittelmäßiger Roman ist ein Dokument von großem historischem Wert, weil sich in ihm die Kleinigkeiten des Alltagslebens so widerspiegeln, wie sie den Zeitgenossen erscheinen. Die verschiedenen Geräte, welche die Archäologie untersucht, machen eine Interpretation erforderlich, während uns der Roman eine Bedeutung übermittelt.

Gewiß braucht der Roman einen Kommentar, doch bei ihm arbeiten wir schon auf einer dem Geist vertrauten Ebene.

Die Unbeständigkeit und Unruhe der modernen Welt sind das Ergebnis eines sehr edlen geistigen Versuchs, der jedoch auf unkluge Weise verbreitet wurde.

Da man vergaß, daß die Menschheit, um leben zu können, eine geistige Welt benötigt, die ebenso unerschütterlich, fest und dauerhaft wie die materielle Welt ist, hat man versucht, sie in der Unbeständigkeit des Geistes selbst verweilen zu lassen. Man wollte, daß alle an einem Abenteuer teilnehmen, das nur wenigen angemessen ist, und der Anspruch, dafür zu sorgen, daß der Geist seinem Wesen treu bleibt, führte zu dem Zwang, die nützlichen und fruchtbaren Treulosigkeiten zu verwerfen, die es ihm ermöglichen, seine Aufgabe in der Geschichte zu erfüllen.

In seinem jahrtausendealten Bemühen konnte das biologische Leben ausgehend von der fließenden Realität das Universum der alltäglichen Wahrnehmung gestalten. Ein beständiges und geordnetes Universum, das mit der gewohnheitsmäßigen Wiederholung seiner materiellen Akte als Stütze und Grundlage für den organischen Akt des Lebens dienen soll. Auf ähnliche Weise will das geistige Leben ein intellektuelles Universum ausgehend vom fließenden Geist gestalten.

Seitdem die erste derartige Aufgabe vollbracht ist, besteht das organische Leben kraftvoll auf Erden weiter; doch es muß für diese Sicherheit und Beständigkeit mit der Unkenntnis der Realität bezahlen, weil die Wahrnehmung von den Zwängen des Lebens eingeschränkt wird.

Die zweite Aufgabe, das Leben zu verfälschen, konnte nur provisorische Formen hervorbringen, Formen, die einige Zeit überdauern und sich dann auflösen. Diese Formen, diese Weltordnungen sind die großen Ideensysteme, welche die geistige Wirklichkeit ordnen, sie sind die ideologischen Strukturen, in denen sich die Menschheit einrichten will.

Diese Strukturen sind für das geistige Leben notwendig, weil sie die wandelbare, flüchtige und subtile Wirklichkeit begrenzen, festhalten und eindämmen.

Andererseits ist es offensichtlich, daß sie willkürliche Konstruktionen sind, Zufluchtsorte und Instrumente zugleich, Organe der gesellschaftlichen Vernunft, des konkreten Lebens; auf keinen Fall Werke der reinen Vernunft.

Wer bei ihnen verweilt, entflieht der wirklichen Welt.

Jede geistige Propädeutik versucht, die Vernunft aus dem begrifflichen Gitternetz und von den launischen Perspektiven zu befreien, die ihr diese ideologischen Strukturen auferlegen.

Diesem bequemen Gefängnis zu entkommen ist jedoch das Werk der wenigen Menschen, die fähig sind, in der unbeständigen Freiheit des Geistes zu leben, in seiner unablässigen Spontaneität, seiner immerwährenden Neuigkeit, dem unbegrenzten Prozeß, sich selbst zu schaffen.

Es gibt kein gefährlicheres Abenteuer als jenes, alle zu diesem Wanderleben eines geistigen Nomadentums zu zwingen. Die zu einem solchen Dasein gezwungenen Menschen fühlen, daß sie den Grund unter den Füßen verlieren, und von einem entsetzlichen Schwindel gepackt, kreisen sie aus der Bahn geworfen, ohne Aufgabe und ohne Wegrichtung, in einer weiten Wüste.

Die Menschheit braucht ein Begriffssystem, eine ideologische Struktur. Wenn einige wenige so unklug waren, das System, in dem sie lebte, zu zerstören, irrt die Menschheit ständig krampfhaft umher, bis sie ein neues System entdeckt, auf das sie sich stürzen kann, um Obdach und Zuflucht zu suchen.

Seit fünfhundert Jahren will man die Menschheit zwingen, jedes Begriffssystem zu verwerfen und nur die rein geistige Bemühung anzuerkennen, die diese Systeme gestaltet.

Man wollte lehren, keine Doktrinen, sondern das Wahrheitsstreben zu achten; keinen bestimmten Kunststil, sondern die Suche nach der Schönheit; keinen bestimmten Komplex von Handlungsnormen, sondern die Bereitschaft, Gutes zu tun. Beunruhigend an dieser Predigt ist nicht, daß ihre Theorien falsch sind – ganz im Gegenteil zeigt sich offensichtlich, daß sie die einzig wahren sind –, sondern daß sie eine allzu schonungslose Wahrheit vorschlägt und lehrt, eine Wahrheit, die für den Verstand der meisten giftig ist.

Die Menschheit braucht Begriffssysteme, ständige Wohnsitze, dauerhafte Zufluchtsorte. Das geistige Leben in seiner vollkommenen Freiheit, mit seiner verborgenen Skepsis und seinem geheimnisvollen Vertrauen ist nur einem Verstand angemessen, der in der Hoffnungslosigkeit hoffen und in der Katastrophe ausharren kann.

Es geht um einen edlen Irrtum; gleichwohl geht es um einen Irrtum. Um die Sünde engelreiner Unschuld, wie jeden maßlosen Liberalismus. Ein Interregnum, in dem die Machtergreifung des Tyrannen vorbereitet wird.

Demütig nehme ich es hin, daß mich ein weites Schweigen umgibt; aber bewirke, o mein Gott, daß die Worte meine Einsamkeit bevölkern und darin ihren köstlichen Honig hervorbringen.

Literarische Texte sind Beschwörungsformeln, die uns in verschiedene geistige Regionen versetzen. Wenn wir darauf verzichtet haben, die Wahrheit in der Welt zu finden, scheint uns das Denken lediglich eine wonnevolle Lebensform zu sein. Der Verstand ist nur noch ein Attribut gewisser Seelen, und wir suchen ihn dort wie den unersetzbaren Geschmack gewisser Früchte.

Die Wahrheiten von heute, von gestern oder von morgen würden auf dem Abfallhaufen liegen, wenn nicht unversehrt und unberührbar der Verstand überdauerte, der sie schafft, jedoch nicht mit ihnen verschmilzt. Also kommt es nicht darauf an, was man schreibt, wenn der Geist des Autors köstlich und klug ist. Ein Text ist eine Formel, die uns den Raum einer Seele freigibt.

Deshalb kommt es nur darauf an zu sein, und jede Rhetorik ist haltlos, wenn sie etwas anderes anstrebt, als dazu beizutragen, die getrübten Gläser des Ausdrucks zu säubern.

»κάτϑανε καὶ Πάτροκλος, ὅ περ σέο πολλὸν ἀμείνων«[25] — das scheint mir immer noch der beste Trost.

Ich glaube nicht, daß die Gemütsruhe, um die sich seine Meditation bemüht, allein auf der von ihm verkündeten Gleichheit und auf dem von ihm ausgeschlossenen Privileg beruht. Vor allem berührt die Ahnung, dort etwas Positives zu finden, wo alles Positive vergeht. Daß die Menschen sterben, in denen die Werte existieren, zeigt, daß der Tod eine neue Dimension des Geistes sein muß. Ich kenne keinen besseren Hinweis auf die ungewisse Unsterblichkeit des Menschen als die Unmöglichkeit, einen Wert zu begreifen, der nicht ewig ist, zusammen mit der Unmöglichkeit, den Wert von dem konkreten Individuum, das ihn verwirklicht, abzusondern.

Den objektiven Werten wie Schönheit oder Wahrheit muß man subjektive Werte hinzufügen, die sich nicht vom Menschen trennen lassen.

Vielleicht können wir sagen: Der moralische Akt ist die Vorbedingung der Unsterblichkeit, weil wir uns mit einem wesenhaft ewigen Wert identifizieren, wenn wir ihn ausführen.

»...m'insegnavate come l'uom s'etterna.«[26]

Eine Theologie der Werte ist vielleicht die Form des religiösen Denkens, die uns am tiefsten berühren könnte.

Die Theologie des Seins ist in die Nebel übermäßiger Zweifel gehüllt, aber wer würde es wagen, die Evidenz eines Wertes zu leugnen?

Wir sollten dem mosaischen Ontologismus des »ego sum qui sum«[27] den johanneischen Axiologismus des »ego sum lux et veritas et vita«[28] entgegenhalten.

Das Sein löst sich in Beziehungen auf, und wir finden es nicht mehr in der Härte des Steins, sondern in der scheinbaren Schwäche der Schönheit.

Der Geschichtsschreiber ist ein Geschöpf verfallender Kulturen. Die Geschichtserkenntnis ist eine auf Analogie beruhende Erkenntnis, die von dem ausgeht, was wir sind, um das Handeln anderer Menschen zu interpretieren. Die ausdrückliche oder stillschweigende Erkenntnis, die wir von uns selbst haben, bestimmt den Bereich unseres Geschichtsbewußtseins.

Da nun eine Kultur eine Haltung der Welt gegenüber ist, eine Haltung, welche die Realität auf Grund der Ansprüche auswählt, die der Vorstellung des sie hervorbringenden Menschen eigentümlich sind, schließt die Kultur in ihrer Aufstiegsperiode alles, was nicht mit dieser Vorstellung übereinstimmt, aus dem Bewußtsein aus.

Die Beschränkung ist der Preis, den wir für diese kurzen Glanzzeiten bezahlen.

In den Anfängen einer Kultur, wenn eine neue Vorstellung vom Menschen eine überlebte, untergehende Vorstellung ersetzt, erleben wir, daß das Geschichtsbewußtsein vorübergehend erwacht. So etwa führt das Christentum die Vorstellung von der geschichtlichen Zeit in das statische Universum des Hellenismus ein.

Doch die unersättlichen Ansprüche einer entstehenden Kultur, der dicke Saft, von dem sie strotzt, drängen sie zu ihrer eigenen Aufgabe, was sie von der selbstlosen Betrachtung jener Haltungen und Gesten weit entfernt, die sie ja gerade ersetzen will.

Erst wenn die Kultur verfällt, wenn eine jener vorübergehenden Strukturen des Menschen zusammenbricht, offenbart sich unseren Augen aufs neue die wuchernde und formlose Vielfalt der menschlichen Natur.

Dann spüren wir, daß widerwärtige Larven in unserem sterbenden Fleisch wimmeln, dann dringen die gefangenen Lemuren in den nächtlichen Raum der Seele ein. Der Mensch, dem man die Norm geraubt hat, die sein Dasein und seine Akte geordnet hatte, wird sich einer komplexeren und reicheren menschlichen Natur bewußt; in seiner unmittelbaren Gegenwart bereitet ihn eine Fülle von Widersprüchen auf das Verständnis von tausend Rätseln vor.

Dann erscheint der Geschichtsschreiber, der kritische Seelenprüfer, der Herr der beschwörenden Gesten, der Odysseus, der die Toten, mit denen er Zwiesprache hält, mit seinem eigenen Blut tränkt.

Es ist die dem Menschen eigentümliche Aufgabe und die einzige Grundlage seiner Würde, die natürlichen Zwecke der Dinge zu pervertieren.

Die Natur schafft keinen Wert. Eine brutale kausale Notwendigkeit und ein strenger teleologischer Utilitarismus gestalten hier ein geschlossenes Objektsystem. In dieses eintönige Kreisen von Zahnkränzen und Rädern greift der Geist ein, um die vollständige Ausführung bestimmter Funktionen diskret zu verlagern. So errichtet er auf wunderbare Weise eine Wertordnung auf den fühllosen Fundamenten der biologischen Notwendigkeit; die menschliche List vollendet so die pervertierten Akte, indem sie ihnen willkürliche Bedeutungen hinzufügt.

Tatsächlich sollte man den reich bestickten Schleier bewundern, den der Mensch mit seinen subtilen Betrügereien gewoben hat. Daß sich die stupide Notwendigkeit einer kollektiven Handlungsvorschrift zu den Rechtsgelehrten Roms hinaufentwickelt, daß sich die lästige Notwendigkeit, den Nachbarn zu ertragen, im Liebeswerk der christlichen Orden oder in der wunderbaren Ausgewogenheit eines Salons des 18. Jahrhunderts sublimiert, daß sich die Brunst des urzeitlichen Dschungels zu einem Sonett Louise Labés veredelt, all das ist ein unvergleichlicher Sieg der außerordentlichen Fähigkeit des Menschen, die Natur zu verraten.

So sind die Lippen einer hübschen Frau keine Lefzen, keine Speiseröhrenöffnung, nicht einmal ein sexuelles Lockmittel, sondern genau das: Lippen. Jenen zuweilen subtilen und zuweilen plumpen Analysen, mit denen manche die höchsten menschlichen Tätigkeiten herabsetzen oder erniedrigen wollten, fehlt es an Verstand, selbst wenn es ihnen nicht an Wahrheit fehlt. Sie irren sich nicht, wenn sie für die edelsten Gefühle einen dunklen und schattenhaften Ursprung annehmen, doch sie irren sich grob, wenn sie sich einbilden, daß der Wert eines Gefühls aufgehoben ist, sobald man seinen niedrigen Ursprung beweist. Ein sonderbarer Snobismus des bürgerlichen Intellekts!

Auch der Zynismus eines Halbwüchsigen, der entdeckt, daß seine Eltern unvergänglichen animalischen Begierden unterworfen sind, ist so unerträglich wie die idyllische Gefühlsduselei angesichts einer mütterlichen Natur.

Der Mensch hat noch nicht die ganze Verdorbenheit seiner Seele erfaßt. Damit meine ich keine unbekannten Bereiche, sondern nicht in Planquadrate eingeteilte Gebiete. Tatsächlich sind alle Laster, selbst jene, die wir als selten bezeichnen, ein Vorstadtpark, den die sonntäglichen Menschenmengen in Familiengruppen besuchen.

Trotzdem verkennen die Ethikprofessoren jene Laster, die sich ihren Einteilungen entziehen, und vielleicht haben es die Moralisten vermieden, jene zu beschreiben, die sich nicht für ein subtiles Wortspiel eignen.

Doch die wahre Ursache ist vielmehr ein verborgenes Schamgefühl.

Die theatralischen und glänzenden Laster oder die niedrigen und liebenswürdigen Laster demütigen nicht den, der, wenn er über sie redet, unausgesprochen anerkennt, daß er an ihnen in gewisser Weise beteiligt ist. Aber es gibt andere, gemeine, kleine, indirekte, wie einen ohnmächtigen Blick, schlüpfrige, schleimige, schmierige, gräuliche. Wir ziehen es vor, diese zu verschweigen; es ist uns lieber, daß unser Schweigen wie Naivität wirkt; eher lassen wir uns täuschen, als daß wir mit einem treffenden und schneidenden Satz unsere Hellsichtigkeit und unsere Komplizenschaft zugleich bekunden. Und selbst ich spreche hier nur in allgemeinen und vagen Begriffen.

In unserer Zeit, da das einstige Prestige endgültig verblaßt und sich zukünftiges Prestige gerade erst andeutet, finde ich kein weiteres unbestreitbares Prestige als jenes des Arztes. (War der Äskulapkult nicht ein Kult der Verfallsperiode?)

Nur ihm gelingt es, daß man seine Fehler verzeiht und vergißt, nur ihm, daß seine Autorität unangefochten ist, nur ihm, daß wir seine gravitätischen Gebärden und sein pompöses Auftreten ertragen. (Jede Epoche behält sich Strenge vor, um jene, die sie nicht liebt, zu beurteilen und um die Dinge, an die sie nicht glaubt, zu bewerten.) Seine Autorität ist bereits absolut. Die einzigen Gesetze, denen man gehorcht, sind die seinigen.

Ein listiger Despotismus ließe sich mit einmütiger Ehrerbietung begründen, wenn er alle Freiheiten verkündete und sich damit begnügte, seine willkürlichsten Anwandlungen als hygienische und vorbeugende Maßnahmen zu dekretieren. Der Tyrann als Hygieniker, das ist eine neue Person der Commedia dell'arte, die wir vorbereiten.

Dieser Medizinkult ist in einem Zeitalter nicht absurd, das nur in seinem Leib die Realität finden kann, welche die Werte anderer Jahrhunderte verloren haben. Daß alles ungewiß, flüchtig, zweifelhaft, haltlos ist, gilt nicht für diesen Schmerz und dieses Alter, das mich bedroht. Wie soll ich nicht vor dem niederknien, der mir Erleichterung verschafft, vor dem, der mir Ruhe verspricht?

Der alte Wundertäter erwacht zu neuem Leben, und der klägliche Zug verläßt die heiligen Höhlen, die Wunder wirkenden

Bäume, die von den flackernden Kerzen erleuchteten Gotteshäuser, um sich dorthin zu begeben, wo ihn der neue Schamane erwartet, der die unzeitgemäßen Federn und Felle durch einen weißen Kittel, Hornbrille und Füllfederhalter ersetzt.

Hingegen flößt mir der Arzt absurderweise eine heimliche Verachtung ein. »Ein Sklavenberuf«, murmele ich – wie ein grober römischer Patrizier vor dem gestikulierenden, scharfsichtigen Griechen, der ihn behandelt –, ich, ein Kleinbürger mit Aspirin und Pantopon.

Dennoch irre ich mich vielleicht im Grunde nicht. Der Arztkult symbolisiert die endgültige Unterwerfung des Geistes. Die körperliche Gesundheit ist hier der eigentliche Zweck der menschlichen Tätigkeit, und ich kann mich nicht damit abfinden, daß sie mehr als deren Instrument ist. Eine alte platonische Anwandlung treibt mich, »χαίρειν τὸ σῶμα«[29], damit »χαϑ' ὅσον δύναται«[30] (ach! das ist der springende Punkt) die Seele »μὴ κοινωνοῦσα αὐτῷ μηδ' ἁπτομένη ὀρέγηται τοῦ ὄντος«[31].

Obwohl vielleicht nicht alles gesagt worden ist (der Prediger Salomo und La Bruyère mögen mir verzeihen), wurde durchaus gesagt, was wir manchmal am liebsten sagen möchten.

Die Gemeinplätze: auf einmal fühle ich ein maßloses Verlangen nach ihnen. Welche Wonne, auf dem Meer des Offensichtlichen umherzusegeln, am wunderbaren Festland der Trivialitäten anzulegen. Ach! Die Liebe, den Schmerz, den Tod, Treue oder Patriotismus, Krieg oder Frieden usw. usf. sowie die unvermeidlichen Paradoxe und die erwarteten Kühnheiten zu entdecken! Aber was sollen wir tun; da sind Cicero und Isokrates und Plutarch.

Ich spotte nicht, ein Gemeinplatz ist kein Irrtum; vielleicht ist er im Gegenteil die größte Wahrheit. Wenn er einen Fehler hat, ist es seine übergroße Vertrautheit. Mit ihm unterhalten wir eheliche Beziehungen; das bedeutet indes nicht, daß uns das unbekannte Lächeln, das uns rührt, und die unvergeßliche Geste einer flüchtig vorüberziehenden Reisenden ein zuverlässigeres Glück versprechen. »Elle retrouvait dans l'adultère toutes les platitudes du mariage.«[32]

Die Seele vernachlässigt sich und gibt sich auf, wenn sie keinen Ehrgeiz hat.

Nichts, was in die Nähe der von uns geliebten Frau gekommen war, ist uns gleichgültig. Alles, was sie berührt, erfüllt sie mit sinnlicher Kraft. Mit vielen Menschen haben wir trotz ihrer Mittelmäßigkeit weiter Umgang, weil uns ihre Anwesenheit den Zustand unserer Liebe von gestern unversehrt zurückgibt.

Barrès: ein wunderbarer Inbegriff des konkreten Verstandes. Jede Idee gewinnt in diesem Geist ihre fleischliche Form.

Sein geistiger Himmel bevölkert sich mit unreinen Vorstellungen, mit irdischen Erscheinungen. Er ist ein Verstand des Fleischgewordenen.

Seine Meditation geht nicht von einem Grundsatz, sondern von einem realen, undurchsichtigen, harten Objekt aus und endet auch mit einem Objekt: eine Lerche, die aus dem Weizenfeld hervordringt, auffliegt und sich emporschwingt und die sich zu demselben Weizenfeld hinabstürzt und in ihm untertaucht.

Die Gestalter von Gesellschaftsordnungen sind die unglücklichsten aller Menschen.

Ihr hartnäckiges Bemühen findet seinen Höhepunkt, indem sie das einführen, was sie verwerfen; den einfallsreichsten und glücklichsten gelingt es lediglich, alte Sachverhalte mit neuen Namen zu benennen oder ein und dieselbe fragwürdige Blöße unter einem Deckmantel von Formeln zu verbergen.

Trotz seiner gewöhnlichen Schroffheit und seiner Roheit besitzt der Reformer eine einfühlsame Sensibilität. Der leicht erregbare und reizbare Reformer, der nicht ertragen kann, was sein Gewissen verletzt, liebt die Menschen leidenschaftlich, und in seiner Liebe findet er die Beweggründe seines Protestes und seiner Rebellion.

Doch wenn die Menschenliebe als Triebkraft der Reform dient, bereitet dieselbe Liebe den Mißerfolg der von ihr angeregten Reform vor, denn sie will zum Aufbau der von ihr ersehnten Gesellschaft nur jene Gefühle und Leidenschaften nutzen, die sie für liebenswert hält.

Tatsächlich überträgt der Reformer den edelsten Leidenschaften des Menschen und seinen erhabensten Gefühlen die Verwirklichung der erstrebten gesellschaftlichen Ziele. Die komplexe Struktur, die er gestalten will, verlangt, damit sie dauern kann, daß der Mensch auf Habsucht, Ehrgeiz und Egoismus verzichtet, daß der Wille, das Gemeinwohl durchzusetzen, das Privatinteresse bezwingt, daß sich die verderbten Absichten, die dunklen Begierden, die irrationalen Leidenschaften wie graue Morgennebel verflüchtigen.

Mit anderen Worten, die Gesellschaft des Reformers hat all jenes zur Vorbedingung – und setzt schon als verwirklicht voraus –, was nach zahllosen Anstrengungen und Mühen vielleicht die Wirkung und das Ergebnis einer geduldigen, listigen und allmählichen Einrichtung der Gesellschaft sein könnte.

Daß die gesellschaftlichen Tugenden, die eine bestimmte Art der Gesellschaft vielleicht hervorbringen kann, notwendig sind, um gerade diese Gesellschaft hervorzubringen, daß die Wirkung ihre eigene Ursache hervorbringen muß, hierin liegt der unlösbare Widerspruch, der die reformistische Haltung scheitern läßt.

Doch der Reformer gibt angesichts seines Mißerfolgs nicht auf.

Gleichwohl regt der widerspenstige Starrsinn des Menschenmaterials seinen Geist nicht an, lieber geschmeidigere Techniken anzuwenden; der Reformer ahnt nicht, daß er vor allem sich selbst, seine Grundsätze und Normen, seine abweisenden Imperative, seine übermäßigen Ansprüche, seine apodiktischen Forderungen dringend reformieren muß.

Angesichts seines Mißerfolgs beschuldigt der Reformer den Menschen.

Überall entdeckt er verderbte Absichten, falsche und böswillige Vorsätze. Ihm scheint, als habe sich der Mensch für den Sieg des Bösen verschworen. Gerade seine Liebe bewirkt nun die Strenge eines erzürnten Vaters, der geißelt und züchtigt.

Sein vereiteltes Streben, seine verletzten Gefühle, seine zerstörten Träume verschärfen seine heftige Erregbarkeit.

In diesem rauhen Klima erweist sich der Reformer als besonders anfällig, gewalttätig und grausam zu werden. Unter den Staatsmännern tut er sich dann durch seine maßlos energischen Akte und die fanatische Unbestechlichkeit seiner Entscheidungen hervor. So ermöglicht ihm das Vertrauen in die Rechtschaffenheit seiner Absichten und in sein selbstloses Gewissen, zu Extremen zu gelangen, die ein Egoist erschrocken zurückweisen würde.

Gleichwohl ist die neue Haltung des Reformers nicht weniger erfolglos als die vorherige.

Die revolutionäre Gewalt schafft triviale Triumphe auf entsetzlichen Leichenhaufen.

Die Menschenmasse scheint dem energischen Druck nachzugeben, den der entschlossene, kaltblütige, grausame und scharfsinnige Revolutionär auf sie ausübt. Angesichts der scheinbaren und vorübergehenden Fügsamkeit der Geschichte wird die Seele des siegreichen Revolutionärs von steriler Begeisterung erfüllt. Das mit polizeilichen und militärischen Techniken ausgestaltete Prophetentum glaubt, es könne sich über die skeptischen Zuschauer lustig machen. Die dankbare Menschheit macht sich bereit, den Schatten eines Kenotaphs zu errichten, worin die Sühnopfer ruhen sollen, die für ein endlich siegreiches Unternehmen dargebracht wurden.

Doch die hartnäckige Routine der Geschichte untergräbt diese stolzen und willkürlichen Konstruktionen.

Die Spannung, die Anstrengung und die ständige Wachsamkeit ermüden bald und schläfern die hochfliegenden Seelenkräfte ein.

Die Menschen passen sich der neuen Bequemlichkeit an. Langsam kehrt alles zu den jahrtausendealten Gewohnheiten zurück. Die Zeit gewinnt ihre verlorene Macht wieder. Die geschichtliche Kontinuität überschwemmt mit ihren gewaltigen Wasserfluten die weiten bestellten Felder, und auf diesem Boden, den der Mensch in seinem Stolz betreten hatte, entdeckt die Nachwelt nur den Leichnam eines gemarterten Unschuldigen.

Gewiß vermögen wir nur, weil es uns an Phantasie mangelt, die Ungerechtigkeiten zu ertragen, an denen wir alle unfreiwillig schuld sind, doch jede Unduldsamkeit gegenüber der Ungerechtigkeit, die sich nicht zur Heiligkeit erhebt, kann lediglich die Welt in Unruhe versetzen.

Der kaltblütige Mensch, dem es an Güte fehlt, der jedoch hellsichtig ist, gibt sich damit zufrieden, die Privilegien auszunützen, die man ihm zugesteht, und sich selbst zu reformieren.

Kommt, nackte Füße der Liebe, harte Schritte des Hasses, Marschtritt des Ruhms in der Mittagssonne. Nachmittags ein gemächliches Meditieren und nachts das kristallklare Lied einer Flöte. Ach! Leiber, von denen meine Hände nichts wußten, meinen Füßen unbekannte Gärten, leuchtende, für meine Augen verlorene Städte und von euch, ihr Flüsse, ihr hart gewordenen Flüsse, das tiefe Fließen eures Wassers.

Die Aufgabe des Philosophen besteht nicht so sehr darin, Ideen zu ersinnen, als vielmehr zu verhindern, daß die Ideen eine Kruste auf dem Denken bilden. Es ist seine wahre systematische Aufgabe, jedes System zu zerstören. Im Grunde ist das System eines Philosophen nur eine Kriegsmaschinerie, um die ihn störenden Ideen zu bekämpfen, und die Schüler verwandeln den Kriegsapparat in eine bequeme Wohnstätte.

Die Philosophie setzt sich unermüdlich das Ziel, uns ohne Vorurteile mit der nackten Realität zu konfrontieren. Jede Lösung ist nichts als die Auflösung einer vorherigen Lösung.

Der überspannte Enthusiasmus, den eine Philosophie zu erwecken vermag, kommt von dem rauschhaften Zustand, daß wir uns wieder in offenem Gelände befinden. Jede neue Philosophie befreit, weil sie uns dasselbe ewige Problem vorstellt.

Die wahren Probleme ändern sich nicht und finden auch keine Lösung. Die Pflicht der Philosophie besteht darin, uns zu sagen: Diese Lösung ist ungültig, hier stellt sich uns wieder das Problem.

Die frühen Jahre erreichen etwas, ohne es zu wünschen; die Jugend wünscht etwas und erreicht es; das Alter wünscht zunächst etwas, ohne es zu erreichen, und am Ende wünscht es, etwas zu wünschen.

Oft gewinnt eine übertriebene und extreme Meinung nur unsere Zustimmung, weil wir vorher jemanden gehört haben, der hartnäkkig und eigensinnig die entgegengesetzte Meinung vertreten hatte.

Der kluge Mensch wie auch der Künstler sind nur fähig, eine bestimmte Zahl von Themen zu behandeln.

Jeder Verstand hat sein Repertoire. Dennoch trägt jeder zusammen mit den eigenen und durchgearbeiteten Ideen viele andere vor, die er eigentlich nur wiederholt, gleich einem Dummkopf, der über ein ausgezeichnetes Gedächtnis verfügt.

Der wahre Verstand ist nicht so sehr die Fähigkeit, Ideen zu haben, die klug oder genau oder auch richtig und zutreffend sind, vielmehr ist er ein unbestimmbares Attribut mancher Geister.

Der Verstand ist gleichsam ein besonderer Widerhall, eine eigentümliche Dichte, eine einzigartige Stimmung, eine bezeichnende Atmosphäre. Es liegt mehr Verstand darin, sich auf eine bestimmte Art zu irren, als auf andere Art das Richtige zu treffen.

Das wahre Problem des Menschen besteht heutzutage vielleicht in der ironischen Tatsache, daß seine jetzige Macht imstande ist, seine Wünsche zu erfüllen. Der Mensch sucht das Vergnügen und meidet den Schmerz (eine Wahrheit, deren Trivialität sie nicht um ihre Evidenz bringt), doch seine Unwissenheit und die Unwirksamkeit seiner Technik haben bisher aus den unvernünftigsten Unternehmen, materiellen Wohlstand zu schaffen, unsinnige und edle Sehnsüchte gemacht.

Der Mißerfolg war die Voraussetzung für die erhabensten Tugenden.

Daß die Genauigkeit, die klaren Konturen jeder Sehnsucht, die sich in den unerbittlichen Raum der Geschichte einzutragen vermag, nicht das unentschiedene, eine Fülle widersprüchlicher Versprechen bietende und von stillschweigenden Gaben strotzende Durcheinander der Sehnsucht ersetzen konnten, die in ihrer reinen Virtualität überdauert, darin besteht die offenkundigste Ursache für die Würde des Menschen, und ihre offenkundigste Bedrohung besteht darin, daß dies heute möglich ist.

Um in meinem Umkreis die Sphäre des Schweigens und der Ruhe zu schaffen, die für ein Leben notwendig ist, das allein in sich selbst den Grund für seine Beschäftigungen und Tätigkeiten entdecken will, habe ich gefunden, daß vor allem gute Erziehung und Böswilligkeit nützlich sind.

Mir mißfällt nicht der Egoismus, sondern die Naivität, mit der mancher Egoismus sich selbst verkennt, sich mit hochherzigen Vorwänden tarnt und es wagt, von uns mit dem guten Gewissen eines Menschen, der um ein Almosen für fromme Werke bittet, etwas zu fordern, das er selbst braucht.

Es gibt zwei grundsätzlich unterschiedliche Arten der Anmaßung, des Dünkels und des unwiderstehlichen Selbstvertrauens. Für die eine Art ist der Nordamerikaner und für die andere der Südamerikaner ein gutes Beispiel.

Die Anmaßung des ersten ist eine unpersönliche Anmaßung. Sie beruht auf der eigentümlich sicheren Überzeugung von der Vortrefflichkeit der Ideen, Normen, Prinzipien und Ziele der Gesellschaft, in die wir hineingeboren wurden, der Gesellschaftsklasse, zu der wir gehören, und des Landes, dessen Bürger wir sind. Hier gibt es nicht so sehr die unerschütterliche Gewißheit, sich nicht zu irren, als vielmehr die vollkommene Unfähigkeit zu argwöhnen, hier könne es zu einem Irrtum kommen oder eine abweichende Haltung, die sich ebenso oder ähnlich begründen lasse, sei vorstellbar. Also ein Dogmatismus und kein Fanatismus, denn der Fanatismus ist nur der Dogmatismus derjenigen, die insgeheim an dem zweifeln, was sie nachdrücklich verkünden. Ein derart maßloses Vertrauen in das, was man ist, und in das, was man glaubt, erlaubt daher ein gewisses herablassendes Wohlwollen, dem jedoch nicht der großmütige Eifer eines apostolischen Altruismus fehlt. Natürlich eine komische Haltung, die aber gerade wegen ihrer Naivität rührt.

Eine solche Haltung verträgt sich mühelos mit wirklicher persönlicher Bescheidenheit und sogar mit der Erkenntnis der eigenen Bedeutungslosigkeit.

Die Anmaßung des zweiten weiß hingegen nichts von irgendeiner unpersönlichen Vortrefflichkeit, deren wir uns rühmen können, und sie beruht lediglich auf der eitlen Hochschätzung der eigenen Verdienste. Der Anmaßende will hier nicht die Beachtung irgendeiner Norm durchsetzen, sondern lediglich die bewundernde Anerkennung der seltenen Tugenden, die er sich zuschreibt. Diese Tugenden sind tatsächlich gerade die Attribute, die er selbst besitzt. Eine individuelle und vollkommen unbegründete Anmaßung; daher ist sie unsicher und ungewiß, argwöhnisch und mißtrauisch, zur Selbstverteidigung bereit, mit Argumenten und Spitzfindigkeiten gerüstet, zu den schlimmsten Exzessen einer erbitterten und emphatischen Rhetorik geneigt.

Das einzige Buch, wofür ich über ausreichendes Material verfüge, wäre die Autobiographie eines Mittelmäßigen; doch selbst dieses Buch verlangt leider Talent, wenn man es schreiben will.

Die schlimmste Lage: gleichzeitig zu spüren, daß unser Anspruch unmöglich zu erfüllen ist und daß wir unmöglich auf ihn verzichten können.

Das Schwierigste: sich ohne Bitterkeit abzufinden und ein Leben würdevoll zu führen, dem das Schicksal jedes edle Unternehmen verweigert.

Nie habe ich verlangt, daß mich die äußeren Umstände begünstigen, wie etwa jene, die sich über den Lebenskreis beklagen, in den sie hineingeboren wurden; ich hatte keinen anderen Ehrgeiz als den einer einsamen Größe.

Beinahe reich, beinahe gut aussehend, beinahe intelligent, beinahe talentiert; mein Leben hat darin bestanden, ständig wegen ein paar Minuten Verspätung den Zug zu verpassen.

Glücklich sind jene, die der Böswilligkeit oder der Feindseligkeit der Welt die Gründe ihres Scheiterns zuschreiben können. Was mich betrifft, so sind alle, die mein Ehrgeiz eingeladen hat, der Einladung gefolgt, und ich war der einzige, der schließlich nicht eingetroffen ist.

»ἀνδρὸς δὲ σπουδὴ γίνεται οὐδεμία«[33], sagt Theognis — das Motto meiner Biographie.

Es ist keine alltägliche Aufgabe, daß wir schreiben, was wir denken, ja es auch nur klar formulieren; die meisten von uns führen diese elementare geistige Aufgabe nur mit einem gewissen sonntäglichen Pomp aus. Auf kindische Weise gelangen wir schließlich zu der Überzeugung, daß es nur das Außerordentliche verdiene, geschrieben zu werden, oder daß das Gewöhnliche eine gesuchte Ausdrucksweise verlange, um erträglich zu sein. Es setzt eine gewisse perverse List voraus, einfach und von einfachen Dingen zu reden.

Weniger als der Tod gefürchtet, weniger als das Greisenalter verflucht, ist das reife Alter dennoch das schmutzigste menschliche Lebensalter: dann nimmt der Mensch alle Demütigungen hin, die ihm das Leben auferlegt, und richtet sich in ihnen ein.

Jeder junge Mensch erweckt meinen Neid, bis ich die hinter seiner Jugend verborgenen Züge des kläglichen Wesens entdecke, das er sein wird.

Ein und derselbe Wurm bereitet die Verwesung jeder Leiche vor, doch wer zieht nicht dem Dolch des Eunuchen den Purpur vor, wenn er die angstvolle Reglosigkeit der Statue betrachtet?

Bedenke, daß du nur ein Teil der Welt, ein Teil der Gesellschaft, ein Teil des menschlichen Geistes bist. Der unsinnige Seelenstolz, der sich über jede Beschränkung empört, legt dir nahe, deine menschliche Natur zu vergessen. Doch so erreichst du nur, daß dich alles verletzt, daß es bald genügt, wenn etwas seine Existenz wirksam behauptet, damit du dich vernichtet fühlst.

Ich verlange nicht von dir, daß du, wenn du dich lediglich als Teil einer dich umfassenden Gesamtheit erkennst, dich mit der mechanischen Tätigkeit eines Maschinenteils zufriedengibst, daß dich deine untergeordnete Aufgabe befriedigt, bis du dich in ihr erschöpfst. Den Platz, den du einnimmst, die Lage, in der du dich befindest, mußt du als Punkte von geringer Bedeutung in einem unermeßlichen Territorium annehmen. Wenn du diesen Akt einer ehrenhaften Anerkennung und redlichen Ausrichtung schon vollzogen hast, kannst du dich der wonnevollen Arbeit widmen, die weite Welt zu erkunden. Kurz gesagt: verzichte auf den komischen Ehrgeiz eines Eroberers; gib dich mit der nomadischen Aufgabe eines wißbegierigen Reisenden zufrieden.

Daß die Philosophie einigen als eine rein geistige Disziplin, ein Komplex von Kenntnissen, ein Forschungsbereich erscheinen mag, ist ein sonderbarer Irrweg.

Philosophie ist Leben. Philosophie ist eine zutiefst von Verstand und Vernunft durchdrungene, vollkommen hellsichtige und auf die dem Geist eigentümlichen Objekte ausgerichtete Lebensweise.

Die Tragweite des Geistes hängt von der Sorgfalt ab, die wir aufgewandt haben, um in unserem Gedächtnis keine unzusammenhängenden und von jedem System abgelösten Sachverhalte zuzulassen.

Worte sind lediglich Verheißungen ihrer selbst und täuschen nur den, der sich einbildet, daß die Welt mehr als der Vorwand für einen edlen und reinen Satz ist.

Der Begriff des Wohlergehens ist kein abstrakter, sondern ein historischer Begriff. Es ist zwecklos, das Wohlergehen des Menschen an sich zu definieren, denn so vollenden wir lediglich einen Mythos: den des abstrakten Menschen mit seinen unpersönlichen Bedürfnissen. Die Gesamtheit der Weltordnung mit ihrem historischen Gewicht, ihren unumgänglichen politischen und sozialen Notwendigkeiten bestimmt die eigentümliche Form unseres Wohlergehens.

Leben heißt, in einer bestimmten Welt und nicht in irgendeiner Welt zu leben; es heißt, sich als konkretes und einzigartiges Wesen in einer konkreten und einzigartigen Lage zu befinden.

Dieses leise Lächeln, die leichte Überraschungsgeste und das kurzzeitige Schwanken deiner Schritte überantworten dich meiner Seele unwiderruflicher als eine mögliche trügerische Begegnung auf einem zerwühlten Bett.

Eine echte Lebensnorm ist jene, die wir nicht passiv und träge, sondern mit glücklicher Hochachtung annehmen, jene, die nur die in Formeln kristallisierte Gestalt der seltenen Augenblicke ist, in denen wir einen Wert wahrnehmen.

So beherrscht der glückliche Augenblick die eintönigen Zwischenräume.

Die Anmut entsteht aus jeder langsamen, fortgesetzten und treffsicher auf ihr eigenes Ziel ausgerichteten Handlung.

Die Sehnsucht nach anderen, vergangenen Epochen ist ein Produkt der Geschichtsschreibung. Die gegenwärtige Zeit drängt uns die Gesamtheit einer Epoche auf, während die Geschichtsschreibung von den vergangenen Zeiten nur die Extreme des Schreckens oder der Schönheit fortdauern läßt.

Das einzige, was angesichts der Menge der menschlichen Kenntnisse verhindert, daß uns unsere Ignoranz erdrückt, ist die Erinnerung an den unbeschränkten Bereich der Finsternis, der sie umgibt.

Anzuerkennen, daß wir, wenn wir uns aus dem Fenster eines Obergeschosses stürzen, auf dem Boden aufschlagen, bedeutet nicht, schmachvoll auf die Rechte unserer Seele zu verzichten, sondern eine Meditation über die Voraussetzungen des Flugs zu beginnen.

Die geringe Fassungskraft eines Geistes ist kein zuverlässiges Zeichen für eine unabänderliche Ohnmacht.

Es gibt rauhe und harte Böden. Sie widersetzen sich dem Pflug, der sie aufbricht, sie sind reich an Dornen und Gestrüpp, doch ihre unterirdischen Schichten bergen gewichtige Verheißungen. Zuweilen genügt es, sich einer unermüdlichen und bescheidenen Arbeit zu widmen, damit man eines Morgens aus diesem braunen Ödland den grünen Mantel hervorsprießen sieht, der die harten Körner des Herbstes ankündigt.

Es gibt keinen besseren Ersatz für das Denken als eine gute Bibliothek.

Damit ich mich wirksam gegen die Bedrückung verteidigen kann, mit der uns die ungeheuer große Welt, die grenzenlose Zeit und auch die unerbittliche Gesellschaft mit ihren starren Gesetzen bedrohen, habe ich mich stets auf die Betrachtung der radikalen Haltlosigkeit berufen, auf der alles beruht, damit alles in einer Bedeutungslosigkeit versinkt, die der unsrigen gleicht.

Vielleicht bedeutet das jedoch, einen sehr hohen Preis für eine trostlose Gemütsruhe zu bezahlen.

Zugleich mit der Angst habe ich vom Angesicht der Erde ihre flüchtigen, aber wirklichen Herrlichkeiten ausgetilgt. Nicht nur das Schreckliche und das Mittelmäßige verflüchtigen sich gleich trügerischen Vorboten des Unwetters, auch das Edle und Schöne zerstreuen sich wie der trügerische Trost von Sommerwolken über dürstenden Ernten.

Die vollkommene Dichte des Lebens will, daß wir sie entschlossen und gierig betasten. Wer sich arglistig entfernt, opfert der ihn verletzenden Härte den sanften Leib der Dinge. Ob es Weisheit ist, die offenkundige, in der Welt ruhende Vortrefflichkeit zu opfern? Ob es Wahnsinn ist, die harten Kanten und die scharfen Steine nicht zu fürchten, wenn der Pfad sie zu einem erhabenen Bereich führt?

Die Liebe fügt ihre tiefe Dimension der Erotik hinzu.

Erotik und Liebe sind nicht miteinander gleichzusetzen; die Ähnlichkeit der Gesten, die sie verlangen, darf uns nicht ihre grundsätzliche Unterschiedlichkeit verbergen. Doch wenn es üblich ist, sie voneinander zu trennen, so bewirkt ihre Verbindung die ernsteste Erschütterung. Es fällt nicht schwer, den Grund für einen solch intensiven Gefühlseindruck zu finden. Während man die Erotik als eine Lust ohne Gefühl definieren könnte, ist die Liebe gerade die vom Gefühl gepeinigte und von ihm durchtränkte Lust.

Wenn es uns daher gelingt, angesichts ein und desselben fleischlichen Objektes eine widersprüchliche Haltung einzunehmen, die es uns paradoxerweise als für die erotische Lust günstiges Objekt des Gefühls wahrnehmen läßt, so findet unsere Sensibilität in dieser Verschmelzung einander feindlicher Attribute eine einzigartige Erregung.

Alles, was eine Norm oder ein Gesetz übertritt, beunruhigt uns: Wir fühlen uns vom Schwindel gepackt, am Rand des Abgrunds einer zusammenbrechenden Ordnung.

Diese Übertretung öffnet uns die Tore zu einer irrsinnigen Welt, einem Universum mit warmen Erscheinungen, heißen Ausflüssen, wonnigen Angstgefühlen gleich jener Leere im Unterleib, die uns aushöhlt, wenn wir uns heftig vor einer Gefahr fürchten oder die wunderbare Erfüllung eines Wunsches erhoffen.

Doch in jene nächtlichen Wonnen kann uns nicht so sehr die Übertretung der gesellschaftlichen Gesetze einführen, und eher als die sittlichen Gesetze vermögen dies vor allem die psychologischen Gesetze.

Jede abartige psychologische Haltung ist der Schlüssel zu einem magischen Bereich.

Wir alle müßten wie Prokop gleichzeitig mit der Lobschrift auf Justinian eine Geheimgeschichte über uns selbst schreiben.

Wenn die Wiederholung die scharfe Spitze abstumpft, welche die gewöhnlichen Gesten der Liebe in unsere Nerven stoßen, überhöht sich die Lust bei der Suche nach sich selbst.

Der Mißbrauch erschöpft das Empfindungsvermögen durchaus nicht, vielmehr reizt er es, lehrt es die Ungeduld und verleitet es zu einer roheren Begierde.

Doch das ist kein Durst, der sich nach Wasser sehnt; es ist auch nicht, wie dies ein naiver Moralismus nahelegt, das Dürsten nach einem bereits unmöglichen Durst; es geht über den gelegentlichen und offensichtlichen Durst hinaus und ist ein immerwährender Zustand trockenen Durstes.

Dabei sind wir nicht das wehrlose Opfer eines Verlangens, das uns so überflutet, wie das Meer die einförmige Küste überflutet, die es später ihrer eigenen sandigen Unfruchtbarkeit überläßt.

Eher gleichen wir einem Himmelskörper, der im Raum glüht und das ihn erschütternde Beben ausstrahlt.

Die bloße Lust genügt nicht mehr, um einen Durst zu stillen, der über sie hinausgeht.

Die Seele erregt sich in der Begierde nach endloser Tätigkeit.

Das Verlangen gibt den Leib auf und verinnerlicht sich, um zu einem geistigen Verlangen zu werden. Dann dienen die körperlichen Gesten nur als Symbol, und dieses vergeistigte Verlangen befriedigt sich im Genuß geistiger Vorstellungen.

Aus dieser Verbindung entstehen die gespenstischen Larven.

Nichts stärkt die Trägheit so sehr wie die unvorbereitete Einsicht, daß alles unnütz ist.

Zyniker nennen wir jene, die bewußt und ohne Täuschung tun, was die übrigen vollkommen unbewußt tun.

Die Wahrheit braucht unsere Leidenschaften nicht. Was existiert, ist gleichgültig gegenüber unseren Meinungen.

Die Gleichgültigkeit gegenüber dem Irrtum ist die Gewißheit der Wahrheit.

Die Verehrer mancher Laster bilden gern streng geschlossene Gruppen, die philosophischen oder religiösen Sekten ähneln.

Diese Ähnlichkeit beruht nicht auf gleichartigen gesellschaftlichen Verhältnissen, denn ein solcher Sektencharakter kommt nicht daher, daß sie Minderheiten sind, sondern besteht vor allem darin, daß die Gruppe eine besondere Weltanschauung oder, genauer gesagt, eine besondere Erfahrung ausschließlich besitzt.

Jedes Laster ist ein Werkzeug der Erkenntnis, ein Instrument, das einen neuen Gesichtspunkt der Welt offenbart.

Jede Erkenntnis setzt eine eigene Lebens- und Wesensart voraus.

Wozu schreiben, um die Wahrheit, was wir für die Wahrheit halten, zu predigen?

Ein weiteres Buch, das sterben muß.

Ermüdung, Überdruß, Nutzlosigkeit.

Das gleiche geschieht nicht mit dem Kunstwerk.

Hier gibt es etwas Neues und Einzigartiges; etwas, das nicht existiert, wenn es der Mensch nicht schafft. Es bietet sich nicht den weit geöffneten Augen frei verfügbar dar. Seine Existenz ist inkommensurabel.

Sich zu fragen, ob ein Kunstwerk existieren soll, ist ebenso absurd oder ebenso vernünftig, wie sich zu fragen, ob ein Wesen existieren soll.

Daß ein Werk unnütz, wirkungslos, unbekannt oder vergessen ist, läßt sich nicht als Argument verwenden, um den Akt zu bewerten, der es hervorbringt.

Doch warum soll man ein Werk ausführen, das die Wahrheit predigt oder darstellt, wenn es zwangsläufig nutzlos ist? Warum, wenn die Wahrheit schon existiert und das Werk nicht braucht, um weiterzubestehen und sich bei dem durchzusetzen, der seiner fähig ist?

Der im 19. Jahrhundert aufkommende übersteigerte Nationalismus entwickelt sich gleichzeitig mit den Verkehrs- und Kommunikationsmitteln, die zusammen mit den industriellen und technischen Fortschritten eine homogene Weltordnung vorbereiten, in der die Unterschiede aufgehoben werden.

Der Wille, sich anders zu fühlen und zu denken, wirkt wie ein Aufbegehren der Nationen, die ihr baldiges Verschwinden befürchten. Das Bewußtsein erscheint in der Welt als Reflex der Angst.

Solange sich unsere Absichten ausgewogen ausführen lassen, verharren wir in einer ruhigen Unbewußtheit; doch alles, was eine Funktion behindert, bringt Schmerzen und bereitet das Bewußtsein vor.

Vielleicht ergibt sich das Bewußtsein nur aus der Gegenwart des Todes. Da wir sterben müssen, befinden wir uns in einem Zustand der Angst, einer Angst, welche die lebendige, fleischliche Wurzel des Bewußtseins ist.

Das Talent ist nichts weiter als die Fähigkeit, unseren Verstand auszubeuten.

Die These der Stoiker besteht im wesentlichen darin, uns zu lehren, daß jenes, was vom Schicksal abhängt, weder uns gehört noch ein Gut ist. Offenkundig benötigen wir eine Haltung nach stoischer Art, um uns auf alle Entsagungen, Schiffbrüche und Mißerfolge des Lebens vorzubereiten; was ich aber an jeder ähnlichen Lehre verabscheue, ist, daß sie den Wert der Dinge leugnen muß, um uns den Verzicht zu lehren. Ich werde mich so lange nicht zufrieden erklären, bis ich eine Lehre finde, die mir sagt: Dies ist edel, dies ist schön und groß, bereite dich darauf vor, es zu verlieren, bereite dich vor, mit Herzensruhe und mit unerschütterlichem Verstand darauf zu verzichten, einem Verstand, der beklagt, was er aufgibt, und zugleich den ihm aufgezwungenen Verlust hinnimmt.

Ich fühle, daß meine Existenz nur zwei Punkte der Fülle und des Gleichgewichts hat. Das übrige ertrage ich ungeduldig oder schicksalsergeben.

Ich finde keine Zufriedenheit in den mittleren Landstrichen, in den weiten, frischen und sanften Ebenen. Vielleicht sehne ich mich gerade deshalb danach, in ihnen zu wohnen, dort ein festes Haus zu bauen, eine dauerhafte Wohnstätte, die einen unsteten Reisenden festhält.

Mein Sein vollendet sich nur auf dem starren Gipfel der Idee oder im tiefen und erstickenden Tal der Erotik. Die abstrakteste Meditation über den Geist, seine Normen und Grundsätze oder der wohlig warme Urwald der wollüstigen Gesten.

Mich rührt allein der blasse Morgen, an dem ich verzweifle angesichts eines unlösbaren Problems oder eines unantastbaren Körpers, den nicht einmal seine Komplizenschaft verrät.

Was uns glauben läßt, daß uns der unwiderstehliche Gang der Dinge mitreißt und daß die Katastrophen den schon machtlosen und besiegten Menschen überraschen, ist nicht das Bewußtsein unserer Schwäche oder die Gewißheit einer kausalen Notwendigkeit, die unseren naiven Glauben an die Freiheit widerlegt und lächerlich macht.

Die Vernunft ist bescheidener.

Unsere wirkungsvollen Entscheidungen sind nicht jene Entscheidungen, über die man in feierlichen Stunden meditiert, in jenen Augenblicken, da wir bereit und eingestimmt sind und die aufsehenerregenden Gesten des Auswählens und Verwerfens machen. Die Entscheidungen, die unser Leben beherrschen, sind die zaghaften und schweigsamen Wahlmöglichkeiten der Alltagsstunden.

Die für uns zukunftsträchtigen Momente gleiten still inmitten des lärmenden Jahrmarkts vorüber.

Die Ecke, an der wir vorbeiliefen, der Freund, dessen Einladung wir folgten, die Neugier, gegen die wir uns wehrten, die leichte Geste der Eitelkeit oder des Stolzes, der wir nachgaben, die ganze triviale Routine unseres Daseins, das sind die Triebfedern unseres Schicksals.

Dabei entstehen die unbedeutendsten Prinzipien mit den bedeutsamsten Folgen. Die Notwendigkeit ist die Außenseite unserer Unwissenheit und des geistigen Elends, in dem wir uns wohl fühlen.

Die Abhandlungen der Metaphysik sind das Lieblingsvergnügen der Engel.

Wenn ihnen ein untergeordneter Engel ein neues grünes Buch von Alcan bringt, flattern die Cherubim fröhlich mit ihren Flügeln assyrischer Ungeheuer.

Die Ironie tröstet uns über unsere Mißerfolge hinweg.

Es besteht und überdauert nur das Denken, das sich selbst annimmt und fortsetzt, das seine Negation zurückweist und sich unabhängig, sicher und souverän selbst bejaht.

Ich hingegen möchte mit jedem Gedanken den vorherigen Gedanken auslöschen und sehne mich danach, daß jede Bejahung schon die sie beseitigende Negation einschließt.

Was mich von allen trennt, ist, daß ich keine Meinungen habe. Tatsächlich legen sich alle früher oder später einen Meinungsvorrat an und ruhen dann aus. Die einen bilden sich eine Meinung über Gott und die Welt; andere, die es genauer nehmen, haben ihre bevorzugten Heilmittel und Gewißheiten, wie man grüßen und sich verabschieden muß.

Ich habe keine Meinungen, nur kurzlebige, flüchtige und vorübergehende Ideen, die eher den verwahrlosten Herbergen, in denen wir eine Nacht ausruhen, als den prächtigen Herrenhäusern ähneln, wo wir nicht genau wissen, ob wir in ihnen wohnen oder ob uns gerade ihre Herrlichkeit gefangenhält.

Ich wollte nicht reisen, denn jede Landschaft, die mich rührt, zerreißt mir das Herz, weil ich dort nicht ewig verweilen kann.

Ich habe mein Leben mit der Untätigkeit eines Steins hingenommen, weil mich alles im Leben gleichermaßen fasziniert.

Da ich nichts auszuschließen vermochte, konnte ich nichts auswählen, und ich habe mich mit dem mir gewährten mittelmäßigen Dasein zufriedengegeben.

Es gibt nichts Eitleres und nichts Wonnevolleres, als über sich selbst zu sprechen.

Das einzige, woran ich nie gezweifelt habe: die Existenz Gottes.

Wenn ich einen Leichnam sehe, beeindruckt mich nicht so sehr die Sinnlosigkeit des Todes als vielmehr die Gleichgültigkeit der Menschen.

Daß die Natur ihren Gang unbeirrbar beibehält, überrascht und empört mich nicht, denn diese nackte Tatsache ist uns in ihrer absoluten Irrationalität vorgegeben.

Doch ich begreife nicht, daß uns die elementare Würde fehlt, gegen das ungerechte Urteil zu protestieren, das uns alle verdammt.

Ich möchte, daß die ganze Stadt bei jeder Leiche schweigend stehenbliebe und daß jeder Mensch ein Komplize der ohnmächtigen Rebellion der Tränen vergießenden Trauernden wäre.

Ein beständiges politisches Regime ist nichts anderes als eine Gruppe von Familien, die sich halten können.

Es fällt schwer, sich über eine Meinung zu entrüsten, die sich nicht auf unser Wohlergehen auswirkt. Die Unparteilichkeit triumphiert, wenn weder unsere Interessen noch unsere Eitelkeit beeinträchtigt werden.

Man hat Toleranz immer nur in bezug auf veraltete Doktrinen geübt.

Wenn die nackte Tatsache der Existenz jeder Bestimmung des Bewußtseins vorausgeht, so wird dieses von der Tatsache der Weiterexistenz vorausgesetzt.

Das Leben beruht auf der Bejahung eines Werts. Wer es von einem Augenblick zum nächsten fortsetzt, wählt aus; denn der flüchtigste Zwischenraum gestattet den Selbstmord, der es beseitigt.

Der Selbsterhaltungstrieb aktualisiert die Geste, mit der sich das Leben annimmt und die jeder Augenblick, den es überdauert, bestätigt.

Die Erklärung der einfachsten menschlichen Handlung macht es erforderlich, daß wir eine reichliche Vielfalt von Motiven, Gründen und Ursachen anführen.

Gleichwohl veranlaßt uns der Dämon der Leichtfertigkeit, der subtile Gott der Trägheit diskret, jede These zu begünstigen, welche die komplexe Motivation einer Handlung auf ein knappes Repertoire von Motiven beschränkt. Nichts ist verführerischer – und falscher – als diese einfallsreichen geistigen Spiele, die, indem sie hier eine Nuance auslassen und da eine Schattierung hinzufügen, die rechtmäßige Wirksamkeit eines Erklärungsprinzips über seine Grenzen hinaus ausdehnen.

Die scheinbare Eleganz einer vollendet symmetrischen These verfälscht so sehr die Wahrheit, wie ihr Ausdruck von einer metrischen Klausel beeinträchtigt wird, die lediglich das rhythmische Gleichgewicht wiederherstellen soll.

Der Verstand, der eifrig danach strebt, zu begreifen und sich zu erinnern, opfert die unbezwingliche Vielfalt, die sich seinen Bemühungen widersetzt, und errichtet ein vereinfachtes und durchsichtiges Schema auf der dunklen und dichten Materie der Welt.

Doch der Verstand verwirft bald selbst diesen Apparat aus sorgfältig ausgefeilten, kategorischen und symmetrischen Begriffen, der, wenn man ihn auf die rauhe Oberfläche der Dinge anwendet, nicht deren Unebenheiten erfaßt und auch nicht in deren Spalten und Furchen eindringt.

So lassen wir uns von einer falschen Verständlichkeit täuschen, denn sie ergibt sich aus der Leichtfertigkeit des Verstandes, mit der er durch die Begriffsräume eines Palastes der Definitionen zieht, die er selbst für seine eigene Bequemlichkeit schafft.

Doch das Wohlbehagen, das diese bequeme, unbehinderte Bewegung verschafft und das nicht von der Anwesenheit autonomer Objekte gestört wird, genügt dem Verstand nicht.

Die falsche Verständlichkeit verführt nur, weil sie die wahre Verständlichkeit vortäuscht.

Der Verstand sehnt sich tief und unermüdlich nach der wirklichen, vollständigen, rauhen und harten Verständlichkeit.

Um jede Sache aus dem verworrenen Grund herauszulösen, wo sie mit anderen verschmilzt, muß er das komplexe System von Zusammenhängen herstellen, die sie mit der übrigen Welt verknüpfen und verbinden. Doch vor allem versucht er, bis zu dem versiegelten Mittelpunkt vorzudringen, wo sich ihre unersetzbare Einheit befindet und sich ihr Geheimnis verbirgt.

Die spontane Fruchtbarkeit des Verstandes ist eine Gabe, die wenigen gewährt wird.

Geistige Parthenogenese ist selten; wir benötigen beinahe alle das Zusammentreffen mit dem kleinen vibrierenden Körper, der uns gleich in angenehmer Betäubung versunkenen Eizellen einer aktiven Vermehrung entgegenschleudert.

Wir haben es nötig, daß etwas geschieht und daß es sich von dem unterscheidet, was eine lange Vertrautheit darüberlegt, gleichsetzt und aufhebt, damit der Verstand die gewohnten Geleise verläßt und querfeldein Hasen und Hirschen nachjagt.

Ich weiß nicht, ob sich jeder Mensch mit der Ironie betrachtet, mit der ich mich betrachte.

Die Haltung, die wir den anderen gegenüber einnehmen – unsere offizielle Stellung –, mag täuschen, und eine gewisse pompöse und feierliche Geste, die uns argwöhnen läßt, daß ihr Urheber ein Dummkopf ist, verbirgt vielleicht den Spott und diskreten Hohn eines Menschen, der versteht, daß man viele begehrenswerte Güter mit einer bestimmten Papierwährung kauft, die jeder Schlauberger in Umlauf bringen kann.

Es gibt zwei vorzügliche Möglichkeiten zu langweilen, wenn man etwas erzählt: die peinlich genauen individuellen Einzelheiten und die grenzenlose Großmut des Begriffs.

Die Vollkommenheit befindet sich in jenem Zwischenraum, in dem es scheint, daß die Tatsachen erwachen und vom Verstand erhellt werden, und in dem die Ideen mit der sinnlichen Schwerfälligkeit gesättigter Tiere voranschreiten.

Ich strebe danach, die Verbindung und den Zusammenhang meines Denkens mit der alltäglichen Wirklichkeit zu bewahren. Damit es in ihr seinen Ausgangspunkt und seinen Zielpunkt findet wie eine geschlossene Kurve, die von einer Bewegung gezeichnet wird, die in demselben Objekt kulminiert, das sie hervorbringt.

Die Persönlichkeit ist das zeitlose Angesicht des Universums.

Die ständige Gegenwart mancher diskreter Tatsachen fließt unterhalb eines Lebens wie die musikalische Pause, der es seinen reinen Widerhall verdankt.

Ich weiß nicht, ob ich nie Entscheidungen treffe, weil ich an die Weisheit der Entscheidungen glaube, die das Leben spontan trifft, oder ob ich an die Weisheit des Lebens glaube, weil ich unfähig bin, Entscheidungen zu treffen.

Unsere Vorzüge sind häufig die Kehrseite unserer Fehler und unsere Fehler der Schatten unserer Vorzüge.

Meinungen sind nicht das Ergebnis der Meditation, sondern der Beweis für deren Selbstaufgabe. Das ermüdete Denken verzichtet und gerinnt zu Meinungen.

Stets habe ich meine größten Lobeserhebungen denen vorbehalten, die mir gegenüber am ungerechtesten gewesen sind. Beinahe ingrimmig strenge ich mich an, bei ihnen die verborgensten Vorzüge und Verdienste zu suchen. Doch das tue ich nicht aus Barmherzigkeit, sondern aus Stolz: Ich nehme es nicht hin, daß jemand denkt, es gebe einen Menschen, der mich verletzen könnte, oder daß er sich einbildet, wenn ich tadele, würde ich Vorwände benutzen, um mich zu rächen.

Lieber spreche ich den Schuldigen frei, wenn jemand an der Unparteilichkeit meiner Gerechtigkeit zweifelt.

Unsere Eitelkeit auf dem Altar unserer Hellsichtigkeit opfern.

Gott ist das Wesen, das den demütigsten und gewöhnlichsten Menschen als eine Person ansieht.

Gott ist das Wesen, das nicht mit allgemeinen Ideen denkt.

Wir müssen unsere ganze Hoffnung auf Gottes Ungerechtigkeit setzen.

All unsere Bemühungen verfolgen das Ziel, uns der Anonymität der Klasse, der Rasse, der Art oder der Gattung zu entreißen, damit wir zur Individualität aufsteigen können.

Jeder Reisende ist auf der Flucht, doch schaudernd stellen wir fest, daß wir auf dem Bahnhof nicht das wahre Wesen zurücklassen können, von dem wir uns so gern entfernen möchten.

Wir halten jene für nicht gerecht, die uns so einschätzen, wie es unserem Wert entspricht, und für gerecht halten wir vielmehr jene, die uns nach dem einschätzen, was wir selbst von unserem Wert glauben.

Jeder sieht zu, aber wenige sehen.

Die Reise ist die Wollust des Seßhaften.

Jede Morgenfrühe läutert die vulgärsten Landschaften.

Damit man die Reisenden ertragen kann, muß man sie in die Landschaft integrieren.

Um der Angst zu entgehen, sich lediglich als eine Einheit in einer statistischen Tabelle zu fühlen, sollte man selbst die Statistik anlegen.

Der einzige Ersatz für Größe ist Hellsichtigkeit.

Sie allein tröstet über die Größe hinweg, die uns das Schicksal raubt. Sie ist die Tugend enttäuschter Ehrgeiziger; sie ist die Demut der Hochmütigen, die sich abfinden, ohne sich aufzugeben.

Die kluge Darstellung der Niederlage ist der subtile Sieg des Besiegten.

Der Ausdruck ist das Maß des Bewußtseins.

Unser Interesse zieht die Grenzen unseres Gesichtsfeldes. Wir brauchen eine Lehrzeit, um zu sehen, und unsere dringlichste Aufgabe ist, Fragen zu ersinnen.

Es ist zweckmäßig, die Wortwurzeln der Idee abzuschneiden: die ganze schmutzige Materie, die sie an den Boden bindet.

Der Satz soll wie eine Blüte aufbrechen und vergessen, daß er einen dichten Halbschatten aus Wurzeln und Keimen brauchte.

Übergänge langweilen den Denkenden, doch sie sind der Höhepunkt der Kunst des Schreibens. Außerdem sind sie die größte Höflichkeitsgeste des Schriftstellers gegenüber seinem hilflosen Leser; sagen wir, daß sie seine gute Erziehung sind.

Ein Schriftsteller, der keine Übergänge gestaltet, unterjocht uns oder stößt uns ab; schwerlich gewinnt er uns für sich.

Es ist der Gipfel der Kunst, dem Denken mit Hilfe der Worte jene Einfachheit zurückzugeben, die ihm die Worte nehmen.

Jede Stadt ist eine Hypothese, die der Verstand rund um eine Straße aufstellt.

Der Verstand strebt zur Unbeweglichkeit wie die Körper zum Mittelpunkt der Erde.

Ein seltenes Wort kann eine Indiskretion bedeuten, während der alltägliche Begriff nur eine Grobheit bekanntgibt.

Wenn die Ursachen für das Scheitern eines Lebens lediglich in den gesellschaftlichen Konventionen bestehen, dürfen wir nicht von einer Tragödie, sondern nur von pathetischen Ereignissen sprechen.

Wenn die wesenhafte Vielfalt, die der Natur des Universums entspricht, die Unmöglichkeit begründet, ein kohärentes und allumfassendes System von Gesetzen festzulegen, so impliziert die nicht minder wesenhafte Einheit des Kosmos das Vorhandensein universaler Konstanten. Das Gesetz ist keine unpersönliche, abstrakte und souveräne Allgemeinheit, sondern ein konkretes Erfordernis, ein Sachverhalt, dessen sittliche oder logische Würde nicht der chaotischen Vielfalt der Geschichte überlegen ist.

Die Reglosigkeit der Mittagsstunden legt eine neue Schicht schmierigen und fettigen Schweigens auf die glühende Landschaft, die wir durchqueren.

Da ist eine enge Rinne, und in ihr strömt Meerwasser, das die Farbe geronnenen Blutes hat, zwischen zwei schwarzblauen und kupferfarbenen Felsmauern.

Kein Pflanzenwuchs erfrischt die steilen Felshänge; es scheint, als brächte die grausam durchsichtige Luft wie der mineralische Raum eines Diamanten keine Flügel hervor; und das schmierige Wasser erstickt alles Leben.

Das Schiff fährt langsam; der Rauch seines Schornsteins bleibt weiß und dicht in der reglosen Luft stehen, als kröche ein Pinsel aus dicken Borsten über einen Stickrahmen mit blauer Seide.

Der Gott der blasphemischen Forderungen, der Gott, den wir am inbrünstigsten verehren.

Wenn man die Dinge betrachtet, findet und erreicht jeder, was er selbst diskret einbringt.

Solange wir jung sind, kommt es nicht darauf an, daß uns kindliche und alltägliche Gründe erregen und begeistern. Wir können mit vollen Händen verschwenden.

Später ist eine solche Vergeudung gefährlich; der Mensch gewinnt nicht zurück, was er verschleudert. Vielleicht nimmt der Verstand mit den Jahren zu, doch wozu dient ein kaltes Licht?

Wenn sich die Vernunft nicht mit Sensibilität durchtränkt, sind die Ideen wie Spielkarten in den Händen eines Greises, Zerstreuungen eines Menschen, der den Tod erwartet.

Ich will nicht, daß uns das Bewußtsein von der Vergänglichkeit des Lebens und von den offenen Drohungen des Todes verleitet, die anrührende Schönheit der Jugend geringzuschätzen. Gewiß ist die Jugend entsetzlich unbeständig, denn ihre Unbeständigkeit überrascht uns, selbst wenn wir sie mit der Unbeständigkeit des ganzen Lebens vergleichen. Doch mag auch der Tod, der auf uns und das ganze Universum wartet, die einzige unabweisliche Tatsache sein, diese Blüte, dieses Morgenrot, diese Verheißung bestehen dennoch weiter, obwohl sie sich nicht erhalten und überdauern.

Unser Drang nach Ewigkeit und unser Widerwille gegen das Kurzlebige können die realste Äußerung unseres tiefen Wesens sein, doch zuweilen argwöhne ich, daß es sich um eine tragische Täuschung handelt. Vielleicht geht alles unwiderruflich vorüber, vielleicht verbirgt sich nicht die höchste Vortrefflichkeit an diesem Wesensgrund, den wir in unserer Unruhe entdecken und auf den wir hoffen; vielleicht ist die augenblickliche Schönheit einer Geste das einzige, was im Universum mit unserem dunklen Seelenverlangen übereinstimmt.

Das Originalitätsstreben schwächt sich in den aufrichtigsten Geistern ab; es ist nicht selten, daß uns das Denken, dessen lange Ahnenreihe wir bis zu den Fragmenten der Vorsokratiker oder bis zu den Upanischaden und sogar zu den Mythen der Primitiven zurückverfolgen können, etwas mehr als heimliches Vertrauen, ein Gefühl der Verehrung und Achtung einflößt.

Jedes politische Denken wird von unterdrückten Minderheiten hervorgebracht.

Die sich abzeichnende neue Welt scheint nicht nur eine Form jener Welt zu sein, die soeben gestorben ist. Wir haben es mit einer von jenen breiten Bruchlinien der Geschichte zu tun, an denen uns die formale zeitliche Kontinuität nicht verbergen kann, daß die wesentliche Kontinuität der Tatsachen untergegangen ist. Die Philosophie kann sich nicht mehr so sehr damit beschäftigen, die Welt zu verstehen, wie man es wollte, und noch viel weniger damit, sie zu verändern, wie man es predigt, sondern damit, Zufluchtsstätten zu errichten, um den Menschen vor den ungewöhnlich harten Zeiten zu schützen.

Nur die Tat vermittelt uns das Wesen mancher Objekte.

Die Passivität der niedrigen Gesellschaftsklassen beruht lediglich darauf, daß sie sich eine Erlösung schwer vorstellen können.

Eine Haltung ist nicht so sehr eine Form, sondern ein Bündel von Virtualitäten.

Man kann Kommunist sein, ohne deshalb einen entarteten Verstand zu haben; doch nur ein entarteter Verstand kann gleichzeitig den Kommunismus und geistige Freiheit wollen.

Die Freiheit ist gewöhnlich nur die Unkenntnis der uns zwingenden Notwendigkeit. Doch wenn ein freiheitliches Prinzip darin besteht, daß wir unseren Willen mit dem Gesetz identifizieren, ist es die echte Fülle der Freiheit, wenn wir unserem inneren Wesen gehorchen.

Die platonische Ideenlehre ist keine Methodologie. Bergson und Natorp irren sich, wenn sie ihr einen rein logischen Charakter zuschreiben. In Wahrheit ist sie keine Methode, sondern das Ergebnis einer Methode, sie ist die Ontologie, in der sich eine Wesenssuche vollendet. Die Ideenlehre ist keine Lehre von der Definition mit Hilfe von Begriffen und auch nicht die Grenze einer rein begrifflichen Dialektik, sie ist eine Lehre von den Wesenheiten, die eine Dialektik der konkreten Intuition des Wesens begründet.

In einer ontologischen Sichtweise geht die Wahrnehmung der Empfindung voraus, selbst wenn sie ihr in einer logischen Sichtweise folgt.

Die Elemente jeder Totalität folgen ihr.

Die gewöhnliche Wahrnehmung ist eine Wahrnehmung, bei der die Abstraktion schon begonnen hat. Eine Wahrnehmung zweiten Grades, die von der virtuellen Tätigkeit bestimmt wird.

Aus der totalen Wahrnehmung entstehen zwei Reihen von Erkenntnissen: die ästhetische, metaphysische und mystische Erkenntnis; die praktische, begriffliche und mathematische Erkenntnis.

Die ästhetische Erkenntnis oder die Erkenntnis des Objekts in seiner Individualität; die metaphysische Erkenntnis oder die Erkenntnis des Objekts an sich und in seinem Bezugssystem; die mystische Erkenntnis oder die Erkenntnis des Objekts als totales und transzendentes Objekt. Die praktische Erkenntnis, die des gesunden Menschenverstandes oder die Erkenntnis des unmittelbaren Objekts als des Objekts einer unmittelbaren Tätigkeit; die begriffliche Erkenntnis oder die experimentelle Erkenntnis des Objekts als eines taxonomischen Systems und als Kausalreihen; die mathematische Erkenntnis oder die Erkenntnis des Objekts als System von Gleichungen einer transzendenten Geometrie.

Die erste Erkenntnisreihe entsteht aus einer immer umfangreicheren und tieferen Erfahrung der totalen Wahrnehmung, während die zweite die systematische Entwicklung eines Elements derselben Wahrnehmung ist.

Eine philosophische Bejahung bejaht das Sein, und sie bejaht es, insofern sie ein Bewußtsein des Seins hat: aus dem Besitz des Seins entsteht die Bejahung. Die Negation hingegen bejaht eine Abwesenheit, sie bejaht den nicht erreichten Besitz des Seins: sie ist die Protokollierung eines Scheiterns.

Demnach hat eine philosophische Negation nicht den Wert einer philosophischen Bejahung, denn die eine bezieht sich auf das Sein, dessen Besitz sie erreicht, während sich die andere nur auf den mißlungenen Akt bezieht, der es nicht erreicht hat.

Der Widerspruch der philosophischen Systeme ist nicht das Ergebnis subjektiver Haltungen, sondern hängt von der Natur des Seins selbst ab.

Die Wissenschaft gestaltet ein System von reinen Beziehungen zwischen Objekten, die einander äußerlich sind.

Da uns die Wahrnehmung jedoch ein Universum vermittelt, in dem sich Objekt und Subjekt gegenseitig und abwechselnd enthalten, gestalten Ästhetik und Metaphysik Systeme von inneren Beziehungen, deren Gültigkeit innerhalb der Form besteht, in der sie gegeben sind, und jedem beliebigen Außenglied gegenüber inkommensurabel ist.

Wenn eine Kegelspitze auf einem Zylinder ruht, ermöglicht es die Kenntnis des Zylinderdurchmessers nicht, daraus die Grundfläche des Kegels abzuleiten. Wenn wir jedoch den Zylinder entfernen, fällt der Kegel. Das soll dem Katalog der Metaphern gegen den psychophysischen Parallelismus hinzugefügt werden.

Die Materie ist die partielle und isolierte Wahrnehmung, der Gesichtspunkt der Handlung, die ewige Gewohnheit, die Überlagerung der Wesenheiten, der Schatten des Seins.

Die Synthese gestaltet den vulgären Begriff und die Analyse den wissenschaftlichen Begriff, und die Intuition gestaltet die Idee.

Wenn die vollständige Erkenntnis eines philosophischen Systems verlangt, daß wir es in seiner engen Beziehung zu seinem Urheber betrachten, müssen wir uns hüten, es in ein bloßes biographisches Dokument zu verwandeln. Nicht nur die Existenz einer unpersönlichen Wahrheit zwingt uns zum systematischen Urteil, sondern auch die Bedeutung des Autors und seiner Biographie sind Reflexe der Wahrheit, die wir dort annehmen.

Die Gestaltung eines allumfassenden Realismus verlangt das vorherige Postulieren eines absoluten Idealismus.

Nur wenn wir das ganze Universum mit all seinen möglichen Erklärungen auf Ideen oder geistige Akte reduzieren, können wir das naiv realistische Universum des gesunden Menschenverstands, das begriffliche Universum der Wissenschaft und das überspannte Universum des Dichters oder des Mystikers auf ein und dieselbe

Ebene bringen. Nachdem der Geist diese gleichstellende Reduktion erreicht hat, kann er dieses allumfassende Universum als Ziel postulieren.

Wenn man das Universum als eine konkrete Gegebenheit ansieht, beseitigt man das unlösbare Dilemma: Idealismus oder Realismus.

Um dieses Dilemma zu lösen, wäre es notwendig, einen dritten Begriff zu besitzen, den man mit den Begriffen des Dilemmas vergleichen würde, um seine Natur zu bestimmen.

Ohne eine solche Möglichkeit läßt sich keiner von diesen Begriffen mit dem anderen vergleichen, denn jeder absorbiert den anderen und enthält ihn als Element seines eigenen Universums.

Deshalb bestimmt die postulierende Geisteshaltung die Lösung, die der Geist annimmt, ohne daß er irgendeine Rechtfertigung anführen kann.

Nur ein epistemologischer Konkretismus entgeht dem Dilemma, denn das Universum genügt sich selbst als konkrete und allumfassende Gegebenheit.

Unbewußt lassen wir eine ewig unterschiedliche Menschheit vor dem Hintergrund eines ewig identischen Universums dahingleiten. Doch vielleicht verändern sich das Universum und seine Gesetze; vielleicht ist die Irreversibilität nicht nur ein thermodynamisches Phänomen; vielleicht werden die Gesetze selbst im Lauf der Zeit eine weitere Variable in den Gleichungen einer ungeahnten Wissenschaft.

Waren die Begriffe und Mythen des primitiven Menschen vielleicht eine seinem Universum angemessene Antwort?

Nicht indem wir einfach loben, was man gewöhnlich tadelt, oder indem wir zeigen, daß etwas, was Tadel verdient, dem Lobenswerten zugrunde liegt, können wir gewisse Akte rechtfertigen, die das vulgäre Empfindungsvermögen verletzen, jedoch eine dunkle und undurchschaubare Bedeutung besitzen.

Ihre wahre Rechtfertigung besteht in ihnen selbst, in ihrem eigenen Wesen, in ihrem individuellen Dasein, vielleicht gerade in den Wesenszügen, die sie widerwärtig oder verhaßt machen.

Es ist möglich, die Grenzen der Wissenschaft zu begreifen, weil die Wissenschaft ein Werk des Geistes ist. Wenn die Wissenschaft ein magischer Bodensatz, ein unvorhersehbarer Fund wäre, so würde jede Epistemologie haltlos sein.

Wenn uns in den Upanischaden die Erkenntnis des Advaita erlaubt, dem Samsara zu entkommen, so deshalb, weil diese Erkenntnis ontisch und nicht noetisch ist, eine Erkenntnis, die mit dem Akt des Erkennens identisch und von ihm untrennbar ist, eine Erkenntnis, die Anstrengung und Tätigkeit ist, eine Erkenntnis dessen, was ähnlich ist, durch das, was ihm ähnlich ist, eine Erkenntnis, bei der das, was erkennt, sich in das verwandelt, was erkannt wird.

Nur so kann die Erkenntnis ein transzendenter Akt sein.

Man braucht lediglich ein einziges Mal gedacht zu haben, daß die Wissenschaft nur im Geist existieren kann, damit es uns endgültig unmöglich ist, uns vorzustellen, daß der Geist in irgendein von der Wissenschaft gestaltetes System eingeordnet ist.

Nicht die Gestaltung einer Politik oder einer Moral dürfen wir anstreben, sondern eine Art, die Moral und die Politik zu verstehen.

Das erste Postulat des Seins ist logischerweise die Zahl.

Der wissenschaftliche Identifikationsprozeß ist objektiv und der philosophische Identifikationsprozeß subjektiv; der erste identifiziert ein Objekt mit einem Objekt, der zweite identifiziert das Objekt mit dem Geist oder mit einem Teil, einer Haltung des Geistes.

Die Philosophie ist die philosophische Methode, perennis philosophia[34].

Die kleinen Geister leben vom Leben der Idee, während die Ideen vom Leben der großen Geister leben.

Da eine gewisse geheimnisvolle Klugheit die niedrigen und gemeinen Dinge verbirgt, hält man sie gewöhnlich für tiefgründig.

Wer sich seiner Hellsichtigkeit rühmt, glaubt manchmal, eine edle Sache scharfsinnig zu erklären, wenn er sie in abscheulichen Rückständen untersucht, während seine willkürliche Reduktion tatsächlich nur eine vorgetäuschte Tiefe erreicht.

Das Maß der großen Seelen besteht nicht in dem, was sie beginnen, sondern in dem, was sie vollenden.

Etwas nicht zu unternehmen ist nicht mittelmäßig, sondern etwas nicht zu erreichen.

Die Zeit als Projektion der Bewegung und der Handlung ist der Erkenntnis und ihrem Akt inhärent, und sie verschwindet, wenn sich die Erkenntnis vollendet. Jede Wahrheit ist zeitlos.

Der Erkenntnistheorie als Erkenntnis des Identischen sollte man eine Erkenntnistheorie als Erkenntnis des Unterschiedlichen hinzufügen. Der Erkenntnis durch die Liebe die Erkenntnis durch den Haß.

Die schönsten Bücher haben gewöhnlich dasselbe Thema wie die dümmsten. Allerdings unterschiedliche Autoren.

Wenn das Kausalitätsprinzip lediglich eine Form des Identitätsprinzips ist und wenn die Realitäten – die Gegebenheiten – spezifisch sind, ist jeder Versuch, diese durch jenes zu verstehen, absurd und widersprüchlich, denn jenes ist definitionsgemäß ihre wesenhafte Negation.

Es ist ein grober methodologischer Fehler, zu vergessen, daß, selbst wenn wir inmitten von Lügen leben, sich diese Lügen in unser innerstes Fleisch und in unseren Wesenskern verwandeln.

Die Wissenschaft ist eine moralische Disziplin; zu ihrer Gestaltung verlangt sie im eigentlichen Sinn moralische Tugenden, denn sie läßt sich nicht ohne eine Anstrengung des Willens begreifen, der seine Leidenschaften auf der Suche nach einem Ideal ordnet.

Die Geschichte ist die endgültige Wissenschaft, weil sie allein sich des ganzen Objekts bemächtigen kann, indem sie es in das Subjekt, das es denkt und schafft, integriert.

Das Universum, das wir mit der Gegenüberstellung widersprüchlicher Begriffe gestalten, ist kein logisches Universum, doch es ist ein menschliches Universum.

Die Vorstellung von der totalen Erfahrung muß die epistemologische Struktur sein, mit der man eine Geschichtsphilosophie begründen sollte, die danach strebt, den dichten und sinnlichen Reichtum der Welt zu retten.

Die Idee ist die Form der Realität: die Idee der Liebe ist die Form, das Schema jeder Liebe.

Die Philosophie schafft nicht die Erfahrung, bereitet sie aber vor, erarbeitet, läutert, erhellt und überprüft sie schließlich.

Die Philosophie ist die Wahrnehmung eines konkreten Falls des idealen Schemas, das ihm zugrunde liegt.

Die Möglichkeit, ein beliebiges Objekt von innen heraus zu durchdenken, hängt von der gesamten Erfahrung ab, die der von den Kategorien des Objektiven und Subjektiven eingeführten Teilung vorausgeht.

Alles, was in unserer Zeit beunruhigt und erschreckt, alles, was den Pessimismus unserer Unglückspropheten rechtfertigt, besteht lediglich darin, daß die menschliche Natur in einer Welt fortwährend erhalten bleibt, die ein gewisser materieller Fortschritt in den Augen einer von ihm berauschten Menschheit hätte vollständig umgestalten müssen.

Das Verlangen, sich selbst getreu zu sein, scheint mir bedeutsam, und das nicht so sehr wegen des Wertes, den jeder einzelne haben kann, sondern weil es die in den Seelen verborgenen Täuschungen erfolgreich beseitigt. Die Aufrichtigkeit sich selbst gegenüber ist die Vorhalle der Wahrheit.

Unmöglich, dem Universum einen moralischen Sinn zu geben, wenn der Unterschied die Wirkung und nicht die Ursache des Raums ist.

Jedes Apriori ist eine Errungenschaft des Verstandes. Jedes Prinzip ist der Abschluß eines Prozesses. Der Ausgangspunkt ist die historische Situation, die Unreinheit des Augenblicks.

Der Vernunftschluß schreitet voran, weil der Obersatz des Syllogismus eine Hypothese ist, die im Schlußsatz eine neue, sie bestätigende Instanz sucht.

Syllogistische Strenge gibt es nur dort, wo der Vernunftschluß tautologisch ist, doch die Strenge des wirksamen Syllogismus ist lediglich eine Vorwegnahme dessen, was ein endlich geschlossenes Erkenntnissystem bestätigen kann, wenn die Kohärenz der Attribute und ihre wechselseitige Bestimmung erreicht werden.

Die Reduktion des Denkens auf die Kategorie der Ideologie kann ein historisch interessantes Unternehmen sein, besitzt jedoch keinen epistemologischen Wert.

Der Ursprung bestimmt nicht den Wert, das Motiv bestimmt nicht das Ergebnis. Die logische Norm unterscheidet sich vom psychologischen Gesetz. Die axiologische Gültigkeit ist von dem historischen Akt unabhängig, in dem sie uns offenbart wird.

Die geistigen Sachverhalte haben geistige Sachverhalte als erste Voraussetzung, die religiösen Sachverhalte religiöse Sachverhalte, die ästhetischen Sachverhalte ästhetische Sachverhalte, und ebenso gilt das für die ökonomischen, politischen oder sozialen Sachverhalte.

Gewiß gibt es Interaktionen zwischen einer Ordnung und der anderen und eine ständige wechselseitige Bestimmung; aber jede Hermeneutik muß, nachdem sie das individuelle und konkrete

Sein als Ursache anerkannt hat, in den vorherigen Sachverhalten desselben Systems die grundlegende Voraussetzung jener von ihr interpretierten Sachverhalte suchen.

Die allgemeinste Formel des kritischen Problems ist die folgende:

»Warum reagieren die Menschen der Welt gegenüber unterschiedlich?«

Es gibt vier klassische Antworten:

Die synkretistische (Herodot usw.). Die anderen denken nicht anders, sie drücken lediglich ein und denselben Gedanken anders aus; also gibt es nur ein Objekt, und die Vielfalt des Subjektes ist nur scheinbar.

Die dogmatische (Tertullian usw.). Die anderen denken anders, weil sie dumm, verderbt oder verführt sind; also gibt es nur ein Objekt, das Subjekt ist vielfältig, doch seine Vielfalt hat lediglich äußere Rechtfertigungen.

Die psychologische (Sainte-Beuve usw.). Die anderen denken anders, weil sie psychologisch anders sind; also gibt es nur ein Objekt, das Subjekt ist vielfältig, und seine Vielfalt ist innerlich.

Die skeptische (Renan usw.). Die anderen denken anders, weil das Objekt vielgestaltig ist und weil das psychologisch verschiedenartige Subjekt im Objekt nur das ihm Angemessene berücksichtigt; also gibt es nur ein Objekt, das jedoch vielgestaltig ist, und das Subjekt ist psychologisch vielfältig.

Für alle Thesen gibt es ein Objekt, die Vielfalt der Meinungen beruht nur auf der Vielfalt der Geister; da sich aber jede Meinung auf das Objekt bezieht, haben die verschiedenen Meinungen nur Annäherungswerte. Ihnen steht hypothetisch immer ein einzigartiges Denken gegenüber, das allein das Objekt zu erfassen vermag. Wenn nun aber das Objekt auch vielfältig ist?

Zivilisierte Epochen sind jene, in denen die Werte des typischen Durchschnittsmenschen nicht den höchsten Werten widersprechen und in denen die Züge und Merkmale jenes Menschen in intensivierter Form auch die der Größten sein können.

In einer barbarischen Epoche muß sich die Größe durchsetzen, indem sie zurückweist, was der Durchschnittsmensch verkörpert und ist.

In einer zivilisierten Epoche ist der große Mensch repräsentativ; in einer barbarischen Epoche ist der Durchschnittsmensch der repräsentative Mensch.

Der Journalismus ist zeitabhängig.

Er versucht, von den Ereignissen des Tages mit dem Geist zu sprechen, den dieser Tag eingibt.

Ein kurzlebiger Kommentar zu kurzlebigen Geschehnissen.

Kein Text entsteht mit solcher Kraft, doch keiner stirbt so schnell und wird auch so schnell vergessen. Es gibt allerdings zwei journalistische Genres, die sich wie die anderen Literaturgenres um Unsterblichkeit bewerben. Einen Journalismus, der die ewigen Dinge aus dem Geist des Tages kommentiert, und einen Journalismus, der die Dinge des Tages aus einem Geist kommentiert, der nach ewigen Prinzipien urteilt.

Einerseits den essayistischen Journalismus wie jenen, der mit Addison, Steele und Johnson entsteht und bei dem sich das moralische Thema dem Geist des Jahrhunderts unterwirft.

Andererseits den großen katholischen Journalismus, der alles Vorübergehende und Unmittelbare im Licht ewiger Prinzipien betrachtet.

Dieser verdient das größte Interesse. Die Gattung der großen katholischen Pamphletisten von Pascal bis Maistre, Veuillot, Barbey, Bloy, Chesterton und Bernanos hat eine Reihe von Büchern hervorgebracht, die in einer intelligenten Bibliothek am notwendigsten ist.

Die unvergleichliche Hellsichtigkeit des reaktionären Denkens ist nur mit seiner praktischen Unfruchtbarkeit vergleichbar.

Daß das Absurde gedacht werden kann, daß sich notwendige Folgerungen aus einem falschen Lehrsatz ergeben, ist etwas Bewundernswertes. Das Privileg des Menschen: etwas zu schaffen.

Es fällt schwer, Bossuet zu lesen. Ein Jahrhundert sinnlicher, visueller und klangvoller Prosa blendet uns immer noch, und wir brauchen gewisse offenkundige und aufsehenerregende Schönheiten, um uns rühren zu lassen. Es ist nicht schwierig, die strenge Schönheit zu lieben. Eine Schönheit der Ordnung, der Knappheit, der geistigen Beziehungen zwischen den Teilen. Eine Schönheit der Festigkeit, der Integrität des Geistes. Die Schönheit einer standhaften und sicheren Seele.

Doch dem, der sie kennenlernt, scheint alles übrige vulgär.

Der Entwicklungsgedanke besteht in dem Postulat, daß die Stellung der Wesen in der Zeit, ihre spätere oder frühere Existenz, ein wesentliches Attribut der Wesen ist; mit anderen Worten, daß ihre zeitlichen Gegebenheiten sie absolut bestimmen.

Jeder Anachronismus würde die mögliche Verständlichkeit beseitigen, da die Tatsache, später oder früher zu existieren, ein Teil des Wesens selbst ist. Doch wenn das Leben lediglich das Produkt physikochemischer Kräfte ist, läßt sich der Entwicklungsbegriff nicht auf die biologischen Phänomene anwenden. Wenn die Organismen nur von der Ordnung und Beschaffenheit ihrer Teile bestimmt werden, gibt es zwischen ihnen tatsächlich keine notwendige zeitliche Beziehung, und ihre Stellung in der Zeit ist rein zufällig.

Allein der Zufall gestaltet die phylogenetische Stufenleiter, die in diesem Fall überhaupt keinen evolutionären Charakter hat.

Die unterschiedlichen Lebensformen hätten gleichzeitig existieren oder in einer anderen Reihenfolge erscheinen können.

Wenn andererseits die – sich von der Brutalität der bloßen Tatsache unterscheidende – Verständnisnotwendigkeit verlangt, daß sich die Aufeinanderfolge organischer Formen auf Grund von kohärenten, der Zeitrichtung entsprechenden Beziehungen ordnen läßt, genügt die Reduktion auf physikochemische Konstanten nicht, und das biologische Leben erfordert wie das geistige Leben, daß wir ihm eine Zeiterfahrung zuerkennen, in deren Verlauf sein Wesen ausgestaltet und geschaffen wird.

Dort, wo die Struktur eines Wesens aus einfachen, konstanten und zeitlosen Elementen besteht, ist die Abfolge seiner Zustände austauschbar; dort fehlen der Zeit positive Wesenszüge, so daß sie lediglich die Unmöglichkeit einer Koexistenz ist.

Wer zum Beispiel die architektonische Idee der Kathedrale von Chartres verstehen will, muß bis zur primitiven Hütte zurückgehen und nacheinander die verschiedenen Formen erkennen, in denen sich allmählich der gotische Stil herausbildet; doch um die Kathedrale zu bauen, war es gewiß nicht notwendig, zuerst eine Hütte, dann ein römisches Haus und hierauf einen hellenistischen Tempel usw. usf. zu errichten.

Malraux ist der bedeutendste Schriftsteller der jüngsten Zeit. Einer von den wenigen, der etwas Beständiges geschaffen hat, oder genauer gesagt, der etwas Beständiges erreicht und berührt hat.

Das Werk von Drieu, Aragon, Montherlant und den anderen tönt wie eine dünne Oberfläche, die nichts als Leere verbirgt. Ein schrecklicher Hohlraum, eine unwichtige Welt, in der alles gleich ist, weil alles gleichgültig ist; das absolute Fehlen von Bedeutung.

Auch Malraux sieht nur das haltloseste Trugbild in der Gesellschaft, in den Freuden und Interessen der Menschen, im Menschen selbst.

Eine gewisse Angst überwältigt seine Personen, die Verzweiflung, allein zu existieren und nichts zu sein. Der eifrige Drang, sich zu behaupten und so dem Tod zu entgehen: sich, wie auch immer, zu behaupten, durch revolutionäre Tätigkeit, Grausamkeit, Verbrechen oder Erotik; dem Tod zu entgehen, doch nicht dem Tod des Leibes, sondern dem Tod des Seins, dem metaphysischen Tod, der Negation des Wesens und Wertes. Daher glauben sie, daß die einzige Zuflucht, der einzige Ort, an dem sie der entsetzlichen Nichtexistenz der Welt, unserer Welt, entgehen können, in jener »altra metà«[35] bestehe, in jenem Teil des Universums, den die Zivilisation verberge, und daß nur noch jene Akte, die wir gewöhnlich tadeln, und jene Gesten, die von der Gesellschaft verachtet und geschmäht werden, vielleicht gerade wegen des Hasses, den sie erwekken, eine Art von Wahrheit und Echtheit bewahren, eine Wirklichkeit, die der unbesonnene Gebrauch noch nicht erniedrigt hat.

Auf diese Weise durchquert er düstere Räume, um etwas Hartes und Festes zu erreichen: den Tod, die Angst, die Einsamkeit, die Verzweiflung.

Aus seinen Werken entsteht ein tragisches und nacktes Spiel: ein Drama, dessen Personen abstrakt sind und in dem sich primitive und unbezwingliche Gefühle regen. Ein Universum, in dem der Mensch am Ende entdeckt, daß er vor dem Abgrund steht.

Gewöhnlich hält uns die Angst zurück. Nicht das Leben verfälscht unser Dasein, sondern unsere unsterbliche Trägheit.

Wenn unser Handeln andere Leben gefährdet, bereitet es jedoch Leiden vor, während wir kein Recht haben, sie herauszufordern; ein Verzicht ist keine Trägheit, sondern eine ausgeprägte Form der Verantwortung.

Aber vermeiden wir die klägliche Komödie der Spitzfindigkeiten, der Begründungen, der Vernunftschlüsse. Der Verzicht auf die freiwillige, systematische und feierliche Täuschung soll den Verzicht auf gewisse extreme Lebensformen ausgleichen.

Jeder Mensch kann sich Befriedigung verschaffen, das heißt, alles, was es an Niedrigem im Menschen gibt, kann ausgekostet werden.

Ach! Wenn wir manchmal zu unserer Torheit zurückkehren und einer erniedrigenden, vorzeitigen Weisheit entsagen könnten, um erneut den Leib unserer gierigen Schmerzen, unserer spröden Freuden zu betasten.

In einer kommunistischen Gesellschaft existiert der Staat allein und verwandelt sich in die Gesellschaft schlechthin; in einer bürgerlichen Demokratie treten Staat und Gesellschaft einander entgegen; in einer gesunden Gesellschaft verwandelt sich die Gesellschaft in den Staat, schafft ihn, scheidet ihn aus und gestaltet sich in ihm, so etwa die europäische Gesellschaft vor der Katastrophe von 1789.

Wie die klassische Tragödie unterdrückt der bürgerliche Roman die materiellen Bedürfnisse unseres Alltagslebens, damit er den Schauplatz eines echt menschlichen Spiels einrichten kann.

Mindestens zwei Generationen sind notwendig, damit die Ideen zu Gemeinplätzen werden und das Volk beeinflussen. Jede Epoche lebt von dem, was schon in dieser Epoche für einen denkenden Menschen veraltet ist.

Das wahrhaftige Denken einer Epoche unterscheidet sich stets von dem, was der zufriedene Bürger denkt.

Doktrinen von heute, Wahrheiten von gestern.

Gemeinschaftlich zu denken heißt, etwas zu denken, was die Klügsten unserer Generation schon als falsch ansehen.

Wahrheit der Menge: eine veraltete Wahrheit.

Vox populi … vox, et praeterea nihil.[36]

Die Ethnologie irrt sich, wenn sie die Erklärung für bestimmte kulturelle Faktoren in Handlungen oder in materiellen Realitäten sucht. Eine abstrakte Forderung kann tausend unterschiedlichen Aktivitäten zugrunde liegen.

Gold ist nicht ein austauschbarer Wert, weil es glänzt oder weil es selten ist, sondern weil das Wirtschaftsleben einen austauschbaren Wert verlangt, ist Gold etwas wert, und deshalb glänzt es vielleicht auch.

Viele Dinge scheinen wichtiger als andere, während sie lediglich dringender sind.

Nichts ist absurder, als wenn man es für einen Einwand gegen eine Doktrin hält, daß sie dogmatisch ist. Als einzigen Einwand kann man vorbringen, daß sie falsch ist. Jede Wahrheit ist zwangsläufig dogmatisch.

Der Einwand von verkrüppelten Geistern, die es nicht wagen, die Forderungen des Denkens zu durchdenken, oder von trägen Geistern, die angesichts der Strenge eines logisch gestalteten Denkens in Bestürzung geraten.

Für die Literaturunkundigen ist die Literatur ein altes Bilderalbum.

Der Ernst der heutigen geschichtlichen Situation besteht in ihrem eigentlichen Wesen, das von jedem Individuum eine gesunde und rechtschaffene wirtschaftliche und politische Tätigkeit verlangt und ihm zugleich die Möglichkeit verweigert, so zu handeln.

Man verlangt sie zuerst einmal theoretisch von ihm, denn der gegenwärtige Staat, wie auch immer seine oberflächliche Erscheinung aussieht, ist eine Demokratie, das heißt ein Staat, in dem das Individuum als Objekt und Subjekt der Souveränität erscheint.

Somit ist jedes Individuum theoretisch zu einem vollkommenen politischen Bewußtsein verpflichtet.

Man verlangt sie zweitens konkret von ihm, denn das Individuum muß einen Teil des politischen Organismus bilden und sich nicht lediglich in ihm befinden.

Doch umgekehrt verweigert er ihm die Möglichkeit, so zu handeln, und zwar verweigert er sie auf zweifache Weise.

Erstens verpflichtet sich der heutige Staat, wenn er die intelligente Teilnahme des Individuums am gesellschaftlichen Leben mit demokratischen Mitteln verlangt, unterschiedslos allen Probleme zu unterbreiten, deren Lösung die Mehrheit nicht zu bewältigen vermag; damit fördert er eine chaotische Meinungsvielfalt, mit der die Unordnung und der Verfall des Staates vorbereitet werden.

So verweigert er dem Individuum die Möglichkeit einer gesunden, rechtschaffenen, zweckentsprechenden und richtigen politischen Tätigkeit.

Da der Staat zweitens danach strebt, daß die technische Kompetenz all seine Aktivitäten regelt, wird das Individuum der pragmatischen Parteilichkeit des Fachmanns geopfert. Seine tiefsten Bedürfnisse entziehen sich seinem Willen, damit sie von einem

Grund oder einer Norm äußerlich bestimmt werden, deren Rechtfertigung sich seinem Verstand verweigert.

Da sich das Individuum so in einer magischen Welt verirrt hat, einer Welt, die von mysteriösen Formeln und Forderungen gestaltet wird, nimmt es wieder seine alte primitive Mentalität an.

Ein grundsätzlicher Widerspruch, der über jeden beliebigen politischen Irrtum hinausgeht und im Boden unserer industriellen Zivilisation und ihres ausschlaggebenden demokratischen Enthusiasmus wurzelt.

Jeder Geist lebt von wenigen Themen, und sein Talent besteht in deren geschickter Ausgestaltung.

Die Neuheit hängt vom Objekt ab, die Originalität vom Subjekt.

Neu ist das Objekt, das wir zum ersten Mal sehen; der Eindruck, den eine enge Verbindung mit dem Objekt in der Seele bewirkt, ist originell. Neuheit: wer als erster ein neues literarisches Thema eingeführt hat. Originalität: wer irgendein Thema behandelt und wem dies auf tiefgründige Weise gelingt.

Originalität ist nichts anderes als der tiefe Gefühlseindruck.

Jedes System läßt sich mit wenigen Worten zusammenfassen oder in einer Bewegung, einem bestimmten Rhythmus des Geistes verdichten. Die systematischen Werke sind daher schwer zu lesen, denn bald sehen wir die unvermeidliche Ausrichtung der Themen voraus.

Jedes Werk enthält einen vergänglichen Teil, den der Autor verkennt und den beinahe jeder Fremde diagnostiziert.

Jedes Werk, so scheint uns, kann sich selbst überlegen sein.

Das Bewundernswerteste an der »Aeneis« sind ihre Meeresschilderungen, ihre Frische, ihr Geschmack nach reiner und salziger Luft:

»Adspirant aurae in noctem, nec candida cursus
Luna negat, splendet tremulo sub lumine pontus.«[37]

La peur du primaire, peur de primaire.[38]

Die Trockenheit und Unfruchtbarkeit derjenigen, die sich nur von allgemeinen Ideen nähren.

Ist es nicht der beste Beweis für die Größe Sainte-Beuves, daß er sich so häufig und so grob irren kann, ohne daß dem die geringste Bedeutung zukommt?

Was von einer Epoche zur anderen variiert, ist das »Tempo« der Ereignisse.

Die Polyphonie der Geschichte verbirgt nicht ihre melodische Monotonie.

Die Aufgabe des Kritikers besteht nicht darin, die anderen zu lehren, was sie sein sollen. Der Kritiker ist kein Zöllner von Wesenheiten und auch kein metaphysischer Geburtshelfer. Keine logische Forderung kann eine konkrete und fleischliche Erscheinung verwerfen.

Der Kritiker ist ein Verfasser von Katalogen, kein Türhüter in hypothetischen Gerichten.

Jede Kultur ist der Nährboden einer neuen Rasse.

Nichts fasziniert mich so sehr wie das Fehlen von »Wichtigkeit« bei Stendhal. Daß er, als er nach Mailand kommt, ausruft: »Jamais d'airs importants!«[39] Daß er diese gravité[40] haßt, die La Rochefoucauld zufolge nur dazu dient, »pour cacher les défauts de l'esprit!«[41]

Der Kommunismus ist für die Parteiführer und für seine Theoretiker ein Kampf gegen das Eigentum, doch für die Massen ist er ein Kampf um das Eigentum.

Die Ursache jeder Tyrannei ist das Fehlen von Eigentum: sowohl in der kommunistischen Gesellschaft, in der Freiheit ohne den Rückhalt eines unangefochtenen Eigentums verschwindet, als auch dort, wo die eigentumslose Mehrheit die Minderheit nötigt, ihr Eigentum tyrannisch zu verteidigen.

Jeder Mensch wird mit einer eigenen Pflicht geboren, und seine einzige Freude besteht darin, sie zu erfüllen.

Uns entgeht die Fülle des Daseins, wenn wir andere als jene Taten ausführen, für die wir geboren wurden. Doch wenn wir diese Pflicht eines Tages entdecken und uns der Tätigkeit widmen, die sie verlangt, erreicht unser Wesen in jenem günstigen Klima, in dem die Schwierigkeit nur existiert, um unsere Lust zu steigern, eine bewundernswerte Fülle des Lebens.

Die Gefährdung und Schwierigkeit jeder politischen oder sozialen Organisationsform besteht darin, daß es unmöglich ist, die grundlegenden Situationen dieser Systeme methodisch zu gestalten. Das Befehlen ist zum Beispiel eine Realität und eine soziale Notwendigkeit, doch das Befehlen ist eine Eigenschaft mancher Individuen, eine Fähigkeit, die sich erst durch Taten offenbart. Jeder methodische Versuch, die Befehlsgewalt zu organisieren, wird darum scheitern, weil es unmöglich ist vorauszusehen, wer die Fähigkeiten besitzt, die allein diese Gewalt rechtfertigen und ermöglichen.

Nichts wirkt schrecklicher als die Leichtigkeit, mit der die Mittelmäßigkeit das Talent nachahmt.

Eine gute Bildung, ein ausgezeichnetes Gedächtnis, die Verwendung einer geschickten Rhetorik können den Verstand parodieren.

Geniale literarische Formen lassen sich mit einem gewissen Geschick leicht ausbeuten, um zu suggerieren, daß das Genie ihres Erfinders in dem, der sie benutzt, wiedergeboren wird.

Der eine oder andere Einfall, der zu einem bestimmten Zeitpunkt das Wirken des Genies verkündete, der es angab, bezeichnete und offenbarte, scheint uns, wenn er aufs neue benutzt wird, dieselbe Offenbarung zu wiederholen.

Gewiß ein vorübergehender Glaube, ein kurzzeitiger Eindruck; bald begreifen wir, daß es sich um eine bloße Geste ohne Sinn, Bedeutung und Notwendigkeit handelt.

Doch eine Geste, die uns beunruhigt, weil sie uns suggeriert, daß, was wir schreiben und dem wir trotz unserer Mittelmäßigkeit einen gewissen Wert oder eine gewisse Bedeutung beimaßen, wie jenes untaugliche und lächerliche Trugbild des Genies ebenfalls ein trauriges und klägliches Trugbild ist.

Die großen Philosophen schüchtern uns ein, und wir schlagen lieber das Buch eines Philosophiehistorikers oder Kommentators auf. Doch die Lehren, Meinungen und Thesen bekommen hier eine derartige grundlose Inkohärenz, daß uns diese Bücher bald zuwider sind.

Ein mittelmäßiger Geist verändert oder verwandelt tatsächlich seine Niedrigkeit nicht, wenn er edle und ernste Themen behandelt.

Unsere Scheu vor dem Werk des Philosophen selbst ist hingegen ein grober Irrtum, denn nichts heißt großmütiger als die wahre Größe willkommen.

Die rein kontemplative Freude ist ein Mythos des beschäftigten Menschen.

Eine Nation kann zu einem bestimmten Zeitpunkt einen Komplex von Sachverhalten, Institutionen oder Begriffen hervorbringen, die sich in einer großen politischen Idee zusammenfassen lassen: dem englischen Parlamentarismus, dem bürgerlichen Liberalismus von 1789, dem russischen Kommunismus, dem Nationalsozialismus usw.

Diese Ideen gehören untrennbar zu dem Land, in dem sie entstehen, wie ein System zu seinem Autor. Es ist eine verlockende, aber kaum erfolgreiche Aufgabe, sie zu verbreiten. Die Nachahmung entartet bald zum Trugbild, und das einzige, was man endgültig kopieren kann, sind ein neuer Wortschatz und ein paar trügerische Verfassungsbestimmungen.

Politische Wahrhaftigkeit ist ebenso schwierig wie ästhetische Wahrhaftigkeit.

Die südamerikanische Geschichte ist ein treffendes, schmerzlich und komisch wirkendes Beispiel.

Es gibt Sätze bei Nietzsche, die man kaum Homais zutraut.

So etwa, wenn er behauptet, daß der Glaube, Gottes Sohn zu sein, Christus »das Gefühl völliger Sündlosigkeit, völliger Unverantwortlichkeit« ermögliche, welches jetzt, wie er hinzufügt, »durch die Wissenschaft« jedermann sich erwerben könne.[42]

Eine solch grobe Unkenntnis des wesentlichen Unterschieds der moralischen Abstufungen kann in einer solch edlen Seele wie der seinigen nur von besonderen Gründen abhängen. Was Nietzsche in diesem Augenblick erstrebt, ist vielleicht die systematische und gewaltsame Vernichtung jedes Wertes, eine Tabula rasa.

Dann genügt keine bloße Polemik, notwendig sind Grausamkeit und sogar Beschränktheit. Dann scheint keine Ungerechtigkeit auszureichen.

Wenn wir zeigen wollen, welcher Ekel vor den bestehenden Werten uns erfüllt, wird unsere erregte Sensibilität nicht von der bloßen Negation befriedigt, die Skepsis wirkt auf uns lächerlich maßvoll, und nur der plumpe Dogmatismus der Wissenschaft wird unserer Rache gerecht. Dort, wo alles hohl und niedrig ist, genügt allein die schlimmste Niedrigkeit.

Jede Idee, die ich prüfe, vergrößert meine Unwissenheit und weitet meine Ungewißheit aus.

Ungerechtigkeit bewirkt häufig Gerechtigkeit; Fanatismus bringt Hellsichtigkeit hervor; aus dem Parteigeist entsteht das Licht und aus dem Dogmatismus die Wahrheit.

Die Fortschrittstheorie ermöglicht Madame de Staël und Auguste Comte, das Mittelalter zu entdecken. Die Zurückweisung der klassischen Theorie ermöglicht Chateaubriand, zu verstehen, was das 17. Jahrhundert dem Christentum verdankt. Der Materialismus ermöglicht Marx, die Bedeutung der ökonomischen Tatsachen zu entdecken. Die Reaktion auf die Demokratie schafft die Grundsätze der politischen Wissenschaft.

Daß die Gesetze, Theorien und Prinzipien der heutigen Wissenschaft für den gewöhnlichen Menschen zunehmend unverständlich werden, verwandelt sie schnell in mysteriöse Formeln. Das Primat der Wissenschaft bereitet eine prälogische Mentalität vor.

Die Wissenschaft bedroht den Menschen damit, ihn zu ungeahnten Exzessen der Niedrigkeit zu verleiten.

Erstens, weil die wissenschaftlichen Lehrsätze, Sätze im Indikativ, auf willkürliche und geschickte Weise zu Sätzen im Imperativ werden können, wenn das Ansehen der Wissenschaft wächst. Jeder beliebige Sachverhalt widerlegt oder rechtfertigt so jede beliebige Norm.

Zweitens, weil sich die der Wissenschaft eigentümliche Moralität in ihren fernsten Grenzen verbirgt: das wissenschaftliche Denken, die experimentelle Forschung und die von ihnen verlangten Fähigkeiten.

Drittens, weil die epistemologische Stellung der Wissenschaft, die Bestimmung ihres Zuständigkeitsbereichs und ihrer Rechte angesichts der offenkundigen Erfolge der Wissenschaft jeden Tag verdächtiger wirken wegen ihrer Spitzfindigkeiten, die willkürlich scheinen können, und ihrer komplexen Vernunftschlüsse, die interessierte Sophismen scheinen können.

Die Wissenschaft als absolutes System ist die Selbstaufgabe des Menschlichen.

Der Irrtum der meisten Reformer besteht in dem Glauben, die Menschheit werde Grundsätzen gehorchen, denen nicht einmal sie selbst gehorchen.

»... utilitas justi prope mater et aequi«[43], sagt Horaz: die Richtschnur für den größten Teil der Menschen. Die Gewalt, letzten Endes die physische, brutale und schamlose Gewalt, ist die alltäglichste Realität der Geschichte.

Zweifellos nicht die einzige Realität; doch nichts ist seltener als ein Mensch, der abstrakte Forderungen, Forderungen seines Verstandes oder seiner Sensibilität, anerkennt.

Für unsere Unwissenheit, die eine majestätische und hochmütige Wissenschaft überfordert und nicht zu befriedigen vermag, ist es manchmal ein hinlänglicher Trost, wenn sie feststellt, daß die Probleme weiterbestehen.

The meaningfulness of meaninglessness.[44]

Die gerechte Tat existiert – unabhängig von jeder Nützlichkeitserwägung –, doch sie wird nur verwirklicht, wenn die Macht in die Hand derjenigen fällt, die sie begünstigt.

Die Philosophie versucht eine empirische Konstruktion dessen, was der Mensch nach und nach weiß, bis er schließlich so weit kommt, daß er bewußt weiß, was er weiß.

Jeder Besitz ist eine vom Verstand bereicherte Empfindung.

Der Wissenschaftler geht unerschrocken daran, alle Objekte des Universums auf Energie und Raum zu reduzieren, bis ihm der Geist, den er auch in seine unsinnige Maschine einführen will, zuruft: Jetzt reicht es!

Als der Humanismus entstand, war er ein Protest der sinnlichen Eigenschaften des Menschen gegen die religiöse Negation; heute kann der Humanismus nur der Protest der geistigen Eigenschaften des Menschen gegen die wissenschaftliche Negation sein.

Angesichts der göttlichen Allmacht verloren, nachdem die unpersönlichen Forderungen der Religion seine konkrete Individualität negiert haben und alles, was es in ihm an rein Irdischem gibt, mißachtet und geringgeschätzt wurde, hat der Mensch rebelliert, indem er stolz und gewaltsam seine Sinnlichkeit, seine Individualität und seine Bedeutung bejahte.

Heute, da er angesichts der Allmacht der Materie verloren ist, nachdem die unpersönlichen Forderungen der Wissenschaft seine Individualität negiert haben und alles, was es in ihm an rein Geistigem gibt, mißachtet und geringgeschätzt wurde, muß der Mensch rebellieren, indem er stolz und gewaltsam seine Spiritualität, seine Individualität, seine Bedeutung bejaht, oder sich Verzweiflung und Angst ausliefern.

Im idealen Humanismus stimmen Spiritualität und Sinnlichkeit überein.

Unsere Ideen sind meistens nur der geistige Ausdruck unserer Wünsche und unserer Hoffnung; doch die Wirkungslosigkeit derartiger Ideen ist so allumfassend, daß es nicht der Mühe wert ist, unseren Geist mit ihnen zu trüben.

Streben wir, da unsere Ohnmacht absolut ist, wenigstens nach der grausamen Lust der Wahrheit.

Zu den größten Schwierigkeiten der Genealogie der Gefühle gehört, daß man die Begierde oder die Neigung mit dem entwickelten und komplexen Gefühl verwechselt. Hier erscheint eine neue Wesenheit.

Das Gebirge ist ein Konglomerat aus Felsen, Sand und Erde, ein sublimated mole-hill[45]; doch die Gefühle einer edel gesinnten Seele haben nur schwache Ähnlichkeit mit den animalischen Leidenschaften des paläolithischen Urwalds.

Bei der Verbreitung der Ideen herrscht eine gewisse Trägheit: entweder beginnt sie nicht, oder sie findet kein Ende.

Der politische Konservatismus hat eine doppelte Wurzel, und es gibt zwei unterschiedliche Arten von Konservativen.

Die einen sind Konservative, weil geistige Trägheit, die Zufriedenheit mit sich selbst und mit ihrer Lage sie daran hindern, irgendeinen Wandel zu ersehnen.

Zur zweiten Gattung gehören die echten Skeptiker oder jene, die das uneingeschränkte Bedürfnis zu denken unterjocht. Diese letztgenannten vor allem brauchen äußere Ruhe, da sie unfähig sind, gleichzeitig die Ungewißheit, das Durcheinander, die Erregung, das Chaos ihrer Gedanken und der Welt zu ertragen.

Revolutionär ist hingegen der Unzufriedene oder vielmehr derjenige, der sich leicht eine Meinung bildet, der über die komplexe Struktur der Dinge oberflächlich urteilt und nicht die Ideen, an die er glaubt, zu bezweifeln versteht.

Vielleicht können wir sagen, daß unter den Mittelmäßigen diejenigen, die es am wenigsten sind, Revolutionäre sein werden und daß unter den großen Geistern diejenigen, die es am meisten sind, Konservative sein werden.

Der Humanismus ist die Haltung des Betrachtenden und Genießenden, nicht des Schaffenden und noch weniger des Arbeitenden und Tätigen.

Meine Unfähigkeit erschreckt mich; ich bin nicht fähig, eine von meinen Hoffnungen zu verwirklichen, ja ich vermag nicht einmal, den Prozeß ihrer Beseitigung zu schildern.

Vielleicht besteht der größte Reiz des homerischen Stils in der Vermischung stereotyper, beinahe ritueller, beinahe hieratischer Elemente, zeremonieller und feierlicher Formeln mit der außerordentlichen Frische seiner Vergleiche, seinem reinen Naturalismus, seiner Fähigkeit zu konkreter Genauigkeit, seiner wörtlichen Verbundenheit mit dem beschriebenen Gegenstand.

Die morgendliche Homer-Lektüre, mit der Gelassenheit und Ruhe, dem tiefen Gefühl sittlichen und körperlichen Wohlbefindens und vollkommener Gesundheit, die sie uns einflößt, ist die beste Wegzehrung, um die Vulgaritäten des Tages zu ertragen.

Der beschreibende Teil der philosophischen Systeme altert selten, während ihr erklärender Teil bald unzeitgemäß wirkt.

Vielleicht haben die Systeme nur einen Wert als willkürliche Hypothesen, die mit ihrem indirekten Licht bestimmte Züge der

Wirklichkeit hervorheben können, während diese zuvor in einförmiger Gleichgültigkeit wirr durcheinanderlagen.

Die Wissenschaft des Augenblicks, die einzige Wissenschaft.

Der Spezialist, der alles ignorieren muß, um sich in einem einzigen Punkt eines einzigen Themas wirklich auszukennen, scheint mir ebenso bewundernswert wie unbegreiflich zu sein. Danken wir Gott, daß es Menschen gibt, die sich entschließen, eine einzige Sache genau kennenzulernen und die so unsere Freuden für uns vorbereiten und ausformen können, für uns hemmungslos wißbegierige Ignoranten.

Ich weiß nicht, wie ein großer Verstand arbeitet, ich kenne nicht die Triebfedern seiner Tätigkeit; doch ein kleiner Verstand will, daß wir ihm gegenüber dreist und zudringlich sind: »casta est, quam nemo rogavit.«[46]

Die französischen Moralisten beobachten den Menschen als Untertan eines Königs, als Bürger eines monarchischen Staates.

Rivarol beobachtet als erster den demokratischen Menschen. Rivarol ist der große Moralist der politischen Wirren.

Die Epistemologie: die einzige zufriedenstellende Wissenschaft; die einzige, in der kein unerklärter Rückstand fortwährend stört, vielleicht deshalb, weil sie tatsächlich die Wissenschaft des Rückstands jedes Denkaktes ist.

Die großen Probleme, welche die Geschichte stellt und für deren verschiedene Lösungen die Menschen sterben, werden nie von jemandem gelöst, sondern vergessen; wie unsere Jugendprobleme, die das Alter dem Vergessen überantwortet.

Der unverkennbare Beweis für Größe ist, daß sich das Werk um unpersönliche Ziele bemüht. Jedes Streben nach rein persönlicher Größe, das sich nicht um deren Ursache oder deren Form kümmert, ist die übermäßige Begierde eines Selbstgefälligen.

Der Gelehrte, der sein Leben dem Studium des Werks eines einzigen Autors widmet, verliert allen kritischen Sinn. Ihn verblendet nicht nur eine gewisse Eitelkeit, wie sie ein Eigentümer hat, außerdem ist die Unparteilichkeit bei ihm keine Tugend mehr, sondern wird zu einem entsetzlichen Laster: zur Unredlichkeit.

Wenn ich Ortega y Gasset lese, bekomme ich selten den Eindruck, daß ich es mit einem reifen und gründlichen Denken zu tun habe. Er wirkt auf mich wie ein fruchtbarer Verstand, dem jedoch Spontaneität fehlt. Der eher listenreich als von Meditationen erfüllt ist.

Ein für die Umstände aufgeschlossener Verstand, der jedoch von ihnen abhängt.

Der von außen angeregt wird.

Ich nehme bei Ortega nicht die innere Fülle eines dichten, überreichen und geruhsamen Denkens wahr.

Er ist subtil, wendig, geschickt; ein ausgezeichneter Schriftsteller und ein trügerischer Wegbereiter von Themen, die er nicht behandelt, und von Ideen, die er nicht vollendet.

Der Montherlant der *Les jeunes filles*[47] fasziniert mich durch seinen lauteren, offenen, sonnenklaren Zynismus.

Es ist eine einzigartige Wonne, jemanden zu entdecken, der sich ohne Vorbehalte und ganz schamlos selbst annimmt, der sich aber nicht ständig zu seiner Freimütigkeit beglückwünscht oder seiner Aufrichtigkeit rühmt.

Was mich an dieser Haltung gewöhnlich langweilt, ist die bescheidene und wohlgefällige Zufriedenheit des Autors mit sich selbst, weil er so kühne Bekenntnisse ablegt und sich so gewissenhaft in seiner Schamlosigkeit zeigt. Außerdem die Ad-hoc-Metaphysik, die er erfindet, um sich zu rechtfertigen, sich zu loben, sich zu schmeicheln.

Montherlant ist frisch und munter wie ein Affe im zoologischen Garten, der vor den verwirrten, neugierigen, überraschten und empörten Zuschauern unbefangen masturbiert.

Feijóos Prosa ist ausgezeichnet; sie erreicht Reife, einen Moment flüchtiger Vollkommenheit, kluger Ausgewogenheit, eine gleich weite Distanz von entgegengesetzten Lastern.

Die Frankophilie des spanischen Lebens ließ vorübergehend die Integration Spaniens in das europäische Kulturleben erwarten.

Die Bourbonendynastie bemühte sich, jene Tür zu öffnen, welche die Gegenreformation und der abweisende Geist Philipps II. zugeschlagen hatten, eine jener Türen, die der kontaktscheue und engstirnige spanische Partikularismus vernagelt und vernietet.

Die ciceronische Redundanz, die hohle metrische Resonanz, die kleinliche und hochtönende Vorliebe für Topoi, der Barockstil, den die spanische Prosa von der italienischen Renaissance erbt, hatten lediglich dazu geführt, die angeborene Kraft und die harte Nüchternheit der Sprache zu verderben.

Diese Prosa, die der Einbruch von Pädagogen, Rhetoriklehrern, scharfsinnigen und spitzfindigen Kanonikern, redseligen Theologen, einfallsreichen und substanzlosen Verseschmieden nicht zerrüttet hatte, bewahrt gewiß einen archaischen Geschmack, der sie bemerkenswert und interessant macht, doch sie ist zu national, riecht zu sehr nach Heimatboden und Volk, als daß sie für die unpersönlichsten Aufgaben des Denkens dienen könnte.

Die spanische Prosa unterlag nicht dem erdrückenden Einfluß einer anspruchsvollen und gebildeten Gesellschaft, sie wurde nicht von den diskreten und ätzenden Gesprächen jener Männer und Frauen poliert, die einen intelligenten Zeitvertreib suchen.

Ihr blieb es vorenthalten, das Instrument einer Gesellschaft zu sein, deren intensives mondänes Leben sie mit den Subtilitäten der moralischen Fragen und der psychologischen Rätsel vertraut macht, die es versteht, die umfangreichen Symphonien der Kanzelberedsamkeit anzuhören oder sich für theologische Dispute zu interessieren oder auch wissenschaftliche Themen zu erörtern, ohne daß sie ihren natürlichen Widerwillen gegen Pedanterie und gegen schwerfällige pädagogische Hartnäckigkeit verliert.

Eine Gesellschaft, die der burlesken Grobheit, dem höhnischen Gelächter, den unanständigen Schmähungen, der plumpen Vertraulichkeit der Wirtshäuser und Kneipen feindselig gesonnen ist. Deshalb mußte die Sprache Rabelais' den Engpaß der Provinzialbriefe[48] und der Salons des Hôtel de Rambouillet durchqueren, damit sie zum unvergleichlichen Werkstoff der französischen Klassik werden konnte.

Was leider die spanische Prosa nach Feijóo erwartet, nachdem er die schwülstigen und landestypischen Salbadereien mit charmanten Gallizismen besprengt hatte, ist die große Invasion der romantischen Rhetorik, die in der politischen Redekunst eines Castelar oder in den rhetorischen Versen eines Núñez de Arce gipfelt.

Dennoch ist die Rhetorik nicht das schlimmste Laster der spanischen Prosa, selbst bei den Schriftstellern der Generation von 1898 kann man einen unbezwinglichen Provinzialismus unmöglich übersehen. Einen Provinzialismus, der von der Randsituation der spanischen Geschichte und des spanischen Denkens herrührt.

Die spanischen Schriftsteller waren bis heute wahrhaftig Proletarier der europäischen Intelligenz.

Der Spanier, der zu diesem hundertjährigen Proletarierdasein gezwungen war, mußte außerhalb seiner eigenen Sprachtradition die Quellen des lebendigen Denkens suchen.

Hieraus entsteht nun die tragische Situation der spanischen Prosa: daß es in Spanien keine geistige Tradition großen Stils gibt.

Darum fehlt seiner Prosa das eigentliche Gerüst der Prosa: die Idee. Es hat außer seiner mystischen Prosa keine andere erhabene Prosa.

Die spanische Literatur besteht aus zwei oder drei Mystikern und unendlich vielen Rednern.

Eine Literatur von solcher Beredsamkeit, daß die übrigen Musen verschreckt wurden.

Tatsächlich übt das noch unbeachtete Erscheinen eines lebendigen, starken und leidenschaftlichen Denkens einen katalytischen Einfluß auf die am ausschließlichsten literarische Prosa aus.

Nur die Idee erhält die Spannung aufrecht und bewahrt die Würde und Strenge der Prosa.

Zufriedenheit kommt nicht daher, daß man große Dinge ausführt, sondern daß man irgend etwas vollkommen ausführt. Wer nach

Gelassenheit, Ruhe und Frieden strebt, muß sich äußerst leichte Aufgaben vornehmen. Über aller Weisheit schwebt drohend der Schatten Binets, jener Gestalt Flauberts.

Die Naturgesetze sind Gegenstand einer bestimmten allgemeinen Ordnung, und die materiellen Gegenstände sind Gesetze einer bestimmten besonderen Ordnung.

Ein Gesetz beschreibt das Verhalten eines Begriffs; jeder Begriff ist ein Aspekt eines Gegenstandes. Das Gesetz beschreibt die Gestaltung eines Aspekts eines Gegenstandes, eines Aspekts, der, wenn er von dem Gegenstand getrennt wird, mit dem anderer Gegenstände vergleichbar ist.

Der Gegenstand ist nun die Gestaltung einer Vielfalt von Gesetzen, er ist ihre wirkliche Synthese.

Das wahre Naturgesetz ist der konkrete Gegenstand in seiner gegenwärtigen Seinsfülle.

Die Welt bestraft stets den, der seinen Stolz vergißt.

Der Gegenstand unserer Vernunft ist eine ständige Gestaltung von Eigenschaften.

Der Gegenstand unseres Verstandes ist eine vorübergehende Gestaltung von Eigenschaften.

Jede »Sache« ist nicht mehr als ein Name, jener, den wir einer Struktur innerhalb der Grenzen unserer Wahrnehmung geben. Der Name schafft die Sache, sofern unsere Wahrnehmung zwei oder mehr von ihren aufeinanderfolgenden Akten zu identifizieren vermag; wenn die Beweglichkeit des Gegenstandes über die Identifikationsfähigkeit der Wahrnehmung hinausgeht, sprechen wir vom Fließen und nicht von einem Gegenstand.

Die Beziehung zwischen der Beweglichkeit des Gegenstandes und der Identifikationsfähigkeit der Wahrnehmung ist der Ort, an dem die »Dinge«, die »Ereignisse« und die »Substanzen« entstehen.

Die Zweisamkeit zwischen Mann und Frau beginnt mit der Liebe und endet mit Komplizenschaft.

Manchmal genügt dem Politiker bloße Langlebigkeit, um über seinen Gegner zu triumphieren.

So etwa flößen bloße Halsstarrigkeit und das hartnäckige Festhalten an einer Meinung, die sich mehrere Jahrhunderte lang unerschütterlich behauptet und unverändert fortbesteht, ein sonderbares Vertrauen ein und gewinnen einzigartiges Ansehen. Dieses stellt sich den zahllosen widersprechenden Meinungen entgegen, die leidenschaftlich vorgetragen und heftig zurückgewiesen werden und die das dem Irrtum unterliegende Bemühen um Wahrheit auf seinem endlosen Weg preisgibt.

Ein fortdauernder Irrtum wird der Wahrheit ähnlich.

Die Wahrheit ist ein fortdauernder Irrtum.

Wenn uns nichts interessiert, erklären wir uns für unparteilich. Der Überdruß ist einer der Väter der Gerechtigkeit.

In der Weltordnung ist alles so unbeständig, daß uns jede dogmatische Unmäßigkeit für sich einnimmt, und das nicht wegen der Wahrheit, die sie enthalten kann, sondern allein wegen ihres Dogmatismus.

Das Denken ist das einzige, was uns vor der Verzweiflung bewahrt, weil es das einzige Vergnügen ist, dessen man nicht überdrüssig wird.

Die Schwerfälligkeit beschränkt unser Handeln: unsere Trägheit grenzt das Territorium des menschlichen Verstandes ein.

Ideen und Kunstwerke werden meistens von den Alten geschaffen, doch nur die Jungen genießen sie.

Damit man über das dreißigste Jahr hinaus leben kann, muß man sich mit den alltäglichen Verrichtungen abstumpfen oder in seiner Verzweiflung tausend unterschiedliche und gleichermaßen fiktive Daseinsgründe für sich erfinden.

Alle jungen Leute sind unsterblich.

Ein junger Mensch mißachtet nicht den Tod, er kennt ihn nicht.

Die Alten lieben das Leben, weil Leben das einzige Gut ist, das ihnen das Leben noch nicht entrissen hat.

Die Ehe verdirbt, was sie berührt.

Die Ehe wurde eingerichtet, damit Mann und Frau ungefährdete und zufriedene Komplizen aller Schäbigkeiten, Ungerechtigkeiten und Gemeinheiten sein können, um unverzagt gierig, heuchlerisch und egoistisch zu sein.

Nichts verabscheue ich so sehr wie jene lauwarme Atmosphäre befriedigter Sexualität, die ein Ehepaar ausdünstet.

Die Irrtümer verderben nicht die Wahrheit, sie verfälschen nur unser Verhalten.

Die Menschen leiden unter den Irrtümern, die andere begehen, als schadete man damit der Wahrheit, und sie vergessen, daß der Irrtum nur seinen Urheber verunreinigt. Viele halten die Leugnung Gottes für eine Beleidigung Gottes, während Gott nichts mit dieser Angelegenheit zu tun hat. Was wir nicht sehen, existiert dennoch weiter, wir sehen es nur nicht.

Der Irrtum ist eine mangelhafte Anschauung, kein Akt, der die Wahrheit verdirbt.

In der Welt würde es größere Toleranz geben, wenn das Mitgefühl an die Stelle der Bemühungen träte, mit denen man eine Wahrheit rächen will, die es nicht nötig hat, daß man sie rächt.

Wer den Beifall sucht, kehrt schwerlich ohne Gewissensbisse, Ressentiments und Bitterkeit in seine Einsamkeit zurück.

Niemand versteht es, uns richtig Beifall zu spenden: ein geschmackloses Lob verletzt mehr als ein Tadel.

Wir allein kennen den Umfang unserer Unvollkommenheiten und ahnen unsere Fähigkeiten.

Unsere Hände könnten allein Kränze flechten, und für uns gibt es keinen anderen Triumph als den einsamen Beifall unserer Seele.

Was liegt mir an deinen Lobreden, wenn ich mich selbst verurteile, oder an deinen Schmähreden, wenn ich mich selbst freispreche?

Ach! Wenn jener, der uns überrascht oder empört betrachtet, wüßte, welch klägliche Unsicherheit unser Stolz zu verbergen sucht.

Wenn der Spanier denkt, sieht er sich stets selber beim Denken zu.

Der Egoismus ist die unverzeihliche Sünde. Alle geistigen Mißerfolge kommen von der Unfähigkeit, sich selbst zu vergessen, von der lasterhaften Gewohnheit, sich selbst als Ziel jeder Handlung zu betrachten.

Heuchelei, nichtiges Denken und Rhetorik sind die drei Seiten des Egoismus.

Heuchelei ist die Haltung jener, die in den öffentlichen Zielen ihrer Taten nur geheime Mittel sehen, um irgendeinen eigenen Vorteil zu erreichen. Das nichtige Denken ist jenes, das es nicht versteht, demütig gegenüber dem Gegenstand zu sein und von sich selbst abzusehen, und das sich deshalb nicht dem Gegenstand öffnet und ihn auch nicht ganz erfaßt, denn es widmet sich ihm nie ohne Vorbehalt. Rhetorik schließlich ist der Satz, der nicht nur das aufnimmt, was er bedeuten soll, sondern auch sich selbst genießen und seine eigene Schönheit betrachten möchte.

Wenn jemand, dessen Verstand wir vertrauen, einen anderen lobt, den wir ohne Zögern als uns unterlegen ansehen, genießt unsere Eitelkeit eine subtile Befriedigung.

Uns Unterlegene hochzuschätzen heißt, uns uneingestanden zu bewundern.

Der Triumph eines Mittelmäßigen erhebt uns, denn er weist uns einen Platz zu, der über den Triumph selbst hinausgeht.

Die Soziologie beweist unermüdlich das Offensichtliche.

Jedes langsam ausgeführte Werk gewinnt einen besonderen Geschmack.

Wenn wir nur unwissende Gesprächspartner finden, wird unser Gespräch zu einer eintönigen didaktischen Darlegung elementarer Themen.

Das Genie braucht kein gedeihliches soziales Klima, um sich zu entfalten; es genügt sich selbst, und die Einsamkeit stärkt es. Doch es gibt edle und vortreffliche, wenn auch untergeordnete geistige Tugenden, die eine günstige soziale Umwelt und eine hilfreiche geistige Temperatur brauchen.

Eine gründliche und feinsinnige Gelehrsamkeit, ein zartes und subtiles geistiges Taktgefühl, eine sinnliche und fruchtbare Wertschätzung des Lebens und der Künste, eine tiefe, aber maßvolle, ironische und diskrete Vorliebe für Ideen, ein Raffinement, das jede Zurschaustellung in der Lebenskunst ablehnt, eine des Zynismus und Mitgefühls fähige Hellsichtigkeit, all das sind Tugenden, die der Umgang mit groben und vulgären Wesen abstumpft und beeinträchtigt, untergräbt und zerstört.

Die Laster, die wir annehmen, verwandeln das moralische Universum, in dem wir lebten. Nun vergeben wir Handlungen, die wir zuvor verurteilt hätten; diejenigen, die uns faszinieren, scheinen uns offensichtlich harmlos, und eine neue Unschuld dringt so in neue Bereiche vor. Die Vertrautheit mit dem Laster bemäntelt es als bescheidene und graue Gewohnheit der alltäglichen und unbedeutenden Handlungen. Das Universum eines teuflisch lasterhaften Menschen wäre voll kläglicher Trivialität und unschuldiger Routine.

Das ganze Geschick des Bösen besteht darin, sich in einen häuslichen und diskreten Gott zu verwandeln, dessen Gegenwart nicht mehr beunruhigt.

Unsere eigenständige Moral wird geboren, wenn wir gelernt haben, das zu verurteilen, was unserem Empfindungsvermögen nicht widerstrebt.

Der Mensch, der sich mühelos dem Guten zuwendet, kann nicht die geistige Strenge der moralischen Probleme erkennen.

Die Diskrepanz zwischen einem Urteil und einer Vorliebe ist der Nährboden der Moral und der Ästhetik.

Geistige Redlichkeit besteht darin, das vorzuziehen, was wir tatsächlich vorziehen. Geistige Heuchelei darin, das vorzuziehen, was wir tatsächlich vorziehen, und dabei vorzutäuschen, daß wir etwas vorziehen, was wir vorziehen sollen.

Die große geistige und moralische Kultur besteht darin, dem, was wir vorziehen, das vorzuziehen, was wir vorziehen sollen.

Jedes Laster ist eine Tugend, die ihre Ordnung verloren hat.

Das kritische Problem entsteht, wenn wir die aufrichtige und echte Gleichzeitigkeit zweier antagonistischer Haltungen am eigenen Leib erfahren konnten.

Der Irrtum des Künstlers besteht in dem Glauben, es komme darauf an, daß er es sei, der das Werk ausführe, und deshalb in der

Forderung, daß man ihn bewundern müsse, und in seiner Selbstbewunderung. Er kann sich nur retten, wenn er an die Bedeutung dessen glaubt, was er tut, oder wenn ihn das, was er tut, unterhält. Das heißt, wenn er sich mit seinem Werk beschäftigt und nicht damit, der Schöpfer seines Werks zu sein.

Vulgarität entsteht, wenn wir beanspruchen, das zu sein, was wir nicht sind. Niemand und nichts sind vulgär, wenn sie sich damit zufriedengeben, das zu sein, was sie sind. Vulgarität ist eine Erscheinung jener Gesellschaften, in denen die Unbeständigkeit der Gesellschaftsklassen die Unordnung begünstigt, in denen niemand einen sicheren Platz einnimmt und sich deshalb jeder eine vorgetäuschte Stellung aneignen kann.

Der Arbeiter, der Arbeiter ist, ist nicht vulgär; vulgär ist jedoch der Arbeiter, der den Bourgeois nachahmt. Vulgär ist der Bauer, der den Städter nachahmt, vulgär der Kleinbürger, der den reichen Bürger nachahmt, vulgär der reiche Bürger, der den Aristokraten nachahmt, vulgär der Aristokrat, der ein Bild seiner eigenen Vergangenheit nachahmt. Vulgär ist der Ignorant, der den Weisen nachahmt, oder der Rüpel, der den Kultivierten nachahmt.

Die Vulgarität ist der bezeichnende Wesenszug jedes bürgerlichen Zeitalters.

Der Zweck der Unterscheidung zwischen den primären und sekundären Qualitäten der Gegenstände besteht darin, für jeden beliebigen Beobachter gleichwertige, d. h. unpersönliche Begriffe zu suchen. Daher sind jene Wesenszüge grundlegend, die sich unabhängig von jeder Beziehung zu einem bestimmten Beobachter als möglich erweisen.

Die Objektivität wird dabei als das für alle Identische definiert. Mit anderen Worten, wenn die ontologische Realität nicht zu einer gesellschaftlichen Funktion wird, so wird sie wenigstens zu einem unumgänglichen Attribut der gesellschaftlichen Übereinstimmung.

Messen ist ein wesentlicher Akt. Das Maß verwandelt einen individuellen Wesenszug in einen unpersönlichen Anspruch.

Doch wenn das Maß einen unpersönlichen Rang erhält, schafft es automatisch die Objektivität. Der metaphysische Wert des Maßes.

Reine Kontemplation ermüdet.

Damit die Kontemplation zu einem zufriedenstellenden Höhepunkt gelangen kann, verlangt sie ein Mindestmaß an Handlung, selbst wenn sie eine rein verbale Formel ist.

Ein konsequenter Idealismus muß die Geschichte als das einzige System verstehen, das die Totalität des Realen zu erfassen vermag.

Würde und Edelmut, die aus der ständigen Spannung entstehen, die elementare Brutalität der menschlichen Natur zu unterwerfen, haben als ausreichende Beweggründe nur den Ehrgeiz und die Hoffnung, zu den von uns ersehnten Zielen zu gelangen.

Wenn der Mensch verzweifelt, geht die Menschheit zugrunde.

Jede Pädagogik, die sich ein anderes Ziel als jene der jeweiligen Gesellschaft stellt, in welcher der Schüler lebt, ist unwirksam. Die Pädagogik ist nutzlos, weil die gesellschaftliche Vorbildwirkung den Menschen erzieht. Es sind die gesellschaftlichen Routinen, die den Menschen bilden.

Jene Menschen, die in den Büchern nicht nur Unterhaltung, Information oder Angaben suchen, sind wenige.

Das Buch wirkt selten erzieherisch. Jeder liest mit dem Geist, den er hat. In den Büchern entdecken wir lediglich die Bestätigung unserer Vorurteile.

Die Bücher erziehen nur jene, für die sie eine lebendige Gegenwart, ein unmittelbares und körperliches Dasein sind.

Der natürliche Wissensdurst bevorzugt die neuen Bücher, die modernen Theorien, die neueste Geschichte, alles, was sich von selbst in unseren eigenen historischen Kontext einordnet oder von gleichen Ursachen herrührt oder auch nach ähnlichen Zielen strebt.

Der Wissensdurst, der sich der reinen Vergangenheit zuwendet, dem Sachverhalt, der Lehre oder dem Werk, die in einem Vakuum fortbestehen und gewissermaßen in einem Ring der Gleichgültigkeit eingeschlossen sind, ohne Verbindungen mit uns als eine unzeitgemäße und aufgegebene Theorie, als ein Sachverhalt, der seinen Einfluß erschöpft hat, als ein Werk, dessen Beweggründe uns entgehen und dessen einstiger Zauber seine Macht verloren hat, ist ein schwacher, sporadischer und zeitweiliger Wissensdurst.

Man muß diesen Wissensdurst erzwingen, auf eine wohlüberlegte Aufmerksamkeit stützen, mit allgemeinen Betrachtungen fördern, mit dem Gefühl einer intellektuellen Pflicht, einer moralischen Schuldigkeit und einer dringenden geistigen Aufgabe stärken.

Die Kultur läßt sich vielleicht als der Versuch definieren, aus dem künstlichen Wissensdurst einen natürlichen zu machen.

Kultur ist der in Natur und spontane Vorliebe verwandelte künstliche Wissensdurst.

Nie wissen wir, welches wahre Angesicht die Gottesgaben haben. Die Götter ziehen als Bettler verkleidet durch die Welt.

Vielleicht sind die Begabung und das Talent, die Gott einigen gewährt, oft eine ironische Gabe; vielleicht sind die Strenge, die Schwerfälligkeit, die Härte und Langsamkeit eines Verstandes die heimlichen Voraussetzungen für köstliche und saftige Früchte.

Die spontane und unmittelbare Frucht des Gebets ist das Bewußtsein unserer Bedeutungslosigkeit. Schon das allein genügt, damit es wertvoll ist.

Das Leben wäre vielleicht nicht zu kurz für jemanden, der in jedem Augenblick zu tun verstünde, was der Augenblick verlangt. Was das Leben verkürzt, sind die Vorbereitungen und die Gewissensbisse.

Die offensichtlichsten und augenscheinlichsten Wahrheiten sind jene, welche die unbestechliche Seele im tiefsten Grund nicht überreden und überzeugen.

Zwischen der begriffenen und der angeeigneten Wahrheit liegt der lange Weg der Weisheit.

Wesensmerkmale des Kolumbianers: die Unfähigkeit zu etwas Konkretem; in seinen Händen gerät alles durcheinander; fehlende Sittlichkeit; der Pflichtbegriff ist unbekannt; die einzige Norm ist die Furcht vor dem Polizisten oder dem Teufel; in seiner Seele gibt es keine moralische, geistige oder soziale Wertordnung; er setzt sich über alle Traditionen hinweg; da er sich jedem Einfluß passiv unterwirft, prägt ihn nichts; nichts gedeiht oder dauert auf diesem unförmigen, veränderlichen, fügsamen und lockeren Boden.

Mit philosophischen Thesen die Welt fortsetzen, die Velázquez, Chardin und Vuillard malen.

Es gibt keinen größeren Edelmut, als sich dem zu verweigern, was das Herz verlangt und die Vernunft verwirft.

Möge Gott uns besiegen oder mögen wir ihn gewinnen.

Allein die Gewalt gibt uns Gott preis oder gibt ihn uns preis.

Ein Denken, das nicht Leid, sondern Lust ist; das nicht Ziel, sondern Weg ist; das nicht Mittel einer Wahrheit, sondern vollkommener und ausreichender Zweck ist.

Der Gegenstand des Gedichts ist niemals jenseits des Gedichts.

Wo Barrès von Emotion spricht, spricht Gide von Gefühl. Vielleicht Brüder, die der Wortschatz trennt.

Colettes Prosa erreicht das erhabenste klassische Gleichgewicht, denn mit dem hellsichtigsten Verstand äußert sie offenbarste Wollust.

Charles du Bos oder »De la formation de l'âme par l'assimilation des auteurs«.[49]

Die reine Materie ist der Dichte und des Mysteriums fähig.

So viele Schriftsteller, die uns von ihrer Botschaft erzählt haben und die, wie sich herausstellte, ein leerer Umschlag waren, hatte doch das Schicksal vergessen, irgendeinen Brief hineinzulegen.

Wie viele Dinge scheinen uns ein in Erfüllung gegangener Wunsch, während sie lediglich dessen abscheuliche Karikatur sind.

Eine philosophische Biographie ist diejenige, die nicht nach der Erklärung, sondern der Bedeutung der Phänomene eines Lebens sucht.

Den Ausgangspunkt zu finden ist immer das schwerste. Wenn wir die Ideen darlegen wollen, erscheinen sie nicht in unilinearen Reihen geordnet (Cournot), sondern in sehr vielfältigen Beziehungen verknüpft.

In dem Augenblick, wenn wir den Drang verspüren, zu meditieren oder zu schreiben (Schreiben ist ja nur eine strengere, sorgfältigere oder unerbittlichere Form der Meditation), bieten unsere Ideen keine notwendige Ordnung. Vielleicht können wir sagen, daß sie eher eine notwendige Unordnung bieten, denn das Verlangen, ernsthaft zu meditieren, kommt wahrscheinlich daher, daß wir eine allzu offensichtliche Unordnung intensiv wahrnehmen.

Gewiß ist diese Unordnung der Ideen keine bloße Häufung von Zufällen, und sie gleicht durchaus nicht einem Blätterstapel, den man aus einem Wörterbuch herausgerissen hat. Die Erinnerungen oder auch nur die vollständige Sammlung unserer Wahrnehmungen sind keine rein zufälligen Konglomerate; unser Gedächtnis ist ein System, und unsere Wahrnehmung erarbeitet ein systematisches Register seiner Möglichkeiten und Unmöglichkeiten. Mit wieviel größerem Recht sind die Ideen, die wir besitzen, das Ergebnis einer systematischen Geistestätigkeit.

All das, was wir gedacht haben, ist im wesentlichen eine Funktion dessen, was wir sind.

Die systematische Persönlichkeitsstruktur schränkt von vornherein den ungeordneten Zustand unserer Ideen ein.

Der Systematisierungsgrad unterscheidet sich bei den jeweiligen Individuen, und die psychische Struktur umfaßt eine äußerst umfangreiche Skala von Integrationen; doch allein die Existenz der Person gibt die Existenz einer Struktur und somit eines Systems oder einer Ordnung in jedem vorübergehenden Zustand ihrer Ideen an.

Wenn das, was wir denken, von dem bestimmt wird, was wir sind, müßten wir von uns selbst ausgehen und die Eigenschaften, die wir als zentral für unser Wesen ansehen, als Mittelpunkt unserer Meditation anerkennen. Doch ich wage es nicht, jede Vorstellung von einem geistigen Fortschritt derart radikal auszuschließen.

Wenn unser Wesen reicher oder ärmer werden kann, gibt uns nichts zu erkennen, daß sein Schwerpunkt immer derselbe ist und daß demnach das, was wir nicht sind (und vielleicht nie sein werden), nicht die wahre Triebkraft unseres Denkens und den wirklichen Mittelpunkt bildet, von dem aus wir den Kreis unserer Ideen umschreiben müssen. Es ist nicht notwendig, daß das Leben ausschließlich mit seiner Geschichte erklärt wird, und tatsächlich geht die echte Geschichte über die bloßen Geschehnisse hinaus.

Keine Erleichterung läßt sich mit der vergleichen, die wir empfinden, wenn wir auf unsere Ansprüche verzichten.

So wie sich der Körper erholt, wenn wir ihn nicht mehr zwingen, die gehemmte, ernste oder steife Haltung zu bewahren, die ihm unangemessen ist, hinterläßt die Pflichtaufgabe, die wir uns auferlegt hatten, einen freien Raum, worin sich der Geist bequem bewegt, nachdem sich uns diese Aufgabe entzogen hatte.

Das Buch, dessen Lektüre uns gestern schwerfiel, weil wir in ihm nach Hilfsmitteln suchten, um die Pflichtaufgabe zu erfüllen, gewinnt in unseren Händen wieder sein ganzes Gewicht des Vergnügens oder der Faszination.

Denken, Schreiben, alles ist leichter und einfacher, wenn wir nicht mehr glauben, wir müßten uns erhabenen Unternehmungen widmen. Der Geist, der vorher gehemmt war, weil er solche Dinge von sich selbst erwartete, scheint aufs neue wie ein Fluß im Frühling frei zu strömen.

Das sind die Entschädigungen für unsere verlorene Würde.

Was mich zur Verzweiflung bringt, wenn ich schreibe, ist nicht so sehr die Unfruchtbarkeit meines Geistes, sein außerordentlicher Geiz, seine Zurückhaltung und Abneigung, den Wortschatz großmütig zu gewähren, mit dem sich die Embryonen gestalten lassen, deren wirres Durcheinander mich beunruhigt und stört; nein, es ist nur die Häßlichkeit des von mir Geschriebenen, die Härte und Starre meiner Sätze, ihre fehlende Eleganz, Gefälligkeit und Anmut.

Ich glaube nicht, daß es jemanden gibt, der weniger begabt als ich ist. Alle haben irgendein »Talent«, irgend etwas »Reizvolles«; nur ich kam unbemittelt, nackt, staunenswert wehrlos zur Welt.

Beinahe alle, die Bücher schreiben, tun dies, weil es ihnen an Selbstvertrauen fehlt, weil sie nicht ihrer eigenen Ansicht vertrauen.

Der Mittelmäßige weiß tatsächlich insgeheim, daß er mittelmäßig ist, doch er hofft, sich zu irren, und fragt sich unterderhand: Habe ich wohl doch Talent? Nichts würde daher die Regale der Bibliotheken so sehr entlasten wie das Vertrauen in den klaren Blick unserer weit geöffneten Augen. Daß man lernt, mittelmäßig zu sein, ist eine schwierige Aufgabe. Wir alle werden als Anwärter auf die Parallelen Leben[50] geboren, und es ist hart für uns, uns damit zufriedenzugeben, lediglich im Personenstandsregister vorzukommen.

Von den Romantikern haben wir die Liebe zur aufsehenerregenden Größe geerbt.

Kein moderner Mensch findet sich mit dem ab, was er ist, von dem, der eine unerreichbare Größe erstrebt, bis zu jenem, den seine menschliche Natur verletzt und erbittert. Sogar der selbstzufriedene Mittelmäßige von heute sehnt sich danach, über sein Menschsein hinauszugehen, und hofft, daß ihn der technische Fortschritt erlöst, indem er alle dem Menschen eigentümliche Beschränkungen beseitigt. Dummheit, Grausamkeit, Leid, Alter, Tod, alles hält er für zufallsbedingt und überwindbar, doch im Gegensatz zum Christen will er nicht den Preis für seine Erlösung bezahlen.

Unsere Romantik ist eine Säkularisierung des Christentums. Die Chiliasten der ersten christlichen Generationen waren gewiß so unerträglich wie unsere Zeitgenossen.

Ich glaube, daß nur die Franzosen des 17. Jahrhunderts im Menschen den Menschen sehen konnten, sie haben es verstanden, Menschen zu sein, die im Mittelpunkt der Menschheit fest verankert waren. Sie als einzige Menschen haben unter dem gelitten, was sie sind, nicht unter dem, was sie nicht sind oder nicht sein können.

Nichts ist unerträglicher als die Selbstzufriedenheit desjenigen, der seine Meinungen taxiert, um sich nicht zu irren.

Nachdem wir uns den schlimmsten Exzessen des Stolzes hingegeben haben, ist es natürlich, daß wir die ödesten Landstriche der Niedertracht und der Selbstverachtung durchqueren.

Es läßt sich schwer begreifen, wie zwei derart widersprüchliche und gleichermaßen aufrichtige Gefühle in ein und demselben Kopf zusammenpassen. Welches von beiden sollen wir für wahrhaftig halten? Wann müssen wir annehmen, daß wir das Rechte getroffen haben? Die Offensichtlichkeit unserer Mittelmäßigkeit verwirrt uns, und wir können einen derart überzeugenden Beweis nicht verwerfen; aber haben wir gestern nicht geglaubt, über ebenfalls gültige Argumente zu verfügen, fühlten wir nicht ein ähnliches Vertrauen, eine gleichermaßen einleuchtende Gewißheit? Die Gründe des jeweiligen Augenblicks haben ein ihnen eigentümliches Gewicht, sie sind handgreiflich und hart wie ein vulgärer Gegenstand.

Doch was wir nicht getan haben, was wir nicht tun konnten, jene Leere, deren Konturen sich herauskristallisieren und mit einer bloßen Abwesenheit eine anklagende Gegenwart schaffen, das können wir nicht leugnen, das verstört und unterjocht uns.

Die Nichtigkeit und Gehaltlosigkeit der Feste ist offenkundig. Was an ihnen faszinieren kann, läßt sich dennoch erklären. Es ist nicht unmöglich, sie zu rechtfertigen.

Das Fest, die Lust, die das Fest bewirkt, ist nicht übertragbar und läßt sich nicht auf elementarere Formen der Lust zurückführen. Wir haben es hier mit einer Wesenheit zu tun, das heißt mit etwas, das wir nicht analysieren, sondern nur wahrnehmen und erfahren können.

Bestandteile dieser Lust sind nicht, wie dies eine leichtfertige und falsche Analyse suggeriert, Eitelkeit, Stolz und Geschlechtstrieb; selbst wenn sie alle gleichzeitig vorhanden sind, verändert und verwandelt sie die Gegenwart dieser anderen Lust, sie greift in deren Natur ein und vereinnahmt sie, um ihre eigenen Spiele zu gestalten.

Frauen, Tanz, Lachen, unnützer Schmuck, alles hat Anteil an einem unerwarteten »grundlosen Akt«; hier wird eine sonderbare und einzigartige Form von Handlungen gestaltet, die keinen Zweck und kein Ziel haben, nur ihre eigene Verwirklichung erreichen wollen.

Daß das Leben des Autors interessanter ist als das Werk, wie es Birrell in seinem Essay über Lamb behauptet, ist einer von jenen Irrtümern, die sich vielleicht nicht überwinden lassen, weil sie eine doppelte Grundlage haben.

Wenn der große Haufen der Leser dem Werk das Leben des Autors vorzieht, so deshalb, weil nichts seltener als eine aufrichtige und reine Liebe zur Literatur ist, während es in jedem Leben etwas gibt, das uns gerade wegen seiner Menschlichkeit rühren kann und das uns unterhält, uns auf angenehme Weise empört oder uns hilft, uns zu rechtfertigen. So wird der geistige Snobismus, der zur Beschäftigung mit der Literatur verpflichtet, durch die Biographie des Autors mit geringerer Mühe befriedigt.

Andererseits begnügt sich der leidenschaftliche, gründliche, kritische und geduldige Leser nicht allein mit dem Werk, das ihn fasziniert hat; dessen schlichtes und isoliertes Dasein genügt ihm nicht. Dieser Leser verlangt nach allem, was ihm helfen kann, das Werk in seinen vollständigen Kontext einzuordnen, und deshalb sieht er sich veranlaßt, zum Autor zurückzugehen, um das Werk besser zu erkennen und es besser zu ergründen. Wer von einem Werk fasziniert ist, verliebt sich außerdem zugleich in die Geistesart, die »tournure d'esprit«[51] seines Autors und geht leicht von dem als Wirkung erscheinenden Text zum Weltverhältnis seines Autors über, denn dieses erscheint ihm mit vollem Recht als Ursache des Werks und wahre Quelle seines eigenen Vergnügens.

Aus unterschiedlichen Gründen sind der seltene Leser und der gewöhnliche Leser gleichermaßen daran schuld, daß man eine so offensichtliche Wahrheit verkennt, wie es die außerordentliche Mittelmäßigkeit des Lebens beinahe aller Autoren ist, daß man verkennt, wie es auf eintönige Weise mit dem Leben der übrigen Menschen verwandt ist, wie ihm ein tiefer Sinn und Bedeutung fehlen würden, wenn es nicht gerade das Leben desjenigen wäre, der das ungeahnte Werk geschaffen hat, jenes Werk, das der einzige und ausschließliche Grund für seine Bedeutung und sein Überleben im Gedächtnis der Menschen ist.

Auf lange Sicht haben die Pessimisten in der Politik immer recht, aber deshalb dürfen wir ihnen nicht eine Weisheit zuschreiben, die ihnen im Grunde fehlt.

Wie jemand, der weise verkündet, ein Neugeborenes werde eines Tages sterben, ebenso sagt der Pessimist den Tod jeder politischen Form voraus, und es ist offensichtlich, daß die Prognosen in Erfüllung gehen, wenn man nur lange genug wartet.

Eine ebenso treffsichere wie überflüssige Weisheit.

Die Leichtigkeit, mit der ich so mühelos einen ganzen Tag verbringen kann, ohne an etwas zu denken, während mein Geist von irgendeiner sich gerade anbietenden Trivialität ausgefüllt ist und sich beinahe auf die einfache Wirkung eines Spiegels beschränkt, erhellt mir das Mysterium des gewöhnlichen Lebens der Menschen, deren unvergleichliche innere Leere sie in heftigen Anfällen der Langeweile und des Überdrusses verschlingen müßte.

Wenn wir uns verpflichten, alle unsere Ideen, selbst die unbedeutendsten und geringfügigsten, in Worte zu fassen, heißt das, die Maschine der Worte aufzustellen und bereitzumachen, damit sie ohne jede Mühe von der Idee in Gang gesetzt werden kann, die wegen ihrer Schwierigkeit oder ihres einzigartigen Wertes unsere ganze schwache Aufmerksamkeit und unsere ganze Energie verlangt, während man diese gewöhnlich auf der Jagd nach Worten und Satzformen vergeudet.

Die Idee der Vollkommenheit behindert denjenigen, der nicht verstanden hat, daß jede Vollkommenheit das Ergebnis von tausend unwirksamen und unreinen Akten ist.

Wenn man einige wenige erhabene Geister ausnimmt, gleichen sich die Meinungen der Menschen über die Ereignisse ihrer Zeit so sehr von einer Epoche zur anderen, von einem Tag zum anderen, daß wir uns eine ideale Zeitung vorstellen können, die ein für allemal geschrieben wurde. Die intelligenten Leute würden sich damit begnügen, sie ein einziges Mal zu lesen, doch sie würde täglich für alle veröffentlicht, wobei man lediglich darauf achten müßte, jeden Tag die Eigennamen auszuwechseln.

Die Kritiker teilen sich spontan in zwei Klassen: jene, die für einen Leser schreiben, dem das von ihnen besprochene Buch unbekannt ist, und jene, die für einen Leser schreiben, der es kennt. Beide werden ihrer wahrhaftigen Pflicht als Kritiker untreu. Die ersten verfallen dem Irrtum, daß sie das Buch durch seine Beschreibung ersetzen wollen, denn sie glauben, es sei möglich, ein Kunstwerk in ein andersartiges Wortmaterial zu übersetzen, um es näher und zugänglicher zu machen.

Da die zweiten nicht das Buch nacherzählen können, von dem sie unbewußt und zwangsläufig annehmen, es sei schon bekannt, ergehen sie sich in mehr oder weniger angenehmen Herzensergüssen über die Anregungen, die ihnen das Buch eingab. So täuschen sie unsere Erwartungen, da wir lediglich den Widerhall vernehmen, den in ihnen die Themen des Buches heraufbeschwören, das sie angeblich besprechen.

Wenn man sich den edlen Aufgaben des Geistes stellen will, genügt der gute Wille nicht, und ein inbrünstiges und leidenschaftliches

Bemühen hilft uns überhaupt nicht, sie auszuführen. Das einzige unfehlbare Rezept ist, auserwählt zu sein.

Nichts ist hier kläglicher und lächerlicher als ein verdienstvolles Verhalten, dem die Salbung des Talents oder des Genies fehlt. Wer sich einbildet, daß Opfer, Hingabe oder mühevolle Arbeiten eine Belohnung verdienen, verkennt die unerbittliche Strenge der Weltordnung.

Der mit edlen und erhabenen Gaben versehene Geist gewinnt sein Heil, indem er seine innersten Ansprüche verwirklicht. Er muß sich nicht von sich selbst entfernen oder seinen Ehrgeiz und seine Wünsche verwerfen, um sich souverän zu vollenden. Die Vortrefflichkeit seines Werks erlaubt ihm, die Fülle seines Schicksals zu genießen.

Nicht so der Mittelmäßige, der in allem, was er unternimmt, durch die Schwäche seiner Handlungen rettungslos sündigt, der verunreinigt, was er berührt, und das Große verkleinert.

Nur das religiöse Leben ist für alle, Große oder Mittelmäßige, der sichere Weg des Heils. Hier verlangen die an uns gestellten Forderungen, obwohl sie hart, abweisend, schonungslos sind, von uns nur Bemühen, Willen und Geduld, damit wir sie erfüllen.

Wahrheit oder Schönheit sind Früchte, die einigen seltenen Seelen auf wunderbare Weise gewährt werden, und sie sind vollkommen, ohne Makel und Fehler, oder sie sind nicht; die Werke der Religion hingegen lassen eine barmherzige Stufenleiter der Vollkommenheiten zu. Die Heiligkeit, in der sie ihren Höhepunkt erreichen, ist nicht die ungreifbare Voraussetzung jedes Verdienstes. Selbst dem Bescheidensten wurden unglaubliche Belohnungen verheißen, und der Mittelmäßigste kann dort den ihm gebührenden Platz finden, ohne daß ihn seine Ergebung herabwürdigt. Ein grenzenloser Pfad erstreckt sich weiter hinaus; wer ihn beschreitet, kommt niemals an, doch sein Mißerfolg ist natürlich.

Hier führt der Mißerfolg nicht zu jener Verwahrlosung der Seele und jener rettungslosen Verzweiflung, wie sie für die lächerlichen Schiffbrüche der Seefahrer in jenen Gewässern bezeichnend sind, die Gott den Vorherbestimmten vorbehält, denen, die er für die edlen Freuden und die edlen Leiden auserwählt hat.

Angesichts der spektakulären Naturerscheinungen zeigt sich meine Einsamkeit mit herzzerreißender Offenkundigkeit. Sonne oder Nachthimmel, Meer oder Gebirge, die üppige Pflanzenwelt des Urwalds, alles erscheint mir als das ewig unberührbare Objekt, als das durch Verbote und Schutzwerke, die aus dem Daseinsgrund der Dinge hervorgehen, von mir getrennte Objekt.

Mein armseliges menschliches Wesen kann bei der Betrachtung dieses Schauspiels leiden oder genießen, Begeisterung oder Niedergeschlagenheit empfinden, doch nur ein lächerlicher Mythos, der aus vielsagenden und heftigen Seelenregungen entsteht, will uns überzeugen, daß wir an den Herrlichkeiten der Natur beteiligt seien.

Ich behaupte gewiß nicht, daß sich unser Sein der Welt gegenüber als unabhängiger und selbständiger Betrachter eines heterogenen Objektes erhebe, das ihn an Würde und Bedeutung nicht übertrifft. Vielmehr sehe ich, daß der Mensch in der Welt versunken ist, daß er sich wie Stein oder Wasser inmitten der Dinge befindet.

Der Mensch steht auf dem Boden der Natur selbst, und er ist nur eine zufällige Erscheinung der Landschaft.

Doch aus dieser Gemeinsamkeit des Menschen und der Dinge wird nie eine Gemeinschaft. Nie kann sich unsere natürliche Armut mit der Fülle und dem Glanz derjenigen ihrer Erscheinungsformen bereichern, welche die Natur nicht mit der Armseligkeit behandelte, wie sie bei unserer Geburt vorherrschte.

So sind wir an den Grund selbst gebunden, dem die Dinge entstammen, doch wir werden als begrenzte und in unsere fleischlichen Dimensionen eingeschlossene Wesen geboren, sind auf mechanische Handlungen beschränkt, das heißt auf die äußerliche Berührung und auf die Annäherung, die nicht Durchdringung sein kann, auf die ironische Aneignung eines immer leeren Ortes.

Unser natürliches Geschick, das uns seit dem Augenblick unserer Empfängnis unauslöschlich eingeprägt ist, entwickelt sich unerbittlich, ohne daß jemand es ändert oder ablenkt, und wie ein in den leeren Raum geworfener Stein oder wie die Schlußfolgerung eines Syllogismus verwirklicht es unerschütterlich sein Gesetz.

Die Natur bedrückt und entmutigt uns durch ihre einzigartig glanzvollen Erscheinungen. Unsere geringen Kräfte, die jeden Tag schwächer werden, fänden hier unerschöpfliche Quellen. Eine unvergleichliche Sehnsucht erschüttert uns, wenn wir an den absurden Traum denken. Daß diese Sonne, die unsere nackte Haut liebkost und verbrennt, in unsere Adern eindränge und die tiefsten Gewebe erfüllte, zum Mark unserer Knochen würde, golden und dicht anstelle des widerwärtigen Blutes flösse.

Unser unruhiges, trübes und schwaches Leben könnte an der mächtigen und tiefen Unerschütterlichkeit der Dinge teilhaben.

Im schrecklichen Sturm, in der unablässigen Sonnentätigkeit, im wütenden Aufruhr des Meeres, im dumpfen Rauschen des Saftes, in diesem ganzen ungeheuren Lebensstrom spüre ich grenzenlose Abgeklärtheit und Ruhe, die aus dem sicheren Besitz der Kraft entstehen. Hier verstreut und ergießt sich das Wesen, es zerfließt, erschöpft und verausgabt sich in einer blinden Verschwendung, die es in Millionen von unerhört prächtigen Formen explodieren läßt. Doch wenn sich das Sein in grundlosen Gesten darbietet, wenn es sich uns ohne Maß und Ziel überläßt, bleibt in seiner unsagbaren Mitte eine souveräne Majestät, ein unerschöpflicher Kraftquell, eine tiefe, beständige, unvergängliche Reglosigkeit bestehen.

Wir hingegen nehmen lediglich wahr. Ach! Eine ironische Wahrnehmung, nur das Trugbild eines Besitzes, eine verführerische Verheißung, die nicht in Erfüllung gehen kann. Wie in einer Festung aus unzerbrechlichem Glas, ein verlassener Wachposten ohne Losung oder Befehle.

Unsere Kräfte erlahmen, die Angst überwältigt uns, doch es ist uns verboten, uns der unsagbaren Fülle der Sonne, des Regens, des Windes, des Meeres zu bemächtigen, jener Fülle, die uns aus unserem schändlichen und kläglichen Niedergang erretten würde, um uns einem edlen Tod rein zu überantworten.

Was der Mensch über den Menschen weiß, scheint ihm ein für allemal gegeben zu sein. Die Wissenschaft des Menschen schreitet nicht voran, und jede Entdeckung besteht hier darin, einen bereits registrierten Wesenszug zu übertreiben und ihm eine absurde Bedeutung unverdient beizumessen.

Die griechischen Klassiker und die Bibel genügen, wenn man sie langsam und äußerst sorgfältig liest, um uns zu lehren, was die Menschheit über sich selbst weiß. Die alten Humaniora, die zwanzig Generationen von Europäern unübertrefflich bildeten, lehrten ohne Schwächen und Maßlosigkeiten nicht nur das, was man heute pedantisch und schwerfällig lehren will, sondern auch alles, was man heute vielen voreingenommenen und von Vorurteilen getrübten Blicken verbirgt. Deshalb finde ich keine vernünftige pädagogische Idee, die nicht schon Pseudo-Plutarch in seiner Abhandlung über Erziehung zusammengefaßt hätte. Darin erläutert er ein bescheidenes, unprätentiöses, bedächtiges und liebenswertes pädagogisches Wissen.

Bei den großen politischen Ereignissen den Anteil zu verkennen, den Interesse und Zwang an ihnen haben, ist ebenso leichtfertig, wie wenn man deren ausschließliche Wirksamkeit behauptet. In jedem Menschen gibt es einen so tiefen Zwiespalt, daß es unmöglich ist, ihn zu rühren, wenn wir nur eine von seinen vielfältigen Triebfedern bewegen.

Eine episoden- und folgenreiche Handlung geht immer von vielfältigen und unterschiedlichen Ursachen aus.

Hierin besteht das Hemmnis, das den Verstand daran hindert, die Struktur des politischen und gesellschaftlichen Sachverhalts mühelos zu ergründen. Es fällt uns leicht, bei unserem Gegner das ihn antreibende Interesse oder den ihn mitreißenden Zwang zu entdecken, weil wir uns alle gleichermaßen auf dasselbe Geflecht von Beweggründen stützen und mit übereinstimmenden Leidenschaften an ihm arbeiten.

Aber jene tiefsten und subtilsten Geistesregionen unterscheiden sich, selbst wenn sie allen gemeinsam sind, in ihrem Klima, ihrem Zustand und ihrer Struktur.

Die Gültigkeit oder Wirksamkeit einer politischen Predigt unterscheidet sich radikal durch ihre Nuancen und ihren Widerhall, selbst wenn sie auf gleichartigen Zwängen beruht und übereinstimmende Interessen oder Leidenschaften beschwören will. Hier stößt ab, was dort entzückt, und dort wirkt anrührend, was hier kalt, abgeschmackt oder absurd scheint.

Nichts ist im allgemeinen bedeutungsloser als die Widerlegung einer politischen Doktrin, weil sie beinahe zwangsläufig von der Unkenntnis jenes verborgenen Widerhalls der Doktrin ausgeht, der ihr wahrer Sinn und die rechtmäßige Ursache ihrer Erfolge ist.

Der politische Wortschatz hat eine eher magische als rationale Bedeutung. Das Wort wird hier wie eine Beschwörung benutzt, um eine bestimmte Antwort hervorzurufen, um einen bestimmten Gemütszustand zu erzeugen; darum wird die Wiederholung derselben Ideen und derselben Sätze, die den gleichgültigen Hörer ermüdet, dem nicht langweilig oder eintönig, der in ihnen das geeignete Anregungsmittel für gewisse Bereiche seines Empfindungsvermögens findet.

Deshalb werden die menschlichen Akte nicht nur von den offensichtlichen und plausiblen Motiven beherrscht. Allen Menschen sind Sehnsüchte und Abneigungen, Enthusiasmus und Haßgefühle eigen, die sich aus der unterschiedlichen Struktur jedes Wesens und aus der unterschiedlichen Geschichte jedes Lebens herleiten. So entstehen neue Werte, die wir nicht messen können, indem wir sie einfach mit der Norm vergleichen, die geschaffen wurde, um die allgemeinen Zwänge und die gemeinsamen Interessen zu beurteilen.

Die Erkenntnis setzt ein gleichartiges Empfindungsvermögen, eine übereinstimmende Geschichte und die leidenschaftliche Mitwirkung an demselben Ziel voraus.

Der Politiker bekehrt im Grunde nur die Bekehrten. Der politische Diskurs ist eine liturgische Zeremonie, die der bedeutsamen Ereignisse eines Kults gedenkt, oder vielleicht ein magisches Verfahren, um den Gläubigen neue Kraft einzuflößen.

»Scidit deinde se studium«, sagt Quintilian, »atque inertia factum est ut artes esse plures viderentur.«[52]

Seit zwei Jahrhunderten scheint nichts offensichtlicher als die Autonomie der verschiedenen geistigen Tätigkeiten.

Die Betrachtungen, welche die alten Autoren von Rhetorikabhandlungen über die Bedeutung der moralischen Vorzüge des Redners oder des Dichters geschrieben haben, scheinen uns der Gipfel des Absurden zu sein. Saintsburys *History of Criticism*[53] besteht lediglich aus der Darstellung des Prozesses, in dem diese Vorstellung beseitigt, widerlegt und vergessen wird. Daß der Redner »vir bonus«[54] sein müsse, erregt unsere Heiterkeit, und daß jemand ein Gedicht verurteilen konnte, weil dessen Autor ein Schurke oder Spitzbube war, kommt uns einfach unglaublich vor. Jede Handlung unterliegt nur ihrer eigenen Gerichtsbarkeit. Offenkundig haben wir recht, doch vielleicht nicht so vollständig und nicht auf so unproblematische Weise, wie wir glauben. Man kann unmöglich leugnen, daß sich Philosophie, Wissenschaft, Literatur und Künste allmählich voneinander getrennt haben und daß sich dieser Teilungsprozeß innerhalb jedes einzelnen Bereichs und jeder Unterordnung nacheinander fortsetzt. Die technischen Erwägungen haben den Vorrang vor den rein internen und jedem Zweig der Geistestätigkeit eigentümlichen Ansprüchen erhalten. Der Mensch, der sich nur um die besonderen Erfordernisse jedes einzelnen Bereichs kümmert, der isoliert nach seiner persönlichen Vervollkommnung und der ausschließlichen Erfüllung seines eigenen Ziels strebt, hat sich einem Läuterungs- und Reinigungsprozeß seiner Geistestätigkeiten gewidmet, damit diese sich unbehindert, ohne Einmischungen und Ablenkungen vollziehen können. So hat er eine wunderbare Wirkungskraft und unvergleichliche Feinsinnigkeit erreicht.

Der wissenschaftliche Fortschritt beruht grundsätzlich auf diesem Willen, seine Probleme isoliert zu betrachten und bei der Anwendung seiner methodologischen Ansprüche rücksichtslos vorzugehen. Auch der Philosophie ist es so gelungen, ihre Probleme in knapperer und strengerer Form zu konzipieren, wobei sie eine solche Genauigkeit und Gründlichkeit erreicht, daß diese sie in unterschiedliche Fachgebiete aufteilen. Bei der Geschichte sehen wir, daß nur die Monographie sie von den vagen philosophischen oder moralischen Erwägungen befreit und ihr ermöglicht hat, sich mit dem dichten Stoff der konkreten Tatsachen zu erfüllen.

Die Künste haben sich andererseits auf beinahe unsinnige Weise bemüht, denselben Prozeß zu vollenden, und die ästhetische Geschichte unserer Tage gibt den Versuch wieder, das Wesen jeder Kunst gesondert zu betrachten, sie von jeder Unterwerfung unter

Tätigkeiten zu befreien, die sich von den ausschließlich ihr eigentümlichen unterscheiden, und das Andersartige zurückzuweisen, das sich in ihrem Bereich einmischen möchte. So konnte man eine reinere Lyrik ohne didaktische oder moralische Elemente erreichen, die sich mit sicheren und festen Schritten ihrem eigenen Ziel zuwendet; ebenso eine Malerei, die das Anekdotische oder Photographische oder auch Literarische verschmäht und sich mit Volumen und Formen, mit rein malerischen Werten zufriedengibt.

Jede Geistestätigkeit hat sich in ihren eigenen Bereich eingeschlossen, und jede hat allmählich ihre eigene Technik erarbeitet, die von jeder äußerlichen Erwägung frei ist.

Die Philosophie, wie sie ein Moderner auffaßt, unterscheidet sich zum Beispiel von dem, was die Griechen mit demselben Namen bezeichneten. Das philosophische Leben, das die Pythagoreer verkünden und das sich in der Philosophie Platons zur vollständigen Vorstellung entfaltet, ist trotz des Intellektualismus der aristotelischen Schule der eigentliche Schwerpunkt der antiken Philosophie.

Unumgängliche Voraussetzung des philosophischen Erkenntnisprozesses ist nach Platons Ansicht ein Prozeß der Läuterung und Askese; für ihn wie für die Mystiker hängt die Erkenntnis vollständig von der einzelnen Person ab.

Dies sind tatsächlich Thesen, die für einen Modernen keinen Sinn haben und die in seinen Augen von der Erweiterung, Entwicklung und Vervielfältigung der Wissenschaften, Kunst und Literatur radikal widerlegt werden.

Dennoch glaube ich allmählich, daß diejenigen recht hatten, die ernsthaft über die moralischen Vorzüge des Redners oder des Dichters nachdachten.

Wenn wir das Alltagsleben des Menschen mit seinen Verrichtungen, Pflichten, Leiden und Freuden von seinen erhabensten geistigen Handlungen trennen, um diesen eine größere Wirkungskraft zu geben, erreichen wir tatsächlich die »Barbarisierung« des Menschen. Aus diesem Versuch ergibt sich, wie wir bereits sehen, daß das Leben des modernen Menschen, sein Alltagsleben, sein persönliches und konkretes Leben, jenes, das jeder einzelne mit all seinen Emotionen, Leidenschaften, Trieben und unmittelbaren Ideen erlebt, in einem einsamen Flußbett fern von seiner geistigen Tätigkeit dahinströmt.

Für den Menschen haben sich zwei Daseinsebenen herausgebildet, die nicht miteinander verbunden sind; die Ebene, auf der sich sein Leben verwirklicht, und die Ebene, auf der sich seine geistige Tätigkeit entwickelt.

Wir haben uns von jedem Zusammenhang, jeder Bindung, jeder Gemeinschaft abgesondert.

Was dort geschieht, beeinflußt nicht das, was hier geschieht.

Der Geist beschäftigt sich in seinen kühnsten und reinsten Handlungen nie mit dem persönlichen Leben jedes Menschen, um es mit Licht zu durchdringen oder mit dem Verstand zu ergründen.

Das vom Geist aufgegebene Alltagsleben verliert alle Würde und überläßt sich den zahllosen Dämonen der persönlichen Willkür und der kollektiven Inspirationen.

Während er mit dem Haupt in einen reinen Himmel eintaucht, »purior aether fulsit«[55], ergibt sich sein Leib gleichgültig den schändlichsten Gesten. Die Quelle allen Edelmuts ist offenkundig der Geist: Die alltäglichen Handlungen, die körperlichen Verrichtungen legen ihre angeborene Vulgarität nur ab, wenn der Geist sie einteilt und ordnet. Unser Alltagsleben so seinem biologischen Automatismus oder seinem sozialen Automatismus zu überlassen heißt, den Sieg der Barbarei vorzubereiten. Die wahre Barbarei ist die Abwesenheit des Geistes, die vollständige Entwicklung der tierischen Natur, was so weit geht, daß wir dort, wo wir auf Handlungen stoßen, die vom Geist angeregt und gelenkt werden, wie etwa bei den Eheinstitutionen der Australier, nicht genau wissen, ob wir jenen Begriff gebrauchen sollen, selbst wenn uns tausend widerwärtige Gesten nahelegen, ihn zu benutzen.

Deshalb bedroht uns die Barbarei, weil uns nicht mehr der Geist in seiner reinsten Betätigung leitet, vielmehr übernehmen das unsere einfachen und elementaren Triebe, die ständigen gesellschaftlichen Zwänge und der träge Automatismus der Sitten.

Vielleicht sind unsere Freuden und Unterhaltungen das deutlichste Symptom dieser Spaltung, dieses Schismas.

Die Leichtigkeit, mit der Menschen, die, wenn sie sich in ihre Laboratorien zurückziehen oder mit ihren Statistiken und besonderen Begriffen umgehen, außerordentlich scharfsinnig und feinfühlig sind, ein triviales Buch, einen schwachsinnigen Film, die vulgären Vergnügungsstätten oder den kindischen Sport hinnehmen, offenbart das Fehlen des Geistes, der sich ganz mit Teilbereichen beschäftigt und seine höchste, wenn auch unreinste Pflicht verschmäht.

Der Geist wendet sich vom Leben ab und sucht Zuflucht in seinen dunklen Manipulationen. Das Leben wird beeinträchtigt, es verdirbt und verarmt. Das seiner Größe beraubte Handeln verzichtet auf seine möglichen Perversionen, seine unerhörten Laster. Götter und Dämonen fliehen vor dem Menschen, bei dem sich nun die feuchte Schnauze der Bestie zeigt.

Aber das sich selbst überlassene Alltagsleben ist nicht das einzige Opfer der Absonderung des Geistes. Dieser verliert nun den kräftigen Saft, den ihm das Leben übermittelt.

Es hat jedoch nicht nur schwerwiegende Folgen, daß die Philosophie zu einem logischen Formalismus wird, daß die Wissenschaften lediglich technische Rezepte zusammentragen, daß sich die Literatur in inkohärentem, leerem Wortgeklingel verirrt, daß ein ästhetischer Formalismus die Künste verschlingt; und es geht umgekehrt auch nicht nur darum, daß ein rhetorischer Wortkult die Philosophie ersetzt, daß eine vulgäre und untaugliche Anwendung die Wissenschaft herabwürdigt, daß ein kindischer Sentimentalismus an die Stelle der Literatur tritt, daß eine der Menge angenehme Malerei und Musik parallel zu Malerei und Musik existieren; am schwerwiegendsten ist, daß dieser erniedrigte und herabgesetzte Mensch morgen der einzige Schöpfer von Philosophien, Wissenschaften, Kunst und Literatur sein wird und daß daher all diese Tätigkeiten nur noch der entwürdigte Ausdruck eines entwürdigten Menschen sein werden.

Was der Mensch ist und tut, muß sich früher oder später in seinen Werken widerspiegeln. Was sage ich! Widerspiegeln! Darin besteht die eigentliche Substanz seiner Werke.

Das Sein des Menschen ist der tiefe und reale Stoff dessen, was er schafft, nicht die Gegenstände, die er behandelt, oder die Vorstellungen, die er erarbeitet. Der Geist kann am Ende nicht dem Menschen, in dem er weilt, entfliehen, dem unreinen Fleisch, in dem er seinen Sitz, seine Wurzel und sein Ziel hat. Wenn er das ewige Gesetz vergißt, das ihn ans Leben bindet, und sich zu einem rein geistigen Himmel emporschwingen will, bestraft ihn die wachsame, gerechtigkeitsliebende Rache, die das Wesen der Dinge behütet, und überläßt ihn der Barbarei, die seine schändliche Vermessenheit hervorbringt.

Ein Louÿs, ein Wilde, die eine Trennung zwischen Kunst und Moral einführen wollen, sind darum die am wenigsten hellenischen, am wenigsten heidnischen Geister, die man sich vorstellen kann. Sie sind wie jene Graphiken und Gemälde vom Ende des 19. Jahrhunderts, die Szenen aus dem griechischen oder römischen Leben darstellen und deren nackte Frauengestalten immer von einem unsichtbaren Korsett eingeschnürt scheinen.

Sie gehören auf komische Weise zu ihrer Zeit.

Im Grunde gibt es nur zwei große politische Parteien. Die Menschheit teilt sich politisch in zwei Fraktionen: die derjenigen, die eher zufrieden als unzufrieden sind, und die derjenigen, die eher unzufrieden als zufrieden sind. Die einen versuchen, einen von ihnen gefürchteten Wandel zu verhindern, die anderen wollen einen von ihnen herbeigesehnten Wandel fördern.

Hierin besteht das ganze Geheimnis der linken und rechten Parteien, die man besser mit ihren alten Beinamen bezeichnen sollte: als Konservative und Fortschrittler.

Ich glaube nicht, daß sich abstrakte oder unpersönliche Gründe finden lassen, um die eine oder andere Partei zu wählen. Alles ist eine Angelegenheit der Konventionen, der persönlichen Umstände oder der historischen Situation. Zuweilen hat mich die Schwierigkeit beunruhigt, diese Meinung mit einem recht lebhaften und hartnäckigen Eindruck zu vereinbaren: dem der größeren Hochherzigkeit der linken oder Fortschrittsparteien. Wenn es sich tatsächlich so verhält, gäbe es starke Gründe, um sich für diese Parteien zu entscheiden. Dennoch scheint mir offenkundig, daß es sich nur um eine falsche Betrachtungsweise handelt, um eine Sicht innerhalb der Zeit, die auf dem Wesen der Zeit selbst beruht, jenes Mediums, in dem wir unausweichlich jedes Ereignis oder jede Meinung über ein Ereignis betrachten.

Als etwas schon Vollendetes, schon Ausgeführtes ist das Vergangene tatsächlich etwas Konkretes, Hartes, Kantiges; daher ist es etwas Persönliches, das sich von einem Ort, einem Individuum, einer Handlung nicht trennen läßt. Das Vergangene hat einen Eigennamen.

Die Zukunft hingegen ist vage, ungewiß, nebelhaft; sie bietet eine Fülle von Verheißungen, ist reich an Möglichkeiten. Sie läßt sich nicht definieren oder bestimmen. Bei ihr geht das Individuelle im Allgemeinen unter, das Konkrete im Abstrakten, die Art in der Gattung.

Wer daher das Vergangene (oder das Gegenwärtige, das hier das gleiche ist) verteidigt, erweist sich immer als Kämpfer für etwas Bestimmtes: ein Privileg, eine konkrete Situation, ein materielles Gut; wer sich hingegen um das Zukünftige sorgt, kann, selbst wenn er das persönlichste und egoistischste Gut ersehnt, nur für das Gemeinsame, das Allgemeine streiten, doch nicht deshalb, weil seine Taten von Hochherzigkeit, Selbstlosigkeit, einem apostolischen Drang veranlaßt werden, sondern weil der Zukunft individuelle Züge, persönliche Merkmale, die rauhe und konkrete Gestalt des Wirklichen fehlen.

Die Hochherzigkeit der Fortschrittsparteien ist nur scheinbar und beruht ausschließlich auf der Unvorhersehbarkeit jedes zukünftigen Ereignisses.

Wir leben nur ruhig, wenn wir glauben, daß niemand existiert.

Gewiß wagen wir es nur selten, einen solch weitgehenden Solipsismus zu vertreten, doch die unangenehme Überraschung, die uns eine eindeutige und unleugbare Existenz bereitet, beweist unsere heimliche Überzeugung.

Unsere Erziehung, unsere Rücksichtnahme auf die übrigen, die sorgfältige Aufmerksamkeit, mit der wir die Meinungen der anderen anhören, unsere Abneigung, irgendeine Empfindlichkeit zu verletzen, die Vorsichtsmaßnahmen, die wir ergreifen, um nicht zu verärgern oder zu langweilen, sind im Grunde nichts anderes als die Listen und Kunstgriffe, die wir ersinnen, um die gewaltsame Berührung mit anderen und die grobe Gebärde zu vermeiden, welche die unabweisliche Wirklichkeit eines Menschen aufzwingt.

Demut und Diskretion sind Haltungen desjenigen, der sich zurücknimmt und kleinmacht, um nicht mit den Objekten zusammenzustoßen, nicht etwa, weil er befürchtet, sie zu zerbrechen, nicht einmal, weil er Angst hat, sich zu verletzen, sondern weil ihn deren reale Existenz erschreckt.

Jene, die glaubten, Argumente gegen den Katholizismus und gegen die Religion überhaupt in so vielen Lebensbeschreibungen von Heiligen zu finden, die offenkundig krank und gewissen düsteren Formen des Wahnsinns nahe waren, haben verkannt, daß nichts die Religion besser als diese einzigartige Macht rechtfertigt, die es ihr erlaubt, solche elenden Existenzen fruchtbar zu machen, anstatt sie der trübseligen Unergiebigkeit einer wissenschaftlichen Behandlung in einem hygienischen Sanatorium zu überlassen.

Nicht nur Dummheit und angeborene Leichtfertigkeit hindern uns daran, die Fülle der Erfahrung zu erreichen, die jedes Ereignis vermitteln kann. Lieber gleiten wir an der Oberfläche der Dinge entlang und erkennen von ihnen allen nur ihre vulgäre und alltägliche Seite; denn sie alle haben ja einen sozialen Aspekt, der geschaffen wurde, damit wir uns alle mit ihm zufriedengeben und eine übereinstimmende Trivialität teilen.

Angesichts der Gefahr einer allumfassenden Erkenntnis scheint es, als ergriffe uns ein urväterlicher Schrecken, als überdauerte in unseren inneren Knochenschichten ein dumpfes Bewußtsein der im tiefsten Wesenskern verborgenen Grausamkeit.

Wenn wir dieses Bewußtsein abweisen und uns weigern, die einzelnen Gefühle, die ein plötzliches Ereignis in uns hervorruft, mit ihrem wahren Namen zu bezeichnen, gehorchen wir vielleicht demselben Drang, der die Namen der Götter verbirgt und glaubt, die dämonischen Mächte mit Engelsnamen zu besänftigen.

Bei einem erschütternden Ereignis helfen nur Gemeinplätze. Ein schwachsinniger Schlager scheint einen großen Schmerz besser als ein edler Vers auszudrücken.

Der Verstand ist die Tätigkeit unerschütterlicher Wesen.

Den, der nur das Vergnügen sucht, kann man des Egoismus beschuldigen, doch vielleicht ist er weniger egoistisch als jene, die ein heimlicher Drang von sich selbst abwendet und zu einer aufsehenerregenden und gehaltlosen Tätigkeit nötigt. Während der erste die Vollendung seines Wesens in einer Betrachtung sucht, welche die ganze Welt zum Gegenstand hat, stellen diese sich eingeschränkte Ziele und wollen sich damit zufriedengeben, eine unbedeutende Tätigkeit auszuüben.

Die Lust ist lediglich die Wahrnehmung jener Musik, über die uns die Heilige Schrift mahnend mitteilt: »Non impedias musicam.«[56]

Wenn man die Lust nur als Erlaubnis und Gelegenheit zu einigen vulgären Orgien ansieht, ist das, als sähe man den Heroismus nur als Gelegenheit und Erlaubnis zu einem schmutzigen Mord an.

Ohne vollständigen Besitz gibt es keine allumfassende Gabe, und nur eine Seele, die souverän über sich selbst herrscht, kann sich der Lust hingeben, ohne ihre Würde zu beeinträchtigen.

Ein Humanist ist jener, der nicht zuläßt, daß seine Handlungen andere Gründe als die tiefsten Bedürfnisse seines Wesens haben.

Es gibt keinen Humanismus, der nicht eine Kritik am Humanismus mit sich bringt.

Weder die Universalität an sich noch die Einzigartigkeit bezeichnen den Wert. Der Wert liegt in den Tatsachen selbst und nicht in Positionsverhältnissen.

Es ist unvorstellbar, daß sich der Humanismus zugunsten einer anderen, rein menschlichen Tätigkeit überwinden läßt, doch er kann durch die Religion bereichert werden, die ihn transzendiert und zugleich vollendet.

Der Humanist verweigert sich jeder Handlung, die ein anderes Ziel als die Selbsterkenntnis durch das Handeln hat.

Die Erkenntnis ist die reinste Seite der Lust.

In einer vollkommenen Seele ist die vollkommene Lust nichts anderes als die vollkommene Erkenntnis.

Die Erkenntnis ist jener reine Gebrauch der Vernunft, den uns der Besitz des Objektes nicht in der von einer abstrakten Dialektik erarbeiteten Definition, sondern mit der intuitiven Gestaltung des Objektes im Geist gibt.

Wahrnehmen, Betrachten und Erkennen sind die Stufen der Lust.

Die Lust besteht nicht darin, die Dinge unserem Geist anzupassen, sondern darin, unseren Geist den Dingen anzupassen.

Die Lust ist kein Element, das zu bestimmten Dingen gehört, sondern eine Haltung des Geistes.

Es geht tatsächlich nicht darum, nur die Lust zu erstreben, sondern darum, nur die Lust zu sehen.

Da die Lust eine reine Form ist, sind ihr jeder Stoff und auch jedes Leben angemessen.

Das Glück unterscheidet sich nicht von der Lust. Glück ist jener Seelenzustand, in dem alle Dinge unter die einzige Kategorie der Lust fallen und als natürlich gedacht werden.

Intensiver ist die Lust, wenn das genießende Wesen sich selbst vergißt, und vortrefflicher, wenn sie gerade in ihrer vollkommenen Ekstase von einem ausgeprägten Selbstbewußtsein begleitet wird.

Echte Wollust setzt die leibliche Erschütterung, aus der sie entsteht, mit geistigen Formen fort.

Das Wohlbefinden ist die Lust derjenigen, welche die Lust nicht kennen.

Die Lust ist das Gleichgewicht, das die Welt durch die Erkenntnis in unserem Geist vorübergehend erreichen kann.

Sowohl die köstlich schmeckende Frucht als auch die kluge Idee sind sinnliche Genüsse.

Die abstrakteste Idee enthält die saftige Substanz der Welt.

Jeder Genuß verwandelt sich in die Idee des Genusses, und umgekehrt verwandelt sich jede Idee des Genusses in einen Genuß.

An diesem reinen Ort des Geistes verschmelzen das Konkrete und das Abstrakte, um nur noch eine übereinstimmende fleischliche Gegenwart zu sein.

Die niedrigste Erkenntnis ist jene, die aus abstrakten Elementen besteht und die hypothetischen Linien der möglichen Nutzung des Objekts entwirft. Die mittlere Erkenntnis ist jene, welche die Objekte in eine logische Weltordnung integrieren will. Die höchste Erkenntnis ist jene, die jedes Objekt als einzigartig erkennt und nichts sucht, was über das Objekt selbst hinausgeht.

Das allumfassende Glück der Seele ist jenes, das sie findet, wenn sie ihre Reife und vollkommene Fülle erreicht.

Wenn wir verhindern, daß unsere Tätigkeit andere Ziele als ihre eigene Vollendung hat, erreichen wir das Glück, das nur das Gefühl einer ihrem eigenen Wesen angemessenen Sache ist.

Die Seele kann in jedem Augenblick ihre Fülle erreichen, denn die Fülle besteht in der Harmonie dessen, was ist, und dessen, was sie besitzt, mit dem, was sie wünscht, und mit dem, was sie schafft.

Es gibt nichts Edleres und Schöneres als die Fülle einer Seele, wenn ihre Fülle nicht statisch ist, wenn sie eine Fülle in Bewegung ist. Das heißt, wenn ihre Harmonie unbeständig ist, weil sie die Harmonie eines Wesens ist, das mit seinen Schöpfungen und Wünschen wächst.

Wenn sich ein Wesen hingegen mit dem ersten Gleichgewicht, das es erreicht, zufriedengibt, wenn sich die von ihm angestrebte Fülle in das Streben nach einer bestimmten Form der Fülle verwandelt (anstatt als Streben nach Fülle in reiner Form fortzubestehen), ist die Fülle, die dieses Wesen erreicht und mit der es sich zufriedengibt, ein eindeutiges Zeichen der Mittelmäßigkeit und der Geistesenge.

Wenn man ein Gleichgewicht zwischen Verlangen und Besitz anstrebt, bedeutet das nicht, daß man auf jene über den Menschen hinausgehenden Objekte verzichtet, nach denen zu suchen wesenhaft menschlich ist. Es bedeutet lediglich, daß man es lernt, die Suche nach dem Objekt selbst und den Besitzzuständen, die dem Besitz des Objekts vorausgehen, herbeizusehnen.

Wenn wir unsere Leiden analysieren können, wird uns diese Erkenntnis die heroische und harte Lust eines Geistes gewähren, der selbst seinem Schmerz angemessen ist.

Die Wahrheiten unserer Seele sind jene, deren entgegengesetzter Begriff für uns eine absolute Unmöglichkeit ist.

Es ist ein Irrtum, wenn man das Glück kaufen will; vorübergehende Verträge sollen genügen.

Das unverzichtbare Glück ist ein Fallstrick, in dem sich der Verstand verfängt.

Nichts ist gefährlicher, als unsere Lust mit ihren Bedingungen in einem beliebigen Augenblick gleichzusetzen.

Die vollkommen wollüstige Seele versteht es von allein, sich zu beschränken.

Was uns von einer Lust trennt, trennt uns manchmal lediglich von unserer Übersättigung.

Eine bequeme Lust wird zu einem vulgären Bedürfnis.

Wenn sich eine widerspenstige und flüchtige Idee endlich unserer liebevollen Geduld ergibt, erfüllt uns nicht so sehr Stolz oder Eitelkeit, sondern vielmehr die verworrene Rührung, daß wir erleben, wie etwas Edles erscheint.

Ein wollüstiger Leib wird vom Glanz der Wünsche, die er weckt, überstrahlt.

Jedem Augenblick unseres Lebens gegenüber aufrichtig zu sein kann die gefährliche Bedeutung erhalten, unserem Leben selbst gegenüber unaufrichtig zu sein.

Nicht der ist Humanist, für den es nur eine Idee seines Lebens, ein Ideal gibt, auch nicht der, für den es nur den gegenwärtigen Augenblick gibt, sondern jener, der die Idee seines Lebens in das Gespinst der konkreten Augenblicke seines Daseins einflicht.

Das reinste Glück des Geistes ist die fruchtbare Ruhe nach der Anstrengung.

Der voreilige Ausdruck des Gedankens scheitert in Küstennähe.

Der unverwechselbare Geschmack der Wesen ist der Trank der Götter.

Die Freuden des Verstandes bestehen einerseits in den Objekten und ihren Beziehungen, andererseits in dem klaren Bewußtsein, sich selbst als täglich subtiler und stärker zu empfinden.

Die Größe der Wesen hängt von unserer Größe ab, und ihre Mittelmäßigkeit ist nur ein Abbild der unsrigen.

Manche finden größere Freude in der Analyse der Handlung als in der Handlung selbst.

Die Idee will, daß wir sie zugleich in ihrem isolierten Wesen und in den Zusammenhängen erkennen, die sie an die übrigen, sie fortsetzenden und vervollständigenden Ideen binden.

Eine gewisse geistige Plumpheit zieht der Schönheit des Gesichts die robuste Schönheit des Körpers vor; dennoch offenbart die Wollust ihren geheimsten Reichtum nur in den Gesichtszügen einer ruhelosen oder triumphierenden Schönheit.

Wir haben erst gelernt, die Welt sinnlich zu genießen, wenn sich die tastende Geste mit einer Arabeske des Verstandes fortsetzt.

Wenn sich die unmittelbaren Objekte der Sinne und die unmittelbaren Objekte der Vernunft nicht unterscheiden, haben wir endlich eine sinnliche Weltordnung gestaltet.

Geistige Freiheit ist etwas, das wir nicht besitzen, sondern erwerben müssen.

Gegeben ist uns lediglich die Aufforderung, sie zu erwerben.

Nicht die Bedeutung für das Leben verleiht manchen Akten ihren Wert; dem Wert mancher Akte entnimmt das Leben seine Bedeutung.

Mittelmäßig ist die Weisheit, welche die ihr unerreichbaren Freuden tadelt: etwas ohne Neid zu betrachten ist das einzige, was die Bitternis des verlorenen Besitzes verringert.

Die Dinge verführen uns durch die Träume, die sie ermöglichen.

Unser rauschhaftes Weltverhältnis darf nur das Werkzeug unseres Verstandes sein.

Die Hellsichtigkeit verlangt, daß die Wesen Zwecke und keine Mittel unserer Tätigkeit sind; doch wenn wir es nicht verstehen, die Wesen als Mittel zu benutzen, trübt sich unsere Hellsichtigkeit und gerät unser Verstand in Verwirrung.

Was scheinbar überhaupt kein Vergnügen bietet, bietet lediglich nicht das bestimmte Vergnügen, nach dem wir verlangt hatten.

Winzig kleine Dinge vermögen oft ein innigeres Vergnügen als die großen zu vermitteln, weil sie den Geist nicht erdrücken, der sich ihnen daher mit aufmerksamer und vollkommener Hellsichtigkeit widmen kann.

Bei manchen Dingen muß man eine dogmatische Haltung annehmen, damit man sie verstehen kann.

Unsere Suche nach einem System darf keine Vorliebe für geistige Bequemlichkeit sein, sondern nur eine Liebe zum Unbeständigen, das durch das eine oder andere vorübergehende Gleichgewicht überdauert.

Ein unparteilicher Geist ist mittelmäßig, wenn ihm große Überlegenheit fehlt; doch die Parteilichkeit allein genügt nicht, um der Mittelmäßigkeit zu entgehen, weil es die bezwungene und beherrschte Parteilichkeit ist, die dem Geist als Triebfeder dient, nicht die Parteilichkeit, die uns unterjocht und der wir uns gefügig hingeben.

Die Erfordernisse der Wollust und der Gemütsruhe sind zuweilen widersprüchlich, und es gibt keine Regel, die es uns erlaubt, sie systematisch miteinander zu vereinbaren.

Möge uns deshalb eine hellsichtige Mäßigung genügen, die der Hingabe zustimmt oder die Ablehnung vorbereitet.

Wer anstrebt, getreu der strengen Logik der von ihm gewählten Grundsätze zu leben, wird die Grundsätze selbst ihren logischen Folgen opfern.

Damit man jene Dinge genießen kann, die alle tadeln, braucht man keine Rechtfertigungen und Vorwände zu suchen, sondern muß gerade deren Bestandteile lieben, die sie tadelnswert machen.

Uns soll nicht nur die unersetzliche Individualität jeder Sache begeistern, sondern auch das Allgemeine, das Universale, das sie enthält.

Sehr junge Frauen fügen dem ihnen eigentümlichen Zauber die anrührende und trügerische Verheißung dessen hinzu, was sie wahrscheinlich nicht sein werden.

Es gibt Fähigkeiten des Empfindungsvermögens, die sich nur vom Häßlichen und Gemeinen rühren lassen.

Selbst wenn es außerordentliche Empfindungen gibt, die von sonderbaren und ungewöhnlichen Umständen geweckt werden, bewirken nur jene Frauen vollkommene und allumfassende Emotionen, deren Geist und Körper, jeder an sich und der eine zusammen mit dem anderen, ein Gleichgewicht erreichen, das sich mit sehr einfachen Worten beschreiben ließe, doch aus der Perspektive der Menschheit ist ihr Erfolg noch edler und erhabener.

Die Weisheit entdeckt in ihrer Pflicht die subtilste Tarnung ihrer Lust.

Der Wert der Dinge entsteht aus ihrer vergänglichen und haltlosen Dauer.

Nichts kommt der Anmut der Dämmerung gleich, wenn wir auch noch auf die Eitelkeit verzichten, traurig zu sein.

Ein auf falsche Weise vernünftiger Geist verlangt nach Auffassungen, die mit den seinigen übereinstimmen, oder nach Gedankengängen, die sich mit dem vulgären gesunden Menschenverstand vereinbaren lassen; ein Geist, der allein Hellsichtigkeit erstrebt, duldet hingegen alles, was er hört, doch er beansprucht, daß jeder ein klares Bewußtsein der Ursachen und Folgen der von ihm angeregten Ideen haben soll.

Man muß lernen, nichts zu tun, vorausgesetzt, daß dieses Nichtstun nicht darin besteht, daß man triviale Dinge tut, vorausgesetzt, daß diese Leere des Geistes keine abscheuliche Leere der Seele ist.

Wenn der Geist unfähig ist, sich von dem abzuwenden, was ihn am stärksten fasziniert, von den reinen geistigen Vorstellungen, den vollkommenen Ideen, vergißt er bald den Weg zu jener ruhigen und lichtvollen Einsamkeit, in der sich neue Sphären des Seins offenbaren.

Der Geist wächst nur während der Tätigkeit und erwacht zu seinem wahren Leben, wenn die Dinge schweigen.

Der Geist, der verstehen will, verwirft nicht das Urteilen, sondern das Ausschließen.

Die vollkommene Weisheit liebt die vergänglichen Dinge, weil sie vergehen, und die ewigen Dinge, weil sie dauern.

Sich mit nichts zufriedengeben, was man zuerst erreicht, und dennoch Befriedigung bei jedem Ereignis finden, um aus ihm ein Mittel der Vervollkommnung zu machen.

Mich hält von der politischen Tätigkeit ab, daß sie nicht intelligent sein kann, wenn sie nicht ungerecht ist.

Die reinste Ekstase bricht aus dem härtesten Stein hervor; doch wir dürfen nicht gestatten, daß die Wirklichkeit jene Träume auslöscht, die auf dem Gipfel der Tat entstehen.

Der Traum drückt das Wesen der wirklichen Dinge aus.

Es gibt eine gewisse Harmonie, eine gewisse Dichte, eine gewisse geistige Fülle, die man nur erreicht, wenn die Seele inmitten der Schönheit wächst, wenn sie sich in der Lust wie eine Blüte öffnet.

Wer sich nicht in allem, was er unternimmt, vollständig engagiert, scheitert.

Im dichten Schatten der Taten, auf ihrer Nachtseite, wimmeln die Lemuren und die Götter.

Die Wollust, sich hinzugeben und aufzulösen; die Wollust, sich zu besitzen und zu gestalten.

Das, was man bewirkt, ausgehend von dem, was man bewirken wollte, zu verstehen und zu deuten: die goldene Regel des Kritikers.

Ich strebe nicht danach, nicht zu urteilen, sondern danach, nicht zu verkennen.

Die Wahrheit verhält sich zum Verstand wie das Glück zur Empfindsamkeit; die Wahrheit ist das Glück des Verstandes.

Wir sollten uns nicht mit den Akten identifizieren, die unsere Fähigkeiten anordnen, sondern mit der Ordnung, die diese Fähigkeiten konstituiert.

Der freie Akt ist nicht der Abschluß der Meditation über Prinzipien, sondern der Akt, in dem sich das ganze Sein bestätigt.

Wichtig ist nicht, uns unseren Pflichten zu entreißen; wichtig ist, nicht zuzulassen, daß sie uns binden.

Weder die Kleinheit noch die Größe der Objekte, mit denen sich ein Geist beschäftigt, beweisen seine Kleinheit oder Größe; in der

Intensität, der Kraft, der Macht, der Hartnäckigkeit der Beschäftigung selbst entdecken wir sein wahres Maß.

Niemand bietet Verheißungen einer Wollust, die sich mit jenen der Frau vergleichen lassen, die alles, nur nicht ihr Wille von uns entfernt.

Die Augenblicke vollkommenen Glücks sind die Augenblicke vollkommener Verfügbarkeit.

Das kontemplative Leben ist nicht das Leben, das vom Gegenstand der Kontemplation bestimmt wird, sondern das Leben, das man dem reinsten Wesen des Geistes getreu lebt.

Je mehr der Geist reift, desto mehr vermindert sich die Bedeutung, die er der Systematisierung seiner Ideen zuschrieb.

Der Widerspruch zwischen einer neuen Idee und einer schon beherrschten genügt ihm nicht, um die neue Idee zurückzuweisen, und ihm genügt auch nicht ihre Übereinstimmung mit der alten Idee, um sie anzuerkennen.

Täglich scheint ihm offensichtlicher, daß sich die Idee durch sich selbst rechtfertigen muß und nichts uns erlaubt, an die Deduzierbarkeit der Welt zu glauben.

Die Liebe ist gewöhnlich die Verheißung dessen, was sie uns nicht gibt.

Eine Idee bis zu ihrem Ende voranzutreiben heißt, sie zu verfälschen, doch wir verfälschen sie auch, wenn wir sie in Zwischenpositionen zurückhalten. Man sollte also die verschiedenen Ideen und die verschiedenen Aspekte jeder Idee nacheinander ausschöpfen, ohne den Widerspruch zu fürchten, weil die wahre Genauigkeit nur in der Bewegung des Geistes besteht.

Die Zeit läßt den Gedanken reifen, damit ihn der Wille erntet.

Wenn die Vollendung unseres Seins nichts anderes als die Vollendung unseres Schicksals ist, so ist unser Schicksal trotzdem nichts anderes als eine Aufforderung zu sein, denn wir haben die abscheuliche Macht, lediglich die Zurückweisung von uns selbst zu sein.

Ein Geist, dem jeder beliebige Gedanke das System zeigt, das er impliziert, ein Geist, der seine Gedanken vereinen und mit systematischen Knoten verbinden will; gleichwohl ein Geist, dem keine Wahrheit genügt, für den jede Wahrheit nach der entgegengesetzten Wahrheit verlangt, dem jede Bejahung das zu verneinen scheint, was sie nicht bejaht, um so die sie verneinende Verneinung zu verlangen; ein Geist, der keine Synthese, sondern ein Spannungsverhältnis von Gegensätzen haben will.

Der kritische Geist verwirft jede Bestimmung und strebt danach, jenseits des fragmentarischen und zersplitterten Universums die Einheit zu erreichen, aus der die vielfältigen Erscheinungen hervorgehen.

Der Geist, der verstehen will, gibt sich vorbehaltlos dem Objekt hin, ebenso wie der Geist, der nur billigt und bejaht. Doch während dieser, wenn er sich selbst hingibt, innehält und sich vergißt, erlangt jener seinen verlorenen Besitz zurück, um sich unablässig neuen Objekten zu widmen.

Die schönen Dinge sind nicht die einzigen Objekte des Kritikers, sondern seine reinsten Objekte.

Der alltägliche Gebrauch dämpft die Farben einer Welt, die ihren Glanz nur zurückerhält, wenn uns das Verlangen überwältigt.

Verschmähen wir alle Grundsätze, die den Glanz unseres Lebens seinem Gleichgewicht opfern.

Es gibt keinen vollkommenen Humanismus, wenn all seine Akte nicht die vertraute Gegenwart der Sinnlichkeit offenbaren.

Die körperliche Liebe, gewiß, doch mehr noch als diese Gesten, die ihr eigenes Ansehen zerstören, ist es die Gegenwart der Frau, ihre sinnliche und dunkle Magie, die Erregung, die diese Gliedmaßen hervorrufen, die für finstere Erfordernisse eingerichtet sind und deren Macht über die der bloßen Schönheit hinausgeht, was der Geist benötigt, der seiner Härte und natürlichen Strenge die intensivste Dichte des Verstandes hinzufügen will.

Auf politischer Ebene, wo nur die Meinungen zählen, die sich in Macht verwandeln können, müssen wir die Infantilität der lediglich zutreffenden und richtigen Meinungen vermeiden.

Allein die systematische Bedeutung rettet die Ehre des Verstandes.

Wenn uns die Zwangsvorstellung der Gegenwart ängstigt, muß die Vernunft den Mut haben, sich ihrer scheinbaren Pflicht zu entziehen.

Es gibt eine gewisse Blüte des Verstandes, ein gewisses Lächeln, ein gewisses Morgenrot, eine gewisse frische Ironie, die all denen fehlen, denen die Vertrautheit mit der griechischen Literatur keine Erlösung von der unauslöschlichen modernen Barbarei bringt.

Jenseits eines unmittelbaren Lebens, worin wir unsere leichtesten Vergnügen finden, erscheint eine allumfassende Selbstentäußerung des Seins inmitten eines trockenen und reinen Glücks: »Quam suave mihi subito factum est carere suavitatibus nugarum.«[57]

Man hat uns gesagt, alles hänge von den gesellschaftlichen und politischen Bedingungen ab; da sie jedoch wiederum von allem abhängen und wir nicht bei ihren praktischen Lösungen mitwirken können, ist es besser, daß wir uns von ihnen abwenden und uns der Meditation widmen, die von der Ohnmacht nicht aufgehoben wird.

Freundschaft ist eigennützig; stellen wir sie zufrieden, anstatt uns zu entrüsten.

Mist ist nützlich; man darf ihn nur nicht als Nahrung verwenden.

Das Volk ist immer gemein; aber vergessen wir nicht, daß jene, die glauben, sie seien am wenigsten Volk, es im allgemeinen am meisten sind.

Nur noch eine einzige Gesellschaftsklasse besteht weiter: die Bourgeoisie. Die Adligen? Verschämte Bürgerliche. Die Proletarier? Wütende Anwärter auf die Bourgeoisie.

Reichtum dient dem modernen Menschen nur noch dazu, seine Vulgarität zu steigern.

Das Almosen des Bürgers ist keine Geste der Wohltätigkeit, sondern der sozialen Verteidigung.

Die Bourgeoisie ist keine abscheuliche gesellschaftliche Gattung, sondern lediglich der befriedigte Durchschnittsmensch.

Die zukünftige kommunistische Bourgeoisie bereitet Festgelage der Heiterkeit für die Höllenmächte vor.

Es ist nicht so, daß die Kommunisten den Anspruch oder das Recht haben, die Gleichheit zu fordern; vielmehr ist es so, daß die Bourgeoisie weder das Recht noch den Anspruch hat, sie ihnen zu verweigern.

Es ist nicht notwendig, daß jemand überlegen ist, damit ich es für gerecht halte, daß er über einem anderen steht; mir genügt es, daß er anders ist.

Was ich für unerträglich halte: daß es genügt, mehr »zu haben«.

Die Menschen wollen die Ungleichheit? Nun, dann sollen sie beweisen, daß sie ungleich sind.

Welchen Unterschied gibt es zwischen dir, der du im Bett liegst, mein lieber Freund, und dem Domestiken, der dasteht und dir dient, denn ihr habt ja beide dieselben Vergnügen, die gleiche Unwissenheit, ähnliche abergläubische Vorstellungen, gleichartige Gewohnheiten und übereinstimmende Ansprüche, welchen Unterschied gibt es also, frage ich, außer einem rein geometrischen?

Bürger, mein Bruder, du kannst die Livree des Lakaien anziehen, und du wirst keinen anderen Unterschied in deiner Lebensführung entdecken, als daß du nun die billigen Kinosäle besuchen mußt; aber mach dir keine Sorgen, du wirst dieselben Filme sehen.

Da die Unsicherheit des Menschen in unserer Zeit noch größer ist und die schlimmsten Gefahren von seinen vergänglichsten Werken drohen, müssen wir die langsamen und geduldigen Arbeiten, die gründlichen Aufgaben, den von der Ewigkeit träumenden Ehrgeiz vorziehen.

Der Ekel ist heute die einzige Garantie des Edelmuts.

Die Vaterliebe ist das Ärgernis der Welt. Ohne sie wäre es möglich, eine kohärente Weltordnung zu gestalten. Doch es gibt sie, und sie führt eine unverwechselbare Wirklichkeit inmitten der weltweiten Gleichgültigkeit ein.

Wenn wir »Vater« zu Gott sagen, denken wir nie genug über die Ungeheuerlichkeit des Anspruchs oder die Großartigkeit der Verheißung nach.

Bei hygienischen Maßnahmen bemüht man sich mehr um die Geste eines Sühnopfers als um technische Wirksamkeit.

Die Mikroben sind die Dämonen unserer Zeit, und der Hygieniker ist ein weniger malerischer und größere Furcht einflößender Zauberer.

Es scheint, als verlangte die Schönheit nach bestimmten Dimensionen und als gäbe es für den Menschen eine Kleinheit und eine Größe, die beide Übertreibungen sind.

Der Reichtum in den großen Städten erscheint einem Fremden von heftiger und erdrückender Eindringlichkeit. Da ihm dessen Verbindungen mit den wirtschaftlichen Sachverhalten, aus denen er entsteht, unbekannt sind, hat dessen Gegenwart die Schwerkraft eines mythischen Schatzes und allumfassender Verfügbarkeit.

Wenn man durch Europa reist, so ist das, als besuchte man ein Haus, damit uns die Dienstboten die leeren Säle zeigen, in denen es einst wunderbare Feste gab.

Ein Staat oder eine Stadt sind dem Niedergang preisgegeben, wenn ihre gegenwärtigen Bewohner zu einer anderen sozialen Gattung als jene gehören, zu der ihre Schöpfer gehörten.

Wenn die gesellschaftliche Vorherrschaft von einer sozialen Gattung zu einer anderen übergeht, tritt das Phänomen des Verfalls ein, welchen Wert man auch der sozialen Gattung zuschreibt, die im Besitz der Vorherrschaft folgt.

Paris war eine monarchische und bürgerliche Stadt.

Seine Schwerpunkte waren der Palast des Stadtrats – das Hôtel de Ville – und der Palast des Königs – der Louvre. Im Spannungsverhältnis, im Gegensatz und in der Harmonie dieser Elemente wird die Stadt gegründet und eingerichtet.

Nach dem Verschwinden der Monarchie setzt sich das bürgerliche Paris allein durch, selbst wenn das Zweite Kaiserreich im Leben der Stadt vorübergehend die Aufgabe der Monarchie übernimmt.

Das letzte Drittel des 19. Jahrhunderts und die erste Hälfte des zwanzigsten haben den langsamen Tod einer Stadt erlebt, die, da sie von zwei Kräften gegründet wurde, die sich gegenseitig benötigen, allmählich verkümmert, wenn eine einzige fortbesteht.

Die Stadt hat langsam einen rein bürgerlichen Charakter angenommen. Die neuen Viertel verlieren die vagen Reste ruhiger Anmut und monarchischer Majestät, welche die Bauten des Zweiten Kaiserreichs noch vortäuschen können. Die Gebäude beweisen in ihrer Eintönigkeit immer wieder, daß es der Gesellschaft, die sie errichtet, an Stil fehlt. Nun aber verschwindet allmählich selbst das Bürgertum.

Der reiche Bürger verbirgt sich; die große Schar der Bourgeoisie des 19. Jahrhunderts gibt es nicht mehr.

Eine neue, graue und unbedeutende Gesellschaftsgattung nimmt die Straßen ein. Angestellte oder Arbeiter, deren soziales Ethos herrscht. Das übrige ist die Requisitenkammer eines Theaters, die man für Vorstellungen, nicht für das Leben benutzt.

Offenbar haben sich die Vororte bis zum Stadtzentrum ausgedehnt.

Europa lebt von seiner Vergangenheit, so wie manche Nachkommen berühmter Männer von der Pension leben, die ein großzügiger Kongreß gewährt.

Die französischen Landgebiete machen den unverbesserlichen Volkswirt überglücklich. Der Reichtum der Erde, die unvergleichliche Bodenfruchtbarkeit und vor allem die bewundernswerte und gründliche Bewirtschaftung, die nicht zuläßt, daß der kleinste Winkel verlorengeht.

Dieser Anblick erdrückt mich. Trotz der Schönheit und Vielfalt, welche die Natur jenen Landschaften vergönnt hat, konnte ihnen der Mensch eine entnervende Monotonie aufzwingen. Die unerbittlichen Rechtecke der einzelnen Kulturen folgen gehorsam aufeinander und setzen sich bis zum Horizont fort. Die in Reihen stehenden Bäume verstecken sich in gleicher Entfernung einer hinter dem anderen, und ihre Linien variieren, wenn ein Auto vorüberfährt, mit der präzisen und mechanischen Geste eines Turners. Wenn wir plötzlich ein Wäldchen entdecken, läßt sich unschwer erraten, welchen praktischen Zweck dieses auf einem unterjochten Boden scheinbar seiner Freiheit überlassene Stück erfüllt. Und die Weinberge, die Weinberge mit den mystischen Reben, die schließlich mit industrieller Strenge die Landschaft überfluteten.

Der Augenblick läßt nicht auf sich warten, da wir uns nach einem unfruchtbaren und freien Stück Land sehnen, nach einem Stückchen, das vor der Arbeit des Menschen bewahrt blieb. Diese französischen Landgebiete wirken bemitleidenswert. Ein unterjochtes und versklavtes Land.

Eine Natur, die der Mensch unterworfen hat. Ein bezwungener Boden, der nicht zu rebellieren vermag; er gleicht eher einer Nahrungsmittelfabrik als der ländlichen und heiligen Flur, dem gewöhnlichen Aufenthaltsort des einstigen Menschen.

Der Reichtum der mythischen Pomona verwandelt sich in eine weiträumige Vorratskammer mit Korn und Gemüse. Die Landgebiete Frankreichs sind kein Lustgarten, sondern ein Gemüsegarten.

Angesichts dieses riesigen Aufgebots von Nahrungsmitteln träume ich nur von unfruchtbaren Einöden, Eisgipfeln, dem wohlig warmen Urwald an den Flüssen meiner Anden.

Ich weiß nicht, woher meine Abneigung kommt — angeborene Genügsamkeit oder Liebe zu einer gewissen jansenistischen Strenge oder auch die erzwungene Zurückhaltung des Bürgers eines armen Landes? Ach! Ihr alten Sumpfgebiete von Port-Royal, ihr Einöden Kastiliens, ach!, meine rauhen Anhöhen.

Die französischen Landgebiete veranschaulichen den endgültigen Sieg des Bauern.

Das Werk, das am 4. August 1789 beginnt und das die in Brand gesteckten Feudalarchive mit ihrem symbolträchtigen Feuer erhellen, wurde schließlich vollendet.

Ein ganz und gar bearbeitetes Land mit bearbeiteten Tälern, Hängen und Flußufern, mit seinen schmalen Hausgärten und weiten Ebenen, ein Land, das von der unermeßlichen Liebe der Bauern zu dem sie nährenden und erhaltenden Boden behütet wird. Diese schwer beladenen Halme, diese glänzenden Blätter, diese Weinreben, die üppige herbstliche Lasten vorbereiten, sind die Gestalt gewordenen Mühen von Millionen gieriger und fleißiger Leben. Leben, die vom Morgen bis zum Abend unermüdlich den Boden bestellen, der ihnen endlich gehört und den nichts mehr vor ihrer jahrhundertealten Habsucht schützt.

Ein zahlloses Insektenvolk hat sich auf dem Boden Frankreichs ausgebreitet. Ihn befruchtet und bereichert sein Schweiß. Diese Felder strömen gleichsam den bäuerlichen Schweißdunst aus.

Über diese schimmernden Landstriche, diese reinen und sanften Horizonte, die gemächliche und zarte Rundung seiner Hügel, in dieser einträchtigen und anmutigen, diskreten und klaren Landschaft herrscht eine bäuerliche Demokratie.

Wir sollten die Dinge nicht mit dem einzigen Ziel tun, irgendeinen Vorteil zu erreichen, doch nachdem wir sie reinen Herzens und uneigennützig ausgeführt haben, halte ich es nicht für verfehlt, vom Gedächtnis zu verlangen, daß es uns hilft, unseren Weg zurückzugehen, damit wir die zu Boden gefallenen Ähren auflesen können, die das emsige Leben preisgibt und die vielleicht ein schwereres und reiferes Korn enthalten.

Erinnerungen sind die wahren Träger der Erfahrung. Im reineren Licht der Erinnerung offenbaren die Zwischentöne ihre zartesten Variationen, und das gesamte Leben scheint sich mit einer Bedeutung zu erfüllen, die dem unmittelbaren Dasein leider fehlt.

Die Hoffnung schafft das Ansehen der Dinge, und das Gedächtnis bringt ihren Sinn hervor.

Die Gegenwart ist der Ort der reinen Akte, an dem sich nur eine komplexe Mechanik offenbart. Das unmittelbare Leben duldet nicht, daß es mit selbstlosem Denken einhergeht, es verlangt ein technisches Denken: Erwägungen des Mittels und keine Meditation der Zwecke.

Vielleicht beruhen die Schönheit des französischen Stadtbildes, die Schönheit der Gärten Frankreichs, die Schönheit seiner Wege auf der glücklichen Harmonie zwischen seinen beiden grundlegenden Elementen: dem Bürgertum und der Monarchie. In seinem monarchischen Element fand es die Majestät, die Weite der Horizonte, die edle Ruhe, die sein bürgerliches Element fest an den menschlichen Boden band.

Offenbar hat jeder Staat eine individuelle Form, die sich nicht verändern läßt, ohne daß alles untergeht, was, so scheint uns, seinen Wert ausmacht.

Das Fortbestehen der materiellen Kontinuität genügt nicht, um uns über einen Schiffbruch hinwegzutrösten, in dem die unersetzliche Individualität einer Nation verlorengeht.

Die Wirklichkeit Italiens war die Stadt. In diesem Land entstand alles echte Leben innerhalb des geschlossenen Raums einer Stadtmauer.

Eine ungeheuerlich ausgeweitete Stadt, die von den hellenischen Kolonien Großgriechenlands bis Rom ein Reich als Konglomerat von Munizipien schafft, bis zu den Städten des Mittelalters und der Renaissance.

Die Einigung Italiens war ein künstliches Unternehmen, das der europäische Nationalismus des 19. Jahrhunderts angeregt hatte und das von Ausländern verwirklicht wurde: von piemontesischen Grenzbewohnern. Daß viele Italiener in ihren Gedanken jahrhundertelang von der Einheit geträumt haben, ist bedeutungslos, wenn wir uns daran erinnern, daß sich Machiavelli den Spanier Borgia als Helden erfinden mußte und daß Franzosen, Spanier und Österreicher die Unterschiede beseitigen mußten, damit der Einheitsgedanke aufhörte, nichts weiter als die Sehnsucht eines unzufriedenen und erbitterten Jünglings zu sein.

Italien ist ein Land, das daran stirbt, als Nation zu existieren. Dennoch behaupte ich nicht, daß es genüge, um es zu beleben, seinen ursprünglichen Pluralismus wiederherzustellen, weil nicht jede beliebige politische Form in jedem beliebigen Augenblick der Geschichte existieren kann, sondern daß Italien nur in einer günstigen historischen Situation, welche die ihm eigentümliche Form zuläßt, aufs neue zu erblühen vermag.

Die Landschaft Spaniens veranschaulicht, daß die spanische Geschichte vor allem ein Phänomen ist, das der Bevölkerungsdruck auf die unergiebige Geographie hervorbringt.

Spanien ist ein System von fruchtbaren Tälern, die zwischen unfruchtbaren Gebirgsketten eingeschlossen sind. Seine Geschichte gleicht einem hydraulischen Phänomen, sie schildert den Übergang von einem überfüllten Tal in ein anderes Tal. Dieser Prozeß trägt den Namen »Reconquista«[58]. Die spanische Tragödie hat einen italienischen Ursprung: Sie besteht in der Dynastie von Aragonien und in Christoph Kolumbus. Die Politik, die Ferdinand der Katholische von seiner Familie erbt, verlagert den spanischen Tätigkeitsdrang, der nach der Eroberung Granadas keine Aufgabe mehr hatte, nach Italien und führt Spanien in das Kräftespiel der europäischen Politik ein.

Die Entdeckung Amerikas lenkt andererseits die aufeinanderfolgenden spanischen Auswanderergenerationen in die Neue Welt ab. Im Jahre 1492 hätte die vernünftige Politik Spaniens in der Eroberung und Kolonisierung Marokkos bestanden. Afrika war der Ort, den die Götter seiner Geographie auserwählt und die Dämonen seiner Geschichte verworfen hatten.

Ein spanisches Reich von Casablanca bis zur Kyrenaika und von Algier bis zum Senegal oder zum Kap hätte aus Spanien die mächtigste Nation der Erde gemacht. Es hätte ihm tatsächlich ermöglicht, eine ähnliche Rolle wie Rußland zu spielen, das, weil es Nachbarländer kolonisierte, nicht verarmte, als es sich ausweitete, und es hätte sich von England unterschieden, das sich ausdehnte, um in tausend Bruchstücke zu zerfallen.

Die unglücklichen Marokkokriege der untergehenden Monarchie sind die Gewissensbisse eines Spaniens, das es nicht verstand, sich für sein eigentliches Schicksal zu entscheiden.

Die europäischen Tugenden sind offenbar mit politischen Formen verbunden, die in den gegenwärtigen historischen Umständen nicht vorkommen.

In Frankreich ist die wichtigste Erscheinung der letzten Jahrzehnte der endgültige Verlust des Gleichgewichts zwischen den beiden Elementen, die seine politische Form bestimmt haben.

Ich glaube, für den zukünftigen Historiker wird der 21. Januar 1793 das bedeutsamste Datum der französischen Geschichte sein. Als der Kopf Ludwigs XVI. langsam in den Korb rollt, verliert Frankreich sein Gleichgewicht; seine bürgerliche Waagschale reißt es unwiderstehlich mit sich.

Das 19. Jahrhundert ist vom 18. Brumaire bis zum 16. Mai ein verzweifelter Versuch, das zerstörte Gleichgewicht wiederherzustellen. Doch der Monarchismus, den der politische Organismus Frankreichs ersehnt und verlangt, kann weder in den bonapartistischen Unternehmungen noch in den schwachen Schwingungen der Welle überleben, die als Schaum auf dem Sand der Geschichte Frankreichs einen orleanistischen Mac-Mahon, einen radikalen Boulanger, einen konservativen Pétain oder einen nationalistischen de Gaulle zurückläßt. Die französische Geschichte der letzten einhundertfünfzig Jahre ist die Geschichte der ständigen Restauration, die immer wieder scheitert.

Die triumphierende Bourgeoisie hielt sich erfolgreich an der Macht. Zuerst eine Bourgeoisie von Großbürgern, die von einer venezianischen Republik träumen; schließlich eine Bourgeoisie von Kleinbürgern mit ihrer Krämerideologie und ihren Gefühlen von Bewohnern einer allgegenwärtigen Vorstadtlandschaft.

Damit endet in Frankreich die gesellschaftliche Entwicklung. Eine proletarische Revolution würde nicht die Machtergreifung durch eine andere Gesellschaftsklasse, sondern durch eine andere politische Gruppe sein. Das Volk ist als unabhängige Klasse verschwunden und besteht nur als Masse von Anwärtern auf die vollständigen Bourgeoisrechte weiter.

Die Bereicherung der Bauernschaft, die Industrie- und Städteballung, die obligatorische Schulbildung, die Industrialisierung der Unterhaltungen sind die grundlegenden Faktoren für den Tod des Volkes.

Frankreich ist eine bürgerliche Nation, und darin bestehen die Elemente der ihm eigentümlichen Tragik.

In Italien erreichte die Bourgeoisie nicht die gesellschaftliche Vorherrschaft, wie die französische Bourgeoisie sie errang. Diese setzte sich in dem sozialen Vakuum fest, das durch die Emigration ins Ausland von 1789 und durch die innere Emigration von 1830 entstanden war. Das italienische Volk fand darum in seinem Umkreis nicht das angesehene und andersartige Ethos, das es hätte faszinieren und vereinnahmen können.

In Italien besteht das Volk als andersartige Klasse weiter.

Nach der Beseitigung der ordnenden und leitenden Funktion des Adels, nach dem Zerfall der fremdbestimmten Struktur der ausländischen Besetzung genügte jedoch andererseits, daß die wirtschaftliche Macht des Adels und sein Sozialprestige überlebten – wozu noch die ungenügende industrielle Entwicklung kam –, damit die vollständige Ausbildung zwar nicht des Ethos der Bourgeoisie, wohl aber wenigstens ihres guten Gewissens behindert wurde, so daß Italien, das klassische Land des mittelalterlichen Bürgertums, nun eine ungeheure Bauernmasse ist, die sich nicht an die neue Weltordnung, in der sie lebt, anpassen kann.

Die heroische oder modernistische Rhetorik des Italieners ist ein deutliches Symptom für diese Erscheinung, denn die Redekunst hat ja gewöhnlich die ausgleichende Funktion, den Wortkörper jener Realitäten zu schaffen, die in unserem erlebten Leben fehlen.

Eher als die Reaktion des italienischen Kapitalismus auf die kommunistische Gefahr der zwanziger Jahre war der Faschismus das Bemühen des italienischen Kleinbürgertums, sich ein modernes nationalistisches Ethos, eine in der historischen Situation dieses Jahrhunderts gültige Haltung zu erfinden. Die Sozialpolitik des Faschismus, seine Landwirtschaftsbetriebe, seine Industrieunternehmen, seine Architektur, seine ehrgeizigen Ziele in der Volksbildung, seine Parteiorganisation sind spektakuläre und gehaltlose Bekundungen eines Willens, sich an eine Welt anzupassen, in der sich die Italien auszeichnenden Vorzüge als bedauernswert unwirksam erwiesen. Ein Anspruch, der zwangsläufig zum Scheitern verurteilt ist, weil Italien keine Nation ist und weil der Faschismus daher nur versuchen konnte, die Weinschläuche eines literarischen, romantischen und unzeitgemäßen Nationalismus mit guten Absichten zu füllen.

Der Nazismus war in seinen ausdrücklichen Thesen eine stumpfsinnige Doktrin, doch er beruhte auf unterschwelligen geistigen Grundlagen, die dicht und reich waren.

Anzeichen einer Evidenz, die von rohen Händen ausgenützt wurden.

Die spanischen Bürgerkriege des 19. Jahrhunderts hemmten die gesellschaftliche Entwicklung und verhinderten, daß sich das Land in einem Tempo entwickelte, das dem der übrigen europäischen Nationen entsprochen hätte. Deshalb stimmen die geschichtlichen Vorgänge im Spanien des 20. Jahrhunderts mit den geschichtlichen Vorgängen im Europa des 19. Jahrhunderts überein.

Das heutige Regime läßt sich trotz der entliehenen Kostümierung nicht mit dem Faschismus oder dem Nazismus, sondern zum Beispiel eher mit dem französischen Zweiten Kaiserreich vergleichen. Nachdem das sentimentale und historische Prestige geschwunden war, das den Sieg Louis Bonapartes bei den Präsidentschaftswahlen mitbestimmt hatte, sind sowohl der als Präsident regierende Prinz als auch der Kaiser Napoleon III. Abkömmlinge des Schrekkens, den die sozialistische Rhetorik der Begründer der Zweiten Republik bei der bürgerlichen und Bauernklasse erregt hatte, und der verhängnisvollen Erschütterung der Junitage des Jahres 1848.

Das spanische Regime ist daher schlicht und einfach eine bürgerliche Reaktion, die ganz direkt und beinahe ohne Ideologie auftritt.

Man sollte im Kommunismus eine Vielzahl von Elementen unterscheiden. Jede Auffassung vom Kommunismus, die nicht komplex ist, ist falsch.

Offenkundig beruht die Stärke der kommunistischen Idee nicht auf ihrem wissenschaftlichen Wert. Andere Theorien mit gleichem oder größerem Wahrheitsgehalt vermögen nicht die geringste Leidenschaft oder jenen Drang zum Martyrium zu erregen, der edelster Bestandteil des gegenwärtigen Kommunismus ist. Das Herz, die Haupttriebkraft, der tiefste Wesenskern des Kommunismus ist die Idee der Gerechtigkeit.

Deshalb erklärt der Kommunismus einer jede Transzendenz verwerfenden Welt, daß sich alle Ungerechtigkeiten aus ökonomischen Ursachen herleiten, aus irdischen und historischen Ursachen, und daß es genüge, diese zu beseitigen, um das Reich der Gerechtigkeit zu errichten.

Eine Predigt, die also der christlichen Predigt nicht unähnlich ist, denn beide verkünden die Ankunft eines Regnum Dei; allerdings ist das Christentum ja gerade ein Messianismus, dessen mystische Dimension ihn vollständig verwandelt.

Atheismus und Marxismus sind wesensgleich; jener lebt und stirbt mit diesem. Als Antwort auf ein verzweifelndes Zeitalter und als verzweifelte Antwort ist seine Bejahung der reinen Immanenz zugleich sein Ursprung, seine Triebkraft und sein Ziel.

Marx vollendet den vulgären Atheismus seiner Zeit mit einer Geste metaphysischen Stolzes. Der Konkursverwalter der Hegelschen Philosophie legt dem Menschen den Saldo der vergeudeten geistigen Güter vor. Marx schöpft aus der Wirtschaftslehre Ricardos oder auch dem französischen Sozialismus, er ist Zeuge der Proletarisierung Englands oder auch der bonapartistischen Reaktion, doch vor allem ist er der Epigone des deutschen Idealismus.

Das Kommunistische Manifest protokolliert die philosophische Erschöpfung des Jahrhunderts und den großen religiösen Katzenjammer der neuesten Geschichte. Der marxistische Atheismus lehrt eine desorientierte Gesellschaft die Doktrin von einer irdischen Vollendung.

Andererseits läßt sich nicht leugnen, daß der Kommunismus an einer Aufgabe unserer Zeit mitwirkt, wenn er die Abschaffung des Privateigentums predigt.

Die marxistische Erklärung ist hier vollständig gültig: Die industriellen Produktivkräfte können ihre vollständige Entwicklung nur in einer Gesellschaft erreichen, in der die Hemmnisse des Privateigentums beseitigt wurden.

Eigentum ist tatsächlich Freiheit; Freiheit ist Unordnung; die industrielle Ausbeutung der Natur darf jedoch keine Unordnung zulassen, weil der technische Fortschritt eben darin besteht, den Industrialisierungsprozeß zu rationalisieren.

Private Freiheit und Rationalität verhalten sich antagonistisch zueinander.

Hierin besteht somit der zweite Grund für die Macht des Kommunismus: daß er wirklich mit einem historischen Prozeß übereinstimmt, der sich unabhängig von ihm entwickelt und auf anderen Ursachen beruht.

Gerade die Unabhängigkeit dieses Prozesses bekräftigt die wissenschaftlichen Ansprüche der Doktrin, während deren Predigen wiederum den Prozeß fördert, und wenn sich der Prozeß beschleunigt, bestätigt er die Thesen der Doktrin.

Die Gefolgschaft des Kommunismus ist riesengroß, denn seine beiden grundlegenden Faktoren erfassen eine solche Vielfalt, daß er die unterschiedlichsten menschlichen Kategorien und die widersprüchlichsten Bedürfnisse befriedigen kann.

Erstens finden all jene, die eine echte religiöse Empfindsamkeit aufrüttelt und beunruhigt, die aber der vulgäre Naturalismus unserer Gesellschaft von der Unmöglichkeit jeder Transzendenz überzeugt hat, im Kommunismus die Möglichkeit, die widersprüchlichen Erfordernisse ihrer Empfindsamkeit und ihres Verstandes gleichzeitig zu befriedigen.

Der Kommunismus ist zur Kirche geworden, seine Lehre zu Dogmen, seine Parteitage wurden zu Konzilien, seine Parteiausschlüsse zu Exkommunikationen, seine Dissidenten zu Ketzern, und seine Regierung ist päpstlicher Absolutismus. Diskussionen mit Kommunisten des religiösen Typus wirken merkwürdig, weil wir die gleiche unbeugsame Sanftmut oder die gleiche wohlmeinende Härte wie bei Christen entdecken. Die barmherzige Grausamkeit, apostolische Unduldsamkeit, väterliche Strenge derjenigen, die im Besitz der Wahrheit sind, während die Welt ringsum in ihren Irrtümern verkommt, eine Welt, welche die Augen vom Licht abwendet, um die Finsternis zu suchen.

Der Kommunismus befriedigt auch all jene, die nur die Wirkungskraft der Taten berücksichtigen und die bei jeder beliebigen Macht nicht an den Zweck denken, den sie verwirklichen muß oder kann, sondern an die Verwirklichung selbst, jene, die daher Anhänger jedes Systems sind, das die vollständige Nutzung aller beliebigen nutzbaren Kräfte ermöglicht.

Diesen beiden Hauptkategorien muß man all jene hinzufügen, die mit ihrer gesellschaftlichen Stellung unzufrieden sind, jene, die in einer mächtigen Lehre das Instrument ihres Ehrgeizes sehen können, jene, die aus der Bahn geworfen wurden, umherirren und von der Beständigkeit und dem starken Zusammenhalt einer vorbehaltlos bejahenden und ohne Zugeständnisse negierenden Lehre beeindruckt werden — die Mehrheit der Menschen einer in Unordnung geratenen, mit Ruinen übersäten und perspektivlosen Welt.

Die Art, wie sich der Kommunismus mit einem Nationalstaat teilweise identifiziert hat, ermöglichte es seinen Gegnern, gegen ihn die alten nationalistischen Mechanismen einzusetzen und umgekehrt bestimmte soziale Strukturen mit dem Nationalcharakter des Landes selbst, das sich vom Kommunismus bedroht fühlt, zu identifizieren.

Die einen verwerfen den Kommunismus, weil er russisch ist, die anderen Rußland, weil es kommunistisch ist. Die Politiker tummeln sich und manövrieren bequem in dieser vorteilhaften und ergiebigen Begriffsverwirrung.

Das Schicksal des Kommunismus hängt wahrscheinlich von seiner Identifikation mit Rußland ab.

Es scheint bereits schwierig, beide voneinander zu trennen, weil die Entwicklung der kommunistischen Lehre ebenso wie die der russischen Nation mit ihrer gegenseitigen Annäherung diese enge Verbindung seit Jahrhunderten vorbereiteten. Das autokratische System, das auf dialektische Weise aus den doktrinären Ansprüchen des Kommunismus entsteht; die bürokratische Tradition, die seine Wirtschaftsordnung verlangt; die Unkenntnis der Freiheit, die seine politische Stabilität benötigt; die die Akzeptanz seiner Lehren begünstigende geistige Plumpheit; nur Rußland könnte all das dem Kommunismus von sich aus geben.

Dort wiederum herrschte insgeheim tiefe Sehnsucht nach einer derartigen Lehre.

Eine Sehnsucht, in der sich die Stärke einer jungen Nation und der angeborene Messianismus des russischen Denkens äußerten.

Ein verborgener Anspruch, das dritte Rom, die Stadt eines neuen Konstantin zu sein.

Der Marxismus verheißt den siegreichen Abschluß der jahrhundertealten Rivalität zwischen der Kiewer Rus und Byzanz. Die staunenerregende soziale Integration des Cäsaropapismus, die ein Swjatoslaw an den Ufern des Bosporus entdeckt, beherrscht das unermeßliche slawische Tiefland.

So identifiziert sich der Marxismus mit dem ererbten Unternehmen, welches das moskowitische Rußland mit dem symbolträchtigen Blut der byzantinischen Basileis[59] an die kommunistischen Dynasten weitergibt.

Wer die grundlegenden Wesensarten des Menschen verkennt, setzt sich ironischen Sanktionen aus.

So etwa beweist sich heute der Kommunismus, in dem alle hundertjährigen Bestrebungen gipfeln, den Menschen aus der religiösen Unterwerfung zu befreien, als eine neue Religion, mit ihrem Glauben, ihrem Dogma und ihren Konzilien, mit ihrer Inquisition und ihren blutigen Bannflüchen.

Der jugoslawische Nationalismus, morgen der chinesische Nationalismus. Möglicherweise ist das 19. Jahrhundert weniger tot, als wir denken.

Die Identifikation einer Doktrin mit einem Nationalstaat stärkt den Staat und beschränkt den Einfluß der Doktrin. Ohne Konstantin und ohne Theodosius hätte das Christentum Asien erobert.

Die Vereinigten Staaten hatten das Glück, daß sich in diesen Zeiten die Idee, die ihre politische Form grundsätzlich bestimmt, und die Idee, die von der kommunistischen Idee automatisch als ihre Antithese postuliert und herausgefordert wird, offenbar von selbst identifizieren.

So können ihre einfachsten nationalistischen Gesten von gutem Gewissen durchdrungen sein.

Überdies beruht so die Vormachtstellung der Vereinigten Staaten nicht nur auf ihrem wirtschaftlichen Reichtum und ihrer militärischen Macht, sondern auch auf einer ideologischen Übereinstimmung, die ihnen Bündnisse und Sympathien einbringt.

Wenn das spanische Amerika von Abenteurern erobert wurde, die nach Reichtum und Macht strebten, von Ehrgeiz und Habgier getriebene Männer, so dämmte der spanische Staat diese anarchischen Kräfte bald ein, und die strenge und straffe Verwaltung, die Spanien von der ihm durch die aragonische Dynastie übermittelten neapolitanischen politischen Tradition erbt, organisiert diese embryonalen Staaten, deren Eroberer sie zunächst dem Chaos preisgegeben hatten. So erbt das spanische Amerika die beiden Faktoren seiner Geschichte: den Faktor des Anarchismus, der es von Revolution zu Revolution treibt und aus jedem Hispanoamerikaner jemanden macht, der sich in einem ständigen Kampf mit dem Staat befindet, und den »staatlichen« Faktor, der seinen fortdauernden Legalismus erklärt, so daß es ihm nahezu unmöglich ist, auf wirtschaftlichem Gebiet ohne die Hilfe des Staates zu handeln, und er sich mühelos mit Diktaturen abfindet.

Die Vereinigten Staaten entstehen hingegen ohne Eingreifen des Staates. Ihre ersten Bewohner sind Männer, die Freiheit für ihren Glauben suchen, die in vielen Fällen einen sicheren und mühelosen kommerziellen Wohlstand in ihrem Geburtsland opfern, damit sie allein den Erfordernissen ihrer Lehre und ihres Gewissens gehorchen können.

Daher ist die Ursprungsidee hier die der Bedeutung des Gewissens, das heißt des Individuums. Eine Nation will sich selbst begründen, in der die Unabhängigkeit und die individuelle Freiheit jedes Menschen das uneingeschränkte ideale Ziel der Gesellschaftsordnung sind, wie dieses Streben ihr Ursprung und ihre Ursache war.

Andererseits kommt es nicht darauf an, daß uns die amerikanische Gesellschaft der letzten Jahrzehnte die neuen subtilen Formen zeigt, welche die Instrumente und die allgemeine Maschinerie des Despotismus in den kommenden Jahren annehmen müssen, weil das Arsenal des zukünftigen Tyrannen das Ergebnis einer geistigen und gesellschaftlichen Entwicklung ist, von deren Geflecht die Vereinigten Staaten nur ein Faden sind.

Wenn alle Menschen tatsächlich Platoniker oder Aristoteliker beziehungsweise, genauer gesagt, Realisten oder Nominalisten sind, ist das kommunistische Denken realistisch und die amerikanische Sensibilität nominalistisch.

Die einen glauben an die Realität der Idee und die anderen an die Realität des Individuums. Jene sind bereit, das Individuum der

Verwirklichung der Idee zu opfern, während diese für die individuelle Integrität kämpfen, in der sie die einzige Realität sehen.

Ein unlösbarer Konflikt.

Was diesem Konflikt eine einzigartige Bedeutung verleiht, besteht darin, daß sich nicht mehr theologische Sekten, philosophische Schulen, lediglich politische Parteien oder lediglich Nationen, sondern zwei von jenen »Supernationen« gegenüberstehen, wie sie vom technischen Entwicklungsstand unserer Zeit verlangt werden.

Die russische Macht beruht also wie die amerikanische darauf, daß sie mit der Energie des Nationalismus, denn es handelt sich ja um Nationen, die kontinentalen Strukturen eigentümliche Energie, denn es handelt sich ja um Kontinente, und die Energie zweier grundsätzlicher und einander widersprechender Ideen vereinen kann, denn in jeder von ihnen fand die Geschichte den geeigneten Organismus, um diesen Ideen feste Gestalt zu geben.

Allen Folgen, die sich aus der Tatsache ergeben, daß Rußland ein kommunistischer Staat ist, muß man noch jene hinzufügen, die auf der Tatsache beruhen, daß es ein moderner Staat ist.

Der Sowjetstaat mag kommunistisch oder russisch sein, doch er ähnelt dem amerikanischen Staat in dem grundsätzlichen Sachverhalt, daß beide gleichzeitig existieren, was nicht nur jene chronologische Gleichzeitigkeit bedeutet, die bewirkt, daß ein gewisser japanischer Schogun der Zeitgenosse eines gewissen französischen Bourbonen ist, vielmehr bedeutet es jene geistige Zeitgenossenschaft, die darin besteht, daß sie sich an einer übereinstimmenden Position jenes geistigen Prozesses befinden, in dem sich seit fünfhundert Jahren die physikalisch-mathematischen Wissenschaften mit den ihnen entsprechenden technischen Anwendungen entwickeln. Die Auswirkungen dieser Wissenschaften und ihrer Techniken erstens auf die wirtschaftlichen Verhältnisse und dann auf das allgemeine Welt- und Menschenbild gestalten den unterschiedlichen historischen Stoff in einheitlicher Richtung um.

Als die vereinten Kräfte der demokratischen Idee und der industriellen Revolution auf den unterschiedlichen Stoff der englischen und der französischen Geschichte einwirken, finden sie daher – trotz der Voraussagen zum Beispiel eines Taine –, wie wir sehen, ihren Höhepunkt in derselben Beseitigung des politischen Prestiges der gesellschaftlichen Honoratioren, was beinahe zum gleichen Zeitpunkt geschieht (der fehlgeschlagene Staatsstreich Mac-Mahons im Jahre 1877, die englische Wahlrechtsreform von 1884), in einer analogen Erweiterung des allgemeinen Wahlrechts, in derselben Vorherrschaft der gesetzgebenden Versammlungen, in einem ähnlichen fiskalischen und steuerlichen Enteignungssystem, in einer gleichartigen Hegemonie der Gewerkschaftsinstitutionen usw.

Wichtiger als der bewußte Wille, ein bestimmtes System von gesellschaftlichen Verhältnissen in der Geschichte zu verwirklichen (hier die Gerechtigkeit, die sich aus der Unabhängigkeit jedes einzelnen ergibt; dort die Gerechtigkeit, die sich aus seiner Unterordnung ergibt), ist also die Tatsache, sich innerhalb desselben autonomen Systems von geistigen Sachverhalten mit ihren gesellschaftlichen Folgen zu befinden.

Die russische und die amerikanische Ideologie, die eine mit ihrem komplexen System von Lehrsätzen, Korollarien und Folgerungen, die andere mit ihrer geistigen Dürftigkeit einer bloßen Bejahung der Individualität, werden sich gezwungen sehen, sich übereinstimmenden Zwängen zu unterwerfen und sich mit gleichartigen und zum Verwechseln ähnlichen Gesellschaften unter unterschiedlichen Namen zufriedenzugeben.

Ich glaube nicht, daß sich ein unpersönliches und reifes Denken der Mühe unterzieht, zwischen den beiden ideologischen Systemen zu wählen, denn sie sind ja nur vergänglicher Schaum auf den Wellenkämmen, die von den gleichen Kräften vorangetrieben werden.

Wenn wir eine Entscheidung treffen müssen, beschränkt sie sich für jeden einzelnen im tiefsten Innern darauf, entweder die Überreste der Freiheit, welche die sich ihres Wesens bewußte, aber ihres Schicksals unkundige amerikanische Ideologie noch gestattet und verteidigt, oder die berauschenden chiliastischen Verheißungen zu bevorzugen, die den kommunistischen Elan wachhalten, solange seine Überreste eines alten Prophetismus und seine humanitären Ideale nicht bei der Verwirklichung der industriellen Bürokratie untergehen, in der beide Systeme zwangsläufig ihren Höhepunkt erreichen.

Für den Historiker ist der bedeutsame Sachverhalt der neuesten Geschichte das gewaltige Unternehmen, das im 19. Jahrhundert begonnen und im 20. Jahrhundert fortgesetzt wird: Es besteht darin, den Menschen in einen Kosmos mit neuen Bedingungen einzuführen. Sagen wir metaphorisch, daß die Menschheit aus der ländlichen Umwelt, in der sie geboren wurde und lebte, gegenwärtig in eine städtische Umwelt übersiedelt, wo sie ihr zukünftiges Dasein verbringen soll.

Der maßgebliche Sachverhalt ist der folgende: Der Mensch hat in einer Umwelt gelebt, in der verschiedene Kräftesysteme seiner eigenen Kraft entgegen- oder mit ihr zusammenwirkten und in der sich sein Wirken nicht grundsätzlich von den anderen Wirkungen unterschied, die mit seiner koexistierten. Der Mensch wurde inmitten der natürlichen Dinge nackt geboren, und im langen Prozeß seiner Beziehungen mit dieser natürlichen Umwelt schuf er sich allmählich als eigene Art. Er war der Folge von Tag und Nacht, dem Wechsel von Winter und Sommer, Frühling und Herbst, den plötzlichen Übergängen von Sonne und Regen ausgesetzt; er mußte vor den Gebirgen und Flüssen innehalten oder sich seines Scharfsinns bedienen, um sie zu überwinden. Die Götter erwachten in seiner staunenden Seele, als ihn das panische Schweigen der Wälder oder die leere Weite der Wüsten oder auch die bedrohliche Ruhe der Berge oder die tosenden Flüsse überwältigten; seine Gottheiten wurden die Stein- und Waldeichen, die Felsen und die Sterne, die Sonne und die Herbststürme. Die Transzendenz drang aus den Spalten der heiligen Höhlen hervor oder ließ sich auf Anhöhen nieder. Er baute den Staat auf, um die Launen des Nils oder des Hoangho, die unwegsame Wildheit der Mayawälder oder die Feindseligkeit der anderen Menschen, dieser Bestien, zu bezwingen.

Seine Künste entfalteten sich in den kurzen Augenblicken, in denen sich sein elendes Wesen von den Bedürfnissen seiner unmittelbaren Existenz abwandte, das Pulsieren der ihn einschließenden Natur und der mit frohlockenden Zuckungen in seiner Brust pochenden Kraft wahrnahm. Seine Triebe, seine Leidenschaften, sein Leben identifizierten sich mit jenem Leben, das in den Nestern sang oder im vermoderten Laub der Bäume dahinkroch.

Wenn auch das Wirken des Menschen von den zahllosen Wirkungen der Natur nicht eigentlich bestimmt war, so wurde es doch von ihnen eingeschränkt und gelenkt. Nun aber macht der menschliche Verstand aus der Situation eines Zusammenspiels aller Kräfte eine Situation, in der sie alle dem menschlichen Willen untergeordnet sind.

Die Stadt, in der sich die Menschheit jeden Tag schneller zusammendrängt, versinnbildlicht diesen Prozeß. Die Stadt, wo sich Tag und Nacht nicht unterscheiden, Sonne oder Regen keine Arbeit verhindern oder begünstigen, die Jahreszeiten an den sie ausschließenden dichten Mauern abgleiten, die Geschäftigkeit des Menschen die Früchte des Südens und des Nordens zusammenträgt, sich die Rassen vermischen und die Wesenszüge verwischen.

Der Mensch schafft heute eine für sein Wirken durchlässige Welt. Es scheint bereits, als könne dem menschlichen Willen nichts widerstehen, und wie in den alten chiliastischen Prophezeiungen sehen wir vielleicht die Wüsten erblühen.

Doch gerade dann, wenn offenbar die ältesten Hoffnungen in Erfüllung gehen, erscheint aus dem nebelhaften Limbus, wohin ein fortschrittsgläubiger Prometheus sie verbannt hatte, die beklagenswerte Maske der menschlichen Tragödie. Die Wissenschaft hat ihre wunderbare Fähigkeit offenbart, uns zu lehren, wie man die Dinge tut, doch sie hat auch ihre grundsätzliche Unfähigkeit offenbart, uns zu sagen, was wir tun müssen.

Die Menschheit hatte ja die die Tätigkeit des Menschen lenkenden Werte und Zwecke in jenem Lebensprozeß entdeckt, der in das System der Naturkräfte eingebunden war. Ihr Wirken hing von Zwecken ab, die vom Umgang mit den es beherrschenden, einschließenden und zur Transzendenz drängenden Kräften bestimmt wurden. Doch heute sehen wir bereits, daß der Mensch diese Kräfte zu beherrschen vermag, daß sie schon der materiellen Wirkung seiner Technik oder der geistigen Wirkung seiner Berechnungen unterworfen sind und es sich folglich als unmöglich erweist, daß sie wie gestern sein Wirken bestimmen oder dessen Zwecke anregen.

Die neuen kosmischen Bedingungen, in die der technische Verstand heute den Menschen einführt, offenbaren sich allmählich als eine wüste und leere Landschaft, wo der Mensch jeden Daseinsgrund verliert.

Wir können die Menschheit von gestern mit einem Menschen vergleichen, der sich in einem Boot ohne Kompaß und Ruder auf einem uferlosen Meer verirrt hat. Zweifellos weiß er nicht, wohin er fahren soll, was er auch nicht tun könnte, wenn er es wüßte, doch die Strömungen reißen ihn mit, die Winde treiben ihn vor sich her, und eines Tages gelangt er zu dem Felsenriff, an dem er kentert, oder zu einer Insel, die wie ein Blumenkorb aus den Wellen hervortaucht.

Wenn wir uns aber auf demselben uferlosen Meer ein Schiff vorstellen, ebenfalls ohne Kompaß, doch auf wunderbare Weise von der Wirkung der Strömungen und der Macht der Winde befreit und mit einem Motor, der es in jede beliebige Richtung bewegt, kann man unschwer verstehen, wie verzweifelt seine Passagiere sind, die von allen Punkten am Horizont gleichermaßen angezogen, gerufen und verlockt werden, die indes nicht wissen, wie sie sich entscheiden sollen, und befürchten, daß sie lediglich einem monotonen Kreisen um ein und denselben Punkt oder vielleicht, während sie voranzukommen glauben, einer ironischen ständigen Unbeweglichkeit unterliegen, zu der sie die absolute Freiheit des Schiffes und seine absolute Beweglichkeit befähigt.

Die absolute Einsamkeit und die Nacktheit vor Gott sind die einzigen Garantien des Verstandes.

Die Tiefe einiger Werke täuscht uns. Da ihr Wasser durchsichtig ist, scheint uns, daß sich der Grund unendlich nahe der Oberfläche befindet.

So entgeht uns die echte Dichte eines Denkens, und Dichte schreiben wir dem oberflächlichen Denken mit seinen trüben Wassern zu.

Eine Idee setzt sich nur durch, wenn sie nachdrücklich, maßlos, auf absolute Weise und mit ungerechter Ausschließlichkeit verkündet wird. Dennoch besteht die Wahrheit in den sanften Zwischentönen, den zarten Nuancen, den Halbschatten und vielleicht den Zwischenräumen der Ideen.

Die historischen Sachverhalte wirken nicht wie bloße Tatsachen, facta, sondern wie Sachen, die ausgeführt werden mußten. Ihr Dasein scheint ihre Notwendigkeit zu beweisen. Von einer Feststellung wechseln wir sprunghaft zu einer Pflichtaufgabe über und errichten auf dem unbeständigen Grund der Geschichte des Menschen die einseitigen, pompösen und haltlosen Geschichtsphilosophien.

Ein kultivierter Mensch ist einer, für den nichts uninteressant und beinahe alles bedeutungslos ist.

Caesar, Mirabeau, Napoleon und die übrigen gleichartigen Persönlichkeiten können nur in einer aristokratischen Klasse geboren werden, deren Grenzen von moralischen Ansprüchen, politischen Privilegien, gesellschaftlicher Impertinenz und wirtschaftlicher Vormacht gezogen werden. Doch nur dort entwickeln sie sich und steigen auf, wo die Demokratie triumphiert. Darum wirken sie bei revolutionären Unruhen mit.

Bäume, die auf einem Boden emporwachsen, den eine jahrhundertelange Arbeit ausgiebig vorbereitet hat, aber sie benötigen die Stürme und die Schwüle, die den Gewittern vorausgehen, damit ihre Früchte reifen.

Wenn eine Aristokratie untergeht, zerfällt sie in tausend kraftvolle Individuen, die gewaltsam in die Geschichte geworfen werden; wenn eine Demokratie verschwindet, schrumpft sie wie ein Gummiball.

Die Seele muß im Mittelpunkt eines ständig unruhigen Verstandes reglos verharren.

Verbrecherisch sind allein Unwissenheit und Dummheit.

Eleganz besteht in der vollendeten Anpassung des Geistes an die Dinge.

Wir müssen immer uns selbst und nie den übrigen gegenüber aufrichtig sein.

Die Gesellschaft bestraft Naivität leichter als Heuchelei.

Wir müssen »werden«, was wir sind; dies aber mit kluger Mäßigung.

Wir müssen vorspiegeln, daß wir uns ausliefern, und uns nie preisgeben.

Wir müssen es verstehen, hellsichtig zu sein, wenn es angebracht ist, und auch, wenn es nicht angebracht ist.

Wir müssen uns von allem befreien; zuallererst von uns selbst.

Wir müssen bewußt ungerecht sein.

Es gibt eine theoretische Rangordnung der Zwecke; es gibt keine praktische Rangordnung.

Das Leben ist das mächtigste Anregungsmittel.

Güte ist eine List, die sich selbst nicht kennt.

Liebe empfiehlt sich für den, der sich selbst unerträglich ist.

Die Gleichwertigkeit der Zwecke ist eine Lehre und Erfahrung jeder edlen Seele.

Leben ist gleichgültig, wichtig ist es zu sein.

Ich weiß nicht, ob das Leben einen bestimmten Zweck hat, wohl aber weiß ich, daß es kein Selbstzweck ist.

Das Wasser, das der Verstand nicht berührt hat, ist rein, aber geschmacklos.

Bewahren wir die Rechte von heute gegen die von gestern und die Rechte von gestern gegen die von heute.

Die Hoffnung auf die Frucht darf uns nicht den Blick für die Schönheit der Blüte trüben.

Echter Zynismus ist jener, der sich verbirgt. Diogenes war ein jämmerlicher Schauspieler.

Seid hart! O nein! Seid im Gegenteil nachgiebig, laßt euch beugen, aber seid bereit, wenn ihr euch aufrichtet, hart die Hand zu geißeln, die euch unterwirft.

Man sollte es verstehen, die Laster in Tugenden zu verwandeln.

Jede Gewohnheit ist ein Laster.

Ewig ein anderer zu sein ist die geheimste Sehnsucht des Menschen.

Man muß eine Rangordnung des Universums aufstellen — vorläufig.

Wer findet, ist jener, der zu suchen vergißt.

Hassen ist nützlicher als Lieben, weil der Haß absondert.

Jede Lehre, die überdauert, sind tausend gleichermaßen interessante Lehren, die scheitern.

Die Natur ist im Menschen das am wenigsten Einfache.

Es gibt eine geistige Gefräßigkeit.

Wahre Tiefe täuscht sich selbst und kennt sich selbst nicht.

Das Leben hat keine Ersatzmittel.

Wir müssen uns aufrecht halten, ohne den Kopf an etwas zu lehnen; jede bequeme Meinung ist das Grab des Verstandes.

Jede Tugend ist der Vernunftschluß eines Lasters.

Wahre Weisheit befindet sich jenseits der bewußten und freiwilligen Meditation.

Diese bewundernswerte Kathedrale des jesuitischen Stils: Sainte-Beuves Port-Royal.

Toulet, ein unvergleichlicher Virtuose des Kommas.

Valery Larbaud, der subtilste Lehrer des wollüstigen Humanismus.

Kultur heißt eine Betrachtungsweise schaffen.

Der Mensch ist frei; die Menschheit ist es nicht.

Weit ist der Raum der individuellen Freiheit, doch die kollektive Notwendigkeit begrenzt ihn. Ihre Unabhängigkeit geht in der kausalen Komplexität der Geschichte unter.

Die Notwendigkeit ist kein metaphysisches Gesetz, sondern das Ergebnis der menschlichen Handlungen. Jede neue Handlung eröffnet eine Kausalreihe, bis die Vervielfältigung der Handlungen und Reihen, die verschiedenen Zusammenhänge, die sich zwischen ihnen herstellen, das Geflecht und das Grundmuster der allgemeinen Notwendigkeit gestalten.

Jeder reale Akt hebt unendlich viele mögliche Akte auf. Jeder Augenblick beseitigt ganze Welten.

Im komplexen Gewebe der Ursachen, in der Fülle gegenseitiger Bestimmungen, im erstickenden Dschungel der allgemeinen Notwendigkeit kann vielleicht ein Verstand, der scharfsinniger und umfassender als der unsrige ist, auf listige Weise die Fundamente einer mächtigeren und beständigeren Freiheit errichten.

Schönheit ist ein psychischer Orgasmus.

Breton oder die Ästhetik des Wunders; Valéry oder die Ästhetik der Lösung.

Der Anmaßende tadelt den Fanatismus. ›Wie‹, läßt er sich unausgesprochen vernehmen, ›kann es eine Welt geben, in der ich nichts entdeckt habe!‹

Die Kritik ist der Weg der Schöpfung.

Der Verstand gestaltet die Kunst und weiß es nicht.

Die Schönheit ist das unbewegliche Symbol der Beweglichkeit.

Schönheit ist, was in uns die Einheit schafft.

Die Geschichte ist die Definition der Menschheit.

In manchen Kunstwerken gibt es eine gleichsam potentielle, keimhafte, dem Ausdruck zugrunde liegende Schönheit, wie ein unterirdisches Gewässer, wie eine unter Gras und Moos verborgene Quelle.

Bei anderen verbreitet und erweitert sich die Schönheit, sie dehnt sich zusammen mit deren Ausdruck und Oberfläche aus, sie ist aktuell, verwirklicht sich unmittelbar und vollständig. Diese Kunstwerke faszinieren uns leichter, doch ihr Zauber wirkt vorübergehend, sie üben nur einen kurzzeitigen Einfluß aus; jene hingegen, die uns am Anfang nicht berühren, gewinnen im Lauf der Zeit eine unendliche Macht über uns.

Mäßigung sowohl im Denken als auch in den Taten ist keine Weisheit, wohl aber deren unentbehrliche Voraussetzung.

Das einzige, was wir gut beschreiben können, ist das, was wir nicht mehr sehen; das einzige, was wir deutlich empfinden, ist das, was wir nicht mehr empfinden.

Die Literatur ist Ohnmacht gegenüber dem Gegenwärtigen.

Der Romanautor muß sein Werk so mit seiner Persönlichkeit erfüllen, daß seine Weltordnung für den Leser eine offenkundige und die einzig wirkliche Weltordnung ist. Wenn der Romancier zweifelt, wird sein Leser abtrünnig.

Dummheit überrascht nur den Dummen und die Verderbnis den Verderbten. Der Verstand läßt sich wie die Unschuld schwerer in Verwirrung stürzen.

Wenn wir gestern klüger gewesen sind oder wenn wir denken, daß wir eines Tages klüger sein werden, demütigt uns das heute gleichermaßen.

Zu den Geistern, denen es an Ausgewogenheit fehlt, gehören die größten; doch die Unausgewogenheit ist nicht ohne weiteres ein Zeichen der Größe.

Die Ausgewogenheit des klassischen Schriftstellers ist ihrem Wesen nach unbeständig und vergänglich. Es ist eine Ausgewogenheit, die den Kräften der Unordnung abgerungen wird, ein Wunder, ein Tanz am Rand des Abgrunds, ein stets unmittelbar bevorstehender und stets abgewendeter Mißerfolg: Sie ist mit größtem Lyrismus vereinte größte Strenge.

Eine Partikel gesunden Menschenverstandes wirkt bei einer Frau wie Genie.

Kein Mann ist des Egoismus und der Gleichgültigkeit fähig, mit denen eine Frau alles ansieht, was sie nicht liebt.

Jeder Gedanke über Frauen ist eine in eine Grobheit verpackte Trivialität.

Die Vernunft einer Frau ist das Arsenal ihrer Leidenschaften.

Die Wahrheit einer Frau ist die Lüge dieses Tages.

Die Treue einer Frau ist die Beständigkeit ein und derselben Laune.

Trotz alledem ist es die unglaublichste Eigenschaft der Frauen, daß sie die Männer ertragen und lieben können.

Mehr als den Mann liebt die Frau seine Liebkosungen. Jede Frau benutzt den Mann.

Liebe und Glück befriedigen die Frau vollständig wie der Verstand den Mann.

Die Scham ist die Unsicherheit der Frau. Wenn sie sich ihrer Schönheit sicher ist oder der Liebe, die sie einflößt, vertraut, läßt das ihre natürliche Schamlosigkeit hervorbrechen.

Jeder Mann verachtet insgeheim die Frau, die er besitzen kann, weil keiner stolz oder eitel genug ist, um zu glauben, daß sie sich nur ihm hingegeben hat oder hingeben wird.

Die einzigen Dinge, die wir leidenschaftlich begehren, sind jene, die wir nicht verdienen.

Jede Frau hat es nötig, daß man ihr ein wenig Gewalt antut.

Die Eitelkeit vereint die Menschen, die Eitelkeit bindet sie, und die Eitelkeit trennt sie.

Es gibt keine gute Tat ohne Strafe und keine böse ohne Belohnung.

Die Beharrlichkeit ist oft nichts weiter als die Schwäche eines Willens, der sein Ungestüm nicht zügeln kann.

Wenn wir von jemandem sagen, daß er überklug sei, deuten wir im Grunde nur an, daß er nicht klug genug ist.

Es gibt klassische Geister und romantische Geister, doch die Schönheit ist weder romantisch noch klassisch.

Die schwierigste Aufgabe des Kritikers besteht darin, ein Werk von der dichten Schmutzschicht zu säubern, welche die schwachsinnigen Bewunderer auf ihm ablagern.

Es lohnt sich nicht, jene Dinge zu lernen, die man uns lehren kann.

Die Pädagogik ist die Kunst, das zu lehren, was zu lernen nicht der Mühe wert ist.

Entweder kennen wir die wichtigen Dinge schon bei unserer Geburt, oder wir lernen sie durch ein Wunder. Doch Lehrer können nur Trivialitäten unterrichten.

Wer Bildung und Kultur tadelt, weil sie die Originalität ersticken, bezeichnet als Originalität gewiß nur die Unkenntnis der Quellen.

Nicht die Freiheit berauscht, sondern die Befreiung, wie auch nicht die Gesundheit, sondern die Genesung.

»Il y a ce besoin de l'homme qui est d'échapper au bonheur.«[60]

Jedes Glück täuscht, weil es entweder flieht oder weil man seiner überdrüssig wird. In unseren Armen verflüchtigen sich seine Reize, und es läßt uns nur die unnütze Kenntnis unseres Wahns zurück.

Eine Erfindung unseres Elends, um den uns verzehrenden Durst zu löschen; tragisches Trugbild eines edleren Strebens. Eine Sehnsucht nach anderen Welten und anderen Himmeln und nicht das Verlangen nach einer ruhigen und sanften Wohnstatt auf Erden. Jedes vergängliche Bild des Ewigen erweckt Abneigung; jeder menschliche Besitz verletzt.

Die unsagbaren Reize des Verlangens! Nur sie sind die Reize des Glücks. Der Glanz der Welt ist der Abglanz unserer Wünsche.

Das Glück soll dem Verlangen sagen: Ich bin die Asche deiner Flamme.

Kein Werk ist ohne die Mitwirkung des Bösen, des unterjochten und unterworfenen Bösen möglich.

Die Transzendenz aus dem Innern der empirischen Existenz selbst hervorgehen zu lassen ist das Unternehmen, das den Leichnam Nietzsches an die nackten Ufer des Wahnsinns wirft.

Wir besitzen nicht die Idee der Vollkommenheit, sondern nur ihren Begriff.

Das Objektive ist nicht das, was sich außerhalb von uns befindet, sondern das, wovon wir glauben, daß es sich außerhalb von uns befindet.

Die Härte eines Steins ist ein Begriff, an dem wir uns stoßen.

Damit die große Kultur entstehen kann, verlangt sie einen Boden, den dichte Schichten der Zivilisation bereichert haben.

Die Götter entstehen in den Vorstädten, wo sich die Zivilisationen zersetzen und verrotten.

Jede neue Zivilisation ist die empörte Antwort der von der vorhergehenden Zivilisation Ausgeschlossenen. Eine weltumfassende Zivilisation ohne enterbte Klassen läuft Gefahr, sich voller Monotonie und Abgeschmacktheit endlos fortzusetzen, während sich ihre Macht erschöpft und ihre Kraft verbraucht hat, ihre Quellen und Brunnen ausgetrocknet sind.

Jedes schöne Werk ist der totale Akt eines Lebens.

Schönheit ist der Beweis, daß etwas geschaffen wurde; der häßliche Gegenstand ist eine bloße Umverteilung von Materie.

Die Vollendung unserer menschlichen Natur kann nur die Propädeutik zur Vollendung unseres göttlichen Teils sein.

Wer sich fürchtet, kann nicht unparteilich denken.

Wir haben von allen Vorzügen und Fehlern eigentlich nur diejenigen, die wir nicht zu haben glauben.

Welch ein wunderbares Buch wäre jenes, das den trivialsten und gewöhnlichsten Empfindungen und Gefühlen einen Stil geben könnte.

Der Behaviorismus kann die Realität des Bewußtseins ignorieren, weil er die epistemologischen Voraussetzungen der psychologischen Forschung vergißt und sich allein an ihre wissenschaftlichen Voraussetzungen hält.

Jene sagen Dummheiten, die göttlichen Personalismus und Anthropomorphismus verwechseln, ob sie diese nun ablehnen oder bejahen.

Nietzsches ewige Wiederkunft[61] ist die einzige Hypothese, welche die konkrete Totalität der Welt vor dem Tod rettet.

Die Angst, die Freiheit zu verlieren, ist eine Ursache der Tyrannei.

Der Sklave sehnt sich nicht nach der Freiheit, sondern nach der Versklavung seines Herrn.

Das Verfassungsrecht ist die Toga, mit der eine Nation ihre politische Unfähigkeit verhüllt.

Was heute ernste Folgen hat: Niemand stellt sich vor, wenn man über die Notwendigkeiten der Zivilisation urteilen will, daß es Gesichtspunkte geben kann, die sich von dem des »Ruderers der Galeeren von Aktium«[62] unterscheiden.

In den Großstädten, wo die Menschen in erstickenden Mietskasernen zusammengepfercht sind, werden gerade von der Zusammenballung die allgemeine Anonymität, eine gegenseitige Gleichgültigkeit und demzufolge eine Freiheit und Unabhängigkeit bewirkt, die den Bewohnern der Landgegenden unbekannt sind, wo die verstreut liegenden Wohnstätten die menschlichen Kontakte auf ein Minimum beschränken.

Doch die städtische Freiheit ist eine äußerliche und materielle Freiheit, eine Unabhängigkeit der Akte und Gesten, die eine innere Untertänigkeit, eine Unterwerfung unter geheime kollektive Inspirationen nicht ausschließt.

Gerade ihre Freiheit bereitet die Menschen auf eine psychologische Gleichartigkeit vor, die alle Vielfalt einebnet und das Erscheinen jener starken Persönlichkeiten, welche die Voraussetzung der Größe sind, verhindert.

Es gibt keine Widerlegung an sich; jede Widerlegung ordnet sich in eine systematische Struktur von Postulaten ein.

Totalität kann es nur in einer hierarchischen Ordnung geben, weil dort und nur dort unendlich viele koexistierende Begriffe fortdauern können, ohne einander auszuschließen und aufzuheben, wenn sie zu unterschiedlichen Ordnungen gehören.

Der Welt fehlt ein Sinn, wenn wir uns nicht eine der alltäglichen Realität zugrunde liegende Totalität vorstellen, von der jene Realität nur ein entarteter Teil ist.

Die Gefühle sind die Farben der sittlichen Weltordnung.

Der Mensch sehnt sich nach einer Welt, in der sich die Seele ihre eigene Notwendigkeit schaffen kann.

Gide ist ein Kritiker, den seine Zeit veranlaßte, Romane zu schreiben, und ein Humorist, den sein Protestantismus zu Predigten veranlaßte.

Taines Stil ist der vollkommene Stil der Beweisführung. Jede neue Idee ist eine vorbereitete Schlußfolgerung, jede Schlußfolgerung ist die langsame und methodische Vollendung eines allumfassenden und vielsagenden Gedankengangs.

Trotz ihrer unvergleichlichen Kraft und Stärke haben die Muskeln Balzacs eine übermäßige Menge Fett angesetzt.

Ein Buch Prousts ist die vollkommene Lektüre eines Buches von Joyce.

Giraudoux oder die Intelligenz, die auf pathetische Weise Sensibilität vorspiegelt.

Die faszinierende Wirkung von Laclos wie auch seine Beschränkung liegen in der Trockenheit seiner Leidenschaft. Seine Hellsichtigkeit ist außergewöhnlich, aber er befürchtet, sich zu verlieren, und bewahrt seine Distanz dem Gegenstand gegenüber.

Die Hellsichtigkeit Stendhals läßt sich auf tausend Unternehmungen ein, doch am Ende behält sie stets die Herrschaft über sich selbst, auch wenn dies mit einer komischen Haltung geschieht. Ein warmherziger, wollüstiger, begeisterter Verstand, der es erlaubt, daß sich das Sein ganz hingibt, ohne sich zu verlieren, weil es das unendliche Bewußtsein hat, sich hinzugeben.

Der statische Lyrismus der Dichtung Mallarmés. Der Vers scheint an sein Ende zu gelangen, innezuhalten und sich zu betrachten, sich wieder in sich selbst zu versenken, sich in seinem reinen Raum in unendlich vielen Resonanzen zu vertiefen, sich im Gegensatz zu den Kreisen im Wasser zu seiner eigenen Mitte hin auszubreiten.

Bergsons Stil ist kein intellektueller Stil, sondern der Stil eines Intellektuellen. Den intellektuellen Stil muß man bei Montesquieu oder Saint-Évremont suchen.

Ein Künstler kann sich nicht weigern, zu einem Abschluß zu kommen; die bloße Gegenwart des Werks ist ein ausreichender Abschluß.

Nur im Französischen hat man einen leidenschaftlichen und trokkenen Stil erreicht.

Die geistige Harmonie eines Werks kann den logischen Widerspruch zwischen einigen seiner Teile verlangen.

Etwas zu erklären, wenn eine bloße Andeutung möglich ist, setzt eine übermäßige Geringschätzung des Lesers voraus.

Die Dunkelheit eines Textes bedeutet meistens nur ein übertriebenes Vertrauen in die Intelligenz des Lesers.

Klarheit ist die gute Erziehung des Schriftstellers.

Das Wesen, das wir am meisten lieben, kommt uns manchmal lediglich wie das Verbot vor, einem neuen Glück nachzulaufen.

Lieben; nicht lieben — wie sich diese Dinge manchmal zu vermischen scheinen!

Das Schiff stieß den spitzen Bug ins Wasser. Das geschwellte weiße Segel glitt über das Meer, die Sturmvögel umkreisten den Mast und überließen sich ihren langen Flügeln.

Die Küsten der Inseln verschmolzen allmählich mit dem Meer, und die Sonne ruhte nur noch auf den höchsten Gipfeln. Die Felswände erglänzten zum letzten Mal, und als violette Herrscherin bemächtigte sich die Nacht des stillen Meeres.

Am Schiffsbug sitzend, betrachtete Odysseus die gemächlichen, im leuchtenden und reinen Himmel verlorenen Sterne. Der listenreiche und scharfsinnige Grieche dachte nach; seine beweglichen Äuglein spähten zu den trockenen Bergen Ithakas hinüber, dichten Massen in der nächtlichen Finsternis.

Doch Odysseus fürchtete, daß die Götter seine Bitten erhörten und ihm wieder die Aufgabe zufiele, über seine schmutzigen Bauern und seine nach Fisch und Meersalz stinkenden Seeleute zu herrschen.

Ach! Göttlicher Ochsenhirt! Kastor und Pollux! Wie widerwärtig, zu diesem harten Boden zurückzukehren, abends das Lob Ithakas, seiner Frauen und Weinberge zu vernehmen. Morgen werde ich nur König Odysseus sein, nichts weiter; heute hingegen bin ich noch Odysseus, der unselige Abenteurer, ein Mann, den das Glück flieht, der die Toten besucht und mit Göttinnen schläft.

Auf diesen heimtückischen Wassern läßt sich alles erwarten, das Leben, der Tod und tausend neue Odysseus.

Die Metaphysik des Alltagslebens.

Jede Sache strebt nach ihrem eigenen Wesen.

Die Weltordnung geht von der Synthese aus und endet mit der Analyse.

Die Idee ist die Tat des Geistes und die Materie seine Trägheit.

Die Materie ist nicht der Rückstand der Taten, sondern der sie umgebende Bereich der Untätigkeit.

Solange der Akt dauert, ist die Materie für ihn nur eine Bedrohung.

Der sich wiederholende Akt bereitet die Materie vor. Die Materie ist Wiederholung, das heißt die Form des Todes, die ein unsterbliches Wesen annehmen kann.

Ein Akt setzt nur einen anderen Akt fort, wenn er sich von dem vorhergehenden unterscheidet.

Jede Zivilisation ist die irrationale Verschmelzung bestimmter widersprüchlicher Begriffe. Eine logische Zivilisation ist eine utopische Vorstellung oder eine wohlüberlegte Barbarei. Ihr unvergleichlicher Preis besteht in dieser unvorhersehbaren und konkreten Vereinigung. Wenn es dem modernen Menschen zum Beispiel nicht gelingt, »donner à la paix l'intensité morale de la guerre«[63], werden wir lediglich eine Zivilisation haben, die von Episoden militärischer Barbarei unterbrochen wird, oder als andere Möglichkeit das Dasein eines zufriedenen und sentimentalen Vorstadtbürgers.

Es kann eine Befreiung von Sklaven geben; es gibt keine Befreiung der Sklaven.

Die Zivilisationen unterscheiden sich nach der Art, wie sie ihre Sklaven behandeln, aber nicht danach, ob sie welche haben oder nicht. Die Soziologie ist keine rein lexikalische Angelegenheit.

Die zivilisierte Politik, die Politik jeder Zivilisation, ist die Politik der historischen Kontinuität.

Die Politik, die sich über die Vergangenheit hinwegsetzt, mag sich eindrucksvoll in den Himmel der Geschichte einordnen, doch sie ist unwiderruflich barbarisch.

Wenn die erworbenen Eigenschaften nicht erblich sind, kann kein technischer Stolz die industrielle Zivilisation von morgen vor einer Katastrophe bewahren, die uns rächt.

Damit die Persönlichkeit entstehen kann, benötigt sie Hindernisse, Hemmnisse, Widerstände.

Jede Gesellschaft oder gesellschaftliche Gruppe, die sich bemüht, eine Verhaltensnorm konsequent anzuwenden, die das Individuum ihren abstrakten Forderungen unterwirft, die das Befolgen harter Prinzipien befiehlt, ist ein günstiges Medium für die kraftvolle und nachdrückliche Entwicklung der menschlichen Persönlichkeit.

Um die Ansicht zu vertreten, daß allein die Tatsache, das »Leben« zu leben, wie man es nennt, das einzige Ziel sei, das sich die

Menschheit vornehmen solle, muß man auf abscheuliche Weise von den Göttern verlassen sein.

Es genügt, daß ein Mensch den Edelmut erahnt hat, dessen einige Menschen fähig sind, damit ihm alles übrige abgeschmackt vorkommt.

Daß die Arbeit eine Freude sei, ist eine Erfindung von trostlosen und einfallsreichen Arbeitern.

Alles, was den Menschen von seinen edelsten Ansprüchen ablenkt, ist niederträchtig.

Man darf nicht vergessen, daß Arbeiten ein Fluch ist. Wert hat nur die wollüstige und subtile Muße.

Das Leben hat keine andere Bedeutung als die, sein grobes Grundmuster bereitzustellen, damit der menschliche Scharfsinn es mit den unvergleichlichen Arabesken der Freude und des Verstandes ausschmückt.

Das triviale neurologische Experiment mit dem Froschbein, das man einem starken elektrischen Strom aussetzt, wobei das Bein keinesfalls seine ursprüngliche Bewegungsrichtung beibehält, sondern sie umkehrt, wenn sich das Experiment verlängert, muß uns als Thema der Meditation dienen, wenn wir nicht um das Gute zittern oder wenn wir am Bösen verzweifeln.

Dem Charakter kann man nicht entgehen, und für unsere Freiheit ist er die schlimmste Hypothek des Lebens.

Leuchtende Bilder; der Traum läßt sie jenseits des Lebensstroms als Symbole des möglichen Seins hervortreten, das in uns schläft und von unserer inbrünstigen Liebe ersehnt wird. Wir alle sind die Verheißung von etwas Höherem.

Eine Zivilisation ohne Routinen ist eine Seele ohne Körper.

Die Natur trifft nie unfehlbar das Richtige.

Beweisen bedeutet in der Philosophie, daß wir Zeit verlieren, die wir dem Denken widmen könnten.

Die Suche nach einer Übereinstimmung mit unserer Natur soll nur dazu dienen, ein subtileres Ungleichgewicht zu erreichen.

Das Unmögliche hat keine Wirkungskraft und das Mögliche kein Interesse.

Vollkommenheit wie Glück erringt man nur durch das Werk, das sich von uns trennt und uns der eigenen öden Einsamkeit überläßt.

Das Kunstwerk ist nicht schon zuvor im Geist da, der Zusammenstoß mit der Materie bringt es hervor.

Kunst ist vor allem Sinnlichkeit.

Keine dialektische Beweisführung überzeugt; uns rühren und bekehren nur jene, die wie der Schrei einer verletzten Leidenschaft aus der Seele dringen.

Schönheit ist nicht »une promesse de bonheur«[64], sondern die Erfüllung dieses Versprechens.

Ein sinnerfülltes Leben verläßt die empirische Ebene, um seinen Platz im Empyreum der Ideen zu finden.

Es kommt nicht so sehr auf Glück oder Unglück an, sondern auf Verstand und Anmut, Energie und Spannkraft.

Jede Philosophie, die das Problem des Bösen umgeht, ist ein Märchen für dumme Kinder.

Die chaotische Entwicklung der Wesenskräfte ist das Todesurteil der Kultur. Ihre Voraussetzung ist eine strenge und stumme Musik.

Die Wissenschaft, die uns lehrt, in jedem Wesen lediglich ein vergängliches Beispiel eines allgemeinen und abstrakten Prinzips zu sehen, läßt mich erstarren.

Nichts entwürdigt uns so sehr wie der Drang zu sein, dieses heftige Lebensverlangen, das uns am Opfer hindert.

Ohne den göttlichen Personalismus gipfelt jeder Mystizismus als bloße Ergriffenheit durch das Göttliche in den komischsten Verirrungen.

Der Mystizismus ist der Empirismus der transzendenten Erkenntnis.

Die Zivilisation ist nicht das notwendige Ergebnis der Entwicklung des Menschengeschlechts, sondern ein Abenteuer.

Der Geist, wie wir ihn kennen, wie er sich uns offenbart, ist kein »immaterielles« Etwas, keine leere Form, keine bloße Möglichkeit; der Geist hat Substanz, Materie, Mark, Fleisch, ja, das Fleisch des Geistes.

Die Ästhetik ist der Konvergenzpunkt verschiedener Haltungen und der Knotenpunkt zahlloser Probleme.

Das vollkommenste Werk: eine sinnliche Metaphysik.

Jeder Akt neigt dazu, sich zu wiederholen; ihn belauert der Automatismus; doch jeder wiederholte Akt überlagert und negiert sich selbst.

Die Zivilisation als Tochter der Technik ist das Produkt des notleidenden Verstandes.

Die echte Zivilisation ist das Zersetzungsprodukt von tausend Kulturen in einer Seele, die von Vernunft und Leidenschaft erleuchtet wird.

Die Seele entwickelt sich konzentrisch: sie erwirbt Stärke und Dichte.

Gleichzeitig die Integrität des Individuums zu bewahren und eine Struktur aufzubauen, die verhindert, daß die Gesellschaft zu einer amorphen Masse wird und zerfließt, ist das Privileg eines aristokratischen Staates und allein seines.

Individualität wird langsam erkämpft.

Der Mensch gestaltet den Menschen, die Natur liefert nur den Rohstoff.

Nur dort, wo das Christentum gewirkt hat, gibt es eine scharfsinnige und tiefgründige Kenntnis der siderischen Seite des Menschen und seiner Nachtseite.

Die für das Christentum unempfänglichen Geister sind von höchst amüsanter Naivität.

Es gibt Dummheiten, die nur ein Christ nicht sagen kann.

Die Spur, die das Christentum hinterläßt, ist die einzige Garantie für geistige Reife.

Die großen Feinde des Christentums sind nicht die für sein Licht unempfänglichen Geister. Ob die Blindheit gegenüber dem Christentum jene nun zu Feindseligkeit oder zu Gleichgültigkeit führen mag, jedenfalls ist sie das Vorrecht der Dummköpfe. Ein großer gegnerischer Verstand ignoriert und verkennt das Christentum nicht, wenn er es angreift. Man darf sich keinen Augenblick lang einbilden, daß der Teufel nicht an Gott glaubt.

Die Liebe zum Volk ist die Berufung des Aristokraten; der Demokrat sieht im Volk nur eine Menge, die ihn wählen kann. Die Wahl durch das Volk ist die Triebfeder der demokratischen Seele, wie sie auch der Schwerpunkt ihres Systems ist.

Eine Gesellschaft, wo die Macht in den Händen derjenigen liegt, welche die größten Pflichten haben, ist aristokratisch.

Die aristokratische Regierung bereitet das Individuum darauf vor, sich selbst zu genügen. Deshalb läßt die Anarchie einer revolutionären Episode, die auf eine aristokratische Periode folgt, wenn die einschränkenden Institutionen verschwinden, jedoch ihre Wirkung in der außerordentlichen geistigen und sittlichen Kraft der Bürger weiterbesteht, ungewöhnlich großartige Szenen erwarten.

Ich kann mich nicht einer Philosophie anschließen, die nicht in irgendeiner Form lehrt: nunc est vobis regnum ...[65] Jede Verheißung, die nicht die Verheißung einer ewigen Gegenwart ist, ist grausamste Täuschung.

Die Geschichte ist ein Lebenskampf des Menschen; doch das Leben des Menschen ist nicht auf seine fleischlichen Dimensionen beschränkt. Eine Empfindungsweise, eine moralische Stimmung, die Idee, in der sich die Weltanschauung äußert, gehören vielleicht mehr zu seinem Leben als ein Glied seines Körpers oder eine fruchtbare Provinz.

Die Phantasie hängt vom Konkreten ab.

Die Richtschnur politischer Wirksamkeit läßt sich leicht formulieren: daß man bestimmte Menschen zu blindem Opferwillen bewegt. Und sie läßt sich schwer verwirklichen.

Die Wächter der Freiheit sind die Aristokraten, die Feinde des Cäsaren.

Der originelle Philosoph meditiert über Realitäten, der Epigone über Begriffe.

Die Unpersönlichkeit des Gesetzes durch die Persönlichkeit des Menschen ersetzen; die abstrakten Beziehungen zwischen Rechten und Pflichten durch die konkreten Beziehungen zwischen konkreten, in den Menschen verkörperten Werten; die eiskalte Gegenwart der Dinge durch die warmherzige Rührung angesichts der Gegenwart des Menschen.

Die vollkommene Zivilisation wäre jene, die mit der Vorstellung der italienischen Renaissance vom Individuum die Vorstellung des französischen Feudalismus von der Ordnung vereinen könnte.

Intellektuelle Originalität gibt es nur innerhalb der historischen Kontinuität einer Geistestradition.

Jede Kultur unterwirft sich, um sich zu bereichern, und lehnt sich auf, um zu bereichern.

Jeder Fehler ist liebenswert, wenn er ein Fehler dessen ist, den wir lieben.

Das geliebte Wesen ist nichts weiter als das Sprungbrett unserer Liebe.

Irgendwo wird ein Gott geboren, wenn sich die Schönheit offenbart.

Die Einheit des Geistes ist wie die Einheit der Materie eine Arbeitshypothese, doch diese Art von nackter Spottfigur, die wir erfinden, damit die Geschichte sie mit malerischen Kostümen bekleidet, hat nicht die geringste Realität.

Wenn die Vielfalt der Geschichte nur in den vielfältigen Formen der Hüte oder der wirtschaftlichen Strukturen bestünde, würde sie keine Stunde der Mühe wert sein. Die Vielfalt der Geschichte ist die Vielfalt tausend unterschiedlicher Weltordnungen und der vielfältigen Menschen, die in ihnen zu Hause sind.

In den zukünftigen Kirchengeschichten werden die maßgeblichen Doktrinen der letzten Jahrhunderte unter den Ketzereien gegen die Erbsünde verzeichnet sein.

Eine edle Seele braucht nicht die Mitwirkung von äußeren Umständen, um sich ein heroisches Klima zu schaffen.

In der Philosophie, Moral, Ästhetik und Politik müssen wir uns bemühen, die Unpersönlichkeit der Vernunft durch die Persönlichkeit des Geistes zu ersetzen.

Jede Philosophie des einheitlichen Geistes dient früher oder später als Rechtfertigung für einen listigen Despoten.

Zwischen Descartes und Hegel gibt es die gleiche Beziehung wie zwischen Racine und Hugo; sie unterscheidet sich von jener, die es zwischen Lamarck und Morgan gibt.

Bei den anderen erkennen wir die Vielfalt des Geistes, in uns seine Einheit. Doch in unserer Vielfalt entdecken wir die Vielfalt der anderen, und in der Einheit der anderen entdecken wir unsere Einheit.

Die Erklärung der Materie strebt nach der Identifikation Meyersons, die Erklärung des Geistes nach innerer Kohärenz und gegenseitiger Rangordnung.

In der Materie, von der uns die Sinneswahrnehmung nur einige für unser Leben nützliche Aspekte offenbart, lassen sich manchmal unsagbare Dinge erahnen.

Eine triviale und bedeutsame Feststellung: es gibt eine Schönheit nach der Art Vergils oder Racines oder auch nach der von Keats; aber es gibt keine Schönheit des Lebens oder der Liebe oder auch des Todes.

Die Ästhetik versucht zu erklären, was Schönheit ist. Ein derartiges Unternehmen besteht im wesentlichen darin, die Elemente des schönen Werks auf solche Elemente zurückzuführen, die dem Geist vollständig vertraut sind, das heißt auf geistige Elemente.

Ein derartiges Vorgehen setzt die mögliche Vergeistigung der Welt voraus. Ein vielleicht unumgängliches Postulat, das jedoch willkürlich ist und darum durch ein anderes Postulat ersetzt werden kann, wenn eine andere Notwendigkeit erscheint.

Antworten wir, wenn man uns fragt, was Schönheit ist, sie sei, was sich in diesem oder jenem Werk finde; und antworten wir, wenn man uns fragt, was sich in diesem oder jenem Werk finde, daß es die Schönheit sei.

Antworten wir, wenn man uns fragt, wie wir diese Schönheit entdecken, es geschehe durch einen Schönheitssinn; und antworten wir, wenn man uns fragt, was uns erlaube, einen Schönheitssinn zu postulieren, daß es die unwiderlegliche Existenz der Schönheit sei.

Schönheit ist eine Eigenschaft bestimmter Dinge, die sich auf nichts anderes als auf sich selbst zurückführen läßt. Wir behaupten nie, daß etwas schön sei, wenn es dies oder jenes ist (immer finden wir schöne Werke mit Eigenschaften und unter Voraussetzungen, die sich von dem Werk unterscheiden, worüber wir sprechen), vielmehr sagen wir etwas Derartiges nur, wenn es schön ist.

Schönheit ist ein Block, eine Einheit, ein unauflöslicher Körper, der in unserem Geist eine angemessene Wahrnehmung findet. Man darf in ihr keine Elemente suchen, mit denen sie sich erklären läßt, um sie an die gewöhnlichen und alltäglichen Funktionen des Geistes anzupassen.

Die Ästhetik hat nur den Zweck, die Bedeutung der Schönheit zu suchen; sie soll sie nicht übersetzen, sondern in die Weltordnung einfügen, ihren Ort und Platz finden.

Die mystischen Ästhetiken, selbst die verworrensten, haben den Künstler stets tiefer als die intellektualistischen Ästhetiken zufriedengestellt; diese nämlich sehen in der Schönheit einen zusammengesetzten Begriff, den sie auflösen müssen, während jene in ihr einen einfachen Begriff sehen, den sie in die Bewegung, das Leben und den Elan des Geistes einbeziehen müssen.

Jeder Mensch ist eine unbeständige, kurzzeitige und vorübergehende Synthese seiner Vergangenheit, Gegenwart und Zukunft.

Nichts Vortreffliches ist notwendig.

Alles Große und Edle läßt sich übergehen, ohne das Leben zu beeinträchtigen.

Man kann in tiefster Erniedrigung und völliger Unkenntnis des Vortrefflichen leben und dabei glücklich leben.

Der Wille und nicht das Leben ist der Nährboden der Größe.

Ein nachgiebiges Einverständnis mit den Anregungen des Lebens bewahrt zuweilen die wahrhaftigsten Folgerungen derselben Grundsätze, die es scheinbar verrät. Voller Spott betrachtet das Leben gewöhnlich diejenigen, die seine diskretesten Gaben mit allzu hochtrabenden Gesten abweisen, denn es pflegt seine seltenen Augenblicke der Freigebigkeit und Großzügigkeit nicht mit Pauken und Trompeten anzukündigen.

Wie die Milchzähne gibt es auch Milch-Ideen. In welchem Alter ersetzen wir sie allmählich?

Der ehrliche Fanatismus ist jener, der den dunklen Glauben hat, daß die Wahrheit leidet, wenn die Menschen sie verkennen.

Nur der Christ kann fanatisch auf logische Art sein, und wenn er aufhört, es zu sein, hört er auf, Christ zu sein.

Jede Reise ist unnütz, wenn sie nicht dem langsamen und gemächlichen Spaziergang gleicht, der uns mit sanfter Strenge in das heimliche Leben einer Landschaft einführt.

Das Gedächtnis ist zu listig und launenhaft, als daß ein Verzeichnis von Beschreibungen oder ein Katalog von Tatsachen die dichten, fleischlichen und gehaltvollen Erinnerungen der durchlebten Stunden aus dem Schiffbruch der Zeit rettet und unangetastet, in ihre schützende Verpackung gehüllt, weiterreicht. Das Gedächtnis erträgt es nicht, daß wir ihm Gewalt antun. Man sollte es seiner eigenen Weisheit überlassen.

Ich sehne mich nicht danach, Erinnerungen zu sammeln, um mich über eintönige Abende hinwegzutrösten.

Wenn die Tage dicke, frisch gelesene Trauben in ihren Körben bringen, müssen wir die Weinbeeren essen und uns die Finger abwischen, ohne zu denken, daß eine köstliche Frucht mehr als die dankbare Gier unseres Mundes verdient.

Erstreben wir nur, daß sich das Fruchtfleisch der Gegenwart mit ihrem reinen Saft füllt, daß jeder Augenblick seine schweren Blütenblätter öffnet.

Wir müssen uns zur Hellsichtigkeit zwingen und vermeiden, daß die Dinge an uns wie an einem ölverschmierten Stein abgleiten.

Bei jedem Anblick, in jeder Lage soll der Geist mit offenen Augen und geblähten Nüstern aus seinen eigenen Fenstern blicken.

Ich will meine Augen nicht über die Dinge schweifen lassen wie der Lichtkegel, der einen flüchtigen Gegenstand aus dem Dunkel hervortreten läßt, um ihn bald unangetastet seinem ursprünglichen Schweigen preiszugeben. Ich will nicht wie das jungfräuliche Licht sein, das sich nicht durch das von ihm Erhellte verändert.

Das Leid weckt uns manchmal aus dem Winterschlaf, in dem wir dahinleben, und schlägt uns seine Krallen ins Fleisch, damit wir zum Bewußtsein erwachen. Die Lust aber entreißt uns nur eine Geste und eine frohlockende Zuckung. In der Lust trübt sich das Bewußtsein und verirrt sich.

Es scheint sich wie wahnsinnig in diesem Zustand zu verströmen, in dem sich unsere erbärmlichen Sehnsüchte erfüllen.

Dann stört uns das Bewußtsein, und wir werfen es wie ein unnützes Kleidungsstück auf den starren Boden, neben die Zimmerschwelle, wo ein nackter Körper auf unser inbrünstigstes Verlangen wartet. Wenn es also eine unmögliche Aufgabe ist, sich der Lust bewußt zu werden, ist es schon eine schwierige und mühselige Aufgabe, daß wir uns unseres Lebens und der es umgebenden Welt bewußt sind. Dennoch ist es etwas Wonnevolles und eine Beschäftigung, deren man nicht überdrüssig wird.

Doch nur die Pflicht, jede Erfahrung in Wortgestalt reifen zu lassen, nötigt uns, daß wir uns ihr sorgfältig zuwenden, sie betasten, durchdringen und so den Sinnen die Mitwirkung des Verstandes bieten.

Lord Actons Prosa wirkt wie übersetzt.

Ohne eine religiöse Deutung beschränkt sich das Leben auf seine reine Aktualität.

Dem Leben fehlt ein Sinn, wenn wir es in seiner bloßen Entwicklung passiv annehmen und wenn wir es mit der Schicksalsergebenheit von Leuten anerkennen, die darauf verzichten, es zu Werten zu prägen.

Dann ist der einzige Lehrsatz, den wir äußern können, der Satz, der die von jeder axiologischen Einmischung freie Wissenschaft zusammenfaßt, ein tautologischer Satz: Was ist, das ist.

Substanz und Akzidens sind Arten, das Objekt zu denken, sie sind Haltungen des Subjekts, des Denkens, und nichts weiter.

Ein Denken, das alles als Akzidens betrachtet, endet mit einem pantheistischen Monismus; und ein Denken, das alles als Substanz betrachtet, ist ein irrationalistischer Pluralismus.

Die einzelnen Systeme liegen zwischen diesen beiden Extremen, was von dem jeweiligen Platz abhängt, dem sie die Grenzen von Akzidens und Substanz zuweisen.

Nichts ist natürlicher als die Stagnation der experimentellen Wissenschaften in einer Zeit, die sich übermäßig mit der Logik beschäftigt.

Es gibt etwas derart Absolutes im Studium der logischen Beziehungen, weil der Mensch außerhalb von ihnen nichts denken kann, daß es scheint, sie zu untersuchen und sich ihrer zu bedienen komme dem Besitz der ganzen Welt gleich. Der Geist, der die logischen Begriffe ordnet, einsetzt und gliedert, fühlt sich als Herr des Denkens und der Welt.

Wieviel Anmaßung offenbart allein der Akt des Schreibens!

Die kurze Randbemerkung mißbraucht nicht die Geduld des Lesers, und zugleich ermöglicht sie es, daß, was wir schreiben wollen, abgeschlossen ist, bevor das Bewußtsein, wie mittelmäßig es ist, uns am Weiterschreiben hindert.

In einer weitschweifigen Abhandlung wandert der Geist durch tausend Meilen Wüste von Idee zu Idee.

Wenn man den Zement der Gemeinplätze zwischen den Ideen wegläßt, bedeutet das, dem Leser vorzuschlagen, daß er an demselben Bauprojekt mitwirkt.

Alles Anerkannte ist edel, alles Aufgezwungene niederträchtig.

Die Handlung erkennt keine andere Schuld als den Mißerfolg an.

In der Unbewußtheit gibt es etwas Niedriges, Animalisches und Gemeines, das jeder edlen Seele widerwärtig ist.

Der Gipfel des Verstandes besteht in der Welt manchmal darin, keinen Verstand zu haben.

Im Leben wie in der Kunst ist Einfachheit das Ergebnis einer außerordentlichen Geschicklichkeit.

Einfachheit ist etwas Künstliches, Willkürliches, Systematisches und Vortreffliches.

Es ist nicht schwer, ausreichend geschickt zu sein, damit uns die übrigen nicht täuschen — aber wer läßt sich nicht von sich selbst täuschen?

Der Aphorismus setzt voraus, daß Autor und Leser in derselben diskursiven Weltordnung leben.

Darum kann nur eine reichhaltige Redekunst Brücken von Land zu Land und von Klasse zu Klasse errichten.

Sprechen ist nur interessant, wenn wir die vermittelnden Ideen verschweigen können.

Jedes Apostolat ist wortgewandt; wer sich aber nicht darum kümmert zu überzeugen, dem genügt es, darzustellen und vorzuschlagen.

Was uns überzeugt, ist das Ergebnis heimlicher Verarbeitungen; das Bewußtsein kann jene Tiefseeflora lediglich erhellen.

Wem der Dialog gleichgültig wird, dem scheint das Schreiben unnütz; nur ein listiges Labyrinth von Fallen kann ihn dazu verleiten.

Wenn wir die verschiedenen bekannten Gründe für das Schreiben endgültig verworfen und die herkömmlichen Rechtfertigungen, es zu tun, widerlegt haben, erheitert es am meisten, daß wir es weiter versuchen, als hätten wir Rechtfertigungen und Gründe befürwortet und gebilligt.

Wenn wir nicht erreichen können, was wir wünschen, löst das unsere Probleme nicht, sondern führt zu neuen Situationen.

Denken ist eine so wonnevolle Tätigkeit, daß es uns die Mittelmäßigkeit unserer Gedanken ertragen läßt.

Träumen unterhält, doch es ermüdet; was wir uns im Traum gönnen, macht ebenso schnell überdrüssig wie das, was uns die Wirklichkeit gönnt.

Schreiben heißt, wenn es uns nicht ein wahrer Gott gebietet, jenen beschränkten Raum von Tagen, den wir mit dem beschäftigen könnten, was die Größten und die Edelsten geschaffen haben, von den Trivialitäten unseres schwachen Verstandes erfüllen zu lassen.

Es gibt Dinge, die für eine Erklärung geeignet sind, und andere, die fähig sind, eine Bedeutung zu erhalten.

Jene lassen sich in einfache Elemente zerlegen und sind dem Identifikationsprinzip unterworfen; diese sind unteilbare, absolute Blöcke, die wir lediglich auf geordnete Weise in das Universum eingliedern können.

Das Universum ist ein System von unsagbaren Begriffen; entweder offenbaren und behaupten sich absolute Erscheinungen im Universum oder die Spiritualität des Universums gehört zur konkreten und nicht zur abstrakten Geistesordnung; entweder gibt es keine identische Allgemeinheit der Vernunft, sondern nur eine unterschiedliche Allgemeinheit des Individuums, oder das Universum ist ein System von Individuen, deren spirituelle Identität nicht den unaufhebbaren Unterschied beseitigt. Oder ein wesenhaft pluralistischer Monismus.

Was das Individuum unterscheidet, ist kein individueller Wesenszug, der die spezifischen Wesenszüge überlagert; das Individuum ist innerhalb der Art eine unvorhersehbare und allumfassende Umgestaltung der Spezifik.

Setzen wir der Vorstellung von einem transparenten und fließenden Universum, von einem Universum, das sich auf die Einheit und die bleierne Einfachheit eines einzigen Prinzips zurückführen läßt, die Vorstellung von einem widerspenstigen und rebellischen Universum entgegen, einem Universum aus Fleisch, Erschütterung und Angst.

Einem wissenschaftlichen Universum ein ästhetisches Universum, ein totales Universum.

Das Werk des Dichters bereitet wie sein Leben nur das Entstehen der Dichtung vor.

Zugleich mit der Schönheit entdeckt der Geist im Kunstwerk bestimmte Eigenschaften, die ihn ästhetisch zufriedenstellen können.

Diese Eigenschaften unterscheiden sich von der wesenhaften Schönheit und gehören zur ästhetischen Sphäre, weil sie keine autonomen Objekte, sondern Beziehungen sind, die der Geist festlegt und schafft.

So etwa Eigenschaften geistiger Art wie Harmonie, Angemessenheit, Mäßigung, Genauigkeit, Knappheit oder Eigenschaften der Sinnenwelt wie Sinnlichkeit, Leben und Leidenschaft.

Es gibt Eigenschaften einer streng menschlichen Ordnung, die uns tief rühren, die aber uns zugängliche Eigenschaften sind und deren eigentliche Macht trotz alledem die unsagbare Schönheit ist, die sich dort unserem Geist verbirgt.

Das Kunstwerk hat eine gewisse Ähnlichkeit mit dem Menschen.

Eine Struktur aus Klängen, Wörtern, Bildern, Ideen erscheint uns zuweilen als die totale Wirklichkeit des Gedichts, zuweilen nur als sein vergängliches Fleisch.

Die Dichtung ist eine Seele, deren Existenz so offenkundig wie die Existenz unserer Seele und ebenso zweifelhaft ist.

Jedes Kunstwerk wirft den Schatten einer unverwechselbaren und eigentümlichen Ästhetik auf den geistigen Himmel.

Die absolute Ästhetik ist der Traum eines erschöpften Kritikers oder der Ehrgeiz eines despotischen Künstlers.

Es gibt keine Voraussetzungen, die für das Erscheinen der Schönheit ausschließlich notwendig sind, sondern nur Voraussetzungen, die sie zunehmend begünstigen. Sie sind jene, die Poe, Baudelaire, Mallarmé und Valéry entdecken.

Der Didaktismus ist nicht wesentlich antipoetisch (das »Von der Natur der Dinge«[66] genügt, um es zu beweisen), denn es gibt nichts wesentlich Poetisches. Sagen wir einfach, daß der Didaktismus undurchlässig für die Poesie ist.

Das Universum besteht eher aus Gliedern, die sich gegenseitig vervollständigen, als aus Gliedern, die einander entgegenwirken.

Jeder heftige Widerspruch beruht auf einer willkürlichen Abstraktion von Elementen.

Jede Identifikation auf einer willkürlichen Auslassung.

Die Wirklichkeit widerspricht und identifiziert sich nicht; die Wirklichkeit ordnet sich.

Es gibt eine mögliche Interpretation des materiellen Universums, die über die wissenschaftliche Interpretation hinausgeht, ohne sie zu negieren.

Eine wunderbare, nutzlose und unbegründete Interpretation, die eine deterministische, nützliche und unserem Handeln unterworfene Interpretation überlagert.

Eine Interpretation, die der von den biologischen Zwängen unserer Wahrnehmung eingeschränkten Wirklichkeit die reichen Halbschatten der sinnlichen Erfahrung und der mystischen Erfahrung zurückgibt.

Die Philosophie ist in unserer Zeit das Instrument zur Befreiung des Menschen.

Den starren Koordinaten der Wissenschaft wie der Unterdrükkung durch die kollektiven Mythen zu entgehen ist die gegenwärtige Aufgabe des Geistes.

Wir wollen etwas haben, das uns unsere Nacktheit vor Gott zurückgibt.

Im Vergleich mit der Lebhaftigkeit und Frische der Platonischen Dialoge wirkt jede Literatur wie ein Gespräch von Notaren über die Tugenden des Verstorbenen während eines Beileidsbesuchs.

Damit wir jedes Wort eines Textes verstehen, müssen wir vom Gesamtsinn des Textes zum einzelnen Sinn jedes Wortes hinabsteigen; doch damit wir diesen Gesamtsinn verstehen, müssen wir von jedem Wort auf diesen Gesamtsinn zurückgehen.

Dies ist der Zirkelschluß der Hermeneutik, den wir nur durchbrechen, wenn wir aufeinanderfolgende Teilhypothesen wagen.

Ganze Tage habe ich verbracht, ohne an etwas zu denken, der Tyrannei und der Laune des Augenblicks unterworfen.

Woran denken die anderen? Diese Frage kommt mir wie ein Problem vor, bis ich mich der Leere erinnere, in der ich ganze Tage wie auf einem weiten und trägen blauen See umherirre.

Wie viele Menschen würden ohne die Fragen nachdenken, die sich wegen eines drohenden Konflikts stellen?

Denken ist eine Antwort.

Der Konflikt ist der Vater der Idee.

Manchmal glaube ich, daß ich zu etwas mehr fähig bin, als Gemeinplätze aufrichtig zu durchdenken; doch mir scheint, daß der feinsinnige und neue Gedanke am Ende eines verschwiegenen Pfades auftaucht, der den breiten und gepflasterten Weg der Trivialitäten fortsetzt.

Was ich schreibe, ist wie ein grober Span, der sich bei dem Versuch abhebt, das krumme Holz meines Geistes zu glätten.

Es lohnt sich nicht, daß wir uns Sorgen machen, weil das, was wir gegenwärtig tun, mittelmäßig ist, wenn wir spüren, daß unsere Wegrichtung nicht verfehlt ist.

Nicht der Weg ist wichtig, sondern das Ziel.

Es ist eine geistlose Aufgabe, einen Pfad durchs Dickicht zu schlagen, doch sie ist annehmbar, wenn uns die Hoffnung anzukommen tröstet.

Zunächst interessieren wir uns für einen bestimmten Menschen nur wegen seiner Ideen, und am Ende interessieren wir uns für bestimmte Ideen, weil sie von einem bestimmten Menschen kommen.

Nur das konkrete, reiche, dichte Individuum bewahrt unser leidenschaftliches Interesse.

Wahrhaftig zu sein, was wir sind, ist nicht nur vergnüglicher als zu denken, sondern auch ein besseres Los in der Lotterie der Unsterblichkeit.

Vielleicht haben die Ideen keinen anderen Zweck als den, die Menschen mit allen Feinheiten zu bereichern, die das menschliche Dasein bietet. Wie ein Hausherr, der nur Gesprächsthemen vorschlägt, damit seine Gäste besser glänzen können.

Der wahre Sinn unserer Meinungen besteht im fein abgestuften System stillschweigender Auslassungen, worin wir sie einhüllen.

Wer sich einbildet, daß wir glauben, lineare Orakel mit Schnittkanten und ohne Halbschatten auszusprechen, macht uns dümmer, als wir sind.

Wenn Ironie in dem Gedanken besteht, daß die Wahrheit gerade das Gegenteil von dem ist, was wir denken, es jedoch nicht genügt, unsere Denkrichtung umzukehren, um sie zu erfassen – wie etwa der Bürgersteig gegenüber der ist, den wir nie betreten –, so bitte ich, daß man mich als Ironiker anerkennt.

Beschränkt wie ein Fachmann.

Wissenschaftler sind wie jene Tierarten, deren übermäßige Anpassung an das Milieu, das heißt die Vollkommenheit ihrer biologischen Hilfsmittel, sie in ihrer Entwicklung aufhält, wenn sich das Milieu nicht verändert, oder wenn es sich verändert, läßt es sie aussterben.

Das Vertrauen – selbst das verdiente Vertrauen – in eine Sammlung von Begriffen verdummt.

Es ist die grausamste Ironie der Wahrheit, daß sie ihre Diener zu Arbeitstieren macht.

Ein Techniker ist ein Landarbeiter, dessen Hacke eine Formel ist.

Die Techniker gleichen Würmern, die, ohne zu wissen, wie, Seide produzieren.

Ein gesunder Staat wird die Techniker ernähren, aber nicht respektieren.

Jedes Werk ist vergeblich, wenn es sich etwas anderes als die Bestimmung der Beziehungen des Menschen zu Gott vornimmt.

Es gibt keine falschen Götter, sondern nur unvollständige Hierophanien.

Die Vollkommenheit ist das Privileg der Unbewußtheit.

Das Bewußtsein stellt den Mißerfolg in den Mittelpunkt der Weltordnung. Die Größe des Menschen besteht in seiner tiefen Unterwerfung unter Abenteuer und Wagnis.

Der erste Mensch, der ein Werkzeug erfunden hat, besaß schon die notwendigen Fähigkeiten, um die komplizierteste Maschine zu bauen. Eine technische Erfindung benötigt lediglich eine Ansammlung praktischer Erfahrungen, und auf Grund der günstigen gesellschaftlichen Bedingungen nimmt die wachsende Zahl der Entdekkungen deshalb überraschende Ausmaße an. Das Genie greift nicht jedesmal auf ungeahnte und unvorhersehbare Art ein.

Jeder Akt ist nicht der Ausgangspunkt einer Reihe, sondern das Glied, das die vorherigen Glieder fortsetzt.

Unser Leib und unser Geist genügen beide als Ganzes kaum, um zu philosophieren.

In der Liebe verschwinden die menschlichen Probleme vorübergehend und finden eine geheimnisvolle und spezifische Lösung. So wie sich die Probleme des Universums durch die Unio mystica in einer unsagbaren Harmonie auflösen.

Vauvenargues hat gesagt, daß »nous ne jouissons que des hommes«[67]; doch eigentlich sollte man sagen, daß wir uns nur an konkreten Erscheinungsformen erfreuen.

Jeder Gattungsname ist voller Doppeldeutigkeiten.

Wir müssen das Wesen der Religion suchen, erfassen, erkennen und besitzen. Ohne diese Erkenntnis setzt sich der Zweifel in jeder

Doktrin fest, und die Seelenruhe ist nichts weiter als eine vorübergehende Gleichgültigkeit.

Doch diese Erkenntnis genügt nicht.

Wir brauchen eine konkrete religiöse Form, selbst wenn sie absurd und unrein ist. Das Wesen ist eine Kantsche Idee, der Kompaß und Ansporn unserer Taten.

Ein Widerspruch, in den uns die dringende Notwendigkeit bringt, gleichzeitig unseren Geist und unsere menschliche Natur zu befriedigen.

Das Mysterium der Individuation ist das Mysterium der vollständigen Verwirklichung des Wesens.

Wie die Romanpersonen die unterdrückten Wesensmöglichkeiten des Autors sind.

Die Dinge sind »unterschieden«, aber nicht »getrennt«.

Stellen wir dem »nichts im Übermaß« ein »nichts ist genug« entgegen, doch die Seele soll stets leer bleiben.

Der Begriffsapparat einer Philosophie ist notwendig, aber nicht wesentlich.

Die Intuition wird in Begriffen gestaltet; doch unterschiedliche und sogar widersprüchliche Begriffe können derselben Intuition dienen.

Der »Spiritualism« ist eine Mystik, die jede vorbereitende Askese vergißt.

Die Vorstellung vom spirituellen Phänomen ist absurd. Es gibt nur materielle Phänomene und spirituelle Bedeutungen. Der Geist ist eine Realität, die nicht erscheint, die wir vielmehr sind, und eine Interpretation, der wir die Erscheinungen unterwerfen.

Die Negation ist keine Möglichkeit, ein Hindernis auf »mystische« Weise zu umgehen.

Das Universum zu ordnen ist die einzige Möglichkeit, es zu transzendieren.

Der Geist führt ein zersetzendes Ferment in die Materie ein, das sie erhebt und verherrlicht.

Als Schicksal bezeichnen wir den Widerstand, den uns das Universum entgegensetzt, seine Dichte und Stärke.

In jedem Objekt gibt es eine Realität, die wahrhaftiger und tiefer als seine phänomenale und irdische Realität ist; diese Realität schwebt jedoch nicht jenseits des Objekts in der Luft, sondern befindet sich im Objekt selbst.

Der Sinn eines Gedichts ist das Gedicht selbst.

Jedes Gedicht hat einen einzigen, andersartigen, eigenen Sinn, eine unersetzbare Individualität, aber alle Gedichte haben nur ein und dieselbe Bedeutung.

Die »Dialektik« ist der letzte Versuch des rationalistischen Konzeptualismus.

Die Bewegung des Geistes »dialektisch« zu denken bedeutet, daß man auf verworrene, aber angstvolle Weise das Bewußtsein des irrationalen und widersprüchlichen Überflusses des Geisteslebens erworben hat.

Bevor sie sich damit abfindet, den Geist als ein unaufhebbares Absolutes anzuerkennen, versucht die »dialektische« Philosophie, aus dem verwirrenden und entmutigenden Widerspruch die Triebkraft ihres Begriffsbildungsprozesses zu machen. Ein listiges Unternehmen, um das wilde Fohlen des Geistes zu zähmen. Jede dialektische Philosophie bereitet eine Philosophie der konkreten Existenz und des historischen Geistes vor.

Die Seele findet ihre Zufriedenheit in der Liebe zu den irdischen Dingen, ohne auf dem Weg innezuhalten, der sie leitet und über die von ihr geliebten Objekte hinausführt.

Doch sie setzt ihren Weg nicht fort, indem sie diese verwirft, sondern indem sie ihre Liebe zu ihnen vertieft, erweitert und verherrlicht.

Die moderne Philosophie beginnt, als die Erkenntnis der konkreten Individualität als eigentlich philosophische Funktion des Geistes gegen jede Theorie bejaht wird, welche die ausschließliche Wissenschaft der thomistischen »Quidditäten« vorträgt.

Der Gegensatz zweier Ideen findet keine Lösung in einem dritten Glied, das sie zusammenfaßt.

Man sollte diese Lösung suchen, indem man jede Idee auf das Individuum zurückführt, das sie schafft, um diesen absoluten und dialektischen Gegensatz durch einen Gegensatz von Individuum zu Individuum zu ersetzen, einen genetischen und historischen Gegensatz, der die Interpretation der konkreten Bedingungen erhellt, unter denen er entsteht.

Der Haß auf die Freiheit ist der Haß eines zufriedenen Sklaven.

Der Wille, auf dem Sein zu beharren, und der Wille, das Sein zu transzendieren, sind einander ergänzende Aspekte eines übereinstimmenden Willens.

Tatsächlich entsteht jede Transzendenz aus einer Vollendung des Seins, die nur derjenige erreicht, der auf dessen Wesen beharrt.

Bedürfnis, Trieb, Wille und Vernunft sind die vierfache Wurzel des Staates.

Der Relativismus ist nur gefährlich, wenn er einseitig ist, wenn die Möglichkeit einer Wahrheit, so trivial sie auch sein mag, unabhängig von der Stellung jedes beliebigen Beobachters die unterschiedlichen, einander widersprechenden oder ignorierenden Wahrheiten auf die Stufe bloßer Meinungen herabsetzt. Ein absoluter Relativismus, der scheinbar aus jeder Wahrheit die einfache Bejahung eines Individuums macht, gibt hingegen dem Universum seine Bedeutungsfülle zurück.

Der Widerspruch, diese Klippe, an welcher der Sinn der Welt scheitert, verliert tatsächlich seine unbeschränkte Macht. Die Koexistenz entgegengesetzter Wahrheiten beschränkt die Deduzierbarkeit der Welt, doch sie läßt uns nicht durch die unnütze Meditation über die Grenzen unseres menschlichen Wissens verzweifeln. Daß alles relativ ist, genügt, um uns das Postulat zu ermöglichen, daß jede einzelne unserer Wahrheiten absolut ist.

Die Seele ist der asymptotische Punkt der Psychologie wie unseres Erdenlebens.

Die Philosophie ist der Versuch einer Entdeckung absoluter Zwecke, sich erschöpfender und vollendender Akte und von Grenzen, auf denen das Wesen beruht.

Einem kritisch-mystischen Philosophiesystem würde es vielleicht gelingen, Schlußfolgerungen mystischer Art durch Gedankengänge zu beweisen, die auf rationalen Prinzipien leibnizscher Art beruhen.

So etwa würden das Kausalitätsprinzip und der Satz vom zureichenden Grund die Existenz von konkreten Erscheinungen beweisen, das Kontinuitätsprinzip den mystischen Zusammenhang des gesamten Universums, der Satz des Widerspruchs die Autonomie der Individuen im universalen Gewebe des Seins usw. usf.

Im Vergleich mit dem totalen Sein sind wir Materie, so wie die Materie nur im Vergleich mit uns Materie ist.

Jedes Sein ist unendlich einzigartig und unendlich allgemein.

Das Paradoxon der Individualität besteht in ihrer Einzigartigkeit, ihrer Totalität, ihrer unverwechselbaren Realität und in der gleichzeitigen Anwesenheit von Elementen, die sie mit allen gleichsetzen, sie in die menschliche Gemeinschaft integrieren und die Hermeneutik der Geschichte vorbereiten.

Das Ich gleicht einer Kugel, die aus einer unendlichen Reihe von konzentrischen Schichten besteht. Jede tiefere Schicht verkörpert genauere (das heißt einzigartigere, wenn es nämlich um logische Genauigkeit ginge, wäre die Richtung umgekehrt) psychologische Wesensmerkmale, bis man zu einem hypothetischen Mittelpunkt gelangt, dem Symbol der unaufhebbaren Individualität.

Ein hypothetischer Mittelpunkt, der kein substantielles Dasein hat, weil es keinen Bereich gibt, in dem sich die allgemeinen Wesensmerkmale erschöpfen und nur die individuellen Züge übrigbleiben. Dieser Mittelpunkt ist gleichzeitig hier und dort, überall gegenwärtig, auf keinen einzigen Ort festzulegen. Doch was ich Mittelpunkt nenne, ist keine bloße besondere Färbung allgemeiner Sachverhalte, es ist die Heimstatt der Kraft selbst, die weite und geheime Bindung der Seele, die Aktualität einer Transzendenz im Innersten der empirischen Existenz.

Das Prinzip des Verstehens ist die Identität, und die Vielfalt ist das Prinzip der Wahrnehmung.

Das erklärende Verstehen hebt die Wahrnehmungsergebnisse auf; nur ein urteilendes Verstehen[68] versucht, die Perzepte zu geistigen Vorstellungen zu verarbeiten, ohne die Wahrnehmungskategorien zu verletzen.

Den erzieherischen Wert der Kunst gibt es nur für den Künstler.

Die Kunst ist eine zu delikate und subtile Speise für den rohen und kräftigen Appetit des Volkes.

Ein philosophisches System ist eher ein Bemühen um Integration als ein Erklärungsversuch.

Die dreifache Via mystica ist die vollkommene Anwendung einer Methode auf die Schaffung eines totalen Seinszustandes.

Da jedes Sein nach seiner vollständigen Realität strebt, strebt es nach der totalen und vollständigen Realität, nach Gott.

Jede Philosophie ist eine noumenale Psychologie.

Die sokratische Lehre ist das Hindernis des philosophischen Denkens. Die Begriffsphilosophie ist die Vorbereitung der Wissenschaft. Nur dort geht in Erfüllung, was sie anstrebt.

Das sokratische Problem besteht in der Schwierigkeit, eine philosophische Struktur auf begrifflichen Grundlagen, eine Rechtfertigung der Weltordnung zu schaffen, die auf einem es aufhebenden System beruht.

Das Interesse der spekulativen Mystik liegt gerade in ihrem bewußten Kampf gegen die Unangemessenheit des Begriffssystems.

Damit wir eine Lehre verstehen können, die sich uns entzieht, müssen wir sie an ihren Autor annähern, sie in sein Leben integrieren.

So verbannen wir die eiskalten und starren Thesen und stellen uns einer pulsierenden und bebenden Gegenwart, einem Sein.

Antworten wir auf die moderne Erklärung »Wenn eine Philosophie nicht wissenschaftlich ist, ist sie nichts« mit der Entgegnung: »Wenn eine Philosophie wissenschaftlich ist, ist sie nichts.«

Die Wissenschaft bereichert unser Handeln und beschränkt unsere Erkenntnis.

Das Universum der Wissenschaft enthält nur pragmatische Werte (Tatsache oder Sache nennen wir etwas, das eine bestimmte Verhaltensweise ermöglicht), während das natürliche Universum, das jenes andere ersetzen soll, reiche Wertreihen enthält.

Was mir die Malerei vor allem bietet, ist eine sinnliche Bereicherung.

Vielleicht ist das einzige, was nicht Eitelkeit ist, die sinnliche Vollkommenheit des Augenblicks.

Da ich es satt habe, mich vergebens um die Beseitigung eines der beiden Begriffe zu bemühen, die mein Geist spontan bejaht, glaube ich, daß ich mich entscheiden muß, beide zu bewahren und fest in der Hand zu halten, ohne mich wegen des Widerspruchs zu beunruhigen, den alle verkünden, den ich aber nicht empfinde. Damit meine ich Sinnlichkeit und Religion.

Mehrere Probleme beruhen lediglich auf der unmöglichen Vereinigung unserer reichen geistigen Erfahrung mit unserer abstrakten und partiellen Vorstellung von der Materie.

Wenn der Mensch die physische Welt nicht in ein metaphysisches Abenteuer hineinziehen kann, ist die Bedeutung seiner stolzesten materiellen Unternehmungen lächerlich und nichtig.

Nicht die Welt, sondern die Verheißung dessen, was sein könnte, in der Welt retten.

Augenblicke tiefer sittlicher Erschütterungen, wenn sich der Geist regt, sich beunruhigt, sich aushöhlt und zerteilt wie Wasser, das vom Abgrund angezogen wird, wenn sich der Geist dem Anblick einer unbekannten Natur hingibt, wo unbekannte Kräfte hervorbrechen, wo sich ungeahnte Mächte offenbaren.

Jede Analogie krankt an der übertriebenen Art, wie sie alles auf ausschließlich geistige Konstanten bezieht, während die geistigen Vorstellungen selbst vielleicht nur die vorübergehenden Symbole anderer Dinge sind.

Die Materie ist nicht der Geist, aber wenn sie eine andere ist, so ist sie doch nicht das andere.

Eine Metapher ist keine Erläuterung oder Aufklärung, sondern eine Durchdringung; die Metapher entdeckt in einem anderen Bereich, einer anderen Ordnung, in anderen Formen dieselbe Wirklichkeit.

Was nicht danach strebt, sich zu zerstören, ist nicht vervollkommnungsfähig.

Der Egoismus ist die populäre und niedrige Form der Individualität.

Die Seltenheit von Menschen, die einer souveränen und geordneten Vollendung fähig sind, bestätigt die Strenge der gesellschaftlichen Norm.

Das System geordneter und rationaler Beziehungen, das vom Gesetz äußerlich eingeführt wird, ist haltlos; wenn der von ihm angestrebte Grund nicht im Herzen des Menschen ruht, bleibt das Universum starr und leer.

Erkennen heißt, den Akt, der das Objekt hervorbringt, entweder anzuerkennen oder nachzugestalten.

Wenn die Zeit keine Kategorie der Dinge ist, wenn das Universum keine Geschichte hat, sind die Dinge in jedem Augenblick, was sie sein können, und das Scheitern einer Erklärung, ihre logische Unmöglichkeit beweisen, daß das Universum absurd ist.

Doch wenn die Geschichte eine Kategorie des Universums wie des Menschen ist, beweist die gegenwärtige Unmöglichkeit einer logischen und zufriedenstellenden Lösung nur den gegenwärtigen Verlust einer historischen Begründung, eines Ereignisses, in dem die Samenkörner der gegenwärtigen Tatsachen wie der geistigen Absurditäten und der logischen Unmöglichkeiten ruhen.

Das Universum ist entweder historisch oder absurd.

Es ist falsch, daß jede Philosophie nur einen biographischen Wert hat; tatsächlich verhält es sich so, daß jede gut gemachte Biographie den Schatten einer möglichen Metaphysik wirft.

Jede Gewißheit macht uns melancholisch. Eine heimliche Bitternis verbirgt sich in jedem aufgehobenen Mysterium; jede Erkenntnis bekümmert uns.

Jedes Glück ist Sehnen, Suche, Verlangen, Liebe.

Die Gewißheit betrübt uns, weil sie rein formal oder die bloße Widerlegung einer falschen Behauptung ist. Kohärente Sätze, konsequent überzeugende Postulate, die tautologische Bereicherung eines unaufhörlichen analytischen Prozesses oder sicheres Wissen von der Unmöglichkeit, die Einsicht in die Absurdität, eine Schlußfolgerung, in der sich ein Widerspruch offenbart. Unsere irdische Gewißheit bekundet eine Abwesenheit.

Wissen ist eine Macht, die nur eine jugendliche Seele zu begeistern vermag, oder eine strenge Zurückhaltung gegenüber jeder Behauptung, die uns rührt.

Trotzdem gibt es eine konkrete Gewißheit, eine fleischliche und starke Gewißheit, eine sinnliche Gewißheit, eine ästhetische Gewißheit, eine mystische Gewißheit.

Eine unübertragbare und widerlegbare Gewißheit, eine unduldsame Gewißheit des logischen Apparats, der die Sätze bis zur Unpersönlichkeit und Notwendigkeit erhöht, eine Gewißheit, die nicht wie der Quaderstein eines zukünftigen Gebäudes starr und beständig bleibt, eine blendende und flüchtige Gewißheit, die sich der Seele aufdrängt, die aber von ihr angenommen oder verworfen wird, eine Gewißheit, mit der sich der Wille abfindet, sich das Herz besänftigt, der vollständig zufriedene Verstand innehält und ausruht.

Eine Gewißheit, die vom Glück der Hoffnung nur vorgebildet wird. Ein Glück, mit dem jedes Glück wetteifert und das es plagiiert.

Wenn man die Philosophiegeschichte mit den Kategorien der Kunstgeschichte betrachtet und jedem System eine organische Einheit, wesenhafte Unabhängigkeit und individuelle Rechtfertigung zuschreibt, ist dies vielleicht eine ausgezeichnete Propädeutik zu einer Weltanschauung als einem ästhetischen Sachverhalt.

Die Zahl der Anhänger wächst mit der Oberflächlichkeit des Systems.

Im äußersten Fall können wir uns eine von allen angenommene Theorie vorstellen, die nur eine ganz geringe Berührung mit der Wirklichkeit hat.

Jede Haltung, jede Geste entwerfen ein System, wenn wir die Linien verlängern, die sie zeichnen.

Die Wahrnehmungsästhetik (Kunst: eine tiefere, isolierte Wahrnehmung) scheitert auf ähnliche Weise wie die Ausdrucksästhetik allein.

Das Problem der Wahrnehmung ist wie das des Ausdrucks der doppelte Aspekt der Ästhetik.

Die Theorie des Irrtums, die jedes System enthält, ist die Erklärung, die es für die Existenz anderer Systeme vorschlägt.

Ein Problem, das sich dem Philosophen weder wegen seiner Eitelkeit noch wegen eines pädagogischen Drangs stellt, vielmehr geschieht dies gerade durch den Nachdruck, mit dem er sich dem Gegenstand seiner Intuition verbindet.

Der großmütigste Geist kann nur seinen eigenen Wortschatz verändern und als andersartige Intuitionen das bezeichnen, was er unausgesprochen nur als Irrtümer wahrnimmt.

Geistiger Liberalismus ist die »politesse«[69] des Verstandes.

Jede Dummheit ist eine unkluge Verallgemeinerung.

Die mystische Via negationis vollendet sich wie die eleatische Dialektik mit dem Sein. Doch der logische Prozeß des Eleatismus postuliert das abstrakte und leere Sein, während die Mystik ein konkretes und dichtes Sein findet.

Nicht um die Definition, sondern um die Konstruktion des Objektes müssen wir uns bemühen.

Die Definition übersetzt das Objekt in Begriffe und unterwirft es so dem Gitternetz der gewohnheitsmäßigen Kategorien. Eine ausreichende Operation, wenn die Tafel der logischen Kategorien alle Prädikate enthielte, wie sie es postuliert, tatsächlich aber eine lediglich einleitende Operation, weil die eigentliche Aufgabe der Geisteswissenschaften darin besteht, unaufhörlich irreduzible Prädikate, spezifische Kategorien für die besonderen Systeme zu schaffen, welche die Wissenschaften in ihrer Geschichte erarbeiten.

Die Konstruktion ist hingegen ein Versuch, die Fülle des Objektes mit der es entdeckenden geistigen Bewegung nachzugestalten. Da jedes Objekt, das für den Geist existiert, nur eine Summe von Akten des Geistes selbst sein kann, soweit es für den Geist existiert, ist die konkrete Fülle des Objektes, da sie wahrgenommen wird, keine undurchdringliche und dunkle Realität, sondern eine undurchsichtige, schwer zu durchdringende, anspruchsvolle und widerspenstige Realität, die jedoch insgeheim mit einer ungestümen und methodischen Tätigkeit des Geistes übereinstimmt.

Der systematische Vergleich kann nur Trivialitäten vermitteln, während das poetische Bild vermag, sonderbare Analogien zu offenbaren.

Die Harmonie zwischen unseren Forschungsergebnissen bei den Realitäten verschiedener Ordnungen, die wir anstreben müssen, darf nicht auf der einheitlichen Methode, sondern auf der unvorhersehbaren Anpassung zwischen Ergebnissen verschiedener Methoden beruhen, die den verschiedenen Ordnungen der Realität angemessen sind.

Der Verstand wird zufriedengestellt, wenn der Syntheseprozeß das Objekt mit den Ergebnissen der vorhergehenden Analyse nachgestaltet.

Doch angesichts dieser Operation, die ihn dem Objekt ausliefert, hält der unruhige Geist inne und befürchtet, sich selbst getäuscht zu haben.

Jede Wirkungskraft ist insgeheim trügerisch.

Das wahre Atom ist lediglich die mathematische Formel des allgemeinsten Existenzbegriffs.

Alle Philosophien, die wissenschaftliche Begriffe verwenden, bestimmen ihre Schlußfolgerungen im voraus.

Die Philosophie gestaltet nicht mit Begriffen, sondern gestaltet Begriffe.

Das Niedrigere erklärt nur das Höhere, wenn sich die Identifikation uneingeschränkt vollzieht.

Mit anderen Worten, das Einfache erklärt das Komplexe, aber nicht das Andersartige.

Jede Morphologie der Geschichte, jede vergleichende Untersuchung von Zivilisationen führen nur dazu, daß wir das einzig Wichtige verkennen: das individuelle Wesen jeder Zivilisation.

Das Individuelle wird nicht durch einen vergleichenden und hervorhebenden Wahrnehmungsakt, sondern durch eine Intuition erkannt, die sich mit ihrem Gegenstand verbindet.

Individuum und Atom sind nur Stützpunkte der Handlung. Elemente einer reicheren Realität.

Einer empirischen Philosophie entgeht das Problem unseres Schicksals.

Geben wir uns mit dem Postulat zufrieden, daß, was uns erwartet, nicht weniger interessant als unser sonderbares irdisches Abenteuer sein kann.

Die Mystik ist der Pfad und die Metaphysik das Labyrinth.

Die Begriffssysteme der Religionen unterscheiden sich von den philosophischen Systemen, weil sie vor allem eine Eschatologie und eine Kosmologie enthalten, während die Philosophie wesenhaft ontologisch ist.

Jede Sache hat mehrere Daseinsgründe.

Die Entdeckung eines neuen Grundes darf uns nicht verblenden und veranlassen, die übrigen zu negieren.

Eine Interpretation stellt sich nicht gegen eine andere Interpretation, sondern überlagert sie.

Es wird der Erziehung nie gelingen, das Höchste zu erreichen, doch vielleicht gelingt es ihr, das Niedrigste zu verhindern.

Die erste Funktion der Philosophie ist die Erkenntnis der Realitäten, und die Systematisierung ist nur eine sekundäre Funktion.

Die Wissenschaft dient dem Handeln, weil sie eine Ontologie, eine Seinssuche ist; sie strebt eine Definition des Seins an.

Der siegreichen Wissenschaft wird es, metaphysisch gesprochen, nur gelingen, die Existenz der Welt zu beweisen.

Die bloße, nackte Existenz, ein reines, leeres Dasein.

Die Suche nach dem Typus, der Art, der Gattung führt gewöhnlich zu einer Gestaltung der abstrakten Allgemeinheit, zu einem taxonomischen Unternehmen.

Die platonische Dialektik war jedoch eine Erforschung des Wesens, eine Wahrnehmung der irreduziblen Allgemeinheit.

Jede Verallgemeinerung, die aus der Aneinanderreihung von individuellen Begriffen entsteht, ist wissenschaftlich; nur die Allgemeinheit ist philosophisch, die auf der Undurchdringlichkeit für den analytischen Druck beruht.

Jeder wissenschaftliche Lehrsatz enthält eine wesenhafte Gleichsetzung, während jeder philosophische Lehrsatz eine Gleichsetzung ist, die mit einer Negation dieser Gleichsetzung einhergeht.

Jeder Sachverhalt ist wertlos, wenn er lediglich das Ergebnis der Verbindung von gegenwärtigen Umständen mit den Rückständen vergangener Umstände ist.

Die mythopoetische Begabung ist die Fähigkeit, aus dem Stoff der starken Emotionen und der tiefen Gefühle die Gestalten göttlicher Wesen herauszuarbeiten, deren Existenz von der unsrigen abhängt und die dennoch real ist.

Ein Werk, das die Philosophie oder Apologetik einer beliebigen Religion sein kann.

Wer ein Buch mit Maximen kauft, kauft eigentlich zwei Bücher, weil es vielleicht keine Maxime gibt, die, wenn man sie umkehrt, so daß sie das Gegenteil sagt, nicht eine ebenso offensichtliche und ebenso haltlose Wahrheit verkündet.

Die philosophischen Ideen der Wissenschaftler sind beinahe immer kindisch, während die Ideen der Philosophen über die Wissenschaften nie kindisch sind, selbst wenn sie unrichtig sein können.

Wir verbringen unser Leben damit, daß wir immerzu an dieselbe verschlossene Tür klopfen.

In der nächtlichen Einsamkeit gewinnen wir unsere verlorene Würde zurück und entdecken alle Gründe der Angst wieder, die sich hinter den Zerstreuungen des Tages verbergen.

Unser Elend offenbart sich in den Augenblicken der Meditation; vielleicht besteht daher die Tätigkeit des Menschen nicht so sehr in dem Versuch, ein Ziel zu erreichen, sondern in dem zu entfliehen.

Daß die Arbeit ein Fluch und eine Strafe ist, bedeutet eine rührende Bekundung des Vertrauens in den wesenhaften Edelmut des Menschen. Die Arbeit ist tatsächlich ein Segen. Ohne sie könnte der Mensch ein Dasein nicht ertragen, das ihn veranlassen würde, sich ständig über seinen eigenen Abgrund zu beugen.

Daß die Lust nicht unsere eigene Lust, sondern die Lust des anderen ist, scheint uns eine Wahrheit ohne Ausnahmen zu sein, bis es plötzlich so scheint, als löste sich die Lust von der Lust des anderen und verlangte beinahe nach deren Mißbilligung.

Der Widerspruch innerhalb ein und desselben Gefühls ist die beste Propädeutik zum Antinomismus der Wahrheiten.

Wenn ich einem Menschen begegne, der für bestimmte augenblendende Evidenzen offenkundig unempfänglich ist, taste ich mich eifrig selbst ab, weil ich befürchte, auch in mir verhärtete und gefühllose Bereiche zu finden.

Jeder Verstand, der nicht gleichsam die geistige Form eines besonderen Empfindungsvermögens ist, läßt mich erstarren.

Manche unwissende und naive Menschen haben einen spontanen Geschmack, der wie ein Stück jungfräulicher Sinnlichkeit inmitten von kalten intellektuellen Erwägungen erfrischt.

Mir scheint, daß eine gewisse Fülle, eine gewisse geistige Dichte nur denen vergönnt ist, die fieberhaft und methodisch einen schönen nackten Körper betastet haben.

Ich verstehe nicht, wie die Vernunft jemanden vom Katholizismus abbringen kann; wenn mich etwas an seiner Schwelle innehalten ließe, dann sein Rationalismus und sein übermäßiges Vertrauen in die Vernunft.

Die vergleichende Religionsgeschichte ist nicht der schlimmste Feind der Religion, sondern das reichste Arsenal einer gründlichen Apologetik.

Keine Epoche ist reicher an religiösen Lehren als die unsrige.

Jene, die den Tod der Religion verkündet haben, wirken auf mich so komisch wie jene, die angekündigt haben, daß die Lokomotiven die Dichtung töten würden.

Wenn man sich dem Denken widmet, ohne daß man zuerst verstanden hat, was die Mathematik ist, ohne daß man in ihr zu leben vermag, wirkt das auf mich wie das haltloseste Vorhaben, denn nichts bezeichnet den Geist ausschließlicher als der mathematische Gedankengang und nichts zieht mit größerer Klarheit die Linie seiner letzten Grenzen.

Vielleicht ist die Mathematik im Vergleich mit anderen geistigen Tätigkeiten überhaupt nicht wichtig — aber wie kann ich das wissen? Und wie sollte ich nicht befürchten, daß meine Vermutung nur eine Möglichkeit ist, meine Unwissenheit zufriedenzustellen?

Das Problem der Endursachen wird nicht allein damit gelöst, wenn man beweist, daß nichts zu seiner Erklärung nach ihnen verlangt.

Im Grunde macht allein die Tatsache, daß sie als Problem existiert, das heißt die Tatsache, daß der Geist die Endursache erfaßt, die ganze Bedeutung und Wichtigkeit des Problems aus.

An die zahlreichen sozialen Fiktionen zu glauben ist eine, allerdings notwendige, Dummheit; und notwendig sind daher die Dummköpfe, die daran glauben.

Unsere Skepsis und unsere Hellsichtigkeit verlangen, daß diese Dummköpfe eine solche Funktion übernehmen; würde sie nämlich nicht ausgeübt, so wären unsere Hellsichtigkeit und unsere Skepsis Dummheiten.

Das größte Vergnügen, das uns ein kluges Buch verschafft, besteht darin, uns etwas Offensichtliches zu zeigen, das uns trivial schien und das schwer zu ergründende Fragen enthält.

Das Mysterium, das es in den nahen Dingen gibt, ist dichter als das der überraschenden Dinge.

Die Feindseligkeit, die Benda gegen Bergson zeigt, ist die Antipathie eines Leviten gegen einen Propheten, der keinem priesterlichen Stamm angehört.

Keine politische Wesensart fasziniert mich so wie die jener liberalen Aristokraten, deren ausgeprägtes Freiheitsgefühl nicht auf trüben demokratischen Sehnsüchten, sondern auf dem unerschütterlichen Bewußtsein individueller Würde und auf der hellsichtigen Vorstellung von den Pflichten einer führenden Klasse beruht.

Tocqueville ist ihr edelster Vertreter.

Oft deuten wir etwas als Existenzursache, was nur eine Wahrnehmungsbedingung ist, und daher glauben wir, daß etwas entsteht oder stirbt, wenn es sich lediglich offenbart oder verbirgt.

Vermeiden wir es, gewisse Denknotwendigkeiten systematisch mit Seinsnotwendigkeiten zu verwechseln.

Der ironische und spöttische Ton mancher »urwüchsiger« spanischer und südamerikanischer Schriftsteller ist unerträglich. Das wirkt, als schämten sie sich zu schreiben und als brauchten sie diesen höhnischen Ton, um zu bekunden, daß sie dem, was sie tun, überlegen sind.

Ein marxistisches Buch über Kunst, Sitten, Literatur oder den Staat wirkt immer aufreizend, weil es sich endlos der Wahrheit nähert, ohne jemals mit ihr übereinzustimmen.

Wenn ein Mensch innig genug liebt, hat der Stil seiner Liebesbriefe gleichsam eine bestimmte Spannung und Fülle, die ihm nicht nur einen literarischen Rang verleiht, sondern ihn auch sonderbarerweise derart überhöht, daß der Stil der großen Liebeskorrespondenz trotz unterschiedlicher Zeiten, Sprachen und Rassen ein und derselbe ist.

Der Skeptizismus ist dem religiösen Geist nicht unsympathisch.

Er sieht in ihm nicht nur die beste Propädeutik zu jeder Apologetik, vielmehr erweist sich der Skeptizismus auch als die Haltung, die er annimmt, wenn er die rein rationalen Wahrheiten vom Gipfel der religiösen Erfahrung aus betrachtet.

Wenn er bei einigen Skeptikern etwas mißbilligt, so nicht deshalb, weil sie verneinen, sondern weil sie insgeheim bejahen.

Sinnlich, skeptisch und religiös, das wäre vielleicht keine schlechte Definition dessen, was ich bin.

Natürlich und unnatürlich bedeuten im Grunde nichts weiter als das Eigene und das Fremde.

Ein Autor, der uns mit den drei ersten Sätzen seines Buches nicht spüren läßt, daß wir es mit einem andersartigen und unverwechselbaren Wesen zu tun haben, muß unverzüglich in den Abfalleimer geworfen werden.

Zu den Vorteilen, kein Schriftsteller zu sein, muß man den zählen, daß man Kunstwerke genießen kann, welche die gegenwärtige Ästhetik und der naturgegebene Generationskonflikt verwerfen.

Jeder Schöpfer muß ungerecht sein gegen das, was er ersetzt. Er muß negieren, was ihm vorausgeht, um zu rechtfertigen, was er Neues bietet. Die Überlegenheit eines Betrachters besteht darin, daß er nicht dieser notwendigen Ungerechtigkeit unterworfen ist und daher die Existenz dessen, was stirbt, und die Existenz dessen, was es tötet, gleichzeitig rechtfertigen kann.

In der Geschichtsschreibung der Religionen lassen sich drei Hauptperioden unterscheiden:

I. Der Historiker interpretiert Mythen und Sitten, wobei er von dem ausgeht, was ist und woran er glaubt. Er betrachtet die religiösen Sachverhalte im Zusammenhang mit seiner eigenen Mentalität.

Wenn ihm die Sachverhalte sympathisch sind, erklärt er sie zur Allegorie der Wahrheit, das heißt der These, der er vertraut, und wenn sie ihm unsympathisch sind, brandmarkt er sie als Erfindungen priesterlicher Arglist.

II. Der Historiker erkennt den autonomen Charakter der religiösen Sachverhalte an, beläßt sie unabhängig von jeder rationalistischen Kontamination in ihrer eigenen Sphäre und sucht nach spezifischen Interpretationen; doch er stellt der Totalität der religiösen Sachverhalte seine eigene geistige Weltsicht als die einzig gültige entgegen, wenn er von der rein historischen Beschreibung zu einer kritischen Interpretation, einer Bestimmung der »Wahrheit« übergeht.

III. Der Historiker erkennt die Spezifik der religiösen Sachverhalte an und stellt sie nicht insgesamt seiner geistigen Weltsicht entgegen. Er trägt sie im Gegenteil zusammen, um ein vollständiges Register von Haltungen zu gestalten. Die historische Relativität der religiösen Sachverhalte wird daher nicht der vorgeblichen Absolutheit gegenübergestellt, welche die Weltsicht des Historikers verkörpern soll, wie es seinem naiven Bestreben entspricht; hier wird alles relativiert, und die Unterscheidung der Wahrheit ergibt sich nicht automatisch aus der bloßen Koexistenz mit einer geistigen Struktur des Historikers.

Nicht solche Ideen, die mühelos zu einer Formel führen, haben die größte Bedeutung in unserem Geistesleben, sondern jene, die diffus und vage, geringfügig und beharrlich sind, die von nichts Präzisem veranlaßt und von allem suggeriert werden.

Was die größte Distanz zu einem Menschen schafft, ist, wenn man spürt, daß er mit sich zufrieden ist.

Mich interessieren nur jene, die eifrig versuchen, sich von ihrem eigenen Wesen abzuwenden, und die jeden Tag danach streben, etwas von dem zu ändern, was sie waren.

Sich um eine andersartige Anordnung von Objekten zu bemühen ist das einzige Unternehmen, das sich die meisten Menschen vorstellen können.

Das einzige interessante und vergnügliche Abenteuer ist jenes, dem wir uns widmen, wenn wir ein geheimes und neues Wesen in unserer Seele entdecken oder schaffen wollen.

Die einzige Routine, die nicht eintönig wird, ist die des asketischen Lebens.

Was im Katholizismus auf den ersten Blick schockierend wirkt, ist das, was danach am zuverlässigsten fasziniert.

Der Katholizismus wird gerade auf die Art gestaltet, wie eine abstrakte und selbstsichere Vernunft, die eine Religion gestalten wollte, niemals vorgehen würde. Alles ist hier zufällig, akzidentell, unvorhersehbar, vollständig historisch.

Er lebt und wächst, wie die realen Dinge leben und wachsen, nicht wie wir uns vorstellen, daß die Dinge leben und wachsen sollten. Wie das Leben ist er widersprüchlich, absurd, mysteriös; ihm fehlt die schematische Klarheit der willkürlichen Erfindungen, der Träume einer trägen Phantasie, die von jeder pragmatischen Pflicht entbunden ist.

Die Sünde und nicht den Sünder zu verabscheuen ist auch eine Grundregel der Hermeneutik.

Eine Regel, die hier besagt, daß jede Idee, die wir bekämpfen und aus unserem System verbannen müssen, weil sie falsch, absurd oder niederträchtig ist, gleichwohl ihre Wichtigkeit, Würde und Bedeutung besitzt, wenn sie zur Struktur eines konkreten Wesens gehört. Der Anspruch des Verstehens verlangt daher, daß man die Idee nicht in ihrem abstrakten Wesen und allein in ihren Beziehungen mit unserem eigenen konkreten System betrachtet, sondern im Rahmen der Beziehungen mit dem konkreten System des Individuums, zu dem es gehört.

Planung setzt Ordnung voraus; Ordnung setzt Vorhersehbarkeit voraus; und die Vorhersehbarkeit verwirft den willkürlichen Akt.

Trotz aller Spitzfindigkeiten in den Definitionen bedeutet Freiheit nun aber Willkür.

Die eigentliche geistige Unfruchtbarkeit ist nicht die desjenigen, den seine Mittelmäßigkeit zurückhält, sondern die desjenigen, der seiner eigenen Vortrefflichkeit überdrüssig wird.

Die Beschränkung, die ängstigt, ist nicht jene, die von der Mittelmäßigkeit jedes einzelnen vorgezeichnet wird, sondern die des Menschen selbst.

Es ist nicht bitter, wenn man ausruft: Nichts von dem, was ich tue, lohnt der Mühe; sondern wenn man bekennt: Nichts lohnt der Mühe, was der Mensch tun kann.

Es gibt keine klugen Meinungen, die wir nur anzuerkennen brauchten, damit uns Klugheit erfüllt.

Klugheit besteht nicht in bestimmten Meinungen, sondern in einer bestimmten Art, beinahe jede beliebige Meinung zu vertreten.

Wenn wir glauben, auf alles verzichtet zu haben, haben wir gewöhnlich nur auf die übliche Art verzichtet, die Dinge zu besitzen, doch im Grunde hoffen wir, daß uns alles auf eine subtilere Weise zurückgegeben wird.

Die Mühelosigkeit des Traums wie die der Verallgemeinerung stellen uns eine blutleere Welt vor.

Doch ein Lächeln oder ein Stein genügt, damit wir Herzklopfen bekommen.

Wenn uns eine Frau erwartet, scheint sich die Welt mit grenzenloser Bedeutung zu erfüllen.

Allein der neugierige, einladende, offene, reine Blick, mit dem sich die Menschen betrachten, wenn die Umstände jede Wahrscheinlichkeit eines gesellschaftlichen Kontaktes ausschließen, läßt deutlicher spüren, wie eng der Raum ist, in dem wir alle leben.

Die Gesellschaft macht uns zu kleinen Inseln, die immer nur von denselben Schiffen besucht werden, wie ein unveränderlicher und eintöniger Fahrplan es vorschreibt.

Lieben heißt, ein Wesen so zu sehen, wie Gott es sieht.

Die Schönheit eines Menschen überrascht uns nicht, sondern befriedigt uns vollständig. Unser Hochgefühl kommt von der Entdeckung dessen, was wir von aller Ewigkeit her erwartet hatten.

Auf natürliche und unbewußte Weise meinen wir, daß jedes schöne Wesen uns gehört, und angesichts einer an uns vorübergehenden Schönheit fühlen wir uns daher zu Unrecht beraubt und enterbt.

Wenn die Spieler nicht spielen, um zu gewinnen, wird das Spiel uninteressant. Ebenso wird eine Meditation, ein Gespräch, ein Buch völlig bedeutungslos, wenn diejenigen, die meditieren, sprechen oder schreiben, überzeugt sind, daß sie die Wahrheit nicht finden können, und sich ihrer Beschäftigung aus Eitelkeit, Zerstreuung, Pädagogik oder aus einfacher Gewohnheit widmen.

Denken ist wie Schreiben eine Beschäftigung, welche die routinierte Geduld des Handwerkers verlangt.

Wenn wir plötzliche Erleuchtungen erwarten, verlängern wir lediglich die Perioden der Unfruchtbarkeit.

Man muß täglich Forderungen an den Geist stellen, obwohl man weiß, daß es dem, was er so gewährt, gewöhnlich an Wert fehlt und daß es sich eigentlich um so etwas wie eine liturgische Gestikulation handelt, die für das Erscheinen des wahren Mysteriums günstig ist.

Daß wir es uns zur Norm machen, so zu werden, wie wir sind, ist eine gefährliche Lehre, denn viele sind nur eines gewissen Edelmuts fähig, wenn sie sich über sich selbst täuschen.

Wenn wir uns mit dem abfinden, was wir sind, bedeutet das vielleicht nicht immer, Gottes Willen zu achten, sondern vielmehr, mit dem dunklen Willen zusammenzuwirken, der dessen Werke herabwürdigt.

Jedes ethische Prinzip hat einen doppelten Aspekt und eine doppelte Kraft. In jedem Menschen, der zuhört und gehorcht, gibt es die Ursachen, welche die einen oder anderen Folgen hervorrufen.

Die unerträgliche Monotonie der pornographischen Literatur erklärt sich aus dem streng physiologischen Wesen der von ihr beschriebenen Erotik.

Rein »behavioristische« Bücher; tatsächlich der gescheiterte Versuch, den Menschen durch die Beschreibung seines bloßen Verhaltens erschöpfend darzustellen. Unwirksam ist auch die Formel gewisser erotischer Bücher des 18. Jahrhunderts, in denen die Erotik als Medium einer antireligiösen Predigt oder als gedrängte Darstellungsform geistiger Themen dient, so daß die kalte physiologische Geste durch den kalten Begriff ersetzt wird.

Vielleicht könnte nur eine einfache psychologische Erotik durch den Reichtum ihrer echten und verworrenen Dichte das Thema einer rechtmäßig künstlerischen Pornographie sein.

Es gibt eine Klarheit, die aus der Analyse, aus der Trennung eines Objektes in seine Bestandteile entsteht und die, selbst wenn sie niemals zu den letzten Elementen vordringt und bei Zwischenetappen stehenbleibt, uns zufriedenstellt, weil sie eine verworrene Totalität durch eine systematische Vielfalt ersetzt.

Es gibt auch eine andere Art der Klarheit, die auf einer Intuition des Objektes beruht, die es nicht analysiert, sondern in seiner Totalität besitzt; sie gleicht mehr der Kenntnis, die ein Maler von einem nackten Körper hat, als der eines Anatomen. Diese Klarheit hat den Mangel, daß sie sich schwer übermitteln läßt, daß sie nicht wie jene von einem Geist auf einen anderen übergehen kann und sich dabei so unangetastet erhält, wie ein mathematischer Lehrsatz oder eine technische Verfahrensregel weitergegeben werden, und daß sie gewissermaßen eher nach der Verunreinigung eines Geistes durch einen anderen verlangt, was dem Vorgang gleicht, daß man eine Fackel an einer anderen anzündet.

Jede Empfindung, die wir unmöglich nachempfinden können, ist eine Klippe für den Versuch einer systematischen Welttheorie, denn wir können ja nie wissen, ob der Schlüssel des Systems nicht gerade das ist, was weiter vollständig undurchsichtig bleibt.

Die Welt des Tiers, jedes Tiers, enthält vielleicht gerade jenen Sachverhalt, der, wenn man ihn einem gewissen anderen offenkundigen, ernsten, feierlichen Sachverhalt hinzusetzte, den Gesamtbestand der verfügbaren Sachverhalte auf schwindelerregende Art umkehren könnte, bis er die Totalität in ihrer wahren Struktur von systematischen Beziehungen herstellt.

Alles Denken geht mit Deduktionen und Induktionen vor, das heißt: in einer Welt, in der jedes Objekt unendlich dicht ist, stützt jedes Denken eine Struktur von Linien auf seine seltenen direkten Erkenntnisse, wobei diese Linien tatsächlich nur die Zusammenhänge unserer Erkenntnis, jedoch nicht die der Dinge angeben.

Das Bestreben, dem Historismus zu entgehen, und die Unfähigkeit, historisch zu denken, äußern sich jeden Tag deutlicher. Versuche, den ewigen Menschen und das zu definieren, was vom Wesen des Menschen außerhalb der Geschichte steht, oder auch Versuche eines Millenarismus, die sich hinter dem Prozeß einer plötzlich unterbrochenen Dialektik verbergen, alles offenbart eine große Gleichgültigkeit gegenüber dem Historischen, das oberflächlich und äußerlich wirkt.

Vielleicht hat in unserer Zeit die Wiedergeburt einer Reihe von Erscheinungen, von denen das 19. Jahrhundert glaubte, sie wären überwunden und veraltet, zusammen mit dem fortschrittsgläubigen Optimismus die Vorstellung von einem Unterschied zwischen Individuen ausgelöscht, denn diese zeigen, daß sie der gleichen extremen Animalität fähig sind.

Angesichts einer Menschheit, für die Hunger, Angst und Grausamkeit die einzigen zutreffenden Realitäten sind, bezweifelt der Geist, daß andere Dinge oder ihre Ausprägungen im Vergleich mit einem blutüberströmten, vor Angst und Hunger zitternden Körper etwas bedeuten.

Der Wahnsinn hat im Altertum eine gewisse Majestät.

Er ist nicht wie das moderne Phänomen eine Annäherung des Menschen an seine tierische Natur oder, besser gesagt, an seine biologische Realität, der jeder spirituelle Kulminationspunkt fehlt, vielmehr ist er so etwas wie ein Besitz, eine diabolische Einmischung oder ein Standort des Wahnsinnigen, der sich unbekannten Räumen gegenübersieht.

Der Wahnsinnige gibt sich hier einer Gestikulation hin, in der wir einen Sinn vermuten, während dort die Gesten nur unser Mitleid wecken.

Die Gegenwart der Schönheit offenbart uns scheinbar eine Struktur des Universums, die gleichwohl von der Feststellung des Leids widerlegt wird. Doch die Gegenwart des Leids offenbart uns scheinbar auch eine Struktur des Universums, die wiederum von der Feststellung der Schönheit widerlegt wird.

Angesichts der Bedeutung einer gültigen geistigen Interpretation der Welt habe ich gewöhnlich den möglichen Sinn der verschiedenen gefühlsmäßigen Interpretationen verschmäht, in denen wir uns plötzlich wie in neuen Weltordnungen befinden. Doch heute ist mir gerade jene Interpretation gleichgültig, vor allem, weil ich verstehe, daß sie nicht getrennt, allein, isoliert, unabhängig, einzigartig existiert, sondern von den gefühlsmäßigen Interpretationen abhängt. Diese bestimmen sie, und ihre abstraktesten Aussagen erhalten, wie es der jeweiligen gefühlsmäßigen Interpretation entspricht, in die sie eingebettet sind, die unterschiedlichsten und sogar gegensätzlichsten Bedeutungen.

Dem Leser der antiken Geschichtsschreiber ist der moderne Krieg etwas Vertrautes.

Der totale Krieg ist der Krieg, den die Menschheit immer gekannt hat. Daß man den Krieg ein paar Jahrhunderte lang der Befolgung gewisser moralischer und ästhetischer Forderungen unterwerfen konnte, war ein Wunder und ein unbeständiges Unternehmen.

Der heutige Mensch erschaudert angesichts derselben Schrekken, welche die an den Millenarismus glaubende Menschheit mit verängstigter Resignation betrachtete.

Wir könnten beinahe sagen, daß die Sinnlichkeit in der Frau eher ihren Vorwand als ihren Gegenstand sieht.

Wenn wir allmählich spüren, daß sich uns die Sprache wie ein gehorsamer, nachgiebiger und formbarer Stoff unterwirft, müssen wir dem, was wir schreiben, besorgt mißtrauen; wenn wir nämlich das, was wir denken, angemessen ausdrücken, kann unser zustimmendes Urteil lediglich auf der Ähnlichkeit zwischen dem Gedachten und dem Geschriebenen beruhen, während es nur dann die Mühe lohnt, wenn es auf der ausschließlichen Vortrefflichkeit des Geschriebenen und des Gedachten beruht.

Jede Erleichterung kann uns verführen und uns durch sich allein zufriedenstellen, weil sie uns von dem abbringt, was sie gestattet.

Die einzige extreme und maßlose Haltung, die nicht entartet und zu einer anderen, abstoßenden und widersprüchlichen Haltung wird, ist vielleicht die Heiligkeit.

Bei ihr gibt es keine Grenzen und auch kein Übermaß in ihren Extremen.

Die Gemeinplätze sind die Hygiene des Verstandes, doch wenn wir uns mit ihnen abfinden, heißt das, daß wir bei unserer Verdummung mitwirken. Deshalb ist die Lektüre der griechischen und lateinischen Klassiker so notwendig, denn dort finden wir den Gemeinplatz, der ruhig, vollständig und mit dem wonnevollen Bewußtsein einer frischen Entdeckung vorgestellt wird.

Von den Modernen haben es nur Italiener und Franzosen verstanden, die Frau so zu betrachten und über sie zu sprechen, wie es sich gehört.

Einbildung, Kurzsichtigkeit, Launenhaftigkeit sind Eigenschaften, die mir fehlen; da ich jedoch nicht ihre Notwendigkeit für ein kluges Gleichgewicht bestreite, bemühe ich mich, nicht zu vergessen, auf welche Weise sie die Akzente des Lebens verändern.

Sie ähneln gleichgültigen Empfehlungen, an die wir uns nur erinnern, um sie unverzüglich zu mißachten.

Jene Bücher wieder zu lesen, die uns in der Jugend fasziniert haben, ist unmöglich. Entweder betrübt uns die offenkundige Mittelmäßigkeit des Buches, oder wir verwechseln mit dem Text des Autors jenen Text, den unsere bewundernde und frische Phantasie darübergelegt hatte.

Angesichts der brodelnden Unruhe der unermeßlichen asiatischen Massen ähnelt das Europa von gestern der kurzen Atempause der Antonine.

Das wichtigste historische Faktum unserer Zeit ist nicht der russische Kommunismus, sondern die Entstehung eines neuen chinesischen Staates.

Die kommunistischen Herrscher Chinas gründen ein Reich, dessen politische und soziale Struktur noch nicht absehbar ist, dessen wesentliche Stärke jedoch keine Propheten benötigt.

Wenn Rußland aus jeder Doktrin, die es sich aneignet, eine Religion macht, dann verarbeitet der weltliche und zivile Geist Chinas die religiösen Produkte zu sozialen und politischen Vorstellungen.

Von der religiösen Überlagerung befreit, von seiner Ersatzfunktion in der vorübergehend desorientierten Seele entlastet, gelingt dem Kommunismus vielleicht ebendort eine gültige Annäherung an seine ursprünglichen Ziele.

Im bevorstehenden russisch-amerikanischen Konflikt werden die Historiker der Zukunft den letzten brudermörderischen Konflikt der weißen Rasse sehen.

Die Geschichte der politischen Ökonomie erinnert an eine rheumatische Hand, die sich eifrig bemüht, ein paar Quecksilbertropfen festzuhalten.

Die wirkliche Geschichte, jene Geschichte, deren Erkenntnis sich lohnen würde, ist nicht die Geschichte dessen, was die Menschen tun, nicht einmal die Geschichte dessen, was sie denken, sondern die Geschichte dessen, was sie empfinden.

Was kümmert es mich eigentlich, ob die Horden aus der Gobi in China oder Persien eingefallen sind? Aber ach! Eine Siegesnacht voller Flammen und Schreie, während man nach langen Jahren des Durstes in der Wüste die Kaiserpaläste von Sinan plündert.

Ich glaube, daß die einzige Wissenschaft, in der es von Kolumbianern geschriebene Abhandlungen gibt, die politische Ökonomie ist; deshalb bezweifle ich, daß sie eine Wissenschaft ist.

Es gibt eine Genugtuung, die uns die Geschichte selten verweigert: die, daß wir sehen, wie das Unscheinbarste triumphiert, was sich mit den wenigsten Trompetenstößen ankündigt, dem die wenigsten Hornsignale vorausgehen. So etwa ist der Staatssozialismus, die armseligste Wirtschaftslehre, die ohne umfassende und schöne Theorien auskommt und deren Theoretiker grau sind, trotzdem diejenige, von der die Gefahr ausgeht, daß sie sich in die Geschichte einträgt, diejenige, deren Form alle übrigen annehmen, obwohl sie sich heftig sträuben und es verneinen.

Ich kann nur die Armen und den Reichtum hochachten; ich verabscheue die Armut und die Reichen.

Daß eine Krankheit Ursache, Voraussetzung, Faktor oder Funktion einer bestimmten Äußerung des Geistes ist, braucht uns nicht zu überraschen und uns auch keinen Zweifel an ihrem Wert oder ihrer Bedeutung einzugeben, denn der Begriff der Krankheit ist ein rein statistischer und aus dem Blickwinkel der Animalität ist der Geist lediglich eine Erbkrankheit.

Der Irrtum ist die Voraussetzung der Wahrheit.

Die Möglichkeit, bestimmte Wahrheiten zu entdecken, hängt davon ab, wie nachdrücklich wir uns weigern, wenn wir gewisse Irrtümer bejahen, die Wahrheiten zu berücksichtigen, deren Schatten das Vorhandensein jener Irrtümer verschleierte und verbarg.

Wenn sich alle Wahrheiten an der Peripherie eines Kreises befänden, dessen Mittelpunkt wir einnehmen würden, müßte sich die Unkenntnis einer Wahrheit nicht auf die Erkenntnis anderer Wahrheiten auswirken. Da jedoch die Wahrheiten in hierarchischen Reihen angeordnet sind, der Erkenntnisprozeß überdies kein zeitloser Akt, sondern ein historisches Abenteuer ist und der Geist schließlich nicht die Fähigkeit besitzt, gleichzeitige und zusammenhängende Wahrheiten unbeschränkt wahrzunehmen, findet und verliert, entdeckt und verwirft, liebt und haßt das Geistesleben die aufeinanderfolgenden Wahrheiten, mit denen es sich auseinandersetzt.

Der Fortschritt der Erkenntnis gleicht eher dem des Liebeslebens als dem jedes kumulativen Prozesses.

Eine Stufenleiter: jener, der kämpft, um andere zu unterwerfen; jener, der kämpft, um sich zu befreien; jener, der kämpft, um andere zu befreien; jener, der kämpft, um sich zu unterwerfen.

Der Umgang mit Besiegten ist angenehmer, weil sich ihr Hochmut verflüchtigt und sie intelligent werden.

Ein großes Buch ist eines, das in jedem Alter einen Eindruck bewirkt, der dem gleicht, den jedes Buch während der Kindheit auf uns machte.

Ein Zyniker ist jener, der, obwohl er nicht mehr an sein Recht glaubt, nicht darauf verzichtet.

Die Überzeugung eines Menschen, der predigt, folgt gewöhnlich auf die Predigt und geht ihr nicht voraus.

Alles, was ich nicht kenne, bedrückt mich, und meine offenkundigsten Gewißheiten leiden unter dem Schatten, den der Verdacht auf sie wirft, daß meine Unkenntnis eine reinere Gewißheit verbirgt, die sie aufhebt.

Der ewigen Tragödie, nicht alles Wissen besitzen zu können, das der Geist ersehnt, gesellt der geistige Reichtum unserer Zeit die Tragödie hinzu, dem Individuum den Besitz alles Wissens zu verweigern, das der Geist an sich schon besitzt.

Ich sehe, daß die überwiegende Mehrheit fähig ist, dort mit einem Gedanken zu beginnen, wo ihn ihre Vorgänger abgeschlossen hatten, um sich so der Kette der aufeinanderfolgenden Generationen mühelos anzuschließen.

Modern sein bedeutet im Grunde jene Fähigkeit, die Gedanken von gestern weiterzuführen und das Denken der vorhergehenden Generation als Ausgangspunkt anzuerkennen.

Dazu bin ich aber nicht fähig.

Mich kümmern die Probleme von gestern überhaupt nicht, wenn es nicht meine eigenen Probleme sind, ebensowenig ihre Lösungen, wenn es nicht meine sind.

Das heutige Problem, das aus dem Problem oder der Lösung von gestern entstanden ist, zieht mich nicht zwangsläufig an. Es genügt nicht, daß diese Frage ungeheure Ausmaße annimmt, damit ich mich genötigt fühle, nach einer Lösung für sie zu suchen.

Für mich ist es notwendig, daß es mein Problem ist, daß es aus dem entsteht, was ich gestern war, nicht aus dem, was andere waren, oder aus dem, was die Welt war. Mein Problem kann so elementar sein, daß es nicht einmal mehr erwähnt wird; doch es ist jenes, das mich interessiert. Was kümmert mich der Appetit der anderen? Ich kann nur essen, wenn ich Hunger habe.

Politischer Extremismus beruht nicht auf doktrinärer Überzeugung; er ist lediglich die verbale Formel für Gefühlshunger.

Mit gewissenhafter Sorgfalt einen Gedankengang zu berücksichtigen, dessen Grundlagen wir für falsch halten, ist der Heroismus des Verstandes.

Ebenso wie das Thema für das Kunstwerk belanglos ist, denn der ästhetische Sachverhalt besteht in einer gewissen spezifischen Haltung, beruht die Kultur vielleicht darin, die Lust, angenehme Dinge zu denken, durch die Lust zu ersetzen, allein um des Denkens willen zu denken.

Das Studium der Philosophie kann wie die Wissenschaft zu einer Gelegenheit werden, sich abzulenken und so das Denken, unsere rechtmäßige Aufgabe, zu vergessen.

Für mich hat nur das Sein etwas zu bedeuten, und auch die Wahrheit, weil sie es ermöglicht, nicht ungerecht zu sein.

Allein der Gesellschaft, einer bestimmten Gesellschaftsstruktur Laster, Fehler und Perversionen anzulasten ist die einzige Möglichkeit, in den Herzen, die durch die Abwesenheit Gottes der Verzweiflung preisgegeben werden, die Hoffnung zu entzünden.

Den historischen Materialismus, die ökonomische Geschichtsinterpretation muß man durch eine religiöse Deutung ersetzen, die vielleicht nicht als ein neuer Providentialismus, sondern als eine Infrastruktur von Kategorien der Religionssoziologie erscheint.

Wie auch immer die Programme und Lehren jeder großen revolutionären Bewegung aussehen, früher oder später regt sie stets ihre Historiker zum methodischen Gebrauch eines metaphorischen Wortschatzes an, der jenem der Religionsgeschichte entlehnt ist.

Am intensivsten empfinden wir die elementarsten und alltäglichsten Emotionen; da wir jedoch das am tiefsten empfinden, was uns am Persönlichsten und Eigentümlichsten scheint, zeigt sich somit offenkundig, daß sich jeder einbildet, jene Emotion, die allen gemeinsam ist, sei ausschließlich ihm vorbehalten.

Eine interessante politische Diskussion besteht in der historischen Analyse abgeschlossener politischer Sachverhalte und eine idiotische politische Diskussion in Prophezeiungen und Horoskopen, die unsere Befürchtungen oder unsere Hoffnungen ausdrücken.

Meine spontane Reaktion auf jeden Menschen besteht darin, zu begrüßen, anzunehmen und zu glauben; deshalb läßt sich niemand leichter als ich gewinnen und auch täuschen.

Doch niemand bleibt diesen Irrtümern weniger hartnäckig treu als ich.

Jeder Mensch, den ich mit dem absoluten und unverwechselbaren Wert, den er sich selbst beilegte, naiv anerkannt hatte, wandelt sich schwindelerregend schnell in meinem Geist und erhält dort seinen Platz, wohin ihn die Mittelmäßigkeit, Relativität und Geschichtlichkeit jedes Lebens unabänderlich verweisen.

Einen Menschen von heuchlerischer Liebenswürdigkeit mit tausendmal größerer Heuchelei als der seinen zu empfangen ist ein wonnevolles Spiel, das den Heuchler wunderbar verunsichert, der sich dann verwirrt und an seiner Unaufrichtigkeit zweifelnd von uns verabschiedet.

All meine Hellsichtigkeit scheitert denen gegenüber, die ich liebe, und ich möchte eher blind sein, als daß ich die Unsicherheit unserer irdischen Liebe bedenke.

Jede heroische Haltung gegenüber unserer Liebe scheint mir – mag diese Ansicht auch vulgär sein – lediglich ein Symptom, daß unsere Liebe in den letzten Zügen liegt.

Jene Frauen der Königsfamilie Mazedoniens wirken wie trunkene, von einem Gott besessene Mänaden.

Sich selbst gegenüber uneingeschränkt ehrlich zu sein ist eine Aufgabe, die niemand erfüllen kann, wenn er sich nicht zu so vielen Treulosigkeiten und Widersprüchen entschließt, daß der bloße Name dessen, der es versucht, an das Ebenbild einer wankelmütigen und trügerischen Seele erinnert.

Im Grunde ist die einzige mögliche Ehrlichkeit die gegenüber der Persönlichkeit, die wir vor den übrigen verkörpern, und jedes »natürliche« und »logische« Leben setzt eine außerordentliche schauspielerische Hartnäckigkeit voraus.

Wie jene »Natürlichkeit« der ästhetischen Lehren, die man in der Kunst nicht vergessen darf oder erreichen muß und die man tatsächlich erst am Ende eines langen Prozesses von Kunstgriffen, Willensakten und Rezepten findet, ist die »Natürlichkeit« des Menschen eine Wesensart, die der Mensch durch die Vermittlung von tausend Pflichten, Vorhaben, Werten und Regeln verwirklicht.

Wenn ein parnassischer oder symbolistischer Lyriker eine Prinzessin oder eine Göttin schildert, läßt schon seine Schilderung nicht an eine Göttin oder Prinzessin, sondern gerade an einen parnassischen oder symbolistischen Lyriker denken, der eine Prinzessin oder Göttin schildert.

Für den Philosophieunterricht benötigt man eine systematische Lehre; es spielt keine Rolle, daß sie schwachsinnig ist, sie muß lediglich vollständig sein.

Ich glaube, daß wir jeden ernsten Menschen verdächtigen müssen, ein Schwachkopf zu sein; aber der Verstand scheitert immer, wenn ihm die Strenge fehlt.

Die Geschichte ist ein Repertoire von erregenden, heroischen oder sinnlichen Bildern.

Wenn ein bestimmtes Buch den »Prix Goncourt« erhielt, genügt das schon, um schnell davonzulaufen.

Die merkwürdig pessimistische Vorstellung, welche die südamerikanischen »Intellektuellen« vom Schicksal Europas haben, ist das Frohlocken einer häßlichen Frau über die Krankheit, die eine hübsche Frau entstellt.

Ein intelligenter Mensch scheitert oft, weil ihn seine Intelligenz überrascht und fasziniert, als hielte er auf einmal ein wunderbares Spielzeug in der Hand.

Da er unfähig ist, sie so anzunehmen, als wäre sie seine natürliche Wesensart, eine einfache Funktion seines Geistes, spielt er eifrig mit ihr, und da ihn die tausend Freuden bezaubern, die sie ihm bereitet, vergißt er, sie ehrlich und trivial zu gebrauchen, um sein Leben zu durchdenken und seine Gedanken zu durchleben.

Geld verhindert keinen Mißerfolg, aber es verbirgt ihn. Es ist also nicht dumm, wenn wir es benutzen, um unsere Empfindlichkeit oder unsere Eitelkeit vor dem dünkelhaften Lächeln des Nächsten zu schützen; dumm ist, wenn wir uns einbilden, daß es uns etwas geben kann, was unser Herz ersehnt.

Nichts kann die Erinnerung daran, was wir nicht waren, aufheben.

Am meisten überrascht, wenn man alt wird, wie wenig sich die Schriftsteller darum gekümmert haben, was gerade den größten Teil des Lebens aller Menschen beansprucht.

Aus Scham oder Überdruß ist die Literatur wie die alte Geschichtsschreibung weiter die Chronik der Schlachten und Königshochzeiten.

Die Prosa Conrads hat eine edle, eherne Klangfülle. Vielleicht besitzt Conrad das wahrhaftigste ethische Empfindungsvermögen seiner Zeit.

Die Welt ist das Unbestimmte, das Systemlose, das eine unvermittelte Initiation, einen ersten jähen Begriff bringt und nicht abschließt, sondern sich mit angedeuteten Pausen wie das Gespräch eines Dummkopfes fortsetzt.

Jedes System transzendiert die Welt, jedes System ist eine Metaphysik.

Der Mensch ist so beschaffen, daß ihm wenig genügt, doch dieses wenige wird ihm verweigert.

Ich bin die Karikatur eines großen Verstandes.

Das interessanteste Phänomen im Katholizismus der letzten einhundertfünfzig Jahre ist das der plötzlichen Bedeutung des religiösen Denkens der Laien.

Der Verstand der Kirche, ihr geistiges Ferment, war der Kirchenlehrer aus dem Laienstand, der Theologe ohne hierarchisches Mandat.

Die Furcht vor der Häresie und die nachdrückliche Zensur, die diese Furcht bewirkt, unterdrücken im gewöhnlichen Katholiken jedes religiöse Denken, doch sie tragen dazu bei, das religiöse Empfindungsvermögen mit all diesen freien Kräften zu bereichern.

Der Katholizismus verwirklicht praktisch die Beseitigung des Dogmas gerade durch die extreme Härte, mit der er es festlegt.

Paradoxerweise stellt er so in einer unbeständigen Welt die vereinfachende Einheitlichkeit des religiösen Empfindens wieder her.

Die dialektischen Geschichtsinterpretationen haben den Nutzen der alten Exegesen der Apokalypse, mit etwas Scharfsinn lassen sie sich auf alles anwenden.

Die Gattung, zu der die großen Bücher einer Literatur gehören, ist von höchster Bedeutung für ihr geistiges Schicksal.

Wenn man daher von den Klassikern des 17. Jahrhunderts oder der Bibel von 1611 und von Shakespeare oder von Dante oder auch von Goethe und dem deutschen Idealismus zu Cervantes, Quevedo und Lope de Vega übergeht, beurteilt man damit die geistige Bedeutung dieser Literaturen.

Die spanische Literatur bewahrt das unauslöschliche Merkmal, daß ihr grundlegendes Buch ein satirischer Roman ist, das heißt: trotz alledem ein Buch, das zu einer niedrigen Literaturgattung gehört.

Das apriorische Element der unabhängigen Exegese des Neuen Testaments ist höchst offenkundig.

Dieses Apriori besteht darin, eine logische und keine widersprüchliche Natur der Menschen und der Sachverhalte zu postulieren. Auf Grund dessen, was man bei einem Menschen oder einem Sachverhalt für wesentlich hält, geht es also darum, jedes widersprüchliche Merkmal auszuschließen. Dieses Apriori wäre offenbar gültig, wenn uns das Universum keine Überraschungen böte, doch es ist lediglich vorläufig, denn der flüchtigste Blick in das wankelmütige Herz des Menschen genügt, um seine Ungültigkeit festzustellen.

Der junge Goethe ist der einzige Moderne, der an den Mazedonier erinnert.

Der Verstand stellt zwischen Realität und Mythos einen Abstand her, den es vielleicht überhaupt nicht gibt.

Wie kann ein Mythos entstehen, wenn das, was der Mythos behauptet, nicht im Schöpfer des Mythos vorhanden ist?

Tatsächlich kann ich eine außerordentliche Heldengestalt erfinden, aber meine Erfindung wird kein Mythos, sondern eine Lüge sein. Wenn ich hingegen eine lebendige, beseelte, unsterbliche Gestalt schaffen kann, ist ihr außerordentlicher Heroismus in mir vorhanden, und der Mythos vereint sich mit der Realität, die ich bin. Was es im Mythos gibt, hat nicht weniger und nicht mehr Realität als der Mensch, der auf der Straße vorbeigeht.

Die Abstumpfung des Empfindungsvermögens, die uns zu den Klassikern führt, weil nur sie die ausreichende künstlerische Stärke haben, um uns zu rühren, bringt uns auch zu den sexuellen Perversionen.

Eine schwerfällige Verdauung gestaltet das Universum des Tagebuchs Maine de Birans nach.

Die Geschichte lehrt nicht die Zwecklosigkeit individuellen Handelns, sondern dessen Nichtigkeit.

Sie zeigt nicht die Wirkungslosigkeit der individuellen Taten, sondern die zuweilen komische Diskrepanz zwischen den Zielen, die man sich stellt, und den Ergebnissen, die man erreicht.

Die Religion formuliert unermüdlich die Probleme, die unsere Leichtfertigkeit umgehen will.

Daß die Prostitution ein religiöser Sachverhalt sein konnte, muß uns genügen, um jede ausschließlich wirtschaftliche oder physiologische Erklärung dieses Phänomens zu verwerfen.

Eine erbärmliche Prostituierte übernimmt im Halbdunkel der Tempel eine liturgische Funktion.

Daß man verliebt gewesen ist, reicht aus, um jeden epistemologischen Realismus zu widerlegen.

Seit so vielen Jahren macht man Politik mit soviel Geschick, Sachkenntnis und Zynismus, mit einem solchen Leistungsdrang, einer solch strengen Erwägung der Mittel allein im Hinblick auf ihre Eignung, ein bestimmtes Ergebnis zu erreichen, und das mit so spärlichen oder ironischen Erfolgen, daß ich nicht begreife, wie niemanden die Vorstellung verlocken kann, auf bornierte Weise ehrlich und auf schwachsinnige Weise rein und rechtschaffen sein zu wollen.

Ja! Da so viele sichere Siege mit einem Mißerfolg geendet haben, warum sollte dann nicht ein sicherer Mißerfolg zu einem Sieg führen?

Das schlimmste Verbrechen derjenigen, die niederträchtige Mittel gebrauchen, besteht darin, uns zu verleiten, zu verlocken und zu zwingen, ebenfalls niederträchtige Mittel zu gebrauchen.

Wenn wir sicher sein könnten, daß eine freiwillige Niederlage kein reiner Schwachsinn ist, welch ein Glück wäre es dann, uns dort besiegen zu lassen, wo man den Triumph nur mit vulgären Gesten, grausamen Taten und gemeinen Gedanken erringt.

Wenn im Dasein die große Vortrefflichkeit besteht, ist alles Verworfene erlaubt.

Die Mathematik ist eine Art, von bestimmten Dingen zu sprechen, um bestimmte Bedürfnisse des Verstandes zu befriedigen.

Ich halte die Mathematik für eine Methode, um Probleme zu lösen, das heißt, sie entsteht aus einem konkreten Fall, einer dringenden empirischen Notwendigkeit, der Erwägung eines Sachverhalts. Hieraus ergibt sich die Schwierigkeit ihrer logischen Begründung.

Wenn man untersucht, was dieser oder jener Begriff ist, bedeutet dies das gleiche wie die Untersuchung, welcher Prozeß ihn hervorbringt, das heißt, wie die Umwandlung einer empirischen Wahrnehmung von Ähnlichkeiten in eine genetische Definition.

Der Essay von Du Bos über die Literatur offenbart die Zwiespältigkeit der christlichen Haltung gegenüber dem literarischen Tatbestand.

Im Vergleich mit der Fülle des religiösen Lebens zwingt die offenkundige Bedeutungslosigkeit der Literatur, für sie eine Interpretation zu suchen, die sie in das religiöse Leben integrieren kann.

Doch die gebieterische Gegenwart Gottes entleert derart wirksam jede menschliche Tätigkeit, daß eine rechtfertigende Ästhetik wie die Geste eines Kindes wirkt, das sich angesichts des Todes an sein Lieblingsspielzeug klammert.

Nichts ist leichter, als die Probleme zu lösen, die sich uns nicht stellen.

Es ist offenkundig, daß sich Barrès irrt, aber mit welchem Edelmut!

Wie soll ich erklären, daß mich Stendhal fasziniert, während mir vielleicht keine einzige von seinen Ideen nicht wie der Gipfel der Absurdität vorkommt?

Würde es sich nicht lohnen, über die moralischen und geistigen Folgen zu meditieren, die der Gebrauch des Rundfunks wahrscheinlich bewirkt? Wenn man zeitlebens dem ständigen Hören von Musik, gleichsam einer feuchten Atmosphäre, einem dichten Klangdunst ausgesetzt ist, der eine gewisse Benommenheit, eine schwerfällige Abstumpfung und Verdummung des Geistes begünstigt, bereitet das die Seelen vor, den überspanntesten Ansprüchen gefügig zuzustimmen.

Es gibt Gemälde, die uns eine derart eindringliche Sicht eines außergewöhnlichen und einzigartigen Universums bieten, daß wir gern in das Bild eindringen und an dieser Lebensform teilhaben möchten.

Die gesamte Philosophie ist eine Randbemerkung zu den Platonischen Dialogen.

Der Begriff, der die menschliche Geschichte von der Naturgeschichte, die Geschichtlichkeit des Menschen von der Geschichtlichkeit der Natur zu unterscheiden vermag, ist der Begriff des autonomen Handelns.

Mit anderen Worten, die Ursache für die Veränderlichkeit befindet sich im Geschichtsprozeß der Natur außerhalb des Subjektes; im Geschichtsprozeß des Menschen befindet sich diese Ursache hingegen innerhalb des Subjektes.

Schlagen wir bereits als ersten Folgesatz dieser These vor, daß man neben die eigentliche menschliche Geschichte eine Naturgeschichte des Menschen stellen sollte.

Die menschliche Geschichte ist eigentlich die des Willens.

Es ist etwas Komisches, daß es nach einer zweihundertjährigen unablässigen und methodischen Polemik die erbittert verunglimpften und lächerlich gemachten Vorstellungen sind, die wir heute für allein geeignet halten, das geistige Gebäude der menschlichen Vernunft zu tragen.

Um eine Idee wie ein Esel um einen Pfosten kreisen.

Eine Landschaft, die nicht von intelligenten Augen betrachtet wurde, ist anonym, austauschbar und leicht zu verwechseln.

Zwischen der Schönheit der natürlichen Dinge und der Schönheit der Kunst gibt es den gleichen Unterschied wie zwischen einer vielsagenden Geste und einem Schlag auf den Solarplexus: beide erschüttern uns, aber auf unterschiedliche Art.

Ohne die Deutung durch die Kunst würde die Welt den Photos der Mondoberfläche gleichen.

Eine politische Partei: ein Kern von Ehrgeizlingen, den eine Gruppe von Habgierigen umgibt, dieser gesellen sich einige Selbstgefällige hinzu, und ihr folgen viele Eingeschüchterte.

Immer hat es mich begeistert, zu erfahren, was ein bestimmtes Individuum denkt oder denken würde, wenn seine verschiedenen Interessen nicht seine Ansichten beeinflußten, doch das konnte ich nie erfahren.

Die schlimmste Enttäuschung: das Individuum, das wir für interessant hielten, weil uns schien, daß seine Ansichten seiner Natur und seinen Interessen widersprachen, und das uns plötzlich zu der Einsicht zwingt, daß es ständig von sich glaubte, anders zu sein und sich von dem zu unterscheiden, was es offensichtlich ist, und daß sich folglich aus dieser Form, sich selbst vorzustellen, auf gewöhnliche und vulgäre Art ergibt, was es sagt.

Viele Menschen offenbaren in dem, was sie tun, und in dem, was sie sagen, wahren Verstand; doch ihre Art, sich ihrer Akte und Urteile bewußt zu sein und die Theorie dieser Urteile und Akte zu formulieren, ist borniert, trivial und vulgär.

Es gibt einen ersten und einen zweiten Verstand.

Jener erste hat alles zum Gegenstand, was sich außerhalb von ihm befindet, dieser zweite hat den ersten zum Gegenstand.

Uns scheint, daß jeder Mensch, der dieses zweiten Verstandes unfähig ist, unwillkürlich, mechanisch handelt, wie ein wirksamer Apparat, der von einer ihm fremden vis a tergo[70] einem Objekt entgegengeschleudert wird.

Es ist unmöglich, zu schreiben, ohne an sich zu glauben.

Wenn wir schließlich denken, daß wir als Wahrheit unsere augenblickliche Verblendung bezeichnen, ist es unmöglich zu schreiben.

Was, wie mir scheint, meine Wahrheit unübertragbar macht, ist, daß all ihre Gewißheiten aus einem persönlichen Zusammenhang, einer einzigartigen Ordnung von Erfahrungen hervorgehen und daß sie nie auf Prinzipien beruhen oder sich von Regeln ableiten.

Eine Deduktion unterjocht mich, aber unterwirft mich nicht.

Trotzdem genügt eine leichte Geste, damit mich eine vollständige Überzeugung erfüllt.

Dort, wo sich die Beweisführung auf die rigoroseste, strengste und genaueste Art durchführen läßt, reagiert mein Geist mit vielen Einschränkungen, Vorbehalten und Bedenken, und am Ende verzichtet er auf eine Stellungnahme; dort, wo die Vernunft nur Unreinheiten findet, wo jeder Fortschritt eine Gefahr, jede Bejahung eine Kühnheit ist, erfühlt ein Geist Gewißheiten und erfreut sich an einer Fülle des Lichts.

Jede Regel, jede Norm, jedes Prinzip wecken in mir das absurde Verlangen, sie zu übertreten.

Alles, was formuliert wird, halte ich für würdig, es zugrunde zu richten. Ich kann keine andere Norm als jene anerkennen, die allein im Leben eines Geistes besteht, der unablässig an der Welt und an sich selbst arbeitet.

Geistige Anarchie entsteht aus der Geringschätzung der Prinzipien; doch bedeutet es nicht etwa, wenn wir uns den Prinzipien unterwerfen, die wir formulieren können, daß wir unserer Vernunft des Tages ein Privileg zuschreiben, das vielleicht der nächtlichen Vernunft zukommen muß?

Unsere Macht reicht weit über unser Wissen hinaus, und das um so mehr, je mehr dieses nur ein Verzeichnis von Küchenrezepten ist, das heißt von etwas, das Erfolg hat, ohne daß jemand tatsächlich weiß, warum.

Eine Philosophieabhandlung ist ein Buch, das, um seinen Leser von einer Wahrheit zu einer anderen Wahrheit zu führen, ein kompliziertes Gerüst aus irrtümlichen Lehrsätzen errichten muß.

Meditieren heißt, die Wahrheit, die uns als eine plötzliche und spontane Erleuchtung des Geistes gegeben wird, in die Sprache der üblichen Vorurteile einer Epoche und in den Wortschatz eines Berufsverbandes zu übersetzen.

Was uns erniedrigt, ist nicht die unentrinnbare menschliche Natur, an der wir alle teilhaben, sondern deren schicksalsergebene und fügsame Anerkennung.

Wenn unsere Haltungen und Gesten uns schon erlauben, bequem, ohne Reibungen und Zusammenstöße, zwischen den Dingen hindurchzuschlüpfen, haben wir jeden Edelmut verloren.

Edelmut ist die Unmöglichkeit, die gewöhnlichen Erfordernisse der menschlichen Existenz als absolut anzuerkennen.

Die Faszination der Jugend beruht vor allem auf der von ihr angestrebten Integrität, dem naiven und stolzen Glauben an die Möglichkeit, sich der Resignation des reifen Alters zu entziehen.

Jugend ist nichts anderes als Zurückweisung, doch in dieser Zurückweisung besteht ihr Edelmut.

Ein pfiffiger junger Mann, der sich im Leben eingerichtet hat, bietet einen der erbärmlichsten Anblicke, den man zu sehen bekommen kann.

Die Liebe, die den Mann erniedrigt, scheint der einzige Edelmut der Frau zu sein.

Bevor das junge Mädchen die Liebe kennenlernt, wirkt es wie ein frisches und unberührtes Tier, etwas Untermenschliches und gleichsam wie eine bloße Vorbereitung auf die Menschheit. Es braucht die Wunde, das rinnende Blut, um die Vorhölle zu verlassen, in der es sich aufhält, den uranfänglichen Garten des unschuldigen animalischen Daseins.

Um den Gedanken nahezulegen, daß die Epoche des Romans etwas Vorübergehendes sein kann, genügt der Hinweis, wie mühelos jeder gute Romancier des vergangenen Jahrhunderts seine Darstellung ausführt und welch schwerfälliges Gerüst von kritischen Voraussetzungen und ästhetischen Prinzipien der heutige Romancier benötigt.

Die Wissenschaft, selbst die Philosophie in ihrer rein technischen Erscheinungsform bereichern lediglich unsere persönliche Weltordnung, erweitern und vervielfältigen sie, doch sie führen uns nicht aus ihr heraus.

Nur Kunst und Literatur versetzen uns in neue und andersartige Weltordnungen, entreißen uns dem Bereich, der von unseren üblichen Koordinaten bestimmt wird.

Nur sie geben uns die Frische der Welt zurück, die unsere Augen an den Morgen unserer Kindheit mit ihrer Neuheit erstaunte.

Die Biographien, die unsere Jugend faszinieren, handeln von Menschen, denen wir nie gleichen werden; später gefallen uns nur die derjenigen, mit denen wir die meiste Ähnlichkeit haben.

Der Patriotismus der Kritiker einer armen Literatur bereitet die schlimmste Geschmacksverwirrung vor.

Das Ideal der historischen Darstellung: die Thermopylen im siebenten Buch Herodots.

Edelmut, Einfachheit und das vollkommene Bewußtsein für die Größe der Ereignisse, ohne daß Emphase nötig ist.

Einen Menschen zu beurteilen ist eine derart komplizierte Aufgabe, daß wir uns entscheiden, als zutreffend anzuerkennen, was jeder von sich behauptet oder andeutet. Deshalb triumphieren der eitle Dummkopf und der selbstsichere Flegel.

Die Unverschämtheit bemüht sich um die Achtung der übrigen.

Die Beschränktheit der Menschen gestattet es, daß wir die Wissenschaft vom gesellschaftlichen Erfolg auf ein einziges Gebot zurückführen. Es lautet: »Um alles zu erreichen, was die Gesellschaft geben kann, ist es notwendig und ausreichend, alles zu tun, was das ehrliche Gewissen und der gute Geschmack verurteilen.«

Der größte Vorteil, den ein bedeutendes Vermögen und ein berühmter Name verschaffen, besteht vielleicht darin, daß man den übrigen gegenüber liebenswürdig, höflich und bescheiden auftreten kann, ohne geringgeschätzt zu werden.

Die meisten Menschen verlangen nur nach Gleichheit, damit sie ihre vermeintliche Überlegenheit wirksamer durchsetzen können.

Mit zwanzig Jahren besitzen wir eine Frau; später kommt es uns darauf an, die Idee zu besitzen, die eine Frau in uns wachruft.

Ein nackter Körper ist der Schlüssel eines neuen Universums.

Die Lust besteht eher in den ihr vorausgehenden Sehnsüchten und den ihr nachfolgenden Gewissensbissen als in sich selbst.

Der Mißerfolg der pornographischen Literatur ergibt sich aus der Trivialität der bloßen Geschlechtslust.

Es ist vielleicht eine unmögliche Aufgabe, eine Kategorientafel der historischen Vernunft festzulegen.

Die historischen Kategorien jeder Epoche werden zusammen mit ihr geboren und von ihrer Geschichte selbst hervorgebracht.

Demnach kann das historische Kategoriensystem offenbar nichts anderes als die Geistesgeschichte selbst sein.

Eine Geistesgeschichte[71] ist die wahre Kritik der historischen Vernunft.

Ach, diese allgemeinen Ideen eines mittelmäßigen Schriftstellers! Er soll uns knappe und harte Tatsachen geben oder schweigen.

Schlecht geschriebene und schlecht gemachte Bücher sind manchmal interessanter als ein vollkommenes Buch.

Die Befriedigung, die uns dieses verschafft, scheint seine Macht zu erschöpfen, während sich jene in den tausend Variationen fortsetzen, die unsere Phantasie erfindet, um sie zu verbessern.

Jeder Fehler nimmt uns wie die Hohlform einer ungeahnten Vollkommenheit für sich ein.

Die Jugend lebt gewöhnlich von Wasser und trockenem Brot, doch sie darf alles erhoffen und glauben, daß ihr alles gegeben wird.

Das Alter hingegen ist oft nicht der Verlust dessen, wonach die Jugend verlangt, sondern das Verbot, es zu erhoffen.

Ein tiefreligiöser Geist kümmert sich nicht um das Alter: Sich dem Tod zu nähern bedeutet für ihn nicht, sich der Verzweiflung zu nähern, jenem Zustand, der jede Hoffnung aufhebt, sondern sich vielmehr der Erfüllung seiner tiefsten Sehnsucht und dem vollständigen Besitz des totalen Objektes seines Verlangens zu nähern. Das Alter ist nur eine Realität für jenen Geist, der in den Grenzen seines irdischen Daseins eingeschlossen ist.

Das Problem des Alters und dessen Tragik bekommt nur für irreligiöse Gesellschaften eine ernste Bedeutung, und vielleicht ist das Beharren auf dem Problem »De senectute«[72] oder die Gleichgültigkeit gegenüber diesem Problem das am besten geeignete Meßinstrument für die Religiosität einer Gesellschaft oder eines Menschen.

Dem politischen und gesellschaftlichen Übergewicht der Jugend in unserer Zeit liegt vielleicht allein die Angst vor dem Tod zugrunde.

Der Schrecken, den der Tod einflößt, bewirkt, daß alle bei dem Zuflucht suchen wollen, was sich ihm am deutlichsten widersetzt: die Jugend und ihr animalischer Elan, ihre unmittelbare Bejahung der Lebenskraft.

Die tiefste Todesangst offenbart sich nicht in jenen Steingerippen, jenen Totentänzen des ausgehenden Mittelalters, sondern in den kindischen Unterhaltungen unserer Zeitgenossen, in ihrem Mißbrauch all dessen, was den körperlichen Verfall aufzuhalten oder zu verstecken verspricht, und schließlich in den Jugendscharen, die voller Stolz aufmarschieren.

Wie sich der Asket gewöhnlich nicht Gott zuwendet, wenn er nicht der Welt entflieht, ebenso entscheidet sich der moderne Mensch nicht für das Leben, wenn er nicht dem Tod entflieht. Was in ihrer aller Dasein am wichtigsten ist, ist gerade das, dem sie entfliehen, und der ganze komplizierte Apparat, den sie aufbauen, vermag kaum zu verbergen, daß sie eben nur mit dem beschäftigt sind, dem sie entfliehen und das sie verbergen.

Jeder wahrhaft moderne Mensch, der sich nicht mit vierzig Jahren das Leben nimmt, ist ein Schwachsinniger.

Etwas satt bekommen! Als bekäme man es satt! Tatsächlich geschieht etwas anderes: Andere Dinge ziehen uns an, andere Dinge fordern uns heraus.

Das Verlangen stirbt nicht; und wenn wir glauben, daß es gestorben ist, so deshalb, weil uns schon ein neues, noch ungeahntes Verlangen beherrscht.

Die Seelenruhe, die sich in Formeln, Maximen und Prinzipien ausdrücken will, verfehlt es nicht nur, uns zu rühren, sondern läßt uns auch argwöhnen, daß sie furchtsam versucht, eine ängstliche Unruhe zu verschleiern.

Jene Seelenruhe, die uns als einzige rührt, entsteht aus der Gesamtheit eines Werks oder eines Lebens als deren diffuser Ausdruck, deren ungeahntes Harmonieprinzip.

Ein literarisches Thema ist am Beginn und am Ende seines Entwicklungswegs interessant, wenn es noch seine ursprüngliche Frische bewahrt und wenn der Gebrauch es schon vulgarisiert hat und es von einem geschickten Schriftsteller ironisch und spöttisch benutzt wird.

Es ist bedauerlich, daß man nicht in streng puritanischen Zeiten lebt, damit man sich voller Wonne einem reinen Kyrenaismus widmen kann.

Daß man in einer Religionsgeschichte Chinas der chinesischen Philosophie mehrere Kapitel widmen kann und seine Malerei nicht einmal erwähnt, halte ich für absurd.

Philosophie, Theologie oder Mythologie verhalten sich zur Religion wie die Ästhetik zum Kunstwerk, und es wäre eine offensichtlich überspannte Idee, wenn man die Kunst des 18. Jahrhunderts durch Batteux oder Baumgarten ersetzen wollte.

Wie hingegen eine Kunstgeschichte des 18. Jahrhunderts eine Geschichte des religiösen Gefühls in diesem Jahrhundert oder, besser gesagt, seines Fehlens erforderlich macht, ebenso ist umgekehrt die große Landschaftsmalerei der Sung-Zeit eine bessere Einführung in das mystische Gefühl Chinas als die taoistische und buddhistische Scholastik.

Das Verlangen ist der Vater der Ideen.

Wenn sich unsere Seele aufgibt und abfindet, schläft der Verstand ein. Die Weisheit, diese Ermüdung der Seele, führt uns zu einer schwachsinnigen geistigen Leere.

Wahre Weisheit darf sich nicht die Aufgabe stellen, unsere Leidenschaften zu beseitigen, sondern muß sie im Gegenteil klug entwikkeln, damit unsere Laster eine Fülle von Ideen hervorbringen.

Die Leidenschaften erfinden die Ideen, um anzugreifen, sich zu verteidigen, sich zu tarnen oder sich zu erkennen.

Es genügt, daß ein geringfügiges Ereignis die Routine unseres Daseins beeinträchtigt und daß so eine geliebte Stimme, die das Leben um ihre Macht gebracht hatte, ihre vergessene Klangfarbe unerwartet zurückgewinnt, damit unsere Jugend durch die Schichten dringt, die das triviale Alltagsleben ablagert, uns wie ein ferner Schrei erreicht und wie ein spitzer Pfeil verwundet, den eine untergehende Sonne aussendet.

Schrecklich ist, daß uns kein Engel mit seinem Flammenschwert aus unseren Paradiesen vertreibt, sondern daß uns ein unauffälliger Pfad sanft von ihnen entfernt.

Auf einmal blicken wir zurück, und während wir glaubten, uns noch im Paradies zu befinden, erhebt es sich hinter seinen hohen Mauern an einem fernen Horizont.

Liebe ist unerschütterlich, sie verändert und wandelt sich nicht. Aber ihr Objekt ist ein konkretes Wesen, das einem bestimmten Zusammenhang von Umständen angehört.

Doch es kommt dazu, daß die unausbleibliche Veränderung des Objektes der Liebe raubt, was sie liebte.

Wer einmal liebt, liebt ewig. Indes liebt er jenes konkrete Wesen, das er geliebt hatte, nicht jenes willkürliche Wesen, das unsere Bequemlichkeit schafft, wenn sie eine aufeinanderfolgende und unbestimmte Vielfalt von Wesen mit einem einzigen Namen bezeichnet.

Die moderne Bibliophilie, welche die Seltenheit der Exemplare als den wichtigsten Faktor für den Wert eines Buches ansieht, scheint mir lediglich ein Symptom für die Vorherrschaft der Ökonomie in unserer Zeit, denn eigentlich ist das Eindringen einer ökonomischen Kategorie in einen Bereich, den nur ästhetische Erwägungen bestimmen sollten, eindeutig absurd.

Die Befriedigung, von allen geachtete Vorzüge zu haben, tröstet uns nicht darüber hinweg, daß wir jene Fehler nicht haben, die von allen beneidet werden.

Die Tugend tröstet uns über die Laster hinweg, die uns nicht erreichbar sind.

Eine Wahrheit ist so lange keine Wahrheit, bis sie nicht als die abstrakte Formel einer eigenen Erfahrung erscheint.

Es ist ein wonnevolles Gefühl, wenn man plötzlich versteht, was für uns ein mit sieben Siegeln versiegeltes Buch war.

Doch stets erschreckt mich die Offenkundigkeit dieser neuen, nunmehr deutlichen, handgreiflichen, einleuchtenden Wahrheit, wenn ich bedenke, daß alles, was ich heute nicht verstehe, alles, was ich heute nicht einmal kenne, Wahrheiten enthält, die ebenfalls deutlich und klar, ebenfalls handgreiflich und ebenfalls einleuchtend sind.

Der Gedanke ist schrecklich, daß viele von unseren sogenannten Wahrheiten nur existieren, weil wir jener Wahrheiten unfähig sind, die diese Wahrheiten vielleicht widerlegen.

Jede Wahrheit besitzt gleichwohl ihr eigenes Licht und ist in ihrem eigenen Bereich unwiderlegbar.

Hüten wir uns nur, eine Wahrheit über sie selbst hinaus zu erweitern.

Ich fühle mich auf unbehagliche Weise als Bruder jedes Staatsmanns, der sich irrt, jedes schwachen Politikers, den die Ereignisse überwältigen.

Im Gegensatz zu so vielen anderen, die, sobald sie etwas Tragisches oder Beschämendes hören, mit spontaner Geringschätzung ausrufen: »Ach! Wenn ich das gewesen wäre! Wenn ich dort gewesen wäre!« murmele ich immer: »Ach! Ich hätte eine Möglichkeit gefunden, es noch schlimmer zu machen!«

Die Notwendigkeit einer Ethik, das heißt eines Systems von Verhaltensregeln, tritt im individuellen Leben spät auf.

Oft tritt sie nicht einmal spät auf, und das Individuum gibt sich mit einem unterschiedlichen Prinzip für jede Verhaltensform zufrieden.

Nichts verliert, wenn es altert, soviel Substanz wie ein Roman.

Es ist für ihn äußerst schwierig zu überleben.

Vielleicht verlangen nach einem Jahrhundert nur die lyrische Dichtung und die philosophische Meditation nicht die entschiedene Absicht großmütigen Erbarmens und ein gehöriges Maß an Neugier, um mit unbeschwertem Vergnügen gelesen zu werden.

Ein ästhetisches Urteil ist wesenhaft weitsichtig, es verlangt, daß das Objekt in die Ferne rückt, damit man es klar erfaßt.

Im Gegensatz zu dem, was man gewöhnlich denkt, und zu den tausendmal angeführten Beispielen der modernen Kunst irren sich unsere Zeitgenossen nicht so sehr, weil sie vortreffliche Werke verkennen oder geringschätzen, sondern weil sie mittelmäßige Werke hochschätzen, bewundern, gutheißen und lieben, die sie mit jenen anderen gleichstellen und verwechseln.

Was daher unseren Zeitgenossen vor allem entgeht, ist nicht so sehr das Werk als vielmehr der Rang des Werkes, und sie irren sich nicht so sehr bei jedem einzelnen Werturteil als vielmehr bei der Festlegung einer zufriedenstellenden Wertskala.

Daß wir eine Theorie widerlegen, die wir nur andeutungsweise kennen, ist ein alltäglicher … und komischer Fehler.

Ein Fachmann ist jemand, der sich sogar für das interessieren muß, was ihn nicht interessiert; ein Liebhaber ist jemand, der sich nur für das interessiert, was ihn interessiert.

Die Literaturgeschichte und die in den letzten einhundertfünfzig Jahren so reichlich vorhandenen kritischen Untersuchungen verleiten den Schriftsteller, sich unter dem Blickwinkel seiner möglichen Historiker zu betrachten.

Daher sind alle Einfachheit und Natürlichkeit verschwunden.

Niemand schreibt mehr, ohne stillschweigend eine Reihe von Adjektiven auf sich anzuwenden, wie sie den toten Schriftstellern angemessen sind, denen die Nachwelt ihren Platz und Rang zuweist, während diese Adjektive bei jeder anderen Gelegenheit lächerlich sind.

Die Ehre ist der achtbare Deckmantel der Eitelkeit.

Die Doktrinen sind gleichsam Versuche, den Schwerpunkt des Geistes zu finden. Jede bemüht sich, ihn zu definieren und zu verorten.

Nur mit einer expliziten Doktrin kann uns die positive Bestimmung dieses Schwerpunktes gelingen; doch offenbar würden wir einer Art negativer Bestimmung fähig sein, denn ein gewisses geistiges Taktgefühl erschaudert vor Abscheu, wenn es mit Doktrinen zu tun bekommt, die sich außerhalb eines bestimmten beschränkten Bereichs befinden.

Der Schwerpunkt befindet sich offenbar in jenem Raum, den unser Abscheu eingrenzt, und das eigentliche geistige Werk besteht darin, dort seine Lage genau zu bestimmen.

Die Vorliebe für literarische oder philosophische Dunkelheit ist keine bloße Perversität; ihr heimlicher Grund ist eine gewisse natürliche Bescheidenheit, die uns veranlaßt, das geringzuschätzen, was wir leicht verstehen, als wäre lediglich das unserem erbärmlichen Verstand entsprechende Maß ein Beweis für Trivialität oder Oberflächlichkeit.

Jede Periode besitzt offenbar ein erzeugendes Prinzip, das gleichsam die Achse der Geschichte jenes Zeitpunktes ist.

Daher sind nur die zu dieser Achse gehörenden Nationen einer bedeutenden Literatur fähig.

Niemand hat bedacht, daß eines der besten Argumente für die Existenz einer privilegierten Gesellschaftsklasse vielleicht in dem Vorteil besteht, daß man das abstoßende Schauspiel einer selbstzufriedenen Menschheit auf eine einzige Klasse beschränken kann.

Es geht nicht so sehr darum, daß gewisse politische und soziale Bewegungen zu Religionen werden, als vielmehr darum, daß sie stürmische Massenbewegungen sind und diese Tatsache ihnen Wesenszüge verleiht, die sich bei Religionen und sozialen Bewegungen gleichen.

Das Volkstümliche ist niederträchtig.

Meinecke, Hazard und Trevelyan sind besonnene, ausgewogene, vielleicht langsame, aber gewissenhafte und ernste Geister; die besten und typischsten Früchte der hohen europäischen Universitätskultur.

Unruhe entsteht aus dem übertriebenen Glauben an die Beständigkeit der Dinge.

Der größte Vorzug eines Politikers: bei der Verteidigung der Mäßigung energisch zu sein.

Es ist kindisch, der politischen Betätigung einen geistigen Vorrang einzuräumen. Man braucht sich nur anzuhören, welche Wünsche, Ambitionen und Absichten ein Politiker hat, um zu verstehen, daß er eine subalterne Tätigkeit ausübt.

Der Politiker ist ein Diener, nicht so sehr des Staates, sondern all jener, die mit anderen Interessen beschäftigt sind.

Die Ursprünge des Christentums und der Französischen Revolution sind die einzigen einigermaßen erforschten und zu Begriffen verarbeiteten Sachverhalte; das übrige ist noch Neuland.

Daß wir verachten oder verachtet werden ist die Alternative, die uns das gesellschaftliche Leben bietet.

Damit man uns achtet, verlangt man deshalb von uns, ungerecht zu sein.

Wir sollten unsere ganze Unparteilichkeit, Gerechtigkeit und Liebe jenen Augenblicken nächtlicher Einsamkeit vorbehalten, wenn wir die Ereignisse des Tages erwägen und beurteilen.

Um die übrigen aufrichtig geringzuschätzen, ist eine derartige Verblendung notwendig, daß ein Staatsmann, dessen Erfolg zwangsläufig davon abhängt, die Fähigkeit zu verachten in ungeheuer großem Maße zu besitzen, im Grunde ein Dummkopf sein muß.

Ein großmütiger Verstand ist vielleicht noch seltener als ein großer Verstand.

Lesen lernen: wenn man die Lektüre eines Buches unterbricht, um etwas anderes zu lesen, bedeutet das, den Autor zu mißachten.

Jedes Buch, das diesen Namen rechtmäßig verdient, ist ein geschlossenes System, dessen gesamter Sinn von der gemeinsamen Wirkung all seiner Teile abhängt. Deshalb verlangt es eine beinahe gleichzeitige Wahrnehmung seiner aufeinanderfolgenden Aspekte, und sie gelingt nur einer systematischen Aufmerksamkeit, die eine zeitliche Vielfalt in einem einheitlichen Akt verschmilzt.

Liebe und Haß sind die großen Triebfedern der Dialektik des Geistes.

Unsere Liebe schafft ein System, um das, was sie liebt, zu verteidigen, und der Haß zerstört es, damit er hingegen ein System schaffen kann, um zu verteidigen, was er liebt; und die Liebe will nun umgekehrt dieses System mit ihrem Haß zerstören.

Die deutsche Pornographie besteht meistens in einer Studie oder einer Abhandlung über die französische Pornographie.

Ich muß zu dem Schluß kommen, daß ich auf dem Gebiet der Landwirtschaft wie Xenophon und auf dem der politischen Ökonomie wie die Physiokraten denke.

Daß Fichtes politisches System, das auf der Freiheit beruht und für sie begründet wird, zur sorgfältigen Vorbereitung eines beängstigenden, geschlossenen, engen, strengen Zustandes der gesellschaftlichen Tyrannei führt, bestätigt wieder einmal die einzigartige und widerspruchsvolle Natur der Dialektik der Freiheit und die dringende Notwendigkeit eines scheinbaren Illogismus, um sie zu begründen.

Der Irrtum des demokratischen Denkens: daß es jedem Individuum die Gesamtheit der Eigenschaften zuschreibt, die dem Begriff des Menschen eigentümlich sind.

Der Unterschied zwischen dem Wissenschaftler und dem Philosophen besteht darin, daß der erste von Triumph zu Triumph voranschreitet und von jedem Sieg nur unnütze Asche zurückbehält, während der zweite von Niederlage zu Niederlage zieht und seine Seele mit dem Wesenskern jedes Mißerfolgs bereichert.

Von Thukydides bis zu seinen heutigen Nachfolgern veranschaulicht ein majestätisches Geschlecht souveräner Geister, kalter und unerschütterlicher Geschichtsbetrachter allein durch seine Anwesenheit die unheilbare Beschränktheit unserer elenden Rasse.

Vielleicht ist es nicht so absurd, sich vorzustellen, daß man in ein paar Jahrhunderten unser ganzes gegenwärtiges Zeitalter mit seinen Philosophien, seinen sozialen und politischen Bewegungen, seinen Utopien und Katastrophen nur als Episode der Kirchengeschichte verstehen und in ein Geschichtssystem integrieren kann.

Was nicht religiös ist, ist nicht interessant.

Alles Interessante ist ein religiöser Sachverhalt oder beruht auf ihm.

Politik der Geschichte: der Historismus enthält eine Politik (den Konservatismus Burkes und Burckhardts), ebenso wie die Philosophie der Geschichte[73] ihre eigene enthält (den Marxismus) und wie auch der Enzyklopädismus seine eigene enthält (die liberale Demokratie).

Die Idee, ein Leben Jesu zu schreiben, muß vom vorherigen Ausschluß jeder christologischen Spekulation oder, wenn man so will, von einer besonderen christologischen Theorie ausgehen, welche die Göttlichkeit Jesu leugnet.

Der Grund für dieses Postulat besteht im Wesen der Geschichte, deren Methodologie maßgeblich auf der Analogie beruht und deren hermeneutische Grundlage daher das Selbstbewußtsein ist.

Jede Geschichte ist menschliche Geschichte.

Es ist nicht unmöglich, daß der Versuch, ein Leben Jesu zu schreiben, dessen Grundlage zwangsläufig in der Leugnung seiner Göttlichkeit besteht, angesichts seines sich wiederholenden offenkundigen Scheiterns zu einer Bejahung der Ahistorizität Jesu und somit, anstatt seine Realität zu leugnen, zu einer orthodoxen christologischen Theorie führt.

Um zu beweisen, daß die Geschichte eine Transzendenz veranschaulichen kann, genügen Borobudur und Angkor, Lhasa, Yünkang oder Nara.

Die Geschichte beweist eigentlich keine Transzendenz, sondern veranschaulicht die Grenze ihrer besonderen Evidenz und verlangt stillschweigend nach einer anderen Geistestätigkeit, ebenso wie die theoretische Vernunft in der Kantschen Epistemologie nicht bejaht oder verneint, sondern mit ihren letzten Schlußfolgerungen auf die Zuständigkeit der praktischen Vernunft verweist.

Die Psychologie des Messias! Eine absurde Vorstellung. Möglich ist nur eine Psychologie des Messianismus, aber nichts weiter. Wenn Christus lediglich glaubt, der Messias zu sein, haben wir es mit einer Psychologie des Messianismus Jesu zu tun, wie wir sie bei jedem Anwärter auf die messianische Würde finden können; doch wenn Christus der Messias ist, ist keine Psychologie, sondern nur eine Theologie des Gottessohns möglich.

Der Verzicht auf das Verständnis ist in der Geschichte manchmal der größte Beweis für historisches Ahnungsvermögen.

Jeder historische Sachverhalt, den der Historiker restlos auf seine Kategorien zurückführt, beweist, daß der Historiker gescheitert ist.

Die beste Kritik an der spanischen Kolonisation sind die südamerikanischen Republiken.

Daß es, um weiterleben zu können, notwendig ist, sorgfältig nach den Fehlern und der Nichtigkeit all dessen zu suchen, was uns das Leben nach und nach verweigert, ist ein Unternehmen, mit dem ich mich schwerlich abfinden kann.

Es geht nicht so sehr darum, daß wir mit zunehmendem Alter unsere Illusionen über die Welt verlieren, sondern darum, daß wir uns zwingen, auf unsere Illusionen zu verzichten, damit wir glauben können, daß das, was wir verlieren, lediglich eine Illusion war.

Wenn ich das größte aller Bücher auswählen müßte, würde ich mich für die Geschichte des Peloponnesischen Krieges entscheiden. Kein menschlicher Verstand läßt sich mit dem olympischen, gleichmütigen, souveränen Verstand des Thukydides vergleichen.

Die grundsätzliche Triebfeder des sowjetischen Kommunismus ist das folgende Prinzip: die größte Wirksamkeit der ökonomischen Tätigkeit zu erreichen.

Wer sich stets auf dieses Prinzip bezieht, wird den Phänomenen des Kommunismus niemals ratlos gegenüberstehen und sich auch nicht von einem seiner Aspekte täuschen oder von anderen enttäuschen lassen.

Das Wort, der verbale Ausdruck, kann allein vor der Mittelmäßigkeit bewahren, in der das triviale Wesen unseres Lebens ertrinkt.

Eine edle Ausdrucksweise bewahrt uns vor der schlimmsten Katastrophe.

Die Rhetorik als Werkzeug, um Seelenadel zu erreichen.

Wer sich bemüht, sein Elend oder seine Fehler mit feierlichem Schwulst zu verbergen, setzt sich der Lächerlichkeit aus, sich noch schneller zu verraten, doch wer seine armselige Wahrheit kristallklar äußert, transzendiert sie auf mysteriöse Weise.

Der Strom des Denkens durchquert tausend Seiten, um sich in der reinen Essenz eines Goldtropfens zu verdichten … den aufzunehmen der Denker meistens vergißt.

Vielleicht ist es gerade diese mühelose Art des Schreibens, deren Fehlen ich bedauere, diese Formbarkeit des Satzes, der sich wie eine Arabeske von Weinreben um jeden Gegenstand windet und rankt, vielleicht sind es gerade diese Leichtigkeit, Trivialität und Oberflächlichkeit, die mich bei den anderen abstoßen.

Und vielleicht haben mir die Götter gerade deshalb verweigert … was ich niemals haben wollte.

Die Intelligenz bestraft den Trägen nicht, indem sie ihm nimmt, was sie ihm gegeben hatte. Sie begnügt sich damit, daß sie ihn lediglich intelligent sein läßt.

Der Verstand ist ein Vaterland.

Der bloße Verstand ohne alles Beiwerk, das ihm die Arbeit des Denkens hinzufügt, ist nur bei einem jungen Menschen bewundernswert.

Später ist nichts weniger interessant und im Grunde von größerer Beschränktheit.

Ein Möbelstück knarrt plötzlich in der nächtlichen Stille, und wie das Brausen eines über die Ufer getretenen Gewässers erwecken die urväterlichen Ängste im erschreckten Herzklopfen wieder den Wilden, der im Urwald flüchtet.

Daß leichte Unruhe eine Seele oder eine Gesellschaft streift, genügt, damit Teile der tausendjährigen Mühe des Menschen, sich zu zivilisieren, zusammenbrechen.

Für jeden Menschen gibt es eine besondere Art der Rhetorik und eine Formelsammlung von Anspielungen, die ihn rühren.

Auch ich habe meine eigenen; doch das ernste Problem ist, daß sie gerade jene sind, die meine Zeitgenossen nicht rühren, und daß jene, die sie rühren, für mich nicht die geringste Geltung haben.

Das Rezept für das Glück ist vielleicht das gleiche wie jenes für die Beschränktheit: wie unsere Zeitgenossen zu empfinden.

Das Schreckliche an der Beschränktheit, dem schlechten Geschmack und der Niedertracht ist, daß sie weder von unseren Argumenten noch von unseren Sarkasmen getroffen werden.

In unserer heutigen Gesellschaft entdeckt ein »honnête homme«[74] mehrmals am Tag, daß ihn die Gelüste eines mongolischen Eroberers überkommen.

Wie sollten wir nicht der Beschränktheit unserer Tage erliegen, da uns der Zweifel heimsucht, ob wir allein gegen alle recht haben können, wenn wir nicht wüßten, daß uns sämtliche großen Geister, jeder große Verstand unterstützen? Unser Widerstand ist in seiner scheinbaren Anmaßung daher nur die demütige Befolgung dessen, was die Edelsten angeordnet haben, und unsere Verweigerung dient dazu, inmitten der Anarchie das intensive und lebhafte Bewußtsein einer höheren menschlichen Wahrheit aufrechtzuerhalten.

Ein Märtyrer ist ein Apostel, der sich aufgibt.

Wenn alle Bemühungen, einer Wahrheit zum Sieg zu verhelfen, nutzlos sind, schafft die bloße, unmittelbare, nackte, emphatische Bejahung gleichsam ein neues unzerstörbares Objekt im Universum, ein Objekt, das niemand mehr verbergen oder umgehen kann.

Daß man etwas bejaht, selbst wenn dies insgeheim geschieht, ist nie vergeblich, weil in der harmlosesten und trivialsten Geste eine unverwechselbare Anspielung auf die bejahte Wahrheit durchschimmert.

Kein Menschenleben ist eine Sammlung isolierter Akte, sondern ein System von Akten, die von der grundsätzlichen Bejahung des Geistes eines jeden Menschen verbunden und bestimmt werden.

»Lasciva est nobis pagina, vita proba.«[75] So etwas ist möglich, aber dann erscheint die Sittsamkeit dieses Lebens als etwas Anekdotisches und offenbart lediglich eine besondere Form der Schlüpfrigkeit, die jene stillschweigend voraussetzt.

Der Zynismus ist die Philosophie eines intelligenten Jünglings.

Eine gesunde Verstandeskultur verlangt, daß der Zynismus die Ehrfurcht der Kindheit zerstört, aber sie erfordert auch, wenn das reife Alter kommt, daß ein umfassenderes und tieferes Verständnis der Dinge die Unzulänglichkeit jedes Zynismus zerstört.

Jedes Verlangen, jede Sehnsucht, jede Angst verschwinden, wenn wir einen nackten Körper in die Arme schließen.

Das interessante Thema verleitet uns bei vielen mittelmäßigen Büchern, mit ihnen unsere Zeit zu vergeuden. Wir vergessen dieses Grundprinzip jeder Ästhetik: daß es allein auf das Genie des Autors ankommt. Naiverweise glauben wir, daß ein Buch, das vor kurzem erschienen und reich dokumentiert ist sowie einige neue Interpretationskategorien bietet, es verdient, bedenkenlos gelesen zu werden, während es eigentlich besser wäre, das alte, aber geistvolle Buch erneut zu lesen.

Das Leben ist zu kurz, als daß man alle Glossen lesen könnte, die von den glücklosen Anwärtern auf die Unsterblichkeit aneinandergereiht werden. Die Bibliographie der Werke, die über ein Werk geschrieben wurden, ist beinahe ein Verzeichnis dessen, was zu lesen sich nicht lohnt.

Jeder Mittelmäßige bildet sich ein, wenn er über ein Genie spricht, verringere sich seine Mittelmäßigkeit um die ganze Bedeutung seines Themas. Doch über Goethe zu reden ist die beste Möglichkeit, ihm nicht nacheifern zu müssen.

Eine Idee zu verstehen heißt, fähig zu sein, die verschiedenen geistigen Akte zu wiederholen, die in der Idee kulminierten. Wenn wir erreichen, daß uns der Gesprächspartner versteht, bedeutet das, ihn in die Lage zu versetzen, unseren Gedanken zu wiederholen.

Die Kunst des Verstehens ist zum Teil spiegelartig und zum anderen mimetisch; das Mysterium besteht im Bewußtsein.

Meistens können die Menschen jene schwer ertragen, die sich von ihnen unterscheiden, die andere Vorzüge und Fehler haben. Der Unterschied erzeugt Haß. Umgekehrt reizen mich jene, die mir ähneln. Ich kenne ihre Fehler nur allzu genau, weil sie meine eigenen sind, und ich ermesse nur zu gut, wie unzulänglich ihre Vorzüge sind, weil sie auch mich betreffen. All jene, die mir nicht im geringsten ähneln, erregen hingegen meine große Sympathie, weil ihre Vorzüge die Faszination des Unerreichbaren und ihre Fehler die Harmlosigkeit des mir Unmöglichen haben.

Nach der Lektüre eines Buches über die Geschichte der Ästhetik oder die Geschichte der Ethik oder auch die Geschichte der Logik, ja sogar über die allgemeine Geschichte der Philosophie bin ich zutiefst unzufrieden. Diese Reihe von Ansichten, aus denen sie bestehen, selbst wenn man sich bemüht, sie mit einem mehr oder minder subtilen dialektischen Prinzip zu verbinden, bekümmert mich wegen ihrer Nutzlosigkeit, und mir bleibt der verworrene Eindruck eines Reichtums, der mir entgeht, weil er schwer faßlich ist, oder eine klare, aber offenkundig willkürliche Form.

Die Geschichte einer Geistestätigkeit hat keinen Sinn, wenn sie von der Geistesgeschichte selbst in all ihrem konkreten und individuellen geistigen Reichtum isoliert ist.

Wenn man eine derartige Geschichte schreibt, heißt das, von dem Objekt auszugehen, das den Geist beschäftigt, und sich seinen Erfordernissen zu unterwerfen, es heißt, den Teil des Geistes als autonom anzuerkennen, den das Objekt von außen einteilt und eingrenzt, und es heißt, zu vergessen, daß die Geistesgeschichte die Geschichte des Subjekts ist, das nicht von seinem Objekt bestimmt wird.

Mit anderen Worten: das, was für den Geist lediglich der augenblickliche Punkt der größten Aufmerksamkeit ist, wird zu einer geistigen Fähigkeit, das heißt zu einer der Autonomie fähigen Eigenschaft.

Eine derartige Geschichte bedeutet das Weiterleben der klassischen Psychologie der Fähigkeiten, einer unzulänglichen und überholten Auffassung.

Im Grunde hängt jeder Irrtum auf historischem Gebiet von einem falschen Menschenbild ab.

Die Psychologie liegt durchaus der Geschichte zugrunde, wie Dilthey es wollte, aber nicht eigentlich eine empirische Psychologie, sondern eine konkrete Kategorientafel.

Gegenüber einem Menschen mit klar definierten Ansichten (einem Kommunisten, Katholiken oder einem anderen) ist es äußerst leicht, intelligent zu wirken. Man braucht nur die grundlegenden Begriffe des Systems, worin sich unser Gesprächspartner eingerichtet hat, auf die unmittelbare Tatsache oder auf die Idee anzuwenden, über die man spricht.

Im übrigen ist nichts langweiliger.

Wenn der Verstand nicht erfindet und nicht entdeckt, ist jede sinnliche Beziehung weniger haltlos.

Wie Mérimée schreiben, jedoch über Ideen.

Die deutschen Bücher: Rohstoff.

Bis vor kurzem erfüllte es mich mit Stolz, wenn ich entdeckte, daß ein berühmtes Buch meine Ideen bestätigte, heute entwürdigt eine derartige Übereinstimmung automatisch das Buch, die Idee und den Autor. Ich sage mir selbst: Was kann dieser Schwachsinnige tatsächlich wert sein, wenn er dieselben Dummheiten wie ich denkt?

Wahrer Überdruß kommt nicht von der ausschließlichen Beschäftigung mit einem einzigen Gegenstand, sondern von der oberflächlichen und vorübergehenden Beschäftigung mit vielfältigen Gegenständen. Die mühselige Vertrautheit mit einem Gegenstand bringt uns sein Wesen, seinen Reichtum, seine innere Fülle nahe. Eine tiefinnere Fülle, welche die Begriffe nicht etikettiert und numeriert auf einem Pädagogentisch ausstellen können, doch sein gefühlter Reichtum ist gewiß etwas Geistiges, selbst wenn er sich nicht in Begriffen, sondern in Akten, Werken, spirituellem Fortschritt verwirklicht.

Wenn wir von einem Objekt zu einem anderen übergehen, stoßen wir auf die sie schützende Kristallfläche; unser Verlangen prallt unbefriedigt ab, und jeder Besitz entzieht sich uns.

Was jede politische Vorhersage am stärksten verfälscht, ist unsere Abneigung, den wirksamen Gründen einen ausreichend irrationalen Charakter zuzuschreiben.

Wir täuschen uns immer, weil wir spontan an ein unberechtigtes Ansehen der Vernunft glauben.

Vergängliche Schönheit verführt, aber die wahre Schönheit bricht über uns herein und überwältigt uns.

Wenn wir jung sind, interessieren uns lediglich die zeitgenössischen Autoren, die unmittelbare Literatur, doch je älter wir werden, desto mehr können uns nur noch bestimmte unerschütterliche Bücher faszinieren: die wenigen großen, jene, die bleiben, während alles vorübergeht.

Unsere literarischen Geschmacksurteile sind wie das Flugzeug, das eine Startbahn auf der Erde benötigt, damit es abfliegen kann, und deshalb rollt es auf ihr entlang und ist mit ihr verbunden; doch auf einmal trennt es sich von ihr, verläßt sie und fliegt der Sonne entgegen.

Nachdem man die allegorische Exegese und die Exegese des Literalsinns der Bibel zugunsten der historischen Exegese aufgegeben hat, wirkt der Katholizismus nicht mehr wie eine kindische und leichte Lehre, sondern wie eine subtile Doktrin.

Die Schwierigkeiten, die der gesunde Menschenverstand darin findet, gleichen unter diesen Umständen eher denen der Relativitätstheorie als denen der Kosmogonie des Berossos.

Wenn unsere Jugend dahingegangen ist, und mit ihr das, was sie allein erlaubt, und wir zu der Ansicht kommen, daß uns keine Hoffnung mehr bleibt, so ist dies eine immer wiederkehrende und hartnäckige Versuchung.

Doch wir müssen einer derart trivialen und grausamen Weisheit widerstehen.

Wenn der wißbegierige Ernst unserer Jugend, die Mißbilligung jeder lügenhaften Geste, jeder Zurschaustellung, jeder voreiligen und haltlosen Behauptung mehr als eine Täuschung waren, wenn sie Samenkörner einer langsam wachsenden Weisheit waren, die unsere Mannesjahre zur Reife bringen müssen, dürfen wir uns nicht mit einer Vorstellung vom Dasein zufriedengeben, die es ganz auf seine morgendliche Blütezeit beschränkt.

Der Traditionalismus nach der Art Burkes, der Konservatismus nach der Art Taines oder der Kontinuismus nach der Art Burckhardts waren noch gestern annehmbare Lehren.

Wer heute von Postulaten ausgeht, die denen jener Männer gleichen, muß Anhänger einer revolutionären Gewalt sein, wie sie der entspricht, die jene kritisiert hatten.

Wir müssen uns zwingen, jede Idee zu ihrer vollständig ausgereiften Wortgestalt zu führen, damit wir nicht einem vagen Reichtum vertrauen, der manchmal allein schon beseitigt wird, wenn man einen Scheck auf ihn ziehen will.

Der Sinn der Dinge, die ich tagsüber wahrnehme, beunruhigt und bekümmert mich weniger als der Sinn der trivialen Dinge, die während des Traums erscheinen.

Der Traum durchdringt einige von seinen Objekten mit einem sonderbaren inneren Licht. Es offenbart in ihnen ein »fremdartiges Bedeutungsvermögen«, das die Sicht des Tages nicht wahrnimmt. Mit der Erinnerung an den Traum verflüchtigt sich sein beunruhigender Sinn, doch vielleicht urteilen wir allzu leichtfertig, daß wir die richtige Sicht der Dinge wiedererlangt haben, während wir lediglich eine wahrhaftige Erkenntnis verloren haben, die nach ihrer eigenen Form der Erfahrung verlangt.

Die einzigen wichtigen Dinge sind jene, die nicht von uns abhängen.

Was uns grundlos gegeben und genommen wird, lohnt allein die Mühe. Das übrige, was in unserer Macht steht, verdient keinen Augenblick der Aufmerksamkeit. Genie, Schönheit, Glück: Der unserem Willen unterworfene Teil unseres Lebens dient nur als Vorbereitung, um diese Gaben würdevoll anzunehmen.

Wir können lediglich die Wohnstätte ausschmücken, in der ein launischer Gott vielleicht ein paar Augenblicke verweilen wird.

Die Windstille der letzten Jahrhunderte hat es ermöglicht, die Bedeutung der Philosophie zu vergessen.

Man glaubte, das Denken sei eine bloße Geistesfunktion und die Wahrheit des Philosophen sei eine Gleichung oder eine Formel.

Angesichts der unablässig drohenden Katastrophen entdeckt der heutige Mensch in der Philosophie die »magistra vitae«[76], die der Stoizismus des Kaiserreichs anrief, um den Lärm der Schritte des sich nähernden Zenturios zu ersticken.

Denken ist mehr als Urteilen, es bedeutet, eine Haltung anzunehmen.

Das »s'engager«[77] ist die naive Formel der Philosophie, die ihre wesenhafte ethische Wurzel wiederentdeckt.

Wenn wir inmitten der Menschenmasse einer volkreichen Stadt spazieren, ist es uns unmöglich, an die Wichtigkeit des Menschen zu glauben.

Die Fülle entwürdigt.

Die Grausamkeit dieses Jahrhunderts kommt von einem Empfindungsvermögen, das die übermäßige Anwesenheit des Menschen abgestumpft hat.

Ich glaube, was geschah, wenn eine Menschengruppe im paläolithischen Urwald auf eine andere Gruppe stieß, hatte weniger mit Grausamkeit und Furcht zu tun, vielmehr war es eine schreckliche Erschütterung des totalen Empfindungsvermögens, eine panische Angst.

Nachdem man eine gewisse Vertrautheit mit diesen beunruhigenden, ringsum vorhandenen Gestalten erreicht hatte, konnte Habgier oder Neid zu bestialischen Akten führen; doch der Fremde war immer ein geheiligtes Wesen, sein ungewöhnliches Dasein hatte im Gegensatz zum vulgären Nächsten an jenem andersartigen Universum teil, das den profanen Raum umschloß.

Alle grausamen Zivilisationen waren Massenzivilisationen.

Jene, die in der Religion eine Lösung für ihre Probleme suchen, irren sich. Die Religion ist keine Gesamtheit von Lösungen, sondern eine Gesamtheit von Problemen.

Für die vielfältigen Probleme, die den Menschen ängstigen, bringt die Religion vielleicht einige Lösungen oder vielmehr einige Lösungsverheißungen, doch es ist nicht ihre eigentliche Aufgabe, uns ein System zu vermitteln, das unsere Besorgnisse einbezieht und sie zufriedenstellend ordnet, ganz im Gegenteil besteht sie darin, uns zu wecken, mit neuen Erscheinungen zu konfrontieren und in neue Probleme zu stürzen.

Die Religion ist keine Lehre von der Welt, sondern eine Erfahrung ihrer Unzulänglichkeit, das heißt die erfahrungsmäßige Feststellung einer fremdartigen Gegenwart in den gewöhnlichen Dingen.

Die Religion entsteht nicht aus dem menschlichen Leben, sondern wird darin eingeführt.

Ein religiöser Mensch ist nicht jener, den die Widersprüche und die praktischen oder theoretischen Absurditäten des Lebens zur Religion drängen, sondern jener, für den die rein religiösen Sachverhalte ein neues Problem aufwerfen und den sie zwingen, die geistigen und moralischen Haltungen anzunehmen, wie sie der neuen Weltordnung, in der er sich befindet, eigentümlich sind.

Daß jenes, was uns am meisten erregt, dasselbe ist wie beim niedrigsten Tier! Ob wir keusch oder libertinistisch sind, uns erschüttert die gleiche Begierde angesichts des erbärmlichen Wesens, das uns unterjocht. Wenn man den Akt auf seinen bloßen physiologischen Ausdruck reduziert, ist er der Bedeutung, die er in unserem Leben annimmt, derart unterlegen, daß wir eine neue systematische Sicht des Universums brauchten, um uns zu rechtfertigen.

Ich schlage einem ernsthaften, jedoch der Ironie entbehrenden Geist die Aufgabe vor, eine Kritik der erotischen Vernunft zu schreiben.

Jene, die eine endgültige Weltsicht mit der ihr entsprechenden Wertskala und ihren strengen Imperativen angenommen haben, sind zu beneiden; ihre Seelenruhe leidet nur unter leichten Windstößen.

Sie haben lediglich das Problem, welcher Begriff zu einem bestimmten Sachverhalt paßt; das wahre Problem, das Problem der Begriffe, stellt sich für sie nicht mehr.

Tatsächlich haben sie die Idee der Gerechtigkeit symbolisch durch einen kompakten und unerschütterlichen Verhaltenskodex ersetzt, und mit übermäßiger Willfährigkeit haben sie sich der menschlichen Natur unterworfen; aber wer in ständiger Unsicherheit lebt, blickt dennoch neidisch auf das schwülstige Gehaben dieser Dummköpfe.

»In its creative aspect art is a limited activity that is to say, it is confined to special individuals who have special faculties – not of feeling or of thought – but of expression, of objectivation.«[78] (Herbert Read)

Eine interessante Erklärung eines Papstes der modernen Kunst und vielleicht ein naives Eingeständnis.

Als bloßer Ausdruck eines Menschen, dem besondere Fähigkeiten des Fühlens und Denkens fehlen, wäre die Kunst eine einfache Äußerung des Verlangens, ein Kunstwerk zu schaffen, während nichts dazu zwingt oder treibt, es zu schaffen. Ein beinahe abstraktes Verlangen, etwas zu schaffen, das uns fasziniert, ohne daß es eine konkrete Bestimmung gibt. Es würde sich um etwas Ähnliches wie bei jener Liebe zur Liebe, jenem Verliebtsein in die Liebe handeln, ohne daß man in irgendeine Frau verliebt ist, um das reine Streben nach einer reinen Form, nach einer Existenzkategorie, um einen wurzellosen Drang, dem der einzige angemessene und gültige Grund fehlt: der Besitz einer individuellen, konkreten, unverwechselbaren Existenzform.

Wie der Klang der Soldatenmärsche, die

»Versent quelque héroïsme au cœur des citadins«[79],

vermögen sie nur ein schwaches Verlangen nach Heldenmut zu wecken, dem Wahrhaftigkeit fehlt und das nicht zu Heldentaten führen kann, denn Heldentum entsteht nur unter ganz bestimmten Umständen, die jedoch der staunende Held, dem der Zuschauer den Palmzweig und die Siegesschleife zuwirft, gewöhnlich nicht ahnt, ebenso wecken vielleicht die reichlich vorhandenen Kunstwerke, ihr hoher gesellschaftlicher Wert und das übertriebene Prestige kultureller Tätigkeiten ein Kunstbedürfnis, ein undifferenziertes Verlangen, eine von konkreten Ansprüchen entleerte Form.

Die moderne Kunst und die expressionistischen Ästhetiken, die sie rechtfertigen wollen, sind vielleicht Produkte einer über reiche Ausdrucksmittel verfügenden Menschheit, der es jedoch eine unechte Liebe zu den Künsten nur gestattet, ihre offenkundige Unfruchtbarkeit in tausend einfallsreichen Formen zu äußern.

Wenn wir in den gemächlichen und grauen Stunden die Erinnerung an unsere vorübergehenden Hochgefühle bewahrten, würden wir weniger leicht dem stumpfsinnigen Lebensüberdruß verfallen, der unsere Gerechtigkeit verdirbt.

Jedes Zeitalter hat seine Religion und seinen Gott; und jene, die das Gegenteil denken, haben lediglich den Gott, den sie besaßen, durch einen dunkleren und trüberen ersetzt.

Wie oft hat man uns nicht erklärt, der Providentialismus komme von der Unkenntnis der Naturgesetze; gleichwohl sind die Gesetze der Natur vielleicht nichts weiter als die leichtfertige Interpretation der hartnäckigen Gegenwart eines Wunders.

Jede ganzheitliche Vorstellung hat ein religiöses Wesen; in jeder einheitlichen und allumfassenden Theorie keimt eine Religion.

Die Wissenschaft erkennt nur Bruchstücke, und die Philosophie baut nur vorläufige Brücken. Daher ist alles, was das Bruchstückhafte der Erkenntnis vergißt, die heimtückische Einflüsterung eines Dämons oder eines Gottes, der danach strebt, sich zu offenbaren.

In jeder Erklärung der Welt bereitet sich eine Hierophanie vor.

Die wichtigen Dinge zu verteidigen ist überaus schwierig. Die Argumente sind unwirksam, und wir müssen uns der Rhetorik der emphatischen Worte bedienen.

Was wir beweisen möchten, entzieht sich tatsächlich nicht nur unseren Argumenten, sondern verweigert sich auch jeder Formel. Wir können nicht einmal mit klaren Worten angeben, was wir eigentlich verteidigen wollen.

Es ist natürlich, daß der Gegner lächelt. Denn er wenigstens weiß genau, was er angreift und was er verteidigt.

Unsere Entrüstung über seine Selbstgefälligkeit, unsere stammelnde Entrüstung, unsere verworrene Rede, die sich mit ausholenden und vagen Gesten vollendet, muß er für äußerst komisch und für die beste Bestätigung seiner Ablehnung halten.

Tatsächlich kann man die wichtigen Dinge nicht verteidigen. Sie lassen sich nicht mit Argumenten verteidigen. Sie lassen sich nicht mit Wohlerzogenheit und guten Manieren verteidigen.

Sehr wohl aber mit Unverschämtheit.

Ich brauche mich den Dingen nur zu nähern, um mich abgestoßen zu fühlen. Manchmal verscheucht mich gerade der Ton, in dem das Wort, das mich ruft, ausgesprochen wird; ein Lächeln kann manchen Lippen den Glanz rauben, eine Gebärde kann die Anmut eines wunderschönen Körpers aufheben.

Doch in dem Domizil, wohin ich mich zurückgezogen habe, erwacht der Lebenshunger wieder und bricht die Begierde noch stärker hervor.

Der Eigennutz und das Verlangen sterben nicht; die Gier ist unersättlich und der Drang grenzenlos.

Mir scheint, daß meine angstvolle Liebe nur durch den geistigen Besitz der Welt in Erfüllung geht und daß dieses fleischliche Verlangen nach allen Dingen dem Geist – der sich eifrig bemüht, die Empfindungen, die von seiner unauslöschlichen Leidenschaft erhellt werden, in Ideen zu verwandeln – eine unerschöpfliche Nahrung bieten will.

Im Vergleich mit Descartes ist Kant eine Quelle des Lichts und Hegel ein leuchtender Nebel.

Die kartesianische Klarheit ist mysteriös; es scheint, als überzöge sie sich allmählich mit immer neuen Lichtschichten, bis sie gleichsam ein dichtes Leuchten und eine sonderbare Finsternis bildet, die gerade aus der Fülle ihrer Klarheit entsteht.

Ein Schriftsteller ist normalerweise eine Person, die gut schreibt; die lateinamerikanischen Literaturgeschichten lehren uns jedoch, daß ein Schriftsteller eine Person ist, die schreibt.

Wenn man endlich ein begehrtes Objekt besitzt, es langsam, gründlich, wollüstig besitzt, dabei jedoch ein konkretes, hartes, isoliertes Objekt besitzt, erregt das nicht so sehr wie der Besitz dessen, was gerade durch die besitzergreifende Geste geboren und geschaffen wird, was vor der Besitzergreifung nur als ein gebieterischer Drang, ein unwiderstehlicher Impuls existiert, der eher in eine Richtung als zu einem Objekt drängt.

Dann sehen wir, daß jenes, wonach wir verlangt hatten, sich wie eine dichte weiße Wolke mitten am leeren Himmel zusammenzieht, doch gleichzeitig fühlen wir, daß es gerade dieses Unvorhersehbare, Unbestimmbare war, wonach wir ausschließlich verlangt hatten. Da wir allmählich werden, wonach wir verlangt haben, vermittelt uns das Gefühl den wunderbar neuartigen Besitz dessen, wovon wir uns eingebildet hatten, es sei uns hartnäckig bekannt.

Es gibt kein vergnüglicheres Spiel als zu zeigen, welche ständige Diskrepanz es zwischen der Persönlichkeit gibt, die jeder Mensch zu sein behauptet, und der Persönlichkeit, die er wahrhaftig ist. Wenn man hinter der pompösen Geste den lüsternen Beweggrund oder hinter der edelmütigen Erklärung die reine Habgier entdeckt, befriedigt das nicht nur unseren Wahrheitsdrang, sondern schmeichelt auch dem heimlichen Trieb, den Menschen zu erniedrigen, den wir alle in unserem tiefsten Wesen verbergen.

Ein vergnügliches, aber allzu leichtes Spiel; lediglich eine Form jener Weisheit, die über die soziale Rhetorik triumphiert, die jedoch bei einer ernsthaften Erwägung der Dinge scheitert.

Tatsächlich ist es offenkundig, daß der Mensch in ständiger Unwahrheit lebt und sich mit dem identifiziert, was er nicht ist, doch nicht weniger offenkundig ist die Unmöglichkeit, eine grundsätzliche Wesensart zu finden, mit der sich der Mensch identifizieren könnte, nachdem er alle künstlichen Eigenschaften abgelegt hat.

Wahrhaftigkeit gibt es nicht diesseits des willkürlichen Wesens, das uns gebietet, irgendeine Ethik zu verwirklichen, sondern vielmehr jenseits aller abstrakten Ideale, wenn es uns mit diesem Register ethischer Imperative gelingt, daß sich unser Wesen mit der ethischen Form, die es annimmt, konkret identifiziert.

Die menschliche Wahrhaftigkeit ist nichts Naturgegebenes, sondern eine Aufgabe.

Wahrhaftig sein heißt, die vollkommene Gestaltung einer Persönlichkeit zu erreichen, ein willkürliches Verlangen des Geistes in gelebtes Leben zu verwandeln.

Die Literatur beneidet gewöhnlich die anderen Künsten eigentümlichen Vorzüge. Zuweilen scheint es, als könnte sie sich nicht mit dem zufriedengeben, was ihre eigene Funktion ausmacht, und sähe in ihrem Vorrecht, der vollständigste Ausdruck des Menschen zu sein, nur eine Einengung, zu der sie ihre eigene Allgemeinheit zwingt, die nicht die Gestaltung gewisser beschränkter, jedoch wunderbar intensiver Aspekte der Welt gestattet.

Hieraus erklären sich die neiderfüllte Angst eines Mallarmé vor der Musik und seine Meditationen eines Rivalen über Wagners Orchestrierung.

Auch eine gewisse fortdauernde und klassische »Darstellungs«-Ästhetik offenbart eine Obsession, Aufgaben zu übernehmen, die vorzugsweise der Malerei zukommen. Das Bild, die Metapher verlieren dabei ihren eigentlichen literarischen Wert einer flüchtigen, blitzartigen Erscheinung als kurzzeitige Träger eines Ausdrucksstroms und verwandeln sich in ein Gemälde, ein plastisches, statisches Objekt.

All das läßt sich leicht kritisieren, doch wie soll man keine Erbitterung empfinden, weil es unmöglich ist, mit literarischen Mitteln jene reine Modulation, jenen bezwungenen Reichtum des Selbstbildnisses Chardins oder des Watteaus der letzten Jahre, des Watteaus der »Enseigne de Gersaint«[80] zu erreichen?

Die Philosophie jedes Dichters besteht immer in einem mehr oder minder naiven Platonismus.

Das Problem der Hermeneutik der Philosophen scheint ein von Gott und den Menschen aufgegebenes Problem zu sein. Für den Philosophen ist es nicht das grundlegende Problem, zu verstehen, was die anderen Philosophen gesagt haben, sondern seine eigene Philosophie zu durchdenken.

Wie groß auch immer die Bedeutung der philosophischen Tradition ist und selbst wenn sich der Philosoph nachdrücklich auf die Geschichte der Philosophie bezieht, jeder Philosoph benutzt gleichwohl die Themen oder den Wortschatz seiner Vorgänger, so wie jeder Teilnehmer an einem alltäglichen Gespräch die Begriffe oder die Ideen des anderen lediglich benutzt, um seine eigenen zu unterstützen, anzuhängen oder zu verbinden.

Wenn ein scheinbar gleiches Thema von einem Philosophen zu einem anderen übergeht, verbirgt es ein andersartiges Thema, und dasselbe Wort bezieht sich auf eine andere Realität.

Der Philosophiehistoriker ist andererseits ein Spezialist und erlebt die Philosophiegeschichte folglich als Laufbahn und nicht als Leben. Könnte er sie überdies als Leben erleben, so würde er sie als seine eigene Philosophie erleben und sie verfälschen, wie sie jeder Philosoph spontan verfälscht.

Die Geschichte der Philosophie schwankt zwischen Verfälschung und Oberflächlichkeit.

Vielleicht besteht die Schwierigkeit der Philosophie in ihrer äußersten Subjektivität.

Im Vergleich mit einer philosophischen Meditation hat das reinste lyrische Stoßgebet die Objektivität eines mathematischen Lehrsatzes.

Die Philosophie ist der genaueste Ausdruck der Person und ihrer unverwechselbaren Situation. Sie besitzt die unbestimmte Gültigkeit des rein Konkreten, die Unersetzlichkeit des selbständig Existierenden.

Wenn man Wahrheit von der Philosophie verlangt, ist das, als verlangte man Wahrheit von der offenkundigen, handgreiflichen, augenscheinlichen Existenz eines Menschen.

Einem Individuum gegenüber bestehen die grundlegenden Kategorien in Annahme und Zurückweisung; die übrigen Fragen sind nachgeordnet.

Damit wir eine Philosophie verstehen können, müssen wir mit ihr übereinstimmen und versuchen, uns mit der individuellen Bewegung des Denkens zu identifizieren, auf der sie wahrhaftig beruht.

Die erste Verständnisstufe ist gewiß, die für eine Philosophie bezeichnenden Themen in die Sprache unserer vorherrschenden

Gedanken zu übersetzen, doch wenn man sie so auf einen persönlichen Nenner bringt, kann das nicht genügen, und noch weniger, wenn man sie auf den gemeinsamen Nenner eines Zeitalters bringt; nur jener widerspruchsvolle Versuch, ein anderer zu werden, ohne daß man aufhört, man selbst zu sein, vermittelt ein vollständiges Verständnis.

Es fällt schwer anzugeben, welche von den modernen Utopien die gefährlichste ist, doch in ihrer scheinbaren Harmlosigkeit kann vielleicht keine andere so beängstigend wie der naive Glaube werden, daß die Kultur eine als Luxus aufzufassende Tätigkeit, ein die Erholung förderndes Spiel sei.

Eine Menschheit, die ein paar Stunden arbeitet und ihre Mußestunden in einer Vorstadtlandschaft mit Volksbüchereien und hygienischen Parks der Kultur widmet – den Wissenschaften, der Kunst und Literatur –, ist das Ideal, dem die heutigen Fortschrittsgläubigen anhängen. Es überrascht, daß die Apostel der demokratischen Kultur nicht ahnen, welch düstere Zukunft sie vorbereiten, denn ihnen müßte der Anblick genügen, mit welchen Tätigkeiten sich die heutigen Bürger und Proletarier erholen, damit sie begreifen, daß das Beste, was diese Zukunft verspricht, in einer Fülle von billigen Kriminalromanen, schlüpfrigen Komödien, sentimentalen Filmen oder einem Propaganda- und Thesentheater oder auch einem Überfluß an populärwissenschaftlichen Vorträgen besteht.

Die Kultur, die große Kultur, ist keine erholsame Tätigkeit. Sie ist ganz im Gegenteil eine mühevolle Arbeit, ein harter Anspruch. Sie verlangt außerordentliche Hingabe und duldet nicht, daß man ihr nur mit einem Teil seines Willens dient.

Sie gedeiht besser in einer leichtfertigen Gesellschaft, die sich allein mit ihrem Vergnügen beschäftigt und sich wollüstigen oder trivialen Spielen hingibt, als in einer Gesellschaft von ehrbaren und ernsthaften Arbeitern, Bauern und Handwerkern.

Die Kultur strebt nicht deshalb nach einer müßigen Gesellschaft, weil sie eine Verschönerung der Muße wäre, sondern weil sie sich in der Muße von ihren Mühen erholt. Sie strebt auch nach ihr, weil es dem Individuum nur dort gestattet ist, sich der besonderen Aufgabe zu widmen, eine große Kultur zu erwerben oder zu schaffen.

Der Mensch, der sich mit mechanischen Tätigkeiten oder mit der gewissenhaften Verwaltungsarbeit einer modernen Gesellschaft abgibt, verlangt in seinen Erholungsstunden nur, mit kindischen Beschäftigungen unterhalten zu werden.

Wenn wir erschöpft sind, entscheiden wir uns immer für das dümmste Buch, das albernste Schauspiel.

Die große Kultur ist also eine parasitäre Erscheinung, und eine Politik, welche die Drohnen beseitigt, wird die Produkte der Tätigkeit des Müßiggängers beseitigen: Wissenschaften, Literatur und Kunst, denn sie sind nicht, wie es sich der unverbesserliche Demokrat einbildet, einfache Produkte der Muße, sondern der Mühe des Müßiggängers.

Ein Kritiker ist kein anonymer Bürger, der uns etwas über ein Buch erzählt. Er ist nicht einmal lediglich ein gebildeter, kluger und fähiger Mann.

Die Kritik besteht nicht in der ausschließlichen Beschäftigung mit der Literatur, auch nicht in inbrünstiger Kunstliebe und ebensowenig den vagen Gedankengängen, die sie weiterführen.

Es genügt nicht, daß sich Liebe, Geschmack und leidenschaftliche Meditation entschließen, uns mitzuteilen, was sie fasziniert, rührt, sie sich selbst offenbart, sie beeinflußt, zurückhält oder leitet.

Zustimmen oder Zurückweisen, Vergeben oder Verdammen, Bewundern oder Verabscheuen, Ausschließen oder Auswählen und Beurteilen sind an sich und ohne weiteres keine kritischen Akte. Gewiß ist die Kritik mindestens all das, dies aber nur in einer bestimmten historischen Konstellation, an einer genau zu definierenden Stelle innerhalb der Literaturgeschichte.

Die Kritik begleitet eine große literarische Bewegung, eine von jenen umfassenden spirituellen Hochfluten, welche die Umrisse der Küsten verändern und in das Innere der Kontinente eindringen.

Parallel zu den literarischen Schöpfungen, als ihr Schatten, als sorgfältiger Zeichner ihres Reliefs schreitet das kritische Werk voran, wobei es weniger Aufsehen erregt, doch vielleicht die gleiche Bedeutung hat. Auf den unteren Ausläufern des Parnasses, aber auf dem Parnaß.

Die Kritik ist gleichsam eine in die zweite Potenz erhobene Literatur.

Eine Literatur über Literatur. Sie benötigt, damit sie erscheinen kann, dieselben geistigen Kräfte, die auch die von ihr kritisierte Literatur hervorgebracht haben. Der Kritiker muß in denselben tiefinneren Wassern baden, in denen das Genie wurzelt, er muß dasselbe Granit- und Quarzgestein durchbohren.

Der Kritiker ist kein Betrachter der Literatur, sondern an ihr beteiligt. Er gehört zu ein und derselben natürlichen Gruppe und geistigen Generation, er bekennt sich zu denselben doktrinären Sektensymbolen.

Die Beteiligung des Kritikers an dem von ihm Kritisierten ist daher keine bloße Haltung, nicht lediglich die Position eines Jägers oder das Anpassungsspiel eines Raubvogels, kein Trugbild der Sympathie und Flexibilität, um mit der Bewegung und dem geistigen Rhythmus des Werks übereinzustimmen, keine methodologische Einfühlung[81] oder die geduldige Demut eines seinem Objekt gegenüber nachgiebigen Verstandes.

Die Beteiligung des Kritikers an dem von ihm Kritisierten ist eine existentielle Beteiligung, eine wesenhafte Gemeinsamkeit, das Erzittern eines Blattes im Wald, das von denselben Windstößen mitgerissen wird.

Deshalb gibt es keinen isolierten oder einsamen Kritiker, und der Kritiker erscheint immer als Prolog, als ständiger Kommentar oder als Epilog einer großen literarischen Bewegung.

Der Kritiker ist daher nicht das zeitlose Bewußtsein der Literatur, sondern das Bewußtsein eines ihrer glanzvollsten historischen Momente.

Für die größten Kritiker gibt es demnach geschlossene ästhetische Räume, unumgängliche Ungerechtigkeiten, unvermeidliche Ekstasen. Der Kritiker spaziert nicht durch die Literaturen wie ein gleichgültiger Tourist durch die Museen. Dieser Saal stößt ihn ab, jener andere macht ihn neugierig, ein dritter empört ihn, und in einem vierten hält er inne und verweilt.

Er wird also zusammen mit einer literarischen Bewegung und innerhalb der Bewegung geboren; von ihr hängt seine Größe ab, und sie begrenzt seine Unparteilichkeit.

Aristoteles oder Horaz, Boileau oder Dryden, Goethe oder Coleridge, Sainte-Beuve oder Thibaudet, Eliot oder Gundolf: die Klassik oder der Klassizismus, die Romantik oder der Symbolismus verlangen tatsächlich das Erscheinen eines echten Kritikers.

Es gibt große Literaturbewegungen ohne einen großen Kritiker, doch es gibt keinen großen Kritiker ohne eine große Literaturbewegung. Der Kritiker armer und dürftiger Epochen ist lediglich ein schweigsamer Leser, oder wenn er schreibt, ein monotoner und weitschweifiger Widerhall, der ihre Nichtigkeit protokolliert.

Wenn es gewöhnlich so ist, daß sich uns die Worte entziehen und der Ausdruck unsere Idee verrät, ist es zuweilen so, daß sich hingegen die Idee, das Thema einem beinahe abstrakten Verlangen zu schreiben versagen.

Wir empfinden gleichsam eine innere Schwingung, eine verworrene Erregung.

In der ruhigen Seele erwacht eine gegenstands- und formlose Sehnsucht, die jedoch nach Wortgestalt strebt.

Es scheint, als stiegen leichte Schatten wie Phantome nächtlicher Sirenen aus unserem Meer empor. Schatten, die ihre grazilen Arme in der Nachtluft schwenken und wieder im Wasser versinken.

Das ist wie eine leise Melodie, welche die Flöte in die Landschaft verströmt und die in der matten Mittagsstunde auf den Lippen stirbt.

Das ist wie eine langsame, wollüstige Geste, die ein nackter, erschöpft auf dem Bett liegender Körper träge beginnt und abbricht.

Doch eher als die Trägheit ist es hier die Allgemeinheit unseres Verlangens selbst, was unseren Versuch scheitern läßt.

Ein von kräftigem Saft strotzender Körper, der nach Zeugung strebt, aber nichts befruchtet.

Musik schüchtert mich ein.

Die Reinheit, mit der sie unserer Seele das reine Bild ihrer Träume darbietet, sprengt die engen Räume, in denen unsere Ohnmacht sie festhalten wollte.

Was wir geträumt hatten, entsteht mit überwältigender Klarheit. Was gebrochen und befleckt war, als es uns das Leben schenkte, erhebt hier seinen unversehrten und leuchtenden Körper.

Die erahnte Liebe ist eine beharrliche und harte Gegenwart; der Heldenmut erscheint mit der Frische eines triumphierenden Jünglings; und tausend Verheißungen lassen die lächerliche Hoffnung auf ihre Gaben in Erfüllung gehen. Die Musik tröstet nicht, sondern erregt.

Unser armseliges Dasein verliert seine mitleidigen Tarnungen und sieht sich dem Reichtum der Welt gegenüber.

Dann betrachtet es alles, was ihm verboten ist, doch das musikalische Trugbild bietet ihm nur die hohle Abwesenheit dessen, was niemals sein wird.

Schreiben bedeutet genau das Gegenteil dessen, was die meisten Schreibenden tun.

Die moderne Zivilisation benötigt zu ihrem Fortbestehen keine moralischen Qualitäten und keinen Verstand.

Die technische Routine der heutigen Zivilisation kann endlos lange inmitten einer unglaublichen geistigen Mittelmäßigkeit überdauern.

Während einer Periode politischer Stabilität, das heißt, solange die Hegemonie derselben Partei bewahrt bleibt, besitzt das politische Leben Wesensmerkmale, die uns seine wahre Natur verbergen.

Nur die Übergangsperioden sind aufschlußreich.

Eine Partei, die sich an der Macht halten kann, verliert tatsächlich nicht nur ihre kriegerische Härte und zivilisiert sich, sondern erkennt auch allmählich die Bedeutung allgemeiner, des unmittelbaren Interesses entbehrender Probleme an, da sie bereits ihrer Vorherrschaft und ihres Rückhalts sicher ist.

Die Oppositionspartei, die sich ihrer vorübergehenden Ohnmacht bewußt ist, rückt hingegen spekulativ geartete Grundsätze und Ansprüche in den Vordergrund ihrer Tätigkeit, denn die unmittelbare Bestätigung ihrer Ambitionen würde sie der gleichgültigen Öffentlichkeit gegenüber nur diskreditieren und das gute Gewissen beeinträchtigen, das für die vollständige Wirksamkeit des reinsten politischen Egoismus notwendig ist.

Ideologien sind Kriegsmaschinen, doch sie werden in den sozialen Friedensperioden gebaut, solange die deutliche Vorherrschaft einer Partei dauert.

Essen ist der wahrhaftige politische Imperativ.

Gerade die Schwierigkeit eines Unternehmens, die seinen Erfolg scheinbar am stärksten behindert, ist umgekehrt meistens seine Vorbedingung.

Ein gesundes Land ist jenes, das ruhig ein paar Dummköpfe regieren können.

Ein Land, das kluge Leute braucht, befindet sich mitten im Verfall.

»Non satis est pulchra esse poemata, dulcia sunto«[82] — das vergißt die moderne Literatur. Aber wird das nicht genügen, damit man sie morgen vergißt?

Verstehen ist ein Akt der Unvernunft.

Eine neue Idee wie ein neuer Autor stellen sich als ein geschlossener Raum dar. Damit wir eindringen können, müssen wir hineinspringen.

Die einzige mögliche Methode ist rein äußerlich und besteht darin, von einem Raum zu einem benachbarten zu springen, damit man schließlich zu den fernsten Räumen gelangt. Es gibt keinen rationalen Übergang und keine logische Folgerung.

Die abendländische Tradition hat sich nicht damit zufriedengegeben, Literatur als reine Unterhaltung oder als ausschließlich ästhetischen Sachverhalt anzusehen: Sie hat in ihr auch eine Disziplin gesucht. Vielleicht ist die diskrete Suche nach einer Ethik der grundlegende Unterschied zwischen dem kultivierten und dem lediglich gebildeten Menschen: dem Gelehrten, Techniker oder Kenner.

Kultur ist nicht die Summe dessen, was man weiß, sondern die Umwandlung dessen, was man weiß, in Haltungen, Reaktionen, Reflexe.

Kultur ist die stillschweigende Bestätigung der Fortdauer aller vortrefflichen Dinge.

Die Geschichte ist ein Instrument der Kultur, wenn sie das Gegenwärtige relativiert, doch deren gefährliche Feindin, wenn eine willkürliche und nachdrückliche Bestätigung der Ahistorizität der Werte ihr nicht widerspricht und Schranken setzt.

Die Geschichte ist das Werkzeug, mit dem die großen Geister die Trivialitäten beseitigen wollen, welche die edlen Dinge verdunkeln, und das Instrument, mit dem die Mittelmäßigen alles Große untergraben wollen.

Der Staat ist ein Ungeheuer, und die Politik kann nur die Kunst sein, ihn zu schwächen.

Daß uns diese Trivialität von gestern nur eine bourgeoise Torheit scheint, ist die Tragödie von heute.

Vetternwirtschaft, Bestechlichkeit, Käuflichkeit und Betrug sind Dinge, die man eifrig verteidigen sollte, denn im modernen Staat sind sie die letzten Säulen unserer Freiheit.

Die Demokratie ist das System, in dem das Gerechte und Ungerechte, das Vernünftige und Absurde, das Menschliche und Bestialische nicht durch die Natur der Dinge, sondern durch ein Wahlverfahren bestimmt werden.

Alles, was in einer Demokratie eine bestimmte Rechtsform annimmt, kann unterschiedslos verboten oder gestattet werden.

Die Statistik ist das Instrument, das wahrhaftig der Versklavung dient. Sie ist die wirkungsvolle Methode, das einzige eindeutige Subjekt, den Menschen, auf die Kategorie eines Objektes zu reduzieren und ihn als solches zu behandeln.

Freiheit wird nur als ein innerlicher Sachverhalt wahrgenommen; sie ist die Form, die für das Subjekt jeder Akt erhält, den es als eigenen wahrnimmt, sie ist die Form der Subjektivität selbst.

Alles, was uns veranlaßt, das Subjekt als ein Objekt anzusehen, bereitet uns also darauf vor, Einschränkungen der Freiheit anzuerkennen.

Der schlimmste Irrtum besteht darin, nicht genug über Gemeinplätze nachzudenken.

Die Wahrheit besteht immer darin, zu den Gewißheiten von gestern zurückzukehren, nachdem man viele Meilen eines gewundenen Pfades bewältigt hat.

Die uns zwanghaft quälende Dummheit aus dem Weg zu räumen und sie durch einen würdigen und ernsten Gedanken zu ersetzen ist eine Forderung, die wir ständig an uns stellen, und eine Schwierigkeit, vor der wir ständig kapitulieren.

Wenn uns alles leichtfällt, blähen wir uns voll geistigen Hochmuts auf.

Die Gleichgültigkeit gegen das Triviale: eine Tugend, die strenge Lehrzeit verlangt.

Es genügt nicht, wenn man eine Wahrheit schreibt oder denkt; worin unterscheidet sich jede Wahrheit, die kein Fleisch, keine Knochen und kein Blut ist, von einem Irrtum?

Betrachten heißt nicht, sich herauszuhalten, sondern nach einer umfassenderen Bestätigung unserer voreiligen Gedanken zu verlangen.

Sterben lernen; leben lernen — ob dies nicht zwei Seiten ein und derselben Forderung sind?

Bringt uns die Angst oder eine düstere Rebellion unsterblicher Wesen von der Betrachtung des Todes ab?

Erfahrung ist die Summe der seltenen Augenblicke, in denen wir hellsichtig waren.

Daß wir gelebt haben, bereichert uns ebensowenig, wie den Kassierer einer Bank die Summe bereichert, die durch seine Hände geht; man muß auch hellsichtig gelebt haben, damit jede neue Erfahrung die in der Seele keimende heimliche Weisheit verändert, umgestaltet, erweitert und bereichert.

Was wir heute lernen, nützt uns nichts, wenn wir morgen mit der gleichen Schwierigkeit zu tun bekommen, weil uns die Hoffnung täuscht, indem sie wunderbare Lösungen verspricht.

Ich weiß nicht, ob es die richtige Strategie ist, sich auf die Niederlage mit einer Freude vorzubereiten, der die Hoffnung auf den Sieg zugrunde liegt, doch es ist eine ausgezeichnete Lebensregel.

Sobald wir über ein bestimmtes Alter hinaus sind, finden wir eigentlich keine neuen Wahrheiten, wir kennen sie mehr oder weniger alle; was sich tatsächlich unablässig ändert, sind die Akzentuierung, der Widerhall, die Dichte dieser Wahrheiten.

Im Krieg herrschen vor allem Gewalt, Grausamkeit und Barbarei, im Frieden Arglist, Täuschung und Intrige.

Ob es so leicht sein wird, eine Wahl zu treffen?

Wenn man bedenkt, was der Rationalismus von der Polemik nach Art Voltaires bis zur Exegese von Paulus[83] aus dem Christentum und dem Leben Jesu gemacht hatte, so erscheint das Werk von Strauß bei weitem nicht wie ein neuer, heftigerer und ernsterer Angriff, sondern erweckt den Eindruck, der Ausgangspunkt einer neuen Apologetik zu sein, die eine Rückkehr zur Bestätigung des Dogmas mit den Begriffen einer anderen Philosophie vorbereitet.

Es ist ein törichtes Vorhaben, ein »Wesen des Christentums« isolieren zu wollen; wenn man aber dieses »Wesen« mit einer von seinen historischen Formen identifiziert, ist das ein ebenso törichtes Vorhaben.

Der Höhepunkt der Geisteswissenschaften[84] ist vielleicht eine Allgemeine Theorie der Dogmatik[85], wie man es am besten auf deutsch sagt.

Wenn ich südamerikanische »Intellektuelle« reden höre, denke ich manchmal, daß die Literatur für den armen Südamerikaner nur ein Ersatz für die Europareisen des reichen Südamerikaners ist.

Wenn ich zwei Südamerikaner über Europa reden höre, möchte ich unverzüglich auf ein Schiff nach Australien steigen.

Die Reichen diskreditieren den Reichtum.

Die erhabene Würde der Armut besteht darin zu verhindern, daß die meisten Menschen ihre Vulgarität zeigen.

Ideen sind das einzige auf der Welt, das nur jener besitzen kann, der ihres Besitzes würdig ist.

Alle glauben, sie könnten ein Buch kaufen, wenn sie genug Geld haben.

Aber die Bücher wissen ganz genau, daß es nicht so ist.

Der Nächste ist unersetzlich; der Balken in seinem Auge ist die einzige Möglichkeit, den Splitter in unserem zu entdecken.

Was uns bei den übrigen abstößt, muß uns vor Schrecken erzittern lassen, weil uns nur die Fehler kränken, deren wir uneingestanden fähig sind.

Fehler, die nicht die unsrigen sind und es auch nicht sein können, kommen uns lediglich wie liebenswerte Extravaganzen vor.

Der Lächerliche ist unsere Karikatur, der Exzentriker unser Antipode.

Das Ungestüm des Apostels verrät einen möglichen Oberketzer.

Unsere aufrichtigen Polemiken haben immer nur eine Zielscheibe: uns selber.

Bewundernswerter Eliot! Hat irgendein anderer Dichter jemals eine derartige Wahrhaftigkeit erreicht?

Damit das Triviale einen ästhetischen Rang erreichen konnte, schien es gleichsam eine indirekte Beleuchtung zu benötigen: Zärtlichkeit, Liebe, Einfachheit, Humor, Transparenz des Göttlichen usw.

Er allein behandelt das Triviale als trivial, konkret, dicht, unrein und versetzt es mitten an den poetischen Himmel.

»Or clasped the yellow soles of feet
In the palms of both soiled hands.«[86]

The Waste Land[87] mit seinen Anmerkungen — ein Versuch, ähnlich jenem, den Text Lamartines ausgehend von den Anmerkungen der Lanson-Ausgabe nachzugestalten.

Das übermäßige kritische Bewußtsein eines Dichters: ein ausgezeichneter Anatom, der nicht tanzen kann.

Die moderne Kunst erinnert an den Esel der Fabel, der starb, als er endlich gelernt hatte, nichts zu fressen.

Daß ich kein professioneller Literat bin, verleiht mir das außerordentliche Privileg, mich von der Verpflichtung zu befreien, die Bücher meiner Landsleute zu lesen.

Die Angst vor dem System: die Ablehnung von Ketten und Halseisen oder eine List unserer Trägheit?

Wenn wir jedes System verwerfen, weil wir argwöhnen, daß es nicht ausreicht, um die ganze Komplexität des Realen zu erfassen, streben wir nach dem Standpunkt Gottes selbst; und danach verleitet uns so etwas, uns mit einem gefühlsmäßigen Impressionismus zufriedenzugeben, der uns an Standpunkten festhält, die noch niedriger sind, als wir sie als Menschen einnehmen könnten.

Alle echte Philosophie wird gegen den Skeptizismus und mit seiner Hilfe gestaltet.

Einer Idee, die als Geistesblitz geboren wird und deren Gewißheit jeden Zweifel widerlegt, fehlt philosophische Bedeutung. Ihre Echtheit läßt sich nur bestätigen, wenn ihre Gewißheit mit einer Frage konfrontiert wird, die sie beunruhigt und die sie sich dennoch zu eigen machen kann. Jede Gewißheit, die keine heimliche Wunde und gleichsam eine Art von menschlicher Schwäche zeigt, ist lediglich eine unzulässige Bestätigung.

Denken besteht nicht darin, Wahrheiten zu bejahen, sondern darin, sie zu erleben, wie wir eine Liebe erleben, der sich alles widersetzt.

Die Geschichte Alexanders wie die Geschichte des Italienfeldzugs sind die einzigen Themen, die den mittelmäßigen Historiker über seine eigene Mittelmäßigkeit hinausführen.

Um einen Philosophen zu verstehen, muß man seine Art zu zweifeln erkennen.

Was einem ungeduldigen Theologen wie ein feindlicher Ansturm vorkommt, ist zuweilen nichts anderes als der verzweifelte Versuch einer überschwenglich liebevollen Apologetik.

Das, was nur eine Glosse verdient, wird von unseren Zeitgenossen gewöhnlich mit einem ganzen Buch bedacht.

Gib uns, Herr, unser täglich Brot und unsere tägliche Gewißheit.

Das Triviale ist, was der Verstand zu denken vergessen hat.

Das ausgeprägte, lebhafte, tiefe Bewußtsein der spirituellen Realitäten scheint manchmal eine sonderbare Naivität, eine überraschende Infantilität des Verstandes mit sich zu bringen.

Umgekehrt scheint zu einem schnellen, wendigen, sorglosen Verstand manchmal die Unkenntnis oder bornierte Geringschätzung dieser Realitäten zu gehören.

Es scheint, als stellte man den Menschen vor ein ironisches Dilemma: daß er sich entweder des Problems bewußt ist und ihm die Instrumente fehlen, um es zu lösen, oder daß er über die Instrumente verfügt und ihm das Bewußtsein des Problems fehlt.

Wir sind dermaßen armselig, daß unsere geistige Hartnäckigkeit nicht so sehr eine Perversität als vielmehr die Furcht ist, jene Überzeugungen und Wahrheiten zu verlieren, die wir unter solch großen Mühen erworben hatten.

Auf spirituellem Gebiet kann uns niemand reicher machen, und jeder muß sich selbst die Güter geben, die er zu besitzen vermag.

Der vulgäre Epikureismus läßt sich nicht widerlegen, doch er ist nur eine Anpassung an das Scheitern.

Wenn die übrigen wüßten, was jeder von uns manchmal über uns selbst zu denken wagt, würden sie sich totlachen oder vor Mitleid sterben.

Es gibt keinen Menschen, der elend genug ist, sich danach zu sehnen, sich restlos in einen anderen Menschen zu verwandeln.

Eine heimliche Rührung über etwas, was wir sind, etwas so Winziges und Unmerkliches, wie man will, hindert uns daran, in unsere eigene Leere zu stürzen.

Konservatismus ist der Liberalismus des intelligenten Menschen.

Schon Burke begründete den Konservatismus, weil er der intelligenteste Whig war.

Der Drang der Menschen, geleitet, geführt, erlöst zu werden, läßt sich nur mit dem Haß vergleichen, den sie gegen jenen empfinden, der sie leitet, führt und erlöst.

Die Geschichte ist das Feld der subtilen Wahrheiten, und trotzdem machen sich die Geschichtsphilosophen selbstzufrieden, grob und flegelhaft in ihr breit.

Der Niedergang der französischen Wissenschaft läßt sich am deutlichsten an der Prosa ihrer wissenschaftlichen Autoren erkennen. Um schlecht geschriebene Bücher zu finden, brauchen die Franzosen nicht mehr den Rhein zu überqueren.

Seitdem der letzte römische Aristokrat auf Caprera[88] gestorben ist, haben nur das venezianische Patriziat und die englische Oligarchie des 18. Jahrhunderts den erhabenen Stil der politischen Existenz gepflegt.

Vielleicht gibt es keine allgemeinere und größere Eitelkeit als die, sich jeden Tag in der Lage zu fühlen, frei und unabhängig seine Meinung zu sagen, als ließe uns, was wir sind, in den Augen unserer Bekannten nicht als eine Art von vorausberechenbarer Maschine erscheinen.

Sich aus Prinzip zu weigern, sich selbst gegenüber konsequent zu sein, ist eine rein polemische Haltung, eine Methode, sich jedem Widerspruch, auf den man uns festlegen will, systematisch zu entziehen, doch auch eine fragwürdige Haltung, weil sich zeigt, daß der beschränkte Vorrat an Postulaten, den jeder Verstand besitzt, sich bei allen wirren Gesten irgendeiner dialektischen Akrobatik unerbittlich gleichbleibt.

Wer mit vierzig die Meinungen eines jungen Mannes vertritt, ist unerträglich.

Die Dreistigkeit des Heranwachsenden ist sich ihrer selbst nicht sicher, während die Anmaßung eines reifen Mannes nichts von ihrer Borniertheit ahnt.

Die einzige interessante Kritik ist die negative, und sie erhält ihre vollständige Bedeutung nur, wenn sie eindeutig absurd ist.

Retz, Saint-Simon, Chateaubriand, Tocqueville — das Gebirge mit den höchsten Gipfeln.

Wenn man eine Idee diskret darlegt und dann schweigt, ist das genausoviel wert, als versteckte man sie in einer tiefen Grube.

Memoiren und Maximen scheinen rein aristokratische Gattungen zu sein.

Es wirkt beängstigend, wenn man vertrauliche Mitteilungen verlangt.

Sobald die Notwendigkeit verschwunden ist, einen gewissen sozialen Zusammenhalt zu bewahren, öffnet der Mensch eine Flasche, die tausend Dämonen einschließt.

Unsere egoistische Ruhe verlangt, daß wir alle verpflichten, ihre soziale Persönlichkeit untadelig zu verkörpern.

Allein das Maskenkostüm, das der Mensch an jedem Morgen anlegt, um seine gewöhnliche Rolle in der Commedia dell'arte zu spielen, ermöglicht die gesellschaftliche Koexistenz, ohne daß es zu übermäßigen Zusammenstößen kommt.

Bedeutung hat in der Philosophie nur das Übermäßige und Äußerste.

Die Wahrheit liegt offenbar eher in einer absurden, aber ungestümen Behauptung als in einem nuancenreichen, viele vorsichtige Zugeständnisse offerierenden Vorschlag.

Wer das Absurde fürchtet, hat kein philosophisches Genie.

Nur das System überdauert, das die Folgerungen aus einem Prinzip unerschrocken ableitet; der systematische Versuch, unterschiedliche Wahrheiten und heterogene Evidenzen zu koordinieren, fällt bald der Vergessenheit anheim.

Ungerechtigkeit gegenüber den Ideen ist in der Philosophie wie in der Politik die Ungerechtigkeit gegenüber den Menschen die Voraussetzung des Erfolgs.

Ob man für die übrigen schreibt?

Vielleicht nicht, wenn man eine wahrhaftige Berufung hat. Aber wenn es die übrigen nicht gäbe, würden wir nicht schreiben.

Wer an Gott glaubt, ist in der Welt nie ganz verloren.

Selbst das Absurde erhält einen Anschein von Sinn, wenn es uns gegeben ist, dies als von einem höchsten Willen bestimmt anzusehen.

Das rein Absurde ist kein logischer oder ethischer Widerspruch, sondern die rein objektive Existenz, die Tatsache, daß es von keinem Subjekt postuliert wurde und auch kein Subjekt verbirgt.

Das Absurde ist, was keine Ursache hat — wenn die Ursache die Beziehung zwischen dem Willen und seinem Objekt ist.

Die wissenschaftliche Kausalität ist die Methode, um eine interne Klassifikation des Absurden vorzunehmen. Sie reduziert die Vielfalt des Absurden auf eine einzige Absurdität: die Existenz. Und dabei bleibt sie stehen.

Eine rein existentialistische Philosophie ist eigentlich widersinnig, weil jede Philosophie implizit oder explizit vom Subjekt ausgeht, während die reine Existenz, die nackte Existenz, ein ausschließliches Attribut des Objektes ist.

Ein Schriftsteller, der Ratschläge gibt, der anordnet, verbietet oder prophezeit, reißt mit und begeistert; einer, der lediglich beobachtet, fasziniert nicht.

Aber jener ermüdet bald, während uns dieser endlos interessiert.

Echte Literaturkritik besteht nicht aus einer Abhandlung, sondern aus einem angemessenen Adjektiv.

Die Angst vor morgen: »Das Gesetz des Herzens hört eben durch seine Verwirklichung auf, Gesetz des *Herzens* zu sein. Denn es erhält darin die Form des *Seins* und ist nun *allgemeine Macht*, für welche *dieses* Herz gleichgültig ist, so daß das Individuum *seine eigene* Ordnung dadurch, daß es sie *aufstellt*, nicht mehr als die seinige findet.«[89] (Hegel, Phänomenologie des Geistes, 269.)

Keine Utopie vermag einem derart hellsichtigen Argument zu widerstehen.

Wordsworth und Léautaud scheinen mir für ein gesundes geistiges Gleichgewicht beide notwendig.

Wissen wirkt bald wie etwas Eitles.

Was uns interessiert, was wir ersehnen, ist nicht so sehr der Besitz von tausend ewig unterschiedlichen Wissensobjekten, sondern vielmehr der Besitz bestimmter geistiger und sittlicher Haltungen.

Die Wissenschaft ist vielleicht nur die Gelegenheit, bestimmte geistige Tugenden zu praktizieren.

Wenn wir uns lediglich dafür interessieren, was uns interessiert, ist das nur eine Tugend, wenn es sich um eine neue Errungenschaft handelt.

Zunächst müssen wir uns dem unterwerfen, was uns fremd ist, dem gegenüber demütig sein, was sich uns verweigert, und glauben, daß die Bedeutung einer Sache nicht davon abhängt, ob wir ihr diese Bedeutung spontan zuerkennen.

Danach sollten wir jedoch auf alles verzichten, was wir nicht im tiefsten Innern für dringend und unerläßlich halten.

Die wahre Bedeutung der bedeutenden Dinge, die uns nicht gehören oder uns gleichgültig sind, läßt sich an der Bedeutung dessen ermessen, was uns eigentümlich ist, wenn wir es bis zu seinen tiefsten Schichten ergründen können.

Nichts in der Welt geht uns verloren, wenn wir eine einzige Sache gründlich besitzen.

In der Welt kann alles in jedem einzelnen Teil gegeben sein.

Die Totalität des Universums besteht sowohl im ganzen Universum als auch in einem jeden seiner scheinbaren Bruchstücke.

Wenn man glaubt, das Universum sei die Summe seiner Teile, erliegt man der Illusion der Vielfalt.

Das heißt, sich auf die Verzweiflung vorzubereiten.

Das heißt, zu glauben, daß ein Gesetz nichts weiter als die Beispiele des Gesetzes sei.

Im Vergleich mit der chinesischen Malerei wirkt die Maltradition des Abendlandes nur wie eine geniale Vulgarität.

Jeder Pädagoge ist ein verschämter Päderast.

Die Rassentheorien des Nationalsozialismus waren nur eine Mythologie, doch ich unterstelle nicht, daß es sich um einen bloßen Irrtum gehandelt hätte, vielmehr geht es um den ewigen Vorgang, der jede Doktrin in der Hand des Volkes zu einer Dummheit entarten läßt.

Daß eine biologische Politik notwendig ist, wenn wir nicht in ungeahnte Abgründe stürzen wollen, lehrt die kürzeste Besichtigung der Herden eines Landguts.

Die Dummheit der Nazis bestand nicht darin, die Dringlichkeit des Problems zu verkünden, sondern darin, zu erklären, daß nur der Löwe (nehmen wir einmal an, daß es sich um den Löwen handelte) und die vorzüglich löwenhaften Eigenschaften bewahrt, geläutert, verherrlicht werden sollten. Die Wahrheit scheint hier in der Anerkennung zu bestehen, daß Tiger, Panther, Elefanten, Adler und Tauben mit dem Löwen koexistieren, doch auch in der Bestätigung, daß es klug ist, sich um die Vervollkommnung jeder Art zu bemühen.

Man muß die Löwendoktrin durch die Doktrin eines Zoologen ersetzen.

Die alte Gesellschaft hatte den feinen Spürsinn eines alten Bauern, der ohne Agronomen, Fachbücher oder Statistiken nach und nach tat, was die Vernunft verlangt.

Das Schreckliche an den modernen Irrtümern ist, daß grausame Gewalttaten sie früher oder später ausmerzen.

Eine heilsame biologische Vernunft, der sich die alte Gesellschaft allein durch die Wirkung ihrer Institutionen und Sitten unterworfen hatte – ohne daß es notwendig war, stärkeren Druck auszuüben –, wird morgen, wenn sich ihre Dringlichkeit als unumgänglich erweist, für ihre Wiederherstellung eine chirurgische Gefühlskälte benötigen, die mich erschreckt.

Die spanische Literatur bewahrt in all ihren Winkeln unauslöschlich den Widerhall eines gewissen Klerikergelächters mit seinen eschatologischen Witzen.

Die Vergangenheit, wie die Reaktionäre sie sehen, ist gewiß idealisiert; doch im Grunde wäre es wonnevoll gewesen, in jener erträumten Vergangenheit zu leben.

Mehr als die Zukunft, die wir schon voraussehen können, ängstigt die idealisierte Zukunft unserer fortschrittsgläubigen Propheten.

Das Schrecklichste an unserer wahrscheinlichen Zukunft ist, daß allein schon ihr bloßes Ideal abstoßend wirkt.

Irrtum. Wahrheit. Vielleicht untergeordnete Kategorien.

Eine Dummheit aus dem 18. Jahrhundert besitzt eine Anmut, die sie rettet, eine diskrete Eleganz, die sie teilweise vor der Oberflächlichkeit bewahrt, zu der sie neigt; ein Irrtum aus dem 19. Jahrhundert hat ein Gewicht, einen Reichtum, eine Fülle und eine Selbstsicherheit, die rührend wirken; doch sogar unsere zutreffenden Erkenntnisse sind jämmerlich.

Die Institutionen haben in unserer Zeit nicht die Aufgabe, das Individuum gegen den Staat oder gegen andere Institutionen zu schützen, sondern seine Unterwerfung am wirksamsten vorzubereiten.

In der Geschichte der Psychologie besteht der »Fortschritt« darin, jede Theorie nacheinander auszuschließen, die man als endgültig angesehen hat.

Der leidenschaftliche Drang, sich zu erniedrigen, kann niemanden überwältigen, der sich nicht nach grenzenloser Reinheit sehnt.

Die Bedeutung der Tatsache, daß man nur eine streng begrenzte Zahl von Problemen berücksichtigt, hängt nicht von der Bedeutung einer möglichen Lösung dieser Probleme ab, sondern von der außerordentlich hohen Wahrscheinlichkeit, daß man in diesen Lösungen, die man in großen Tiefen entdeckt, Hinweise findet, die neue Möglichkeiten anregen können, Lösungen für Probleme zu suchen, die auf kühne Weise allgemein sind.

Ich verstehe nicht, wie diejenigen, die nicht von vornherein die ganze moderne Zivilisation zurückweisen, sondern in ihr die Keime einer erfolgreichen Vollendung erahnen, keine Marxisten sein können.

Um eine Lehre zu widerlegen, gibt es kein Argument, das der Geschichte ihres Sieges vergleichbar ist.

Nicht den, der meine Vorurteile bestätigt, nenne ich intelligent, sondern den, der sie anprangert und mir so hilft, sie zu entdecken.

Jede legitime Macht ist eine Macht, die auf einer religiösen Auffassung beruht.

Die »Legitimität« ist die politische Form des Sakralen.

Vielleicht besteht der Irrtum Diltheys darin, daß er die Philosophie nicht als eines seiner »Systeme der Kultur« angesehen, sondern stillschweigend angenommen hat, ihre Aufgabe erschöpfe sich in ihrer erkenntnistheoretischen Rolle.

Daß die Philosophie jede Erkenntnis begründet und sich auch selbst begründet, ist die Vorstellung, die dem Denken Diltheys fehlt.

Menschenmassen sind nicht fanatisch, sondern impulsiv. Fanatismus verlangt zunächst einmal beharrliches Nachdenken und innige Liebe zu den Ideen.

Der Fanatismus ist die Form, die der Verstand annimmt, wenn er sich in seinen eigenen Werken nicht mehr zurechtfindet und daher nicht jenes Bewußtsein seiner eigenen Natur gewinnen kann, das ihn von dem trennt, was er lediglich tut, damit er nur sein reines Wesen als bedeutsam anerkennt.

Wahrheit oder Irrtum sind lediglich die vulgärsten Verstandesprodukte.

Wer vom Kommunismus in Versuchung geführt wurde, interessiert mich ebensowenig wie jener, der dieser Versuchung erlegen ist.

Man kann sich vorstellen, daß es einen christlichen Humanisten gibt; ich weiß nicht, ob dies auch für einen humanistischen Christen gilt.

Wenn sich die Gelegenheit bietet, eine Gemeinheit zu begehen, läßt der Kolumbianer sie selten aus.

Über das Christentum als »Ärgernis«: Der vulgäre Ungläubige stößt sich am »Ärgernis«, er ist empört und zieht sich zurück; eine feinsinnigere Minderheit entfernt sich, weil sie gerade kein »Ärgernis«, sondern einen komplexen Sachverhalt entdeckt, den die Geschichte erklären kann.

Was mich jedoch innerlich anrührt: daß es gleichzeitig ein »Ärgernis« ist und nicht ist.

Das Christentum hat keinen Sinn außerhalb der Religionsgeschichte der Menschheit und auch nicht allein in ihr.

Die Schönheit der Gestalt der Heiligen Jungfrau entsteht gleichzeitig aus dem sakralen Gefolge von besiegten Göttinnen, an die sie erinnert oder die sie ersetzt, und aus der Art, wie sie diese transzendiert.

Der christliche Kultus wird in den paläolithischen Höhlen geboren, und die Theologie des Australiers oder des Pygmäen ist ebenso wie die alexandrinische Theologie ein Baustein der katholischen Kathedrale.

Die Offenbarungstheorie als heterogener, unabhängiger, isolierter Block von Doktrinen gehört zu einem Komplex von pädagogischen Systemen, denen zufolge die Ideen von einem Geist zu einem anderen übergehen wie ein materieller Gegenstand von einer Hand zu einer anderen. Jede Offenbarung verlangt ein langsames Reifen der Seelen, eine selbständige Vorbereitung des Geistes, eine konvergente schöpferische Entwicklung ähnlicher geistiger Bestrebungen; ohne Vorläufer gibt es keine Ankunft eines Messias.

Damit man ein Objekt wahrnehmen kann, genügt dessen Gegenwart nicht; notwendig ist ein Wahrnehmungsorgan, ja noch mehr, auch der Wille wahrzunehmen, der die Aufmerksamkeit lenkt und das Aufnehmen vorbereitet.

Nach der Lektüre mehrerer Memoirenbücher kommt man unvermeidlich zu dem Schluß, daß jedes Leben, das nicht von einem großen Verstand erleuchtet wird, trivial und unnütz ist.

Werden die Romane unserer Zeit, die überdauern müssen und morgen in die Literaturgeschichte eingehen, jene sein, die mit künstlerischen Ansprüchen geschrieben wurden, oder vielmehr gewisse kurze, drastische, schlichte, pointierte Abenteuerbücher — vielleicht manche Kriminalromane?

Ein talentloser Schriftsteller — ein verliebter Eunuch.

Jede logische Ethik ist absurd.

Was die Vernunft erschöpfend behandeln kann, entbehrt des Lebens.

Sades Werk ist der einzige konsequente Versuch, eine Welt zu gestalten, die von den drei theologischen Tugenden unerbittlich entleert ist.

Sades Welt ist die Welt der absoluten »Endlichkeit«.

Sade gehört nicht zur Hölle, sondern zu einer Welt ohne Zukunft, Vergangenheit und Gegenwart, zu einer Art abstrakter Ewigkeit, gleichsam einer mineralischen Zeit.

Sades Welt gehört zur Art der »utopischen« Welten: Sie ist die Welt nach dem Tod Gottes.

Die reine Sexualität bringt in ihren äußersten Grenzbereichen eine theologische Anklage vor und wirft ein Problem auf, das mit der Religion wetteifert.

Die Religion muß die Sexualität unterordnen oder benutzen, doch sie darf sie nicht sich selbst überlassen.

Die Sexualität ist die Zuflucht jenes Menschen, der Gott verloren hat, der letzte Raum, wo seine Verzweiflung der Gottheit, die ihn verläßt, gegenübertritt.

Dort hausen die namenlosen Larven, die selbst von den Höllengeistern voller Entsetzen angesehen werden, da ihnen sogar jene

Leidenschaften fehlen, denen sie erlegen waren und die in ihrem dunklen Glanz das unauslöschliche Zeichen ihres lichtvollen Ursprungs sind.

Wenn wir uns den äußersten Grenzbereichen der menschlichen Seele nähern, sind Dämonologie und Angelologie die spontanen Kategorien des Verstandes.

Wir sind vor Gott nicht nur für unsere Taten verantwortlich; was wir sind, ist vielleicht der ernsthafteste Auftrag, den wir erhalten haben.

Daß es irgendeine Pflicht gibt, wenn Gott nicht existiert, ist eine Dummheit.

Doch – mag man uns sagen – was tun Sie, wenn es die Pflicht offenkundig gibt? — Genau das, was Sie nahelegen: gehorchen. Wenn es nämlich eine Pflicht gibt, existiert Gott.

Was nennen wir Gott? Die grundlegende Tatsache, daß ich, selbst wenn die Welt keinen Sinn hat, dies sagen kann: daß sie keinen hat.

Wenn die Welt keinen Sinn hat, brauche ich nur sagen zu können, sie habe keinen, damit allein mein Protest in der Welt den hypothetischen Satz aufhebt, von dem ich ausgehe.

Die Persönlichkeit Gottes ist nichts anderes als die Unmöglichkeit, sich vorzustellen, der Sinn der Welt sei der erbärmlichen Persönlichkeit des Menschen untergeordnet.

Jede politische Verfassung ist gut, wenn es uns gelingt, ihr Dauer zu verleihen.

Die schlimmste politische Dummheit ist eine Verfassungsreform, weil Leben, Anwendung und Abnutzung genügen, um die unumgänglichen Änderungen vorzunehmen.

Reformen führen nur zu neuen Reformen, denn allein die Tatsache einer absichtlichen Änderung regt endlose Änderungen an. Unbeständigkeit und Unruhe, Vorübergehendes und Vorläufiges werden zu grundsätzlichen Eigenschaften der Gesellschaftsstruktur.

Daß jede Politik eine Vorstellung vom Menschen voraussetzt, wie Valéry gesagt hat, ist offensichtlich; grundlegend ist jedoch, daß jede Politik eine Vorstellung von Gott voraussetzt.

Das Rom des Augustus, das Frankreich Ludwigs XIV.: die Zeiten großer imperialer Schöpfungen sind gleichsam das ruhige, gleichmütige, langsame, gesunde Atmen einer breiten Athletenbrust.

Wir wissen nicht einmal mehr, was das ist.

Die moderne Philosophie ist lediglich eine Reihe von Nachträgen zum Denken Kants.

Es scheint unmöglich, die gewaltige Macht zu verstehen, welche die abstraktesten Ideen auf die Gesellschaft ausüben, wenn wir die animalische Gleichgültigkeit der allermeisten Menschen sehen und an die mühsame tägliche Arbeit denken, die sie von jeder selbstlosen Tätigkeit abhält.

Hierfür gibt es keine andere überzeugende Erklärung als die außerordentliche gesellschaftliche Wirkungskraft der Minderheiten.

Es genügt, daß einige wenige denken, damit sich das soziale Umfeld verändert. Die von der Menge nachgeahmten Gesten, die von ihr kopierten Gebärden und vorgetäuschten Haltungen sind untergeordnete, aber authentische Auswirkungen subtiler und abstrakter Ideen, die ihr stets unbekannt bleiben.

Die Gefahr des einsamen Denkens – des Denkens ohne einen Dialog, des Denkens, das sich nicht mitten in einem dialektischen Wettstreit herausbildet – besteht darin, daß es sich mit übermäßig allgemeinen Wahrheiten zufriedengibt.

Nur die lebendige Dialektik schafft feine Abstufungen.

Die Genauigkeit ergibt sich aus den Überarbeitungen, Zugeständnissen, listigen Vorstößen, behutsamen Rückzügen, impliziten Verneinungen, begrenzten Bejahungen.

Jede Wahrheit wirkt in ihrer ursprünglichen Reinheit und morgendlichen Unschuld umfangreicher, weiter, fruchtbarer, als sie es tatsächlich ist.

Jede Wahrheit »imperialisiert« wie ein kräftiger Strauch, und nur die Dialektik beschneidet sie.

Die Geschichte ist eine Schöpfung des »konservativen« Bewußtseins.

Wenn der revolutionäre Ansturm das »konservative« Bewußtsein weckt, gelangt es zum Selbstbewußtsein[90] und erkennt sich allmählich als eine selbständige Art, die Welt zu denken.

Seine Kategorien werden nur langsam erarbeitet, weil es leicht der Versuchung nachgeben kann, ein bloßes Repertoire von Lehrsätzen, die dem revolutionären System lediglich entgegengesetzt sind, als eigenes System festzulegen. Die Geschichte mit all ihrem Reichtum an Nuancen und Zwischentönen ist jedoch das System, das es dunkel ahnt und schließlich findet. Um erscheinen zu können, benötigt es daher dauerhafte soziale Verhältnisse, die zwar von der Revolution in Unruhe versetzt, vom Beharrungsvermögen der Umstände aber noch aufrechterhalten werden. Hierauf genügt eine Periode mit einem ausgeprägten Hang zu Veränderungen und ständigen Übergängen, damit sich das »konservative« Bewußtsein als überlebte Haltung wahrnimmt und bei seinem Verschwinden das Geschichtsbewußtsein mitreißt.

Ohne Eitelkeit ist kein Geisteswerk möglich.

Wenn wir nicht mehr an die Bedeutung dessen glauben, was wir denken, sehen wir uns veranlaßt, nicht mehr zu denken.

In der Jugendzeit sollten wir viel denken, wenn uns tausend Begierden antreiben, damit wir jene Gewohnheit zu denken erwerben, die uns veranlaßt, im Alter weiter zu denken, wenn jede Leidenschaft erstorben ist.

Die Wissenschaft will das Leben in Ideen umgestalten, und die Geschichte will das Leben mit Hilfe der Ideen nachgestalten.

Je mehr sich uns die Möglichkeit entzieht, diese oder jene Tat auszuführen, scheitern für uns große Gedankenkomplexe in völliger Bedeutungslosigkeit.

Vielleicht hat mich nichts so sehr beunruhigt und erbittert wie die Tatsache, daß das Leben offenbar keinen anderen Zweck als das Leben hat.

Leben, um zu leben! Ohne daß es möglich ist, am Ufer der Zeit ein Heiligtum zu errichten, das willkürlichen Göttern geweiht ist?

Viele werden vielleicht nicht von reiner Mittelmäßigkeit zum Schweigen gebracht, sondern weil sie sich der Grenze der reinen Vortrefflichkeit selbst unendlich nahe – aber unterhalb von ihr – befinden.

Die Freuden des Verstandes werden uns, die wir sie wahrnehmen können, ohne an ihnen teilzuhaben, wie eine boshafte Tortur gegeben.

Der einzige Edelmut, der uns vergönnt ist, besteht darin, echte Größe nicht zu leugnen.

Nur die Mühen sittlicher Vervollkommnung können uns darüber hinwegtrösten, daß uns die edlen Verstandesgaben versagt sind.

Einen Fehler auszumerzen oder ein Laster zu überwinden kann der einzige Zeitvertreib sein, der uns bleibt.

Das tätige Leben fördert den Stumpfsinn, und das sittliche Leben dient uns, die wir nicht am Verstandesleben teilhaben, als Trost.

Schreiben ist die beste Möglichkeit, zu verhindern, daß unsere flüchtigen Augenblicke der Hellsichtigkeit, jene Tage, die wir würdigen Beschäftigungen widmen konnten, sich mit den unabänderlichen Trivialitäten unseres Lebens vermischen, auf dessen Weg untergehen und dem Vergessen entgegentreiben, das sie verdienen, das jedoch von einer heimlichen Sehnsucht in unserem Innern zurückgewiesen wird.

Schreiben heißt, einen Wert hervorzuheben, damit ihn das Leben weniger leicht in den Abgrund des Vergessens reißen kann.

Diese Randbemerkungen sollen niemanden etwas lehren, sondern mein Leben in einer gewissen Spannung halten.

Wenn man kämpft, um eine Idee zu retten oder durchzusetzen, ist das etwas verhältnismäßig Leichtes; schwierig ist es zu kämpfen, um in uns selbst so etwas wie eine reine Fähigkeit zu Ideen zu retten.

Die Würde desjenigen, der ahnt, was der Verstand ist, beruht auf nichts anderem als darin, sich ständig verfügbar zu halten, damit der Verstand, der ihm verweigert wird, als eine ungerechte Zurückweisung erscheint.

Unsere Würde beruht darauf, daß wir stets würdig bleiben, jene Geistesgaben zu besitzen, die uns verweigert wurden.

Wenn man die Ideen eines Philosophen widerlegt, widerlegt man im allgemeinen jene Ideen, die im Verlauf der Geschichte mit den Ausdrücken bezeichnet wurden, die jener Philosoph benutzt hatte.

Mit anderen Worten, eigentlich widerlegt man die Ideen von heute.

Jedes klar geschriebene Buch ist unendlich wertvoll, selbst wenn es nur Dummheiten mitteilt.

Ein Autor, der seine Irrtümer, Fehler und Verständnislücken klar darlegt, hilft uns mehr als jener, der auf verworrene Art eine Wahrheit verkündet.

Jeder Irrtum, der nicht analysiert und in seine Bestandteile zerlegt wurde, bedroht uns mit der Gefahr des Scheiterns.

Auf die zwanghaften Entscheidungsfragen, die der Geist stellt, antwortet die Geschichte mit Lösungen, mit denen sie jene Fragen umgeht und vermeidet.

Die Gesundheit des Verstandes wird im allgemeinen mit dessen Abgeschmacktheit bezahlt.

Nur in den ungesunden und stagnierenden Geistern werden die sich zersetzenden Ideen zu überspannten Wundern verarbeitet.

Wir geraten allmählich in eine derart extreme Lage, daß es nicht mehr einen hellsichtigen Verstand, sondern einfache und elementare Ehrlichkeit beweist, wenn man unserer Zeit den Prozeß macht.

Es gibt eine oberflächliche Bereicherung der Sprachen, die in einer verschwenderischen Fülle von neuen Wörtern besteht, und eine tiefgründige Bereicherung, die den Sprachen gleichsam eine neue Dichte gibt und die darauf beruht, daß dieselben Wörter neue Bedeutungsnuancen erhalten.

Die Mehrdeutigkeit ist eine geistige Dimension.

Ein neues, unserem Vokabular hinzugefügtes Wort bedeutet, daß die Gefahr einer oberflächlichen Wortfülle weiter zunimmt, während die neue Bedeutungsnuance eines alten Wortes einen vorher unzugänglichen Aspekt der Welt offenbart.

Das Scheitern der »liberalen«, »fortschrittlichen«, »radikalen«, »humanitären«, »bürgerlichen« Ideologie ergibt sich aus ihrer völligen religiösen Inkompetenz.

Da sie die religiösen Kategorien ignorieren, zerfällt die Gesellschaft in ihren Händen, wenn sie regieren, und die Ideen zerfließen in ihrem Kopf, wenn sie denken.

Die Kraft des Kommunismus, der »revolutionären« Ideen im allgemeinen, beruht darauf, daß sie enge Verbindungen zu den tiefsten Seelenschichten bewahren, wo Schrecken, Angst, Hoffnung und Begeisterung noch miteinander vermischt und undifferenziert sind und weiterhin am unermeßlichen religiösen Halbdunkel teilhaben.

Comtes Sätze sind schwerfällig, lästig, konfus, doch gerade in dem Augenblick, da wir glauben, uns in ihren Netzen verfangen zu haben, tritt ihre Bedeutung vollkommen klar, eindeutig und genau hervor.

Angesichts des Mysteriums zu resignieren ist keine religiöse Haltung, sondern das Vorspiel zum positivistischen Agnostizismus.

Die eigentlich religiöse Haltung setzt eine Art frevelhafter Kühnheit voraus, eine beinahe gottlose Vermessenheit, ein unablässiges Bemühen, das Mysterium zu ergründen, um dieser Finsternis vernünftige Bruchstücke zu entreißen, um voll indiskreter Fragen, mit absurden Problemen belastet zu den letzten halbdunklen Bereichen des Tempels vorzudringen.

Wer eine gewisse Geringschätzung der menschlichen Natur oder ein gewisses Mißtrauen gegen sie empfindet oder wer sie lediglich mit Ironie betrachtet, bleibt in gewisser Hinsicht doch weiter ein Christ, welche Ideen, Ziele und Gründe er auch sonst vertritt.

Beängstigend wirkt nicht das Problem, daß sich der Irrtum der Wahrheit entgegenstellt, sondern daß sich der Wahrheit ein Irrtum voller Wahrheiten entgegenstellt.

Die Probleme, die uns heute beschäftigen, sind zweifellos dieselben, mit denen sich Platon beschäftigt hat.

Vielleicht gibt uns die Geschichte vielfältigere Möglichkeiten, sie zu formulieren, doch wir haben es weiter mit denselben Problemen zu tun, und man kann die unterschiedlichen Formeln eine in die andere übersetzen, ohne daß ein Rest bleibt.

Die wesentliche Problematik des Menschen ändert sich nicht, und es gibt keine Lösung, die uns ermöglicht, zu erklären, ein Problem sei endgültig unzeitgemäß. Dennoch dürfen weder die Unveränderlichkeit des Problems noch unsere hartnäckigen Erwägungen zu einer Klischeevorstellung werden, um die Haltlosigkeit des philosophischen Denkens zu beweisen.

Aus den fortgesetzten Erwägungen, den unablässigen Meditationen, den unermüdlichen und eifrigen Überlegungen ergibt sich für den Geist eine unendliche Bereicherung, eine allmählich erreichte Dichte, eine langsam zusammengetragene Substanz. Das eigentliche Werk der Philosophie ist ein Leben und keine Rezeptsammlung.

Anscheinend ist der Konventionalismus den historischen Sprachen angemessen, doch gibt es so etwas wie eine »natürliche« Sprache, deren eigentliche Funktion es ist, uns zu ermöglichen, von den Dingen wahrheitsgetreu zu sprechen.

Vom *Kratylos*[91], der Vermutungen äußert, über Leibniz, der formuliert, bis zur modernen Wissenschaft – Physik, Mathematik und symbolische Logik –, die so etwas versucht, verwirklicht Condillacs »science, langue bien faite«[92] eine platonische Ahnung.

Der Irrtum des Marxismus besteht in der Behauptung, daß jede Idee zu einer ideologischen Struktur gehöre.

Umgekehrt ist es sein größtes Verdienst, uns gelehrt zu haben, daß die ideologische Struktur grundlegend ist.

Bei der großen Mehrheit der Menschen sind die meisten »Ideen« und »Meinungen«, und das gilt sogar für einen beträchtlichen Teil jener »Ideen«, die von den Kaltblütigsten, Unparteilichsten und Unbefangensten vertreten werden, lediglich Bruchstücke der Ideologie; doch die Möglichkeit einer Idee, die im Gegensatz zu einer Ideologie steht, ist eine Tatsache, die von den reichlich vorhandenen Idola[93] nicht unterdrückt wird.

Mit anderen Worten, man muß den Marxisten zugestehen, daß sie recht haben, wenn sie uns gestatten, beispielsweise Marx von dieser Voraussetzung auszunehmen.

Soziologische Kunstbetrachtungen haben lediglich den Nutzen, daß sie uns erlauben, etwas zu sagen, wenn wir nichts zu sagen haben.

Die amerikanische Literatur hört auf, Literatur zu sein, wenn sie anfängt, amerikanisch zu werden.

Damit der Haß überdauern kann, muß unser Feind abwesend sein.

Angesichts der leiblichen Gegenwart, dieser elenden Realität aus Fleisch und Blut, dieses kläglichen und wehrlosen Objektes, das vom ganzen Universum bedroht und bedrückt wird, weiß ich nicht, wie wir nicht fühlen können, daß unser Haß zu grenzenlosem Erbarmen wird.

Feinde Gottes! — Der Gipfel der Komik! — Wo doch ein Atom Größe genügt, um sich über die Möglichkeit eines Feindes hinwegzusetzen.

Da sie wie Insekten mit ihrem aufreizenden Stimmengewirr und ihrem zähen Beharrungsvermögen auf die Nerven gehen, ist unsere Gegenwehr eine hygienische Maßnahme; es ist ratsam, unsere Feindschaft edleren Gegnern vorzubehalten.

Wenn wir bedenken, aus welch armseligem Boden die uns empörende Geste und die uns abstoßende Haltung hervorgegangen sind und welch trübseliges, glanzloses, stumpfsinniges Leben sie bestimmt, scheint es bereits so, als genügte unsere Gleichgültigkeit nicht und als wären wir selbst unserem schlimmsten Feind den Beistand unserer aufmerksamsten Nächstenliebe schuldig.

Eine edle Seele kann das ihr Überlegene nicht hassen, sondern nur bewundern, und sie kann auch das ihr Unterlegene nicht hassen, sondern nur bemitleiden.

Unsere Haßgefühle geben unsere Rangstufe genau wieder.

Die verwöhnten, alt gewordenen und ruinierten Herrensöhnchen, diese kleinen Catilinas des Privatlebens, sind das widerwärtigste Produkt der bürgerlichen Dekadenz.

Die Kommunisten kennen die kapitalistische Bourgeoisie nicht genau; wäre sie ihnen genau bekannt, würde ihr Haß auf sie viel größer sein.

Es ist nicht so, daß die Bourgeoisie unerhörten Lastern oder ungeahnten Gemeinheiten verfallen wäre, nein, ihr ist alles mit der übrigen Menschheit gemeinsam, außer ihrer einzigartigen Unfähigkeit zum Edelmut.

Nachdem die Jahre vergangen sind, wird eine Kathedrale oder ein Palast den mittelalterlichen Feudalismus oder den Absolutismus des 17. Jahrhunderts in den Augen eines leidenschaftlichen Radikalen rehabilitieren, wenn er hellsichtige Augenblicke erlebt. Doch genügt nicht ein Wohnviertel in einer Vorortgegend, um jede die bürgerliche Gesellschaft rechtfertigende Rhetorik zu widerlegen?

Die Ästhetik des Marxismus läßt sich mit der Wiederholung gewisser Thesen Taines durch einen Schüler vergleichen, der systematischer und weniger intelligent als sein Lehrer ist.

Die dümmste Frau ist, wenn sie will, eines sittlichen Feingefühls fähig, dem gegenüber der klügste Mann als ein Rüpel erscheint.

Jedes Gespräch, in dem uns persönliche Erwägungen zurückhalten, läßt uns dümmer scheinen, als wir sind.

Sich dem Unvermeidlichen zu widersetzen ist der Inbegriff der Lächerlichkeit und die Quelle allen Edelmuts.

Das Grauen, daß ich mich wie ein Käfigtier im Raum meines eigenen Verstandes um mich selbst drehe.

Vortreffliche Trivialitäten — wird uns nur das gelingen?

Wenn man lebt, um zu denken, setzen wir uns der Gefahr aus, ein Denken vorzutäuschen, das sich uns entzieht.

Jeder Beruf hat seine besondere Heuchelei.

Der bedauernswerteste Heuchler ist nicht jener, der die anderen täuschen will, sondern jener, der darunter leidet, sie zu täuschen, und es trotzdem nicht unterlassen kann, ständig die Verpflichtungen vorzutäuschen, die er auf sich genommen hat.

Heuchelei ist manchmal nur ein hohes berufliches Pflichtgefühl.

Aufrichtigkeit kann lediglich die bequemste Möglichkeit sein, feierlich übernommene Verpflichtungen aufzukündigen.

Es gibt die Wahrheit des Augenblicks, doch es gibt auch die Wahrheit eines ganzen Lebens.

Die abscheuliche Heuchelei ist die methodische Heuchelei, nicht jene Heuchelei, die von unserer Schwäche als ein kurzzeitiger Ausweg durchgesetzt wird.

Keiner weiß genau, wenn er ein Laster rechtfertigt, ob er es zum eigenen Vorteil oder aus Wohlwollen für den Nachbarn tut.

Leben ist eine Freude, die uns das Leben aus den Händen reißt.

Das Glück ist jener Zustand, der sich unschlüssig am Rand der Langeweile bewegt.

Geistige Fehler oder Laster aufrichtig zu hassen ist etwas Gefährliches, weil wir dann glauben, sie nicht zu haben. Die Aufrichtigkeit unseres Hasses scheint uns ein ausreichender Beweis für unsere Fehlerlosigkeit.

Liebe oder Haß geben nichts zu erkennen.

Wir können lieben, was wir gerade nicht sind, und hassen, was wir gerade sind.

Oder auch umgekehrt.

Hellsichtigkeit beunruhigt die Seele.

Die ästhetischen Probleme wurden nie von einer Theorie, sondern von einem Kunstwerk gelöst.

Ein Alter, das beharrlich an den Versprechen festhält, die man sich in der Jugend gegeben hatte, ist ein bewundernswerter Anblick.

Der bescheidenste Ort ist der Mittelpunkt der Welt, wenn dort ein wachsamer Verstand zu Hause ist.

Es gibt keine festen Überzeugungen, sondern nur starre und zusammengedrängte Doktrinen.

Die scharfen Kanten der Wörter, die Stabilität der syntaktischen Strukturen suggerieren eine Prinzipienfestigkeit, eine Kontinuität der Überzeugungen, welche die stumme, geknebelte, stille Seele nicht widerlegen kann, denn sie vermag ihre Wendungen und ständigen Schwankungen nicht wiederzugeben.

Jede Bejahung übertreibt immer, wie auch jede Zurückweisung und jede Verschweigung, und übt unfreiwillig Verrat.

Trockenheit! Trockenheit! Es gibt Augenblicke, in denen selbst ein Mérimée eloquent wirkt.

Jedem Satz, der zu tanzen anfängt, muß man das Schenkelbein brechen.

Die Geschichtsphilosophie der spanischen Essayisten besteht darin, Adjektive an einen allgemeinen Leitfaden der Geschichte anzukleben.

Ein Buch, das etwas beweist, ermüdet; ein Buch, das nichts beweist, langweilt.

Die Konversation eines wohlerzogenen Mannes ist der Stoff, den die hauptsächliche Tradition der französischen Prosa verarbeitet.

Jeder entdeckt mit einemmal die Bedeutung der Tugenden, die er am stärksten geringgeschätzt hat.

Der Widerhall eines unklugen Wortes: das Labyrinth der Seelen ist so reich an Wegen und Geheimgängen, daß das leiseste Gemurmel tausend schlafende Fledermäuse aufscheuchen kann.

Es gibt kein unschuldiges Leben.

Die Sünde ist der Wesenskern des Lebens. Das Schuldgefühl ist nichts anderes als die Erkenntnis, die der Mensch von sich selbst gewinnt.

Das Christentum hat nicht die Vorstellung von der Sünde, sondern von der Sündenvergebung ersonnen.

Das Ungeheuerliche am Christentum ist nicht, was es dem Menschen abverlangt, und auch nicht, was es der menschlichen Natur verweigert, ja nicht einmal die Unterwerfung, zu der es den Verstand zwingt, sondern die wunderbare Überspanntheit seiner Verheißungen.

Das Christentum ist der hemmungsloseste Optimismus, den der Mensch kennt.

Unsere Augen genügen, damit wir unser Elend wahrnehmen können. Aber Vergebung, Erlösung, Seligkeit — welch unsinnige Sehnsucht offenbaren sie, auf welch überspanntem Vertrauen beruhen sie!

Das Christentum befriedigt die menschlichen Sehnsüchte so vollkommen, daß der Mensch es nicht ersonnen haben kann.

Was der Feind des Christentums haßt, ist sein eigener Zweifel.

Der Atheist ist ein Dummkopf oder ein Gläubiger, dem Demut und Geduld fehlen.

Gott nicht lehren zu wollen, wie die Dinge zu tun sind, ist der Ursprung der Weisheit.

Die modernen Politiker halten sich für Gottes Epigonen.

Jeder moderne Mensch ist ein Anwärter auf den leeren Thron der Gottheit.

In den Zeitaltern, in denen Gott stirbt, vertiert der Mensch.

Wir dürfen nichts tun, was dem uns Möglichen unterlegen ist, und wir dürfen nichts denken, was dem für uns Denkbaren unterlegen ist.

Der politische Optimismus ist in unseren Zeiten der Vorbote der allgemeinen Lähmung des Verstandes.

Man kann »Alexander«, »Dante«, »Pascal« oder »Goethe« sagen, und man kann zugleich sagen: heilige Theresia.

Die kommunistische Politik hat die Neigung, den Menschen von heute der Gesellschaft von morgen zu opfern, während die sozialistische Politik darauf ausgerichtet ist, die Gesellschaft von morgen der unmittelbaren Bequemlichkeit des Menschen von heute zu opfern. Jene führt zu Tyrannei, und diese endet im Elend.

Sowohl die Beweisführung von Drews als auch die von Couchoud sind gültig: Die unabhängige Kritik scheitert, wenn sie vom historischen Menschen Jesus ausgehen will, um die Christusgestalt zu erklären. Doch die umgekehrte Methode, die beide anwenden wollen – von einem Gott auszugehen, um zu einem rein ahistorischen, mythischen Jesus zu kommen –, läßt sich mit denselben Argumenten zurückweisen, die sie dabei benutzt haben.

Was bleibt bestehen?

Wahrscheinlich die Christologie.

Nein! Was das Genie tut, ist nicht unnütz.

Aber wieviel Genie ist notwendig, um die leichteste Geste des Edelmuts in der Welt zu erreichen!

Der Gedanke an den Tod bedrückt und beunruhigt uns; doch wie sollen wir das Leben ohne den Tod, ohne den dichten Bereich des Halbdunkels an den Rändern des Lebens, ohne jene unbekannte und mysteriöse Region ertragen? Wie sollen wir uns mit der endlosen Wiederholung der uns wohlbekannten Trivialitäten abfinden? Dort regt sich der Traum mit seinen vagen Hoffnungen; dort verspricht die Phantasie die heimliche Erfüllung aufgehobener Verheißungen; dort führt die Sehnsucht vielleicht auf widersinnige Weise zu einem ewigen leuchtenden Morgen.

Lebensvertrauen! Nein! Todesvertrauen.

Das Leben verwirklicht seine Verheißungen nicht; vielleicht verwirklicht der Tod seine Drohungen nicht.

Mit der flüchtigen Schönheit gewisser Augenblicke möchten wir den Wesenskern der Ewigkeit erarbeiten.

Die Morgen, die Kindheit, der erste Glanz des Ruhms. Ach! Wenn wir unsere Schritte vor der Schattenlinie der Vorhallen zurückhalten könnten.

Der Verstand ist das einzige, was wir aus der Fäulnis zu retten hoffen, in der sich das Leben auflöst.

Kein anderes Samenkorn als der Geist verheißt volle Ähren.

Das verkommene Gesicht, die vulgären Gesten verraten mit ihrer unerlösten körperlichen Häßlichkeit jene, die den stolzen Leib ihrer flüchtigen Jugend übermäßig geliebt hatten.

Die einzigen zweitrangigen Autoren, die einer Lektüre standhalten, sind die Franzosen.

Ein zweitrangiger Deutscher ist gänzlich unlesbar.

Im Vergleich mit der Prosa Platons ist jede Prosa vulgär, schwerfällig und barbarisch.

Der Augenblick, der auf das Scheitern folgt: der Augenblick, der dem Triumph vorausgeht: wenn das menschliche Leben eine göttliche Gegenwart inmitten der Dinge zu streifen scheint.

Die einzige Ethik, die keine Abhandlungen benötigt, ist die Ethik der Großmut.

Der Edelmut der großen Seelen ist die mittägliche Fülle des Geistes, der schattenlose Augenblick.

Eine politische Doktrin, die lediglich verkündet und widerlegt wird, ist unzulänglich. Ohne eine vorherige Rechtfertigung der Haltung, die man verwirft, ist jede Bejahung trivial.

Gleichgültig sein ohne Zynismus und leidenschaftlich ohne Begeisterung.

Die einzige wirksame Tyrannei ist jene, die man im Namen der Freiheit ausübt.

Ohne Schicksalsbejahung, das heißt ohne eine religiöse Theorie des Menschen, gibt es keine Erklärungsmöglichkeit für die offenkundigen Irrtümer, die schädlichen Entscheidungen, die Situationen, die der Mensch eindeutig aussucht und die ihn eindeutig zugrunde richten.

Der ehrliche Gegner ist der einzige hellsichtige Zeuge einer Doktrin.

Der Sozialismus ist die Philosophie von der Schuld des anderen.

Daß jedes Problem von einer Gesellschaftsstruktur abhängen soll, rechtfertigt und erlöst uns mit einemmal wonnevoll.

Der Sozialismus ist die Theorie desjenigen, der es nicht wagt, sich selbst anzuklagen.

Die sozialistische Haltung beseitigt jede mögliche Literatur, wenn sie den Konflikt außerhalb der Persönlichkeit ansiedelt.

Jede Darstellung eines äußeren Konflikts gehört zur zoologischen Gattung.

Der Ernst, die Tiefe, der Edelmut des kommunistischen Problems haben nur einen Sinn innerhalb jener Weltordnungen, die von den kommunistischen Postulaten widersprechenden Postulaten bestimmt werden.

Die wahrhaftige Größe des Kommunisten verlangt, um sich zu äußern, daß sie von ihrem Gegner bestimmt wird. Die kommunistischen Thesen vulgarisieren sowohl die Haltungen ihrer Verteidiger als auch die ihrer Gegner.

Der Tätigkeitsdrang beschränkt das Bewußtsein auf ein triviales Repertoire von Beweggründen, die für seine Bemühungen günstig sind.

Der Drang, jeden isolierten Akt erfolgreich zu gestalten, bereitet den Untergang des Menschen vor.

Das Leben korrumpiert uns ständig. Alles, was uns gegeben wird, ist der Preis für unser Schweigen. Jede Gabe, die es gewährt, ist die

Belohnung eines früheren Verrats oder die Verpflichtung zu einem zukünftigen Verrat.

Unsere Hellsichtigkeit setzt Ziele fest, während sich unsere Feigheit gelobt, sie nicht zu erreichen.

Dem Menschen fehlt weniger Wissen als Wagemut.

Die Entmachtung ist Voraussetzung jeder fruchtbaren Hellsichtigkeit.

Der Teufel zu sein ist im Grunde eine große Dummheit.

Jede Meditation ist ein Dialog mit einem Toten.

Die Askese ist eher eine Propädeutik der Vernunft als eine ethische Handlungsweise.

Die Rhetorik belauert jede Idee, die über die Grenzen eines Satzes hinausgeht.

Nichts kostet den Schriftsteller soviel Mühe, als sich mit seinen Fähigkeiten zufriedenzugeben.

Unsere Fehler rühren uns auf wonnevolle Weise.

Was uns das kritische Bewußtsein zu streichen zwingt, ist das, was wir gewöhnlich mit unserem zufriedensten Lächeln geschrieben haben.

Von einem korrigierten Buch hat nur das fortzubestehen verdient, was sich unserer unmittelbaren Zustimmung entzieht.

Die Eitelkeit läßt uns das streichen, was uns die Eitelkeit schreiben ließ. Verzweiflung und Erschöpfung sind die echten Eltern jedes veröffentlichten Buches.

Der Stolz eines Autors ist umgekehrt proportional zur Fülle seines Werkes.

Der Satz muß schließen, wenn die Spannung der Worte ihre höchste Intensität erreicht, eine Welle, die erstarrt, wenn sie emporsteigt, nicht wenn sie sich auf dem Sand verströmt.

Wer nicht schweigt, zeigt nur halbe Geringschätzung.

Daß man alles sich selbst geopfert hat, damit wir, wenn wir dem Schleier des Heiligtums nahen, nur das berüchtigte Grunzen vernehmen!

Der politische Zynismus erreicht kurzzeitig seine unmittelbaren Ziele, indem er die schwache ethische Struktur zerstört, welche die Menschheit mühsam aufbaut.

Das Theater ist die Literatur der Schreibunkundigen.

Die Themen angeben, damit andere predigen.

Den Autoren von Büchern, von denen das breite Publikum nichts wissen will und die der gebildete Leser geringschätzt, bleibt nur übrig, sich als Besitzer einer Vortrefflichkeit auszugeben, die sie nicht erreichen, und zu verkünden, sie seien einer Popularität gegenüber gleichgültig, die sich ihnen entzieht.

Weitschweifigkeit entsteht nicht aus der Überfülle der Worte, sondern aus dem Mangel an Ideen.

Wesen, deren einsilbige Äußerungen geschwätzig sind.

Jeder einfache Akt ist die eingeschränkte Äußerung, mit der sich vielfältige und unterschiedliche Beweggründe abfinden.

Wer sich achtet, schweigt im Jahrmarktslärm.

Die subtilsten Wahrheiten verlangen nach den meisten Worten. Der Zusammenhang, in dem sie stehen, ist weniger vertraut.

Pomp verfälscht nicht, wenn wir ihn den Feiertagsideen vorbehalten.

Es gibt eine Rhetorik der Einfachheit, die mit ihrer Zurückhaltung denselben falschen Reichtum wie die feierliche Redekunst mit ihrer Überfülle suggerieren will.

Um die Wahrheit zu äußern, müssen wir alle Mittel aufmerksam einsetzen, die gewöhnlich nur dazu dienen, die Wahrheit zu verfälschen.

Jede Methode ist der Kunstgriff eines Verstandes, der sich auf das Einschlafen vorbereitet.

»Pointillistische« Philosophie: Man bittet den Leser, so freundlich zu sein, die reinen Töne zu verschmelzen.

Jeder Frieden wird mit Niederträchtigkeiten erkauft.

Die politischen Theorien des 19. Jahrhunderts bestanden darin, die offenkundige Haltlosigkeit der Blendwerke des Konstitutionalismus zu beweisen. Sowohl Joseph de Maistre als auch Marx beziehen das auf gesellschaftliche Strukturen, was nach der Vorstellung des liberalen Denkens ein reiner menschlicher Willensakt war. Das Echo jener einhundertfünfzig Jahre politischer Rhetorik ist im 20. Jahrhundert ein Hohngelächter inmitten von Ruinen.

Man hat die Metaphysik so oft begraben, daß man sie für unsterblich halten muß.

Unser gestriges Leben mit unserem heutigen Bewußtsein leben.

Aus der Idee des Dienens eine ethische Norm zu machen ist die sicherste Methode, um jedes edle Streben aufzuheben. Die Mittelmäßigkeit der Menschen und die Trivialität der Existenz verlangen, daß nur die unnütze und unbegründete Bejahung überdauert.

Alles, was eine gesellschaftliche Rechtfertigung benötigt, ist trivial oder borniert.

Dauerhafte Leidenschaft ist das Gebäude, das ein geduldiger Wille auf den Fundamenten der Sinnlichkeit errichtet.

Liebe ist eine Laune, die der Wille zu einer Methode und einer Norm umgestaltet.

Eine große Liebe ist eine auf einen einzigen Gegenstand ausgerichtete Sinnlichkeit, die von einer eingehenden Betrachtung bereichert und von einer fleischlichen Meditation diszipliniert wird, um sich die individuelle und konkrete Totalität des Gegenstandes zu eigen zu machen und einzuverleiben.

Wahre Liebe ist keine Liebe zu Eigenschaften, sondern zu Wesen. Das geliebte Wesen wird nicht anhand seiner Vorzüge und Fehler analysiert; alles an ihm ist liebenswert und wird geliebt. Was für einen gleichgültigen Blick ein Fehler ist, wirkt bei dem von uns Geliebten wie ein weiterer Grund, ihn zu lieben.

Jede Liebe liebt zuerst, was sie bevorzugt, bis sie schließlich bevorzugt, was sie liebt.

Eine siegreiche Liebe ist die wunderbare Frucht eines Samenkorns, das vom Zufall ausgesät, von der Vernunft veredelt, von der Geduld beschützt, besänftigt und gestaltet und von der Sinnlichkeit geerntet wird.

Der Mensch ist so niederträchtig, daß er mehr leidet, wenn ihn das geliebte Wesen verläßt, als wenn seine eigene Liebe endet.

Sinnlichkeit ist der Ursprung der Liebe und ihre höchste Erfüllung.

Liebe ist eine Lotterie, bei der Täuschungen nicht unmöglich sind.

Es gibt eine Größe, die nur der Ehrgeiz erreicht, und eine Größe, die allein der Selbstverleugnung gewährt wird.

Der Mensch ist so naturgemäß zum Glück geschaffen, daß er sich seines Glücks nur bewußt wird, wenn er es verliert.

Es gibt keinen schlimmeren Irrtum, als zu glauben, jeder Mensch besitze die inneren Fähigkeiten zu all dem, dessen die menschliche Gattung fähig sei.

Die Menschheit ist nicht die endlose Wiederholung ein und desselben Typus, sondern eine vielleicht unbegrenzte Vielfalt.

Jede politische Philosophie, die von der Gattungsdefinition des Menschen ausgeht, muß zwangsläufig scheitern, weil sie entweder von allen verlangt, was wenigen angemessen ist, oder weil sie bei vielen unterdrückt, was über die Definition hinausreicht, von der sie ausgeht. Eine doppelte demokratische Tyrannei.

Die menschliche Natur existiert nicht. Was dem Menschen in seiner Eigenschaft als Mensch zugrunde liegt, ist keine Natur, sondern ein Wille.

Ausgehend von den Grundlagen seines tierischen Wesens erscheint der Mensch, als eine Lebensnorm und ein Stilwille seine Akte disziplinieren und organisieren.

Die Aufgabe, die sich der Mensch stellt, die Verpflichtung, der er sich unterwirft, die moralische Evidenz, die ihn unterjocht, gewinnen aus der tierischen Natur die virtuelle Menschheit, die sich in ihr befindet.

Der Mensch ist nicht nur das, was sein Anspruch ist, sondern der Mensch ist vor allem ein Anspruch.

Eine strenge Doktrin und eine entgegenkommende Praxis, das ist nicht die Verfahrensweise der Heuchelei, sondern das Geheimnis jeder alten, reichen, reifen Zivilisation.

Liebe ist ein Gefühl, das sich vom Saft giftiger Pflanzen nähren kann.

In der Politik sind nur die unlogischen Doktrinen gesund und fruchtbar.

Der Erfolg von Entscheidungen, die man im Widerspruch zu allen Hinweisen der Vernunft trifft, offenbart bei dem, der ein solches Wagnis auf sich nimmt und triumphiert, keine geheimnisvolle Fähigkeit, Evidenzen zu erahnen, die für den Verstand zu subtil oder komplex wären.

Tatsächlich verhält es sich so, daß die den Erfolg bedingende Gesamtsituation erst vollständig bestimmt ist, wenn die Entscheidung und der Akt verwirklicht werden, die dann Bestandteile der Situation selbst sind. So bestimmt die Eigenart des Aktes, wie etwa seine Kühnheit, teilweise die Eigenart der Situation.

Der Erfolg des Aktes hängt davon ab, daß er zur Gestaltung der konkreten Fülle der Situation beigetragen hat.

Alles, was die Menschheit tut, scheint in manchen Augenblicken nur ein verzweifeltes Vorhaben zu sein, die sie erstickende Langeweile zu vertreiben.

Das Leben ist zu kurz, als daß man die melodischen Variationen eines offenkundigen Irrtums aufmerksam anhören könnte.

Die Veränderung der ökonomischen Verhältnisse bewirkt einen Wandel, doch ausrichten, gestalten und definieren kann ihn nur eine Ideologie.

Die deutsche Literaturkritik versteht die Dinge meistens bewundernswert gut, doch sie verkennt oder vergißt, daß die Definition eines konkreten Werts erst mit der schwierigen Bestimmung seines Rangs vollendet wird.

Jede Struktur ist eine verarbeitete Erfahrung.

Mißtrauen wir jenem Kunstwerk, das uns unwiderstehlich fasziniert, jenem, dem sich nicht die Barriere unserer Trägheit entgegenstellt, so daß sie von der Fülle seiner Evidenz überwältigt wird.

Die wahrhaftigen Techniken ergeben nacheinander eine Summe; statt dessen wechseln die sogenannten künstlerischen »Techniken« miteinander ab.

Eine täuschende Gleichnamigkeit läßt an verschiedene, gar nicht vorhandene ästhetische Probleme denken.

Eine unzulängliche Grammatik bereitet eine verworrene Philosophie vor.

Wir nennen den einen Egoisten, der sich weigert, sich unserem Egoismus zu opfern.

Die moderne Malerei ist wie ein Satz, dessen Sinn sich nicht erfassen läßt, wenn man jedes einzelne Wort für sich prüft. Mehr als die Geschichte jeder anderen Malerei ist die der modernen notwendig, damit sie sich vollkommen verständlich vermitteln läßt.

Der Monolog eines kollektiven Wesens, das sich befragt, sich antwortet, sich widerspricht, sich bestätigt und ständig sich selbst hervorbringt.

Die ästhetischen Begriffe, die mit der modernen Malerei einhergehen und auf die sie sich berufen kann, wie sie glaubt, sind der Gedankengang eines Einfältigen.

Die Anwesenheit des Volkes äußert sich immer ungestüm und apokalyptisch. Sie schafft lediglich den freien Platz für ein zukünftiges Gebäude. Wie das tosende Gewimmel von Larven in einer unbegrabenen Leiche lediglich dem Kreislauf der Welt das zurückgibt, was organisierte Materie war.

Die überraschende prophetische Fähigkeit mancher politischer Erwägungen hängt davon ab, daß jedes sie veranschaulichende konkrete Beispiel fehlt. Jede Prophezeiung muß vage sein, damit ihre unbeschränkte Anwendung unsere wohlwollende Bewunderung weckt.

Valéry ist der einzige geniale Dichter des 18. Jahrhunderts.

Jede Idee muß sich in möglichen Akten auflösen.

Ein nicht zu verwirklichender Anspruch begeistert den Zeitgenossen, doch auf die Nachwelt wirkt er nur erheiternd.

Die großen Werke sind nicht die einleitenden, sondern die abschließenden. Vollkommenheit ist in geschichtlicher Hinsicht unfruchtbar.

Die Themen sind ohne Bedeutung, jedoch nicht endlos austauschbar. Der Dichter wählt das seinem Vorhaben angemessene aus, weil sich die Themen durch eine unpersönliche Affinität auszeichnen, die zu den angestrebten Wirkungen beiträgt, selbst wenn er jedes Thema benutzen könnte.

Das Lachen bezeugt eine immer gegenwärtige Barbarei.

Das Lächeln ist die Morgenröte und der helle Mittag der Zivilisation.

Die Anmaßung mancher katholischer Schriftsteller ist für den Laien das Salz, das ihre Werke vor der Zersetzung bewahrt, in der ihre Zeitgenossen bereits untergehen.

In Anbetracht der menschlichen Borniertheit wird der Antagonismus zwischen den großen Werken aufgehoben und zur Identität.

Alle Größe ist insgeheim miteinander verschwistert.

Die ständig erhöhte Note der Vollkommenheit Miltons.

Bei den alltäglichen Verrichtungen wird der Verstand schwielig wie die Hände eines Bauern.

Ein edler Vers weckt die Leidenschaften, die das Leben erstickt, und erregt einen Lebenshunger, den wir für gesättigt hielten.

Das Alltagsleben macht unfruchtbar.

Bei den bescheidenen Verrichtungen, denen uns die wirtschaftlichen Tätigkeiten unterwerfen, verliert der Verstand seine Beweglichkeit und vergißt seine alte Liebe zu den unnützen Problemen.

Uns beanspruchen ausschließlich zwei oder drei elementare und rein pragmatische Erwägungen. Wir vergessen selbst die Sehnsucht nach einem verständigen Leben. Wenn uns auf einmal die Nichtigkeit unseres Lebens beunruhigt, können wir nur noch die Trivialitäten entdecken, die unsere eintönige Existenz zu den einzigen Eigenschaften der Welt erhöht hat.

Der Satz, der ein Objekt knapp wiedergibt, oder jener, unter dessen Wortgewebe sich ein ängstlicher Flügelschlag regt, können gleichermaßen schön sein; doch wir müssen dem Satz mißtrauen, der sich feige auf weiche und schwammige Verallgemeinerungen zurückzieht.

Sowohl die Idee einer Naturreligion und eines Naturrechts als auch die These über den primitiven Menschen sind säkularisierte Vorstellungen, welche die Vertreter der Gnadentheologie auf den supralapsarischen Zustand[94] anwendeten.

Herbert of Cherbury, Grotius und Rousseau träumen Randbemerkungen zu Jansenius oder Bajus.

Geistige Tätigkeit wäre ein Spiel, wenn sie keine theologischen Projektionen hätte.

Wie schrecklich wäre eine Welt, in der die naiven und dummen Illusionen der übrigen nicht unsere trostlose Erfahrung einschüchterten.

Madame de Staal (de Launay)[95]: die erste gedemütigte Bürgerin.

Wesensverwandt mit Chamfort. Urbild der Girondisten. Die reinste Prosa der französischen Literatur.

Die Freiheit ist der Mythos der unbeschäftigten, leeren, einer Berufung entbehrenden Seelen. Wenn uns nichts eine Richtung weist, scheint die Freiheit ein wunderbares Handlungsprogramm zu sein.

Tatsächlich löst die Freiheit nicht das Problem einer Seele, die in einem rein kontingenten Universum verloren ist, sondern protokolliert es.

Die Polemik mit den Toten ist außerordentlich leicht, denn allein die Tatsache, daß wir leben, scheint uns eine komische Überlegenheit zu verleihen.

Das Schweigen der Toten täuscht der Nachwelt gegenüber das beschämte Schweigen des überwundenen Kontrahenten vor.

Nur wenn ein Fremder eine von unseren Wahrheiten übernimmt und verkündet, entdecken wir bestürzt ihre Unzulänglichkeit, ihren verletzlichen und schwachen Körper.

Jeder Idealismus veranschaulicht den methodologischen Grundsatz Vicos, dem zufolge Verstehen und Schöpfung zwangsläufig Akte eines identischen Subjekts sind.

Der Krieg in der Vendée ist der einzige politische Konflikt, der meine uneingeschränkte Sympathie erweckt, ohne meine Vernunft zu beunruhigen.

Immer konnte ich nur ein Parteigänger verlorener Sachen sein.

Die Bedeutung jeder zeitgenössischen Literatur existiert nur für den zweitrangigen Schriftsteller, denn in ihrem Rahmen kann er schreiben.

Der große Schriftsteller ignoriert sie, weil er sie schafft.

Für den Leser schließlich ist diese Bedeutung lediglich ein Vorurteil, da für ihn jede Literaturbewegung, wenn sie ihn interessiert, unleugbar zeitgenössisch ist, zu welcher Epoche sie auch gehören mag.

Der Sozialismus ist der Kommunismus des Bürgers.

Die Überlegenheit des – lebenden – Kritikers über den – toten – Schriftsteller. Eine offensichtliche Überlegenheit, doch eine Überlegenheit, die in wenigen Jahren eingeebnet und ausgelöscht wird.

Die Dinge werden uns allein als eine Aufforderung gegeben, sie wahrhaftig in Besitz zu nehmen.

Die Meditation ist unsere Besitznahme der Welt.

Das Geschaffene soll uns von Gott entfernen?

Vielleicht.

Doch durch das Geschaffene: durch die Schönheit eines Satzes, einer Form, eines Raums; durch die ruhige Autorität, die eine menschliche Gestalt erzwingt; durch ihren Edelmut, ihren Stolz und Glanz, durch ihre Drangsale und ihr Glück; durch die Teilwahrheit, die sich selbst nicht genügt; durch die geistige Leidenschaft, die einen jähen und steilen Aufstieg erstrebt; so, durch eine fleischliche Dialektik, erscheint Gott meiner Vernunft auf eine Weise, die ebenso unwiderlegbar ist, wie sie auch meinen Glauben blendet.

Gott ist die Substanz dessen, was wir lieben.

Nie wissen wir, wer Durst hat oder welche triviale Geste in einer Seele die Siegel ihrer Quellen aufbrechen kann.

Jede Liebe besteht aus mehreren aufeinanderfolgenden Lieben, und die Treue zu einer Frau besteht darin, daß man ihr mit ihr selbst fortgesetzt untreu wird.

Diese Ausgewogenheit, diese Mäßigung, diese gerechte und wohlüberlegte Würdigung der Dinge, die dem, der sie erreicht, wie ein schwieriger Sieg vorkommen, sind für den, der sie mit den Augen eines kühlen Betrachters ansieht, gewöhnlich bloße Zeichen einer unüberwindlichen Mittelmäßigkeit.

In jedem Übermaß ahnen wir das Keuchen eines göttlichen Torsos.

Gewisse Meinungen, die unserem Verstand und unserem Empfindungsvermögen spontan widerstreben, deren gesellschaftliche Bedeutung und bedrohliches historisches Gewicht uns jedoch beunruhigen, brauchen nur von einem Dummkopf plötzlich begrüßt, angenommen und verbreitet zu werden, damit wir wieder Ruhe finden.

Die Liebe verwandelt nicht die harten, kalten, egoistischen Seelen, sondern zerfrißt sie wie ein Krebsgeschwür.

Ein kluges Buch gibt uns das Gefühl, klug zu sein, wie wir uns als Helden fühlen, wenn wir Militärmusik hören.

Dummheit: vielleicht reicht es aus, wenn man sie als das definiert, was wir sind, wenn wir uns selbst überlassen sind.

Ich möchte kein Werk hinterlassen. Die einzigen Werke, die mich interessieren, sind unendlich weit von meinen Händen entfernt. Wohl aber einen kleinen Band, den jemand hin und wieder aufschlägt. Einen schwachen Schatten, der einige wenige für sich einnimmt. Ja! Eine unverwechselbare und reine Stimme, damit sie über die Zeiten hinweg erklingt.

Mit welch törichtem Verlangen beschränkt die Menschheit ihr Leben auf die trivialste Existenzform: die gesellschaftliche Tätigkeit. Es ist weniger unnütz, sich auf eine rein animalische Existenz zurückzuziehen, sich mit einer physiologischen Tätigkeit zu begnügen.

Tatsächlich rettet uns nur der Verstand vor Mittelmäßigkeit, Langeweile und Unwürdigkeit, die uns belauern.

Nichts wirkt selbstsicherer, doktrinärer, demütigender als die Überlegenheit, mit der jemand über eine Wissenschaft redet oder schreibt, der sie nicht kennt.

Wir Ignoranten zittern nicht vor den Weisen, sondern vor den emphatischen Ignoranten.

Poesie ist die Eigenschaft mancher Kunstwerke, die Mitwirkung der Phantasie ihres Betrachters zu verlangen.

Poetisch ist das Kunstwerk, das in der Phantasie des Betrachters vervollständigt wird.

Das Fragment täuscht mit seiner körperlich verstümmelten Form die innere und absichtliche Unabgeschlossenheit des poetischen Werks vor.

Soziologische Verallgemeinerungen sind bloße Übertragungen trügerischer unmittelbarer Evidenzen in eine technische Sprache.

Der praktische Verstand ist jener, der von einer konkreten Tatsache zu einer anderen konkreten Tatsache ohne die Vermittlung irgendeiner Verallgemeinerung übergehen kann. Der theoretische Verstand kann hingegen von einer Verallgemeinerung zu einer anderen Verallgemeinerung übergehen, ohne daß er sich auf eine konkrete Tatsache stützen muß.

Außerdem entdeckt der praktische Verstand die konkrete Anwendung der abstrakten Formel, während sich der theoretische Verstand von der konkreten Tatsache zur allgemeinen Formel erhebt.

Das Ethische ist die Zwischenstufe zwischen dem Mystischen und dem Säkularen.

Wenn der Mensch den Sinn des Lebens allein mit seiner Bejahung schafft, läßt sich durch nichts rechtfertigen, daß er das Niedrige und Gemeine wählt.

Eine von der Freiheit bestimmte Weltordnung kann keine Entschuldigung für die Erbärmlichkeit seiner Entscheidungen finden.

Die wirtschaftliche Macht der Kirche während des Mittelalters hing von ihrer Macht über die Geister ab. Die Theologie war die Grundlage ihres Reichtums.

Als ihre geistige Hegemonie verfiel, verschwand ihre wirtschaftliche Bedeutung.

Die Jugend ist glücklich, weil sie ganz aufrichtig den übrigen die Schuld an ihrer eigenen Mittelmäßigkeit gibt.

Die moderne Kunst wird dadurch definiert, daß es ihr unmöglich ist, eine Auswahl vorzunehmen.

Der moderne Künstler gibt uns alles.

Nachdem alle vergangenen Normen verdorben und vermodert sind, erkennt sich nur der Künstler innerlich als Künstler, doch er weiß nicht, was eine Wahl oder eine Ablehnung verdient.

Daher erhält sich nur seine Anwesenheit weiter, und der schöpferische Akt nimmt die Bedeutung an, die das Werk verliert.

Schließlich rationalisiert ein ästhetischer Subjektivismus die Ohnmacht, das Werk objektiv zu definieren.

Ich möchte mich verpflichten, keinen einzigen Tag in der stumpfsinnigen Unbeständigkeit, mit der ich ihn erlebe, sterben zu lassen. Ich möchte, daß sich sein Wesen nachts zu einem reinen Tropfen der Hellsichtigkeit verdichtet.

Ob trivial oder schwerwiegend, für die wache Seele ist nichts vollständig haltlos.

Das Verlangen, zu gefallen und zu bezaubern, setzt uns Grenzen. Den Gesprächspartner zu respektieren ist ein Verrat, den nicht einmal der Gesprächspartner verzeiht, den man respektiert.

Das liebenswürdige Lachen ist eine Prostitution der Seele.

Die Gesellschaft erkennt keine anderen Triumphe als jene an, die mit einer Münze erkauft werden, welche die hellsichtige und edle Seele verachtet.

Jede Größe ist schwierig und mühsam. Darum müssen wir jene vorziehen, deren trivialste und eintönigste Aufgaben uns liebenswert scheinen.

Im gesellschaftlichen Leben ist der Verstand nichts weiter als die Vertrautheit mit den Trivialitäten des Tages.

In einem Salon fühlt sich jener, der eine wahrhaftige Idee vorträgt, bald so unbehaglich, als hätte er einen Elefanten angebracht.

Große Ideen sind grob und einfach wie ein gesunder und schlichter Bauer.

Unsere scharfsinnigsten intuitiven Erkenntnisse gehen über das Auffassungsvermögen unseres Gesprächspartners hinaus, der sorgfältig das Mittelmäßige aufnimmt, das wir unwillkürlich äußern.

Die Großen machen uns groß mit der ganzen Hochherzigkeit ihrer Größe.

Der Dummkopf macht mich dumm. Ihm gegenüber empfinde ich keine Überlegenheit, sondern eine grenzenlose Überraschung über meine heimliche Borniertheit.

In der Einsamkeit füllt die Seele endlich ihre eigenen Grenzen aus.

Nichts ist so schwierig wie eine intelligente Antwort auf eine anmaßende Dummheit.

Wenn die Umstände einer Leidenschaft jede Möglichkeit der Erfüllung verweigern, erreichen die Gefühle eine solche Heftigkeit, daß sich die Seele in Ausbrüchen einer musikalischen Erregung auflöst, als wollte sie zu andersartigen Seinsformen aufsteigen.

Nur die Leidenschaft, die nichts von der unvermeidlichen Mittelmäßigkeit des von ihr Ersehnten weiß, ist der Größe fähig.

Jede Größe ist mit dem Scheitern verbunden.

Der Mensch ersehnt die irdischen Dinge nur als Trugbilder einer Wirklichkeit, von der er nichts weiß.

Das ersehnte Trugbild, das wir erringen können, macht die Leidenschaft lächerlich, die nach ihm verlangt hatte.

Nur der gescheiterte Ehrgeiz entzündet in der Seele eine unauslöschliche Glut.

Die Unparteilichkeit des Historikers entleert die Geschichte ihres Sinnes. Seine unmenschliche Haltung eines eiskalten Erzengels ermöglicht ihm, uns einen unparteilichen und zutreffenden Bericht zu bieten, der die Ereignisse genau wiedergibt und eine ausführliche Zusammenstellung der Beweggründe und Ursachen enthalten kann, jedoch einer entomologischen Monographie ähnelt.

Durch eine wahrheitsgemäße Darstellung vollzieht sich ein unabänderlicher Verfälschungsprozeß.

Der vollständige Überblick über die Sachverhalte, die umfassende vertikale Sicht offenbaren sich als ein verzweifelter Kunstgriff, um einen absoluten Standpunkt festzulegen. Doch indem er sich von jeder Unterordnung unter die von ihm wiedergegebenen Sachverhalte befreien will, verlieren diese in seiner Betrachtungsweise ihren vollen Sinn, ihre Dichte, ihre Bedeutung und ihr Gewicht, die nur dem gegeben werden, der sich in sie versenkt hat.

Aus dem reichen Stoff der Geschichte wird ein abstraktes Schema, eine Landschaft ohne Relief, ohne Kanten, ohne Schatten.

Die Norm, welche die doktrinären Entscheidungen derjenigen leiten muß, die eine neue Gesellschaft aufbauen wollen, besteht schlicht und einfach in der Meditation über die Lage, die diese neue gesellschaftliche Form für sie bereithält, wenn ihre Gegner ihnen in der Herrschaft folgen.

Der Atheismus ist vor allem eine Definition Gottes.

Das heißt eine Definition der Beziehung Gottes zur Welt.

Der Gott des Atheisten ist der Gott, der nicht in die Welt eingreift, den Menschen sich selbst preisgibt und seinem Schicksal überläßt.

Der Atheist ist der verlassene, der eiskalten und blinden Allmacht der Dinge unterworfene Mensch. Er ist der Anbeter eines unversöhnlichen, schrecklichen, unerbittlichen Gottes.

Der Atheist erweckt aufs neue das blutdürstige Idol antiquierter Kulte.

Die neue Generation soll nicht verlieren, was die Generation, die sie gezeugt hat, errungen hatte; der Sohn soll den Vater fortsetzen und sich über das erheben, was der Vater errichtet; das Privileg soll einen vorübergehenden Triumph unangetastet bewahren, damit der Mensch nicht jeden Morgen als Schiffbrüchiger der übermächtigen Nacht geboren werden muß.

Der Gedanke, daß alles eitel sei, ist eine Weisheit, die uns nur befriedigt, solange wir noch glauben, daß es keine Eitelkeit sei zu denken, daß alles eitel sei.

Nicht alles ist verloren, wenn wir noch die notwendige Energie haben, um unseren Ekel oder unseren Überdruß zu verkünden.

Die ruhige, eiskalte, radikale Verzweiflung belauert uns, wenn uns selbst die sie offenbarende leichteste Geste anwidert.

Das Scheitern war vollständig, wenn uns nicht einmal interessiert, von ihm zu berichten.

Abwarten, daß die Tage vergehen; ohne Hoffnung, aber voller Furcht; ohne Illusionen, aber voller Angst. Eine Zeit, die nur mit monotonen Wiederholungen oder Ungeheuern erfüllt ist.

Ein völlig gleicher Morgen oder ein schrecklicher Morgen.

Der einfache Mensch hat wie das Genie etwas zu tun, eine Aufgabe, die sein Leben beschäftigt, ein Ziel, das seine Seele erfüllt. Doch der Mittelmäßige vergißt, welchen Geschmack die bescheidenen Beschäftigungen haben, während ihn die edlen Beschäftigungen zurückstoßen, von sich weisen und demütigen.

Der Überdruß ist ein unauslöschliches Zeichen geistiger Mittelmäßigkeit.

Der Überdruß verhält sich zum Empfindungsvermögen wie das Talent zum Verstand, er geht etwas über das Gewöhnliche hinaus und bleibt unterhalb des Erhabenen.

Die Langeweile trennt uns von der Menge, doch sie hält uns an der Schwelle der Größe zurück.

Die Laster sind die Beschäftigung der langweiligen Stunden.

Das Laster ist die Zuflucht eines unterdrückten Verlangens nach Größe.

Daß jemand von uns abhängt, kann genügen, um uns zu retten.

Schrecklich ist nicht, wenn wir den nicht entdecken, den wir brauchen, sondern wenn wir den nicht finden, der uns braucht.

Nur die vollkommene Reife erfüllt die Verheißungen des Fleisches, nur das vollkommene Alter die Verheißungen des Geistes.

Das Laster rettet die mittelmäßigen Wesen, denn nur bei ihnen können sie sich mit der Gegenwart des Geistes abfinden.

Das ethische Urteil ist absolut.

Nachdem man die Wesensmerkmale des urteilenden Aktes, das heißt des identifizierten und anerkannten Aktes, definiert hat, wird das Urteil unerbittlich formuliert.

Jede historische Erwägung, die erklären, einordnen, integrieren will, ist unvermeidlich haltlos.

Es hat nicht die geringste Relevanz, was die Gesellschaft ist, was ich bin, was der Mensch ist oder was zuvor geschah.

Unsere Schuld oder Unschuld sind Schlußfolgerungen eines Prozesses, der in einem abstrakten Universum von ethischen Erwägungen eingeschlossen ist. Jedem Akt gegenüber ist unsere Position absolut, sie hängt von nichts ab und bezieht sich auf nichts; es scheint, als würden wir dabei mit einemmal aus dem Nichts geboren. Die ethische Intension ist die Eigenschaft eines absoluten Willens. Der Wille schafft auf ethische Weise den Akt außerhalb jedes Kausalzusammenhangs mit irgendeiner psychologischen oder physischen Notwendigkeit. Das Schreckliche des decretum horrendum[96] besteht in seiner geheimnisvollen Fähigkeit, sich der Geschichte zu entziehen.

Angesichts eines nackten, in seiner mittäglichen Reife strahlend schönen Körpers unterjocht uns eine beinahe gotteslästerliche Verehrung.

Wenn wir Romane und Erzählungen schreiben, kann uns das vor der Empfindungslosigkeit retten, in der das Leben scheitert.

Vielleicht entstand die Welt aus einer Anwandlung von Langeweile des Schöpfers.

Der volkstümliche Roman ist nichts anderes als ein Ersatz für das Gähnen.

Die Mittelmäßigkeit versucht, die sie anklagenden Evidenzen mit anpassungsfähigen Ethiken zu verschleiern.

Die Allgemeingültigkeit einer Idee ist ein bloßer historischer Sachverhalt und kein kriteriologisches Erfordernis.

Die Allgemeingültigkeit der Werte ist die Illusion eines jungen Apostels.

Die historische Immanenz beseitigt nicht die Transzendenz. Die Transzendenz erscheint in der Geschichte selbst, wenn ein Sachverhalt plötzlich das unwiderstehliche Gewicht, die unwiderlegbare Bedeutung und unverwechselbare Dichte erhält, die aus ihm einen Wert machen.

Daß der Prozeß unbegreiflich ist, verringert nicht seine Evidenz.

Die Geschichte ist der unermüdliche Nährboden der sich wiederholenden Fleischwerdung des Geistes.

Das Christentum ist eine Metaphysik des Konkreten.

Der Verstand läutert sich, um in rauhen Landstrichen reine und vollkommene Freuden zu finden.

Der Humanist ist ein Wundertäter der Friedhöfe des Geistes.

Der Mensch zweifelt an allem, wenn eine Gesellschaftsstruktur ins Wanken gerät.

Ohne Vertrauen in die Beständigkeit der Dinge gibt sich der Verstand auf.

Der Verstand ist nur eifrig, genau und aufrichtig, wenn er glaubt, vor einen höchsten Richterstuhl geladen zu sein.

Nur das Schweigen läutert die Hinnahme der Mittelmäßigkeit.

Der Mensch ist das einzige Wesen, das weiß, daß es sterben muß; diese Kenntnis des Todes unterscheidet ihn am tiefsten und trennt ihn ganz besonders vom Tier, das in der Unkenntnis seiner zukünftigen Fäulnis verharrt.

Der Mensch achtet aufmerksam auf jede Metapher, die sein Wissen vom Tod widerlegt. Man hat ja bereits das geheimnisvolle Keimen der Samenkörner mit den Göttern identifiziert, die im Winter sterben, um im folgenden Frühling mit der neuen Vegetation aufzuerstehen.

Ein leeres Grab.[97]

Jedes System impliziert einen Willensakt und verlangt, daß sich der Geist mit Schlußfolgerungen abfindet, die nur zur Logik des Systems gehören.

Jede Bejahung des systematischen Geistes geht über seine persönlichen Evidenzen hinaus.

Ich bemühe mich, jeder einzelnen meiner unbestreitbaren Evidenzen zuzustimmen.

Da ich der inneren Kohärenz jedes vorbehaltlos anerkannten Gedankens vertraue, befürchte ich nicht, daß mich ein radikaler Widerspruch vernichtet.

Anmerkungen

1 (lat.) »Ansonsten wird es freilich das Allerbeste sein, dies zu meiden und sich andere Vergnügungen zu suchen, wenn man niemals so recht Freude verspürte beim lesen, forschen, schreiben, erklären und sich nie richtig anstrengen mochte…« (Aulus Gellius, Attische Nächte, XIX. Aus dem Lateinischen von Heinz Berthold, Leipzig: Insel-Verlag, 1987, S. 8)

2 (frz.) »Als Bourgeois leben und als Halbgott denken« (Gustave Flaubert, Brief an Louise Colet, 21. August 1853).

3 (lat.) vgl. »Et qui bibit me, adhuc sitiet« (Wer mich trinkt, der dürstet noch, vgl. Bernhard von Clairvaux, De conversione und Johannes 4,13).

4 Deutsch im Original. (Friedrich Nietzsche, Dem unbekannten Gott).

5 (frz.) »… der klügste Mann seiner Zeit« (Honoré de Balzac).

6 (frz.) »Mit seinem Stirnrunzeln hat er die Welt bewegt« (George Sand).

7 (frz.) Dieser Tote setzt diesen Lebenden in den Besitz. (Anspielung auf einen alten französischen Rechtsgrundsatz: »Der gesetzliche Erbe erwirbt die Erbschaft unmittelbar.«)

8 (engl.) »… jener Reiz der Fülle und des Erbes, die sich fruchtbringend über das ganze Land ausbreiten« (Hilaire Joseph Pierre Belloc).

9 vgl. Maurice Barrès, Les Déracinés (Die Entwurzelten, 1897), erster Teil der Romantrilogie »Le Roman de l'énergie nationale« (1897, 1900, 1902).

10 Deutsch im Original, vgl. Georg Wilhelm Friedrich Hegel, Vorlesungen über die Philosophie der Religion (1831).

11 Deutsch im Original. (Johann Wolfgang von Goethe, Vermächtnis).

12 Deutsch im Original.

13 (frz.) »klar und deutlich«, vgl. René Descartes, Principia philosophiae: »Eine Sache, die ich klar und deutlich begreife, ist wahr.«

14 (lat.) »unterschieden, nicht getrennt«.

15 (lat.) »getrennt, nicht unterschieden«.

16 vgl. Louis Aragon, Les beaux quartiers (Die Viertel der Reichen, 1936).

17 (frz.) »der menschliche Geist seine Suche im wesentlichen auf die tiefe Natur der Wesen, (…) auf die absolute Erkenntnis ausrichtet« (Auguste Comte, Cours de philosophie positive, 1826–1842).

18 vgl. Platon, 'Απολογία Σωκράτους (Apologie des Sokrates).

19 vgl. René Descartes, Discours de la méthode pour bien conduire sa raison et chercher la vérité dans les sciences (Abhandlung über die Methode, seine Vernunft gut zu führen und die Wahrheit in den Wissenschaften zu suchen, 1637).

20 (griech.) »ein zurückgezogenes Leben führen, nicht ein öffentliches« (Platon, Apologie des Sokrates).

21 (frz.) »die weder durch ihre Geburt noch durch das Geschick zur Handhabung der öffentlichen Angelegenheiten berufen sind« (Descartes, Discours de la méthode).

22 (engl.) »Bewußtsein«.

23 Deutsch im Original.

24 (frz.) »Die Schwierigkeit, einen Gegenstand zu erreichen, vermehrt das Verlangen danach (die Schwierigkeit, nicht die Unmöglichkeit, denn diese letztere hebt das Verlangen auf).« (Marcel Proust, Le côté de Guermantes (Die Welt der Guermantes, 1920/21).

25 (griech.) »Auch Patroklos starb und war dir doch weit überlegen!« (Homer, Ilias, 21, 107).
26 (ital.) »... wie Ihr mich lehrtet, nach Unsterblichkeit zu ringen.« (Dante Alighieri, La Divina Commedia (Die Göttliche Komödie), Inferno, XV.)
27 (lat.) »Ich werde sein, der ich sein werde« (2. Mose 3,14).
28 (lat.) »Ich bin das Licht und die Wahrheit und das Leben« — eigentlich: »ego sum via et veritas et vita« (Ich bin der Weg und die Wahrheit und das Leben, Johannes 14,6).
29 (griech.) »den Leib gehen zu lassen« (Platon, Apologie des Sokrates, 32a).
30 (griech.) »soviel irgend möglich« (Platon, Phaidon, 65c).
31 (griech.) »ohne Gemeinschaft und Verkehr mit ihm dem Seienden nachgeht« (Platon, ebenda).
32 (frz.) »Sie fand im Ehebruch alle Schalheiten der Ehe wieder.« (Gustave Flaubert, Madame Bovary, 1857).
33 (griech.) »Nichts gilt hingegen die Mühe des Menschen« (Theognis, Elegeiai).
34 (lat.) die ewige Philosophie.
35 (ital.) »anderen Hälfte«.
36 (lat.) Volkes Stimme ... ist eine Stimme und sonst nichts.
37 (lat.) »Die Brise / wehte zur Nacht hin günstig, der Mond gewährte den Schiffen / gütig sein Licht, es glänzte das Meer im zitternden Scheine.« (Vergil, Aeneis, VII, 8–9).
38 (frz.) Die Furcht vor dem Primitiven, die Furcht eines Primitiven.
39 (frz.) »Niemals wichtigtuerische Gesten!« (Stendhal, Rome, Naples et Florence (Rom, Neapel und Florenz), 1817).
40 (frz.) (feierliches) Auftreten.
41 (frz.) La Rochefoucauld, Réflexions ou sentences et Maximes morales, 257 (1665): »[La gravité est un mystère du corps inventé] pour cacher les défauts de l'esprit.« — »[Gravitätisches Auftreten ist ein Geheimnis des Körpers, erfunden,] um die Mängel des Geistes zu verbergen.«
42 Friedrich Nietzsche, Menschliches, Allzumenschliches. (Deutsch im Original).
43 (lat.) »Das Nützliche, das gewissermaßen als die Mutter von Recht und Billigkeit betrachtet werden kann« (Horaz, Satirae, 1.3, 99).
44 (engl.) Die Bedeutungsfülle der Bedeutungslosigkeit.
45 (engl.) sublimierter Maulwurfshügel.
46 (lat.) »Keusch ist, die niemand versucht hat.« (Ovid, Amores, VIII, 43).
47 (1936, dt. Henry de Montherlant, Erbarmen mit den Frauen / Die jungen Mädchen).
48 vgl. Blaise Pascal, Les provinciales, ou les lettres escrites par Louis de Montalte à un provincial de ses amis et aux RR. PP. Jésuites, sur le sujet de la morale et la politique de ces pères (1656/57).
49 (frz.) »Von der Seelenbildung durch die Aneignung der Autoren«.
50 vgl. Plutarch, Vitae (Parallelbiographien).
51 (frz.) »Geisteshaltung«.
52 (lat.) »Dann aber spaltete sich dies einheitliche Streben und durch Lässigkeit in ihrer Betätigung kam es, daß es so schien, als handelte es sich um mehrere verschiedene Tätigkeiten.« (Quintilian, Institutio Oratoria, I, Prohoemium XIII) — Quintilian bezieht sich auf die Trennung von Redekunst und Philosophie.

53 vgl. George Saintsbury, A history of criticism and literary taste in Europe. From the earliest texts to the present day (1900–1904).

54 (lat.) »ein rechtschaffener Mann«, vgl. Cicero, De oratore, 2, 85: »excellenti oratore et eodem bono viro« — »ein ausgezeichneter Redner, der zugleich ein rechtschaffener Mann ist«.

55 (lat.) reiner »erglänzte der Äther« (Ovid, Ars amatoria, 3, 55).

56 (lat.) »Störe den Gesang nicht«, vgl. Sirach, 32,3: »halte den Gesang nicht auf!«

57 (lat.) »Wie war er mir alsbald so süß, der Verzicht auf all die süßen Nichtigkeiten!« (Augustinus, Confessiones, 9).

58 (span.) Die »Wiedereroberung« Spaniens.

59 (griech.) Könige.

60 (frz.) »Dem Menschen ist dieses Bedürfnis eigen, sich dem Glück zu entziehen.«

61 Deutsch im Original.

62 »talamite de las galeras de Accio« (span.).

63 (frz.) »dem Frieden die sittliche Kraft des Krieges zu geben« (Henry de Montherlant, Chant funèbre pour les morts de Verdun, 1925).

64 (frz.) »ein Glücksversprechen« (Stendhal, De l'amour (Über die Liebe), 1822).

65 (lat.) Nun gehört euch das Reich.

66 vgl. Lukrez, De rerum natura.

67 (frz.) »wir uns nur an den Menschen erfreuen« (Luc de Clapier, Marquis de Vauvenargues, Introduction à la connaissance de l'esprit humain, 1746).

68 Deutsch im Original.

69 (frz.) »Höflichkeit«.

70 (lat.) Die »von hinten treibende Kraft«, d.h. Schub- oder Stoßkraft.

71 Deutsch im Original.

72 vgl. Cicero, De senectute (Über das Greisenalter).

73 Deutsch im Original.

74 (frz.) »Ehrenmann« (Persönlichkeitsideal der französischen Klassik).

75 (lat.) »Was wir schreiben, ist schlüpfrig, aber unser Leben ist rein.« (Martial, Epigrammata, I, IV, 8)

76 (lat.) »Lehrerin des Lebens« (Cicero, De oratore, 2, 36).

77 (frz.) »sich Engagieren«.

78 (engl.) »In ihrem schöpferischen Aspekt ist die Kunst eine beschränkte Tätigkeit, das heißt, sie ist auf besondere Individuen eingegrenzt, die über besondere Fähigkeiten – nicht des Fühlens oder des Denkens, sondern des Ausdrucks, der Vergegenständlichung – verfügen.« (Herbert Read, Art Now. An Introduction to the Theory of Modern Painting and Sculpture, London: Faber & Faber, 1933, S. 47)

79 (frz.) »das Herz der Städter mit Heldenmut durchfluten« (Charles Baudelaire, Les petites vieilles (Die alten Weiblein, 1859).

80 (frz.) Das »Ladenschild des [Kunsthändlers] Gersaint«.

81 Deutsch im Original.

82 (lat.) »Doch es genügt nicht, daß Dichtungen schön sind: Sie sollen gefallen« (Horaz, De arte poetica, 99–100).

83 Heinrich Eberhard Gottlob Paulus (1761–1851), Theologe, rationalistischer Bibelexeget.

84 Deutsch im Original.

85 Deutsch im Original.

86 (engl.) »Und nimmst mit der beschmutzten Hand / gefangen deine gelben Sohlen.« (T. S. Eliot, Preludes)

87 vgl. T. S. Eliot, The Waste Land (Das wüste Land, 1922).

88 Insel bei Sardinien; auf Caprera starb Giuseppe Garibaldi (1882).

89 Deutsch im Original.

90 Deutsch im Original.

91 vgl. Platon, Kratylos. »Kratylos« ist ein Dialog des Sokrates mit den Sophisten Kratylos und Hermogenes.

92 (frz.) »Wissenschaft, eine gut gestaltete Sprache« (Étienne Bonnot de Condillac, La langue des calculs, 1798).

93 (lat.) Götzen- od. Trugbilder. Francis Bacon unterschied vier Idole: Idole des Stammes (idola tribus), Idole der Höhle (idola specus), Idole des Marktes (idola fori) und Idole des Theaters (idola theatri).

94 den »vor dem Sündenfall liegenden« Zustand.

95 Madame de Staal de Launay, Marguerite Jeanne Cordier (1684–1750), französische Schriftstellerin.

96 (lat.) ethisches Urteil (schrecklicher Ratschluß).

97 Das leere Grab nach der Auferstehung Christi.

Franco Volpi
Eine unverwechselbare und reine Stimme

Für Rosa Emilia

1. Aus dem Nichts gekommen

Es gibt Schriftsteller, die scheinbar aus dem Nichts auftauchen. Die auf ungeahnte Weise in einem ihnen fremden Umfeld hervortreten, ohne daß sie von etwas oder jemandem vorbereitet wurden, ohne Vorläufer, ohne Begleitumstände oder Erkennungszeichen, mit denen sie sich leichter bestimmen ließen. Sie sind exzentrisch, unbequem und ungewöhnlich, nicht einzuordnen und ebendeshalb unverwechselbar.

Nicolás Gómez Dávila gehört durch die Art, wie er schreibt, und durch das, was er schreibt, rechtmäßig zu ihnen. Sein Werk ist in der Literatur- und Ideengeschichte des 20. Jahrhunderts ein eher einzigartiger als sonderbarer Fall: eine umfangreiche Aphorismensammlung, an der er sein ganzes Leben gearbeitet hat, *Escolios a un texto implícito* (Bogotá: Instituto Colombiano de Cultura, 1977, 2 Bde.)[1], der er später *Nuevos escolios a un texto implícito* (Bogotá: Procultura, Presidencia de la República, Nueva Biblioteca Colombiana de Cultura, 1986, 2 Bde.)[2] und *Sucesivos escolios a un texto implícito* (Bogotá: Instituto Caro y Cuervo, 1992)[3] hinzufügt.

Das in diesem Werk geschaffene Universum, worin Stil und Ideen zu einer festen Einheit verschmelzen, bietet sich als ein geschlossener Raum dar: Um ihn zu betreten, helfen kein rationales Herangehen und keine logische Folgerung. So etwas läßt sich nur erreichen, wenn man sich in ihn hineinversetzt. Das Verständnis ist in diesem Fall tatsächlich eine Frage der Empathie, daß man es vermag, in die Gedankenwelt des Autors einzudringen, indem man Intuitionen und Visionen, Sympathien und Idiosynkrasien, Vorlieben und Anathemata vereint.

Glücklicherweise verfügen wir über ein hilfreiches hermeneutisches Instrument, das uns Gómez Dávila hinterlassen hat, ohne eine derartige Absicht damit zu verbinden: einen Band, der in den fünfziger Jahren auf Anregung seines Bruders Ignacio – ebenfalls eines Schriftstellers – unter dem einfachen Titel *Notas. Tomo I* (Mexiko 1954) erschien. Auf der zweiten Umschlagseite steht: »Dieses Werk wurde im Selbstverlag herausgebracht; es ist den Freunden des Autors gewidmet und nicht im Handel erhältlich.«

Dabei handelt es sich um ein ganz eigentümliches Werk: einen experimentellen Text, der aus Notizen, Maximen, Bemerkungen, Aussprüchen und Meinungsäußerungen besteht. Diesen entnahm er später eine Auswahl und gliederte sie in sein größtes Werk *Escolios a un texto implícito* ein, dessen erster Entwurf *Notas* ist. Deshalb kam *Notas* nicht in den Handel, wurde nicht neu aufgelegt, und der geplante zweite Band erschien nie. Aus der Sicht des Autors ging es also, kurz gesagt, um eine Übung, die als Vorbereitung diente und später vergessen werden konnte. Dennoch hat dieses Werk einen unschätzbaren dokumentarischen Wert: Es erlaubt uns, einen Einblick in die Werkstatt Gómez Dávilas zu erhalten, seine schöpferischen Regungen von Anfang an zu verfolgen, seinen Geist zu verstehen, seine Genialität zu ahnen und den schon damals unverwechselbaren Stil zu genießen, der mit blitzartigen sprachlichen und gedanklichen Verkürzungen arbeitet. Im Grunde liefert uns *Notas* den – theoretischen, poetischen, manchmal auch persönlichen und biographischen – Schlüssel, damit wir die Sichtweise Gómez Dávilas ergründen können.

2. Warum »Randbemerkungen« und »Scholien«?

Vor allem in *Notas* finden wir die Erklärung für den rätselhaften Titel, mit dem Gómez Dávila die maßgebliche Intuition verschleierte, auf der er sein Werk aufgebaut hat. Warum beschränkte er sich darauf, »Randbemerkungen« (Notas) oder »Scholien« (Escolios) zu schreiben? Auf welchen »impliziten Text« beziehen sie sich?

»Scholie« – das Wort leitet sich von dem griechischen scholion, Kommentar, her – bezeichnet eine Bemerkung in Manuskripten der Antike und in Inkunabeln, die der Scholiast zwischen den Zeilen oder am Rand hinzufügt, um Textpassagen zu erläutern, die grammatikalische, stilistische oder exegetische Unklarheiten aufweisen. Nun muß man sich fragen: Aus welchem Grund fühlt sich Gómez Dávila ausschließlich zu dieser minimalen Literaturgattung berufen?

Offensichtlich geht es nicht um die rein stilistische Entscheidung, daß er dem Gedanken jene Einfachheit zurückgeben will, die ihm durch die Argumentation genommen wird. Auch nicht darum, »knapp zu schreiben, um abzuschließen, bevor man langweilt« (*Escolios* I, S. 45). Nicht einmal darum, einen Leser anzusprechen, bei dem »wir die vermittelnden Ideen verschweigen können« (im vorliegenden Bd. S. 257), um ihm »einen reinen Tropfen der Hellsichtigkeit« zu bieten (S. 390) und die Weitschweifigkeit zu vermeiden, die »nicht aus der Überfülle der Worte, sondern aus dem Mangel an Ideen entsteht« (S. 378).

Hinter der Berufung zum Scholiasten steckt etwas Wesentlicheres. Wenn man sich zur Haltung eines Scholiasten bekennt, das heißt, wenn man sich darauf beschränkt, Scholien am Rand eines impliziten Textes zu notieren, offenbart man eher eine Wahl der Lebens- und Denkweise als die einer Schreibweise und eines Stils. Diese Entscheidung bevorzugt das Ethos der Demut, Zurückhaltung und Bescheidenheit. Der Stil des Textes bedeutet für Gómez Dávila eine Lebensdisziplin: »Diese Randbemerkungen sollen niemanden etwas lehren, sondern mein Leben in einer gewissen Spannung halten« (S. 364). Das geht bis zu jenem äußersten Punkt: »Wenn es nötig ist, soll uns die Hellsichtigkeit des Stolzes zur Demut führen und die Liebe zu den Worten dem Schweigen preisgeben« (S. 21).

Am Anfang der *Notas* findet sich eine Erklärung für diese Bevorzugung der Diskretion: »Die didaktische Darstellung, die Abhandlung, das Buch sind nur für den angebracht, der zu ihn zufriedenstellenden Schlußfolgerungen gelangt ist. Unbeständige, widerspruchsvolle Gedanken, die unbequem im Waggon einer irregeleiteten Dialektik reisen, ertragen gerade noch eine Randbemerkung, damit sie ihnen als vorübergehender Anhaltspunkt« (S. 24) dient. Und darum: »Hier will ich nichts weiter als Gedankensplitter bieten, leichte Andeutungen, die auf Ideen hinweisen« (S. 17). Also einfache Sätze, in denen er die komplizierten Windungen des Gedankens verdichtet: »Ich erkläre, daß sie nicht die geringste Bedeutung haben und ebendeshalb Randbemerkungen, Glossen, Scholien sind, das heißt die diskreteste, dem Schweigen nächste Ausdrucksform« (S. 24). Hieraus ergeben sich einige Vorteile für den Leser und auch für den Autor: »Die kurze Randbemerkung mißbraucht nicht die Geduld des Lesers, und zugleich ermöglicht sie es, daß, was wir schreiben wollen, abgeschlossen ist, bevor das Bewußtsein, wie mittelmäßig es ist, uns am Weiterschreiben hindert« (S. 256). Die Scholie ist der Stil, der dem übrigbleibt, der weiß, daß »Schreiben bedeutet, genau das Gegenteil von dem zu tun, was die meisten Schreibenden tun« (S. 341). Es ist der Stil desjenigen, der »sich nicht der Gefahr aussetzen will, den einzigen intelligenten Leser zu verlieren: den, der bei der Lektüre sein Vergnügen und nur sein Vergnügen sucht« (S. 17).

Gómez Dávila weiß, wie lächerlich die Lage eines »talentlosen Schriftstellers« wirkt, der nichts anderes als ein »verliebter Eunuch« sei (S. 359). Und er ist sich seiner »Unsicherheit« als Denker und Schriftsteller bewußt: »Ich habe keine Meinungen, nur kurzlebige, flüchtige und vorübergehende Ideen, die eher den verwahrlosten Herbergen, in denen wir eine Nacht ausruhen, als den prächtigen Herrenhäusern ähneln, wo wir nicht genau wissen, ob wir in ihnen wohnen oder ob uns gerade ihre Herrlichkeit gefangenhält« (S. 131). Dann bestätigt er erneut seine Bescheidenheit: »Ich sehe diese Hefte nicht als Verwahrungsort einzigartiger Offenbarungen an; ich gebe mich damit zufrieden, meinem unfruchtbaren Verstand ein paar flüchtige Funken zu entreißen« (S. 23). Trotzdem besteht sein Erfolg nicht darin, daß er sich in eine »Logik des Schweigens«, in eine Sigetik, einschließt. Ganz im Gegenteil ist er die Hoffnung, daß eine Überfülle jener Worte erscheint, die geeignet sind, seine insulare Existenz auszufüllen: »Demütig nehme ich es hin, daß mich ein weites Schweigen umgibt; aber bewirke, o mein Gott, daß die Worte meine Einsamkeit bevölkern und darin ihren köstlichen Honig hervorbringen« (S. 109).

Aus dieser Wahl gewinnt Gómez Dávila eine einfache und wesenhafte Poetik, die sich hauptsächlich auf sein eigenes Werk anwenden läßt. Sie berücksichtigt »zwei annehmbare Arten zu schreiben«: »eine langsame und sorgfältige und eine andere, knappe und elliptische« (S. 28). Er selbst veranschaulicht sie so:

»Auf die erste Art zu schreiben heißt sich in das Thema wonnevoll versenken, es bewußt durchdringen, sich seinen Mäandern widerstandslos hingeben und darauf verzichten, es zu bewältigen, damit das Thema uns ganz beherrscht. Hier sind Langsamkeit und Ruhe angemessen; hier ist es angebracht, bei jeder Idee zu verweilen, an der Betrachtung jedes Prinzips festzuhalten, sich allmählich auf jede Folgerung einzulassen. Die Übergänge sind hier von größter Bedeutung, denn dies ist vor allem eine Kunst des Kontextes der Idee, ihres Ursprungs, ihres Halbdunkels, ihrer Zusammenhänge und Ruhepunkte. So schreibt Péguy oder Proust, so wäre eine große metaphysische Meditation möglich« (S. 28f.). Dies ist, kurz gesagt, die durchgehende, ausführliche, weitschweifige Prosa, die auseinandersetzt, artikuliert und darlegt.

Der andere – »knappe und elliptische« – Stil ist jener, für den sich Gómez Dávila entscheidet: »Auf die zweite Art zu schreiben heißt das Thema in seiner abstraktesten Form erfassen, wenn es gerade entsteht oder wenn es stirbt und ein bloßes Schema hinterläßt. Dann ist die Idee ein brennender Mittelpunkt, ein Fokus reinen Lichts. Aus ihr werden unendlich viele Folgerungen hervorgehen, aber noch ist sie lediglich ein Keim und eine darin eingeschlossene Verheißung. Wer so schreibt, berührt nur die Gipfel der Idee, eine harte Diamantspitze. Zwischen den Ideen weht die Luft und erstreckt sich der Raum. Ihre Beziehungen sind geheimnisvoll und ihre Wurzeln verborgen. Das Denken, das sie vereint und trägt, offenbart sich nicht in seiner Arbeit, sondern in seinen Früchten, in den getrennten und vereinzelten Ideen – Archipelen, die aus einem unbekannten Meer aufragen. So schreibt Nietzsche, so wollte der Tod, daß Pascal schriebe« (S. 29).

Gómez Dávila erklärt uns in einem der seltenen persönlichen Bekenntnisse, wie diese knappe und elliptische Schreibweise für ihn eine existentielle Notwendigkeit und ein Lebensgrund ist. Es komme vor allem darauf an, existentiellen Fragen nachzugehen: »Was soll ich tun, wenn alles, was mich fasziniert, sich mir entzieht oder mich zurückweist, wenn alles, was ich unternehmen könnte, mich langweilt und abstößt? Wie soll ich gleichwohl leben, wenn ich mich ganz der Aufgabe widme, lediglich zu leben? Wie soll ich meine Tage verbringen, wenn ich wie ein weidendes Tier die Stirn dem Augenblick zuneige, den nahen Winter und das ihn einhüllende reine Licht vergesse?« (S. 22). Das Mittel, zu dem Gómez Dávila greift, um auf diese Bedrängnisse zu antworten, ist das eigene Schreiben: »Ich strebe danach, daß diese Randbemerkungen, die handgreiflichen Beweise meines Verzichts und meiner Selbstaufgabe, aus meinem Schiffbruch meinen letzten Daseinsgrund retten. (...) Ich glaube gewiß nicht, daß man immer schreiben muß, um zu denken, zu meditieren oder zu träumen. Es gibt Leute, die schweigend und mit weit offenen Augen durchs Leben spazieren können. Es gibt Geister, die einsam genug sind, um sich in ihrem inneren Schweigen die Frucht ihrer Erfahrungen selbst mitteilen zu können. Doch ich gehöre nicht zu einer derart abweisenden Verstandesordnung; ich brauche das Gespräch, das sich dem schwachen Geräusch des Bleistifts zugesellt, wenn er über das unberührte Blatt gleitet« (S. 22).

4. Welcher »implizite Text«?

Doch warum soll man an den Rand eines »impliziten Textes« schreiben? Um welchen Text handelt es sich?

Wieder läßt sich die Erklärung in einer Passage der *Notas* finden: »Das Tagebuch, die Randbemerkung, die Notiz, die jeden großen Geist, der sich ihrer bedient, hintergehen, denn da sie wenig von ihm verlangen, erlauben sie ihm nicht, seine Begabung, seine seltenen Tugenden zu zeigen. Gleich listigen Komplizen helfen sie vielmehr dem Mittelmäßigen, der sie benutzt. Sie helfen ihm, weil sie eine ideale Fortsetzung suggerieren, ein fiktives Werk, das sie nicht begleitet« (S. 24). Demnach ist der »implizite Text«, auf den die *Scholien* anspielen, das Ideal, das nur in der Phantasie vorhandene vollkommene Werk, in dem sich die Sätze Gómez Dávilas fortsetzen und erfüllen. Deshalb spornt der Autor den Leser an, seine Phantasie zu beflügeln: »Was ich hier sage, wird dem trivial vorkommen, der nichts von dem weiß, was ich andeute«[4] (*Escolios* II, S. 411). Der intelligente Schriftsteller hingegen weiß: »Die Stärke der Wirkung eines Textes ist proportional zum Raffinement seiner absichtlichen Auslassungen«[5] (*Escolios* II, S. 194). Aus dieser Perspektive versteht man, warum Gómez Dávila die Weitschweifigkeit eines solchen Schriftstellers wie Mauriac kritisiert: »Das wunderbare Buch, dessen Mauriac fähig gewesen wäre, wurde nicht geschrieben und wird es wahrscheinlich auch nicht mehr. Wir finden es verstreut in zwanzig verschiedenen Bänden. Sie alle gehen dem idealen Buch voraus, das sich hinter jedem einzelnen als eine ständige, geheime und unzugängliche Gegenwart erahnen läßt« (S. 38f.).

Dennoch bedeuten diese Entscheidung für sprachliche Knappheit und die Wahl des Fragments nicht etwa, daß Gómez Dávila darauf verzichtet, zum Sinn des Seins vorzudringen. Es ist seine metaphysische Überzeugung, daß »die Totalität des Universums sowohl im ganzen Universum als auch in einem jeden seiner scheinbaren Bruchstücke besteht« (S. 354). Und da »die fortlaufende Rede dazu tendiert, die Brüche des Seins zu verbergen, ist das Fragment Ausdruck redlichen Denkens«[6] (*Nuevos escolios* II, S. 203). Ja noch mehr, wenn man behaupte, das Fragment sei ungeeignet, die Totalität auszudrücken, setze man damit voraus, daß eine weitschweifige Rede sie vollständig enthalte. Diese neige ja außerdem dazu, die Brüche des Seins zu verbergen, während »das Fragment Ausdrucksmittel desjenigen ist, der gelernt hat, daß der Mensch zwischen Fragmenten lebt«[7] (*Nuevos escolios* II, S. 87).

Wenn man sein Werk in Aphorismen aufsplittert, folgt man demnach nur der Ausdrucksstrategie einer Denkweise, die das Ganze begreifen will: »Meine kurzen Sätze sind die Farbtupfen einer ›pointillistischen‹ Komposition«[8] (*Escolios* I, S. 11). Für jemanden, der lesen kann, und nur für ihn, bieten alle Farbtupfen zusammen eine Gesamtsicht. So erklärt es Gómez Dávila: »›Pointillistische‹ Philosophie: Man bittet den Leser, so freundlich zu sein, die reinen Töne zu verschmelzen« (S. 379).

Diese diskrete Schreib-, Denk- und Lebenshaltung entsteht lediglich aus der Verstandestätigkeit. »Mir ist unmöglich, ohne Hellsichtigkeit zu leben« (S. 22), bekennt Gómez Dávila, der sich ständig überwacht und sich unermüdlich dem Schlaf der Vernunft entzieht: »Wir müssen uns zur Hellsichtigkeit zwingen und vermeiden, daß die Dinge an uns wie an einem ölverschmierten Stein abgleiten. Bei jedem Anblick, in jeder Lage soll der Geist mit offenen Augen und geblähten Nüstern aus seinen eigenen Fenstern blicken« (S. 255).

Er lebt in einem fortwährenden Kampf gegen die betäubende und sterilisierende Banalität des Alltags: »Was die Tätigkeiten des Geistes einschläfert und ihn langsam verleitet, wie ein Automat zu leben, was dazu treibt, daß er den unmittelbaren Lebensgeschmack und Lebenssinn verliert, was ihn einem Luftschloß aus vulgären Begriffen und dummen Gewohnheiten zuführt, ist das Alltagsleben mit seinen üblichen Verrichtungen, seinen gewöhnlichen Bedürfnissen, seiner oberflächlichen Tätigkeit, seiner fiktiven Intensität« (S. 31). Das geht so weit, daß mangelhafte Wachsamkeit ein beinahe moralisches Urteil verdient: »Das ganze Geschick des Bösen besteht darin, sich in einen häuslichen und diskreten Gott zu verwandeln, dessen Gegenwart nicht mehr beunruhigt« (S. 173).

Hierauf gründet sich sein unerschütterliches Bewußtsein, daß er einer ganz besonderen Aristokratie angehört: der Aristokratie des Verstandes. Auch Gómez Dávila weiß, daß es sich um eine ganz besondere Zugehörigkeit handelt: »Der Verstand ist ein Vaterland« (S. 321).

Dennoch kennt er nicht nur die unvergleichlichen Vorzüge des Verstandes, sondern auch dessen Ränke und Abwege. Es trifft zu, daß er ein Ort immerwährender Jugend ist: »Wenn das Genie eine fortdauernde Kindheit ist, so ist der Verstand eine unsterbliche Jugend« (S. 54). Doch unglücklicherweise trifft es auch zu, daß er sich nicht als eine gütige und sonnige Erscheinung, sondern mit düsterem und mißtrauischem Gesicht zeigt: »Der Verstand äußert sich nicht mit einer einladenden und liebevollen Geste. Der Verstand ist heimtückisch und verräterisch, argwöhnisch und mißtrauisch, immer stößt er zunächst zurück und widerlegt, immer lehnt er ab, und immer protestiert er« (S. 25). Außerdem läßt sich seine kategorische Macht nur mit seiner Unfruchtbarkeit vergleichen: »Die spontane Fruchtbarkeit des Verstandes ist eine Gabe, die wenigen gewährt wird« (S. 134). Und wenn man ihn nur als Selbstzweck ausübt, kann er zum Gefängnis werden, wie Gómez Dávila offenbar zuweilen befürchtet: »Das Grauen, daß ich mich wie ein Käfigtier im Raum meines eigenen Verstandes um mich selbst drehe« (S. 369).

Das veranlaßt ihn, die sokratische Idee des »Wissens, daß man nichts weiß« auf subtile Weise neu zu formulieren: »Nur so zu denken, wie es unserer Ignoranz entspricht, ist die erste Norm einer Ethik des Verstandes« (S. 90). Und er wappnet sich mit ironischen Reflexionen: »Wenn Ironie in dem Gedanken besteht, daß die Wahrheit gerade das Gegenteil von dem ist, was wir denken, es jedoch nicht genügt, unsere Denkrichtung umzukehren, um sie zu erfassen – wie etwa der Bürgersteig gegenüber der ist, den wir nie betreten –, so bitte ich, daß man mich als Ironiker anerkennt« (S. 263).

6. Kritik der erotischen Vernunft

Äußerste, höchste Geistesschärfe setzt sich der Gefahr aus, den Verstand mitzureißen und in die Abstraktion zu stoßen. Doch es gibt ein Korrektiv, ein Gegenmittel: das Fleisch in seinem unersättlichen Begehren, das Leben als »mächtigstes Anregungsmittel« (S. 232). Denn das Fleisch hält das Feuer des Verstandes lebendig, es nährt dessen Flamme, Verlangen und Durst. Mit seiner Schwerkraft zieht es den Verstand hin zur Sinnlichkeit.

Ohne Fleisch und ohne Leben erschöpft sich der Verstand in der Leere seiner eigenen Unfruchtbarkeit: »Lieber nie jemand sein, lieber nie etwas sein, als in uns das Verlangen abzutöten, als unseren Durst zu ersticken« (S. 30), denn »das Verlangen ist der Vater der Ideen« (S. 311). Sinnlichkeit ohne Verstand bleibt andererseits unvollendet, roh und blind.

Dann können wir sagen: »Der Verstand, der wollüstige Gesten vergißt oder geringschätzt, verkennt die Dichte, welche die dunkle Gegenwart des Fleisches der Welt gibt« (S. 27). Und dies gilt auch für das umgekehrte Verhältnis: »Echte Wollust setzt die leibliche Erschütterung, aus der sie entsteht, mit geistigen Formen fort« (S. 199), so daß »wir erst gelernt haben, die Welt sinnlich zu genießen, wenn sich die tastende Geste mit einer Arabeske des Verstandes fortsetzt« (S. 202). Das bedeutet, daß Verstand und Sinnlichkeit übereinstimmen, wenn sie ein vollkommenes Gleichgewicht erreichen: »In einer vollkommenen Seele ist die vollkommene Lust nichts anderes als die vollkommene Erkenntnis« (S. 198), denn »Wahrnehmen, Betrachten und Erkennen sind die Stufen der Lust« (S. 198). Eine derartige Übereinstimmung ermöglicht eine Analogie und eine Anagogie oder einen Vergleich und eine Erhebung: »Die Wahrheit verhält sich zum Verstand wie das Glück zur Empfindsamkeit; die Wahrheit ist das Glück des Verstandes« (S. 206). Für Gómez Dávila kann das vollkommene philosophische Werk deshalb nur »eine sinnliche Metaphysik« sein (S. 248), die »den dichten und sinnlichen Reichtum der Welt« zu retten vermag (S. 146).

All das gilt nicht nur in der Theorie, sondern auch für die Praxis und die konkrete Existenz. Hinter Gómez Dávilas blitzartigen Intuitionen stehen immer eine reale Lebenssituation, ein Problem, ein Licht oder Schatten, die tatsächlich erlebt werden. Immer steht er selbst dahinter. Das gilt auch für die polare Spannung zwischen Verstand und Sinnlichkeit, wie er bekennt: »Ich fühle, daß meine Existenz nur zwei Punkte der Fülle und des Gleichgewichts hat. (...) Mein Sein vollendet sich nur auf dem starren Gipfel der Idee oder im tiefen und erstickenden Tal der Erotik. Die abstrakteste Meditation über den Geist, seine Normen und Grundsätze oder der wohlig warme Urwald der wollüstigen Gesten. Mich rührt allein der blasse Morgen, an dem ich verzweifle angesichts eines unlösbaren Problems oder eines unantastbaren Körpers, den nicht einmal seine Komplizenschaft verrät« (S. 130).

Gómez Dávila betrachtet das Trugbild des nie Erreichten und für ihn vielleicht nicht Erreichbaren, den Gleichgewichtspunkt zwischen Geist und Sinnlichkeit, und bekundet tiefe Bewunderung für den, der zu diesem Punkt gelangen kann. Wie etwa Colette: »Colettes Prosa erreicht das erhabenste klassische Gleichgewicht, denn mit dem hellsichtigsten Verstand äußert sie offenbarste Wollust« (S. 177).

Wir entdecken auch den Grund, warum er maßlose Wollust entschieden zurückweist: »Der Mißbrauch erschöpft das Empfindungsvermögen durchaus nicht, vielmehr reizt er es, lehrt es die Ungeduld und verleitet es zu einer roheren Begierde« (S. 127). Das heißt, er treibt es zu einem Ungleichgewicht, zum Rausch und Abgrund. Besonders wenn es um die Sexualität, jene machtvolle Äußerung des Empfindungsvermögens, geht. Eine Zauberkraft, die auf alle Lebewesen eine unwiderstehliche Anziehung ausübt und für den Menschen eine Möglichkeit und eine Versuchung bedeutet: eine Möglichkeit geistiger Erhebung und eine Versuchung, Verfall und Untergang zu erliegen.

Hierzu gehören Gómez Dávilas wenig zahlreiche Gedanken über die Frau. Diese sind mit angemessener Vorsicht und vor allem mit der Erkenntnis zu lesen, daß »jeder Gedanke über Frauen eine in eine Grobheit verpackte Trivialität ist« (S. 237). In der annehmbarsten derartigen Trivialität behauptet Gómez Dávila: »Trotz alledem ist es die unglaublichste Eigenschaft der Frauen, daß sie die Männer ertragen und lieben können« (S. 237). Doch er dringt weiter zum Grund, zum metaphysischen Herzen des Problems vor, wenn er mit diesen Worten beinahe andeutet, daß die Frau eher der Vorwand als der Gegenstand der Sinnlichkeit ist: »Angesichts eines Frauenkörpers sind die größten Maßlosigkeiten unzulänglich. (...) Ach! Sich in einem dichten, finsteren und fleischlichen Urwald verirren. Wir streben nach einer dämonischen Besitznahme, aber wir üben nur den Beischlaf aus« (S. 42).

Über diesen Gedanken hätte Gómez Dávila vielleicht später gesagt, daß es sich um eine Milch-Idee handelte: »Wie die Milchzähne gibt es auch Milch-Ideen. In welchem Alter ersetzen wir sie allmählich?« (S. 254). Doch es ist ein unschätzbarer Gedanke, weil er dem Problem auf den Grund geht. Und wenn, wie dies für die Sinnlichkeit gilt, die anthropologischen Situationen und die sich darauf beziehenden Gedanken bis zum Grund vordringen, nehmen sie eine extreme Form an, und die Erläuterungen bevölkern sich leicht mit Engeln und Dämonen. »Die reine Sexualität bringt in ihren äußersten Grenzbereichen eine theologische Anklage vor und wirft ein Problem auf, das mit der Religion wetteifert. (...) Die Sexualität ist die Zuflucht jenes Menschen, der Gott verloren hat, der letzte Raum, wo seine Verzweiflung der Gottheit, die ihn verläßt, gegenübertritt« (S. 359).

Das blasphemische Werk des göttlichen Marquis veranschaulicht das Problem in seiner ganzen Härte: Was bleibt dem Menschen nach dem Tod Gottes anderes als die schreckliche Natur seiner Triebe übrig? »Sades Werk ist der einzige konsequente Versuch, eine Welt zu gestalten, die von den drei theologischen Tugenden unerbittlich entleert ist. Sades Welt ist die Welt der absoluten ›Endlichkeit‹« (S. 359). Dieses Werk wird immer wieder als die klarste negative Anthropologie untersucht: Wenn nämlich »Gott stirbt, vertiert der Mensch« (S. 373).

Hieraus erklärt sich diese sarkastische Aufforderung: »Ich schlage einem ernsthaften, jedoch der Ironie entbehrenden Geist die Aufgabe vor, eine Kritik der erotischen Vernunft zu schreiben« (S. 330). Das heißt die Untersuchung der Bedingungen für die Möglichkeit der bereits erwähnten »sinnlichen Metaphysik«, die »den dichten und sinnlichen Reichtum der Welt« zu retten vermag. In ihr muß das Problem des radikal Bösen eine zentrale Stellung einnehmen. »Jede Philosophie, die das Problem des Bösen umgeht, ist ein Märchen für dumme Kinder« (S. 247). Ohne allerdings zu vergessen, daß »sich mehr als ein Gott auf den geheimen Pfaden der Hölle verbirgt« (S. 63).

7. Die Moderne als Zielscheibe

In *Notas* verdichten und vereinen sich die Texte um die ewigen Probleme der Philosophie: Gott, Seele und Welt. Schließlich lebt jeder Geist von wenigen Themen, und das Talent des Autors besteht in deren geschickter und unnachahmlicher Ausgestaltung (vgl.

S. 155) und in der großartigen kaleidoskopischen Sichtweise, die er vorführt. Der Tenor der *Notas* ist noch nicht jener der systematischen Provokation und des skandalösen Dogmatismus der *Escolios*, doch die typischen Themen Gómez Dávilas werden schon alle erfaßt. »Unsere Haßgefühle geben unsere Rangstufe genau wieder« (S. 368).

Mit bilderstürmerischer Wut – mit den Mitteln des Pamphlets, der Satire, des Paradoxons – greift er die ganze Moderne an, all ihre Ideale und all ihre Grundprinzipien. Zuallererst ihre Ideen und ihre angeblichen sozialen und politischen Errungenschaften, so etwa die Überzeugung, daß die Demokratie das beste Regierungssystem ist. Nach Ansicht Gómez Dávilas geht sie von einem falschen Standpunkt aus: »Der Irrtum des demokratischen Denkens: daß es jedem Individuum die Gesamtheit der Eigenschaften zuschreibt, die dem Begriff des Menschen eigentümlich sind« (S. 318). Hieraus können sich nur verfehlte Folgerungen ergeben: »Die Demokratie ist das System, in dem das Gerechte und Ungerechte, das Vernünftige und Absurde, das Menschliche und Bestialische nicht durch die Natur der Dinge, sondern durch ein Wahlverfahren bestimmt werden« (S. 343). Demnach gilt: »Vox populi ... vox, et praeterea nihil«[9] (S. 153).

Unmißverständlich wendet sich Gómez Dávila gegen die Ideologien. Besonders gegen die marxistische, obgleich er anerkennt, daß »Marx den vulgären Atheismus seiner Zeit mit einer Geste metaphysischen Stolzes vollendet« (S. 221), und gegen die kommunistische: »Der Kommunismus ist zur Kirche geworden, seine Lehre zu Dogmen, seine Parteitage wurden zu Konzilien, seine Parteiausschlüsse zu Exkommunikationen, seine Dissidenten zu Ketzern, und seine Regierung ist päpstlicher Absolutismus« (S. 222). Folglich wendet er sich auch gegen die sozialistische Ideologie: »Der Sozialismus ist die Philosophie von der Schuld des anderen« (S. 376). Die einzige Ideologie, die der allgemeinen Verurteilung entgeht, so scheint es wenigstens, ist die aristokratisch-liberale: »Keine politische Wesensart fasziniert mich so wie die jener liberalen Aristokraten, deren ausgeprägtes Freiheitsgefühl nicht auf trüben demokratischen Sehnsüchten, sondern auf dem unerschütterlichen

Bewußtsein individueller Würde und auf der hellsichtigen Vorstellung von den Pflichten einer führenden Klasse beruht. Tocqueville ist ihr edelster Vertreter« (S. 280).

Ein weiteres Ziel seiner Pfeile ist das Vertrauen der Moderne in den Fortschritt und die Vervollkommnungsfähigkeit des Menschen. Ihm hält er eine entmutigende, jedoch unausweichliche Feststellung entgegen: »Die Menschheit geht von der Mittelmäßigkeit zum Grauen und vom Grauen zur Mittelmäßigkeit über« (S. 93).

Weniger offensichtlich, doch nicht weniger entschieden ist seine Kritik an Wissenschaft und Technik, was nicht so sehr ihnen selbst als der von ihnen geförderten Naivität gilt: »Der Mensch schafft heute eine für sein Wirken durchlässige Welt. Es scheint bereits, als könne dem menschlichen Willen nichts widerstehen, und wie in den alten chiliastischen Prophezeiungen sehen wir vielleicht die Wüsten erblühen. Doch gerade dann, wenn offenbar die ältesten Hoffnungen in Erfüllung gehen, erscheint aus dem nebelhaften Limbus, wohin ein fortschrittsgläubiger Prometheus sie verbannt hatte, die beklagenswerte Maske der menschlichen Tragödie. Die Wissenschaft hat ihre wunderbare Fähigkeit offenbart, uns zu lehren, wie man die Dinge tut, doch sie hat auch ihre grundsätzliche Unfähigkeit offenbart, uns zu sagen, was wir tun müssen« (S. 229).

Diese unhaltbare Dualität zwischen dem »Tun Können« und dem »Was tun?« erweist sich als Anlaß für eine Kritik, die auf die universale, philosophische Ebene gehoben wird: »Die Wissenschaft ist eine monistische, irrationale, kontingente und sinnlose Ontologie« (S. 57). Den Realismus, auf dem die Wissenschaft zum großen Teil beruht, erledigt Gómez Dávila mit einem Tiefschlag: »Daß man verliebt gewesen ist, reicht aus, um jeden epistemologischen Realismus zu widerlegen« (S. 301). Über die Technik und ihre Priester äußert er sich mit nicht minder scharfem Sarkasmus: »Die Techniker gleichen Würmern, die, ohne zu wissen, wie, Seide produzieren« (S. 263).

Wenn Gómez Dávila eine solch feindselige und ätzende Bilanz der Moderne vornimmt, kann es nicht überraschen, daß er zu einer eindeutig unversöhnlichen Schlußfolgerung gelangt: »Jeder wahrhaft moderne Mensch, der sich nicht mit vierzig Jahren das Leben nimmt, ist ein Schwachsinniger« (S. 310). In den *Escolios* wird er erklären – um es so zu nennen –, daß der Mensch in die Moderne geriet wie ein Tier in eine Falle[10] und daß die Grundsätze, auf denen die Moderne beruht – Vernunft, Fortschritt, Gerechtigkeit – »die drei theologischen Tugenden des Dummkopfes sind« (*Escolios* II, S. 204).

8. Bibliotherapie

Die einzige Oase, die in der von der Moderne hinterlassenen Wüste überlebt, ist die Lektüre. Die großen Schriftsteller und Denker der Vergangenheit – sie alle Zeitgenossen eines Lesers, der richtig lesen kann – bieten uns eine Zuflucht vor dem Konformismus und der Tyrannei der Mehrheit. »Es ist die Lektüre, die den Geist aus jenem dogmatischen Schlaf des Alltagslebens weckt und ins unbekannte Meer der eigenen Gedanken, der originellen Gefühle wirft« (S. 31). »Bibliotherapie« heißt darum das einzige wirksame Mittel: »Ein kluges Buch gibt uns das Gefühl, klug zu sein, wie wir uns als Helden fühlen, wenn wir Militärmusik hören« (S. 388). Denn die Lektüre zwingt uns, die Augen zu öffnen, uns mit der Härte dessen, was wir selbst nicht gedacht hatten, auseinanderzusetzen: »Lesen heißt einen Stoß erhalten, einen Schlag spüren, auf ein Hindernis treffen. Es bedeutet, die passive und träge Fügsamkeit unseres Denkens durch die unnachgiebigen Geleise eines fremden, abgeschlossenen und harten Denkens zu ersetzen« (S. 31).

Die Lektüre erlegt uns eine Bindung auf, oder sie ist keine Lektüre. »Wenn man liest, ohne sich zu engagieren, ist das lediglich eine mühselige Belanglosigkeit. Jedes Buch muß für uns die unbestimmte Gestalt eines Schicksals haben, und jede Lektüre muß uns reicher oder ärmer, glücklicher oder trauriger, sicherer oder unsicherer machen, aber darf uns nie unberührt lassen. (...) Jedes Buch, das nicht auf unser verborgenes, nacktes, erregtes und blutendes Fleisch trifft, ist lediglich eine vorübergehende Zuflucht« (S. 61). Das reicht bis zu dieser paradoxen Erklärung: »Es gibt keinen besseren Ersatz für das Denken als eine gute Bibliothek« (S. 125). Die natürlich aus wenigen Büchern besteht: »Die griechischen Klassiker und die Bibel genügen, wenn man sie langsam und äußerst sorgfältig liest, um uns zu lehren, was die Menschheit über sich selbst weiß« (S. 188). Wenige, wirklich ganz wenige Bücher, die jedoch für die Bibliotherapie mehr als ausreichen, wie sie Gómez Dávila empfiehlt und persönlich praktiziert: »Die morgendliche Homer-Lektüre, mit der Gelassenheit und Ruhe, dem tiefen Gefühl sittlichen und körperlichen Wohlbefindens und vollkommener Gesundheit, die sie uns einflößt, ist die beste Wegzehrung, um die Vulgaritäten des Tages zu ertragen« (S. 163).

9. Was denken? Was tun? Woran glauben?

Einem Menschen, der die Augen offenhält, der sich allem gegenüber für Hellsichtigkeit entscheidet, bleibt nur ein einsamer Weg, eine insulare Lebens- und Denkform. Gómez Dávila hat sich in seiner inneren Burg verschanzt und bewacht sorgfältig die Grenzen der undurchdringlichen Einzigartigkeit, deren souveräner Herr er ist: »Wir allein kennen den Umfang unserer Unvollkommenheiten und ahnen unsere Fähigkeiten« (S. 171). Das Maß des Erfolgs oder Scheiterns unserer Existenz ist ausschließlich ein inneres: »Unsere Hände könnten allein Kränze flechten, und für uns gibt es keinen anderen Triumph als den einsamen Beifall unserer Seele« (S. 171).

Wenn »der Philosoph dafür geschaffen ist (...), allem gegenüber gleichgültig zu leben« (S. 91), fragen wir uns nun jedoch: Was soll er denken? Was tun? Woran glauben?

»Da alles in den zerstörenden Fluß der Zeit eingetaucht ist, wirkt es für jene Vergänglichkeit bestimmt, aus der es kommt. Allein die alles enthaltende Geschichte scheint der Totalität fähig« (*Escolios* I, S. 428). Trotzdem »löst die Geschichte keines der Probleme, die sie aufwirft« (S. 105). Wenigstens ist das unsere alltägliche Erfahrung: »Wir verbringen unser Leben damit, daß wir immerzu an dieselbe verschlossene Tür klopfen« (S. 278).

So erleidet offenbar alles Schiffbruch im Meer des Relativismus und des Zweifels. Die Kontamination des Seins durch die Geschichte und der existentielle Skeptizismus scheinen die unvermeidlichen Schlußfolgerungen zu sein, zu denen der Mensch in seiner »Endlichkeit« gelangt. Später wird Gómez Dávila ein aufschlußreiches Bekenntnis über seine Lehrmeister ablegen: »Meine Schutzheiligen: Montaigne und Burckhardt« (*Escolios* I, S. 428); das heißt der Meister des Skeptizismus und jener der Geschichte. Daß der Skeptizismus ein eigenständiges Daseinsrecht hat, wird eindeutig veranschaulicht in einem der seltenen Versuche Gómez Dávilas, die Philosophie zu gliedern. In *Notas* gibt er vier mögliche Antworten auf das Problem des Relativismus, das heißt auf die Pluralität der menschlichen Meinungen:

1. »Die synkretistische (Herodot usw.). Die anderen denken nicht anders, sie drücken lediglich ein und denselben Gedanken anders aus; also gibt es nur ein Objekt, und die Vielfalt des Subjektes ist nur scheinbar« (S. 148).

2. »Die dogmatische (Tertullian usw.). Die anderen denken anders, weil sie dumm, verderbt oder verführt sind; also gibt es nur ein Objekt, das Subjekt ist vielfältig, doch seine Vielfalt hat lediglich äußere Rechtfertigungen« (S. 148).

3. »Die psychologische (Sainte-Beuve usw.). Die anderen denken anders, weil sie psychologisch anders sind; also gibt es nur ein Objekt, das Subjekt ist vielfältig, und seine Vielfalt ist innerlich« (S. 148).

4. »Die skeptische (Renan usw.). Die anderen denken anders, weil das Objekt vielgestaltig ist und weil das psychologisch verschiedenartige Subjekt im Objekt nur das ihm Angemessene berücksichtigt; also gibt es nur ein Objekt, das jedoch vielgestaltig ist, und das Subjekt ist psychologisch vielfältig« (S. 148).

Aus der Art, wie Gómez Dávila diese Standpunkte beschreibt, läßt sich schließen, daß er offenbar zum Skeptizismus neigt. Allerdings nicht zu einem prinzipiellen, sondern einem vielleicht strategischen, methodischen Skeptizismus, der darauf ausgerichtet ist, lediglich vorausgesetzte, von anderen übernommene Gewißheiten aus zweiter Hand dem Beweis des Zweifels zu unterwerfen: »Mein Skeptizismus bedeutet nicht, daß ich jedes Prinzip, jede Norm oder Regel verwerfe, sondern daß es mir unmöglich ist, eine Regel, eine

Norm oder ein Prinzip aus anderen Händen zu erhalten, und die Notwendigkeit, sie in meinem unmittelbaren Lebensprozeß allmählich zu schaffen« (S. 74). Deshalb kann man sagen: »Alle echte Philosophie wird gegen den Skeptizismus und mit seiner Hilfe gestaltet« (S. 348).

Etwas Ähnliches gilt für die Historizität: Nicht alles, was sich in der Geschichte ereignet, vollendet sich in ihr. So etwa »werden die Werte, wie die Seelen für den Christen, in der Geschichte geboren, sind jedoch unsterblich« (*Escolios* II, S. 274). Daher »ist die Wahrheit in der Geschichte, aber die Geschichte ist nicht die Wahrheit«[11] (*Escolios* I, S. 245). Mit anderen Worten, die Geschichtsperspektive ist ständig auf einen sich der Transzendenz nähernden Fluchtpunkt ausgerichtet, und die Zeitlichkeit erhält einen ewigen Sinn oder Wert: »Das Interesse an der Geschichte beruht im Grunde auf ihrer im wesentlichen unhistorischen Natur. Keine schwerwiegende, ernste, große Tatsache hört jemals auf, uns zu begeistern, denn was damals geschah, geschieht ständig weiter; in der ewigen Gegenwart der Geschichte äußert sich die ewige Gegenwart unseres menschlichen Wesens« (S. 105).

Hieraus ergibt sich Gómez Dávilas Unzufriedenheit mit den herkömmlichen Erklärungen der Geschichte, die an deren Immanenz festhalten: »Keine Geschichtsphilosophie konnte mich überzeugen« (S. 27). Um die Aporie zu überwinden, strebt er nach einer Weisheit, die Vergänglichkeit und Dauer, Relativität und Absolutheit, Immanenz und Transzendenz vereinen kann: Er strebt nach einer »vollkommenen Weisheit«, welche »die vergänglichen Dinge« liebt, »weil sie vergehen, und die ewigen Dinge, weil sie dauern« (S. 205), und die vor allem nicht »Gott lehren« will, »wie die Dinge zu tun sind« (S. 373).

Deshalb entwirft er eine philosophische Arbeitshypothese, die auf einer experimentellen Auffassung beruht: »Die Vorstellung von der totalen Erfahrung muß die epistemologische Struktur sein, mit der man eine Geschichtsphilosophie begründen sollte, die danach strebt, den dichten und sinnlichen Reichtum der Welt zu retten« (S. 146).

Das Problem besteht darin, daß es nach dem Tod Gottes und dem Untergang der Werte schwierig, wenn nicht unmöglich geworden ist, in der Philosophie und mit Hilfe der Philosophie etwas zu gestalten. Und welche Philosophie darf heute Wirksamkeit erhoffen?

Bei der Wahl zwischen den beiden klassischen Auffassungen – Philosophie als wissenschaftliche Disziplin oder als Lebensentscheidung – hegt Gómez Dávila keinen Zweifel: »Daß die Philosophie einigen als eine rein geistige Disziplin, ein Komplex von Kenntnissen, ein Forschungsbereich erscheinen mag, ist ein sonderbarer Irrweg. Philosophie ist Leben. Philosophie ist eine zutiefst von Verstand und Vernunft durchdrungene, vollkommen hellsichtige und auf die dem Geist eigentümlichen Objekte ausgerichtete Lebensweise« (S. 123). Aus diesem Grund darf die Philosophie nicht einfach ein Vergnügen oder eine Zerstreuung sein: »Das Studium der Philosophie kann wie die Wissenschaft zu einer Gelegenheit werden, sich abzulenken und so das Denken, unsere rechtmäßige Aufgabe, zu vergessen« (S. 294). Denken ist Leben für ein denkendes Wesen: »Denken besteht nicht darin, Wahrheiten zu bejahen, sondern darin, sie zu erleben, wie wir eine Liebe erleben, der sich alles widersetzt« (S. 348). Hier ist eine Konfrontation zwischen Leben und Wahrheit unvermeidlich: »Das Leben ist die Guillotine der Wahrheiten« (S. 63).

Außerdem ist die Philosophie, wie später die *Escolios* erläutern, »die Kunst, hellsichtig Probleme zu formulieren«, während »es keine Beschäftigung für einen ernsten Verstand ist, Lösungen zu erfinden« (*Escolios* II, S. 54): »Lösungen sind die Ideologien der Dummheit« (*Escolios* II, S. 89). Demnach ist es »die wahre systematische Aufgabe des Philosophen, jedes System zu zerstören« (S. 118).

Wenn man tatsächlich etwas aufbauen will, muß man zunächst die Worte und die Grammatik beachten, »weil man alle Philosophie im eigentlichen Wesen einer Sprache denkt und weil sie aus einem Wortmaterial hervorgeht« (S. 140). »Eine unzulängliche Grammatik bereitet eine verworrene Philosophie vor« (S. 383).

Wir stoßen auf ein weiteres Hindernis: »Es ist notwendig zu analysieren, um zu verstehen, doch das lebendige Denken schreitet nicht durch Analysieren voran« (S. 86). Und so wird derselbe Grundgedanke weiter ausgeführt: »Beweisen bedeutet in der Philosophie, daß wir Zeit verlieren, die wir dem Denken widmen könnten« (S. 247). Wenn die Wege des Seins abgeschnitten wurden, besteht das wahre Problem darin, daß die Möglichkeit einer Ontologie offenbar »in die Nebel übermäßiger Zweifel gehüllt ist« (S. 110).

Trotzdem fordert Gómez Dávila den Menschen auf, sich an ein metaphysisches Abenteuer zu wagen (*Escolios* I, S. 30), und er weist dem Denken die entsprechende Aufgabe zu: »Die Philosophie sollte lediglich beschreiben; wenn sie aber predigen will, soll sie das Ewige predigen« (S. 55). Dieses Werk wird von keiner Ontologie, sondern einer Metaphysik der Werte geleistet: »Wer würde es wagen, die Evidenz eines Wertes zu leugnen?« (S. 110).

Im Widerspruch zu Heidegger verzichtet Gómez Dávila nicht auf die Metaphysik: »Man hat die Metaphysik so oft begraben, daß man sie für unsterblich halten muß« (S. 379). Er hat jedoch eine eigentümliche Auffassung von ihr: Er sieht sie als eine konkrete Metaphysik, »die Wissenschaft des Augenblicks, die einzige Wissenschaft« (S. 164): »Die Metaphysik ist zugleich Wissenschaft des Seins und Form der individuellen Substanz, reine Erkenntnis der letzten Wirklichkeit und reine Biographie ihres Autors« (S. 54).

In dieser konkreten, »sinnlichen« Metaphysik stimmt jedes Sein allein mit sich selbst und seiner eigenen Einzigartigkeit überein. Hier, und nur hier, erfaßt es seine eigene Bedeutung und seine eigene semantische Unabhängigkeit. Sagen wir zum Beispiel, daß »die Lippen einer hübschen Frau keine Lefzen sind, keine Speiseröhrenöffnung, nicht einmal ein sexuelles Lockmittel, sondern genau das: Lippen« (S. 112). Diese metaphysisch-sinnliche Perspektive regt weniger Tatsachenbehauptungen oder -feststellungen als vielmehr solche Möglichkeiten an: »Möge dieser Körper, der hingegeben neben dem unseren schläft, und möge diese zarte Kurve, die im Nacken geboren bis zum Bauch fließt, nicht vergehen« (S. 97). Denn »vielleicht ist das einzige, was nicht Eitelkeit ist, die sinnliche Vollkommenheit des Augenblicks« (S. 270).

Bei diesem schwierigen metaphysischen Unternehmen wirken Kunst und Religion mit der Philosophie zusammen und bieten Schutz vor der Ungunst der Zeiten. In der Vorstellungswelt Gómez Dávilas kommt der Kunst ein grundlegender Wert zu: »Ohne die

Deutung durch die Kunst würde die Welt den Photos der Mondoberfläche gleichen« (S. 304). Natürlich darf man nicht vergessen, daß die Moderne sogar dieses symbolträchtige Mittel verderben konnte: »Die moderne Kunst erinnert an den Esel der Fabel, der starb, als er endlich gelernt hatte, nichts zu fressen« (S. 347).

Und die Religion? Im Grunde löst sie nichts, sondern erschwert alles. Gerade deshalb »ist der Skeptizismus dem religiösen Geist nicht unsympathisch« (S. 281). Doch wenn die Religion tatsächlich das Leben schwerer macht, »so irren sich jene, die in der Religion eine Lösung für ihre Probleme suchen. Die Religion ist keine Gesamtheit von Lösungen, sondern eine Gesamtheit von Problemen« (S. 329).

In *Notas* entdeckt man noch nicht seine Entscheidung für den kompromißlosen Katholizismus der *Escolios*. Ebensowenig die empörte Kritik an der nachkonziliaren Kirche, welche die christliche Dogmatik für soziale Zielsetzungen benutzt und schließlich, weil sie den Draußenstehenden ihre Tore öffnen wollte, die in die Flucht schlug, die sich in ihr befanden. Es kündigt sich bereits seine Überzeugung an, daß »die wahre Religion monastisch, asketisch, autoritär, hierarchisch ist«[12] (*Escolios* II, S. 94).

Über alldem – Philosophie, Kunst und Religion – gibt es nach Gómez Dávilas Ansicht ein Absolutes, das sich mit unanfechtbarer Evidenz durchsetzt: »Das einzige, woran ich nie gezweifelt habe: die Existenz Gottes« (S. 131).

Die Frage ist aber: Warum? Zusammen mit dieser apodiktischen und dogmatischen Erklärung liest man die »gotteslästerlichen« Begründungen, mit denen der junge Gómez Dávila den Beweis für die Existenz Gottes erläutert: »Durch die Schönheit eines Satzes, einer Form, eines Raums; durch die ruhige Autorität, die eine menschliche Gestalt erzwingt; durch ihren Edelmut, ihren Stolz und Glanz, durch ihre Drangsale und ihr Glück; (...) durch die geistige Leidenschaft, die einen jähen und steilen Aufstieg erstrebt; so, durch eine fleischliche Dialektik, erscheint Gott meiner Vernunft auf eine Weise, die ebenso unwiderlegbar ist, wie sie auch meinen Glauben blendet« (S. 387). Angesichts einer solchen Evidenz »ist sogar der Atheismus eine Definition Gottes« (S. 393).

Den Antworten entsprechend, die Gómez Dávila auf die drei grundlegenden Fragen – was denken? was tun? woran glauben? – gibt, sieht er sich selbst: »Sinnlich, skeptisch und religiös, das wäre vielleicht keine schlechte Definition dessen, was ich bin« (S. 281).

10. Bekenntnisse, Vorlieben, Wesensart

Damit kommen wir zu den persönlichen Bekenntnissen, die hier und da in die *Notas* eingestreut sind. Ihnen entnehmen wir die wenigen verfügbaren Bruchstücke über Gómez Dávilas Biographie, Vorlieben, Eigentümlichkeiten, Charakter und Persönlichkeit. Wie es seinem Denken entspricht, redet er sehr selten über sich selbst. In den *Escolios* ist seine bewußte Zurückhaltung in dieser Hinsicht noch offenkundiger. Hier in den *Notas* erheitert ihn gleichwohl noch eine derartige Idee: »Es gibt nichts Eitleres und nichts Wonnevolleres, als über sich selbst zu sprechen« (S. 131).

Wie dem auch sei, er bekennt sich zu unschuldigen, aber vielsagenden literarischen Vorlieben: »Wenn ich das größte aller Bücher auswählen müßte, würde ich mich für die Geschichte des Peloponnesischen Krieges entscheiden« (S. 320).

Er teilt uns auch einige Überlegungen zu der Europareise mit, die er 1949 zusammen mit seiner Gattin unternimmt und bei der er sechs Monate lang den ganzen alten Kontinent besucht.

Er gehörte zu jenen, die lieber um ihr Zimmer inmitten der Bücher ihrer eigenen Bibliothek – als von einem Ort zum anderen – reisen. Zu jenen, deren Leben nicht von Episode zu Episode, sondern von Kapitel zu Kapitel voranschreitet. Als er aus Europa zurückkehrt, ist seine Einstellung vielleicht jene, die wir in den *Notas* finden: »Jede Reise ist unnütz, wenn sie nicht dem langsamen und gemächlichen Spaziergang gleicht, der uns mit sanfter Strenge in das heimliche Leben einer Landschaft einführt« (S. 254). Doch seine zusammenfassende und vielsagende Schlußbilanz läßt keinen Raum für Illusionen über das, was von der großen europäischen Kultur in Europa übriggeblieben ist: »Wenn man durch Europa reist, so ist das, als besuchte man ein Haus, damit uns die Dienstboten die leeren Säle zeigen, in denen es einst wunderbare Feste gab« (S. 212).

Das war seine letzte Reise: »Ich wollte nicht reisen, denn jede Landschaft, die mich rührt, zerreißt mir das Herz, weil ich dort nicht ewig verweilen kann« (S. 131).

Der Verzicht auf Reisen bewegt ihn nicht zur Heimatliebe. Mit den Kolumbianern wollte er nur den Paß gemeinsam haben: »Wesensmerkmale des Kolumbianers: die Unfähigkeit zu etwas Konkretem; in seinen Händen gerät alles durcheinander; fehlende Sittlichkeit; der Pflichtbegriff ist unbekannt; die einzige Norm ist die Furcht vor dem Polizisten oder dem Teufel; in seiner Seele gibt es keine moralische, geistige oder soziale Wertordnung; er setzt sich über alle Traditionen hinweg; da er sich jedem Einfluß passiv unterwirft, prägt ihn nichts; nichts gedeiht oder dauert auf diesem unförmigen, veränderlichen, fügsamen und lockeren Boden« (S. 177). Oder auch: »Ich glaube, daß die einzige Wissenschaft, in der es von Kolumbianern geschriebene Abhandlungen gibt, die politische Ökonomie ist; deshalb bezweifle ich, daß sie eine Wissenschaft ist« (S. 292). Ja noch mehr: »Wenn sich die Gelegenheit bietet, eine Gemeinheit zu begehen, läßt der Kolumbianer sie selten aus« (S. 357).

Seine Überlegungen zu Lateinamerika im allgemeinen klingen nicht weniger mißbilligend: »Die beste Kritik an der spanischen Kolonisation sind die südamerikanischen Republiken« (S. 318). Das geht so weit, daß ihn die Abneigung treibt, sich in die größtmögliche Ferne zurückzuziehen: »Wenn ich zwei Südamerikaner über Europa reden höre, möchte ich unverzüglich auf ein Schiff nach Australien steigen« (S. 346). Nicht einmal die bedeutende lateinamerikanische Literatur hat ihn offenbar beeindruckt. Er beurteilt sie mit süffisanter Geringschätzung: »Ein Schriftsteller ist normalerweise eine Person, die gut schreibt; die lateinamerikanischen Literaturgeschichten lehren uns jedoch, daß ein Schriftsteller eine Person ist, die schreibt« (S. 333).

Weitaus differenzierter sind hingegen die Anmerkungen zu anderen Nationen, besonders zu Spanien und Frankreich. Er erkennt die vom Glück begünstigte Größe der Vereinigten Staaten von Amerika an, doch er kann deren Literatur nicht ertragen: »Die amerikanische Literatur hört auf, Literatur zu sein, wenn sie anfängt, amerikanisch zu werden« (S. 368).

All das könnte man für bloße Kuriositäten halten, die zwar nützlich, aber vielleicht nicht wesentlich sind, um seine Persönlichkeit zu verstehen. Statt dessen sind die Bekenntnisse in den *Notas* wirklich bedeutsam, weil sie uns die Tore zur inneren Burg Gómez Dávilas öffnen, weil sie in die verborgenen Wohnungen seiner innerlichen Welt einführen und uns verstehen lassen, daß seine Kunst aus einer täglichen und peinigenden Selbstprüfung entsteht. So etwa erkennen wir, wie weit er sich durch seinen Verstand manchmal zur Mittelmäßigkeit hingezogen fühlt: »Ich habe mein Leben mit der Untätigkeit eines Steins hingenommen, weil mich alles im Leben gleichermaßen fasziniert. Da ich nichts auszuschließen vermochte, konnte ich nichts auswählen, und ich habe mich mit dem mir gewährten mittelmäßigen Dasein zufriedengegeben« (S. 131). Oder zur Unfähigkeit, zu entscheiden und zu handeln: »Ich weiß nicht, ob ich nie Entscheidungen treffe, weil ich an die Weisheit der Entscheidungen glaube, die das Leben spontan trifft, oder ob ich an die Weisheit des Lebens glaube, weil ich unfähig bin, Entscheidungen zu treffen« (S. 135). Und schließlich zur bewußten und hellsichtigen Depression: »Ganze Tage habe ich verbracht, ohne an etwas zu denken, der Tyrannei und der Laune des Augenblicks unterworfen. Woran denken die anderen? Diese Frage kommt mir wie ein Problem vor, bis ich mich der Leere erinnere, in der ich ganze Tage wie auf einem weiten und trägen blauen See umherirre« (S. 261).

Doch auch aus der Tiefe dieses Abgrunds erhebt sich unbezähmbar das Überlegenheitsgefühl, das ihm der Verstand verleiht und das sich nur notdürftig hinter ehrerbietiger Bescheidenheit verbirgt, indes tatsächlich von übermächtiger Arroganz genährt wird: »Die Leichtigkeit, mit der ich so mühelos einen ganzen Tag verbringen kann, ohne an etwas zu denken, während mein Geist von irgendeiner sich gerade anbietenden Trivialität ausgefüllt ist und sich beinahe auf die einfache Wirkung eines Spiegels beschränkt, erhellt mir das Mysterium des gewöhnlichen Lebens der

Menschen, deren unvergleichliche innere Leere sie in heftigen Anfällen der Langeweile und des Überdrusses verschlingen müßte« (S. 183).

Mit einem gewissermaßen ehrlichen, offenen, eindeutigen Zynismus bekennt er sogar: »Um in meinem Umkreis die Sphäre des Schweigens und der Ruhe zu schaffen, die für ein Leben notwendig ist, das allein in sich selbst den Grund für seine Beschäftigungen und Tätigkeiten entdecken will, habe ich gefunden, daß vor allem gute Erziehung und Böswilligkeit nützlich sind« (S. 120). Wobei diese letztgenannte Eigenschaft sehr wertvoll in der Gesellschaft ist, wo »jener, der eine wahrhaftige Idee vorträgt, sich bald so unbehaglich fühlt, als hätte er einen Elefanten angebracht« (S. 391).

Seine Methode ist die Zurückhaltung: »Gleichgültig sein ohne Zynismus und leidenschaftlich ohne Begeisterung« (S. 375). Seine Lieblingsbeschäftigung ist das Denken: »Denken ist eine so wonnevolle Tätigkeit, daß es uns die Mittelmäßigkeit unserer Gedanken ertragen läßt« (S. 258). Seine Sehnsucht: daß das Licht des Verstandes nicht ermattet und daß es ihm die Gabe der Schöpferkraft erhält, selbst wenn dies nur für wenige glückliche Augenblicke gilt: »Ich möchte mich verpflichten, keinen einzigen Tag in der stumpfsinnigen Unbeständigkeit, mit der ich ihn erlebe, sterben zu lassen. Ich möchte, daß sich sein Wesen nachts zu einem reinen Tropfen der Hellsichtigkeit verdichtet« (S. 390).

11. Nicht für oder gegen unsere Zeit, sondern außerhalb von ihr

Sicher ist, daß sein Werk aus dem Nichts zu kommen scheint. Und als solches hat es keinen Vergleichsmaßstab, läßt sich offensichtlich nicht einordnen, ist exzentrisch, unzeitgemäß. Gómez Dávila denkt nicht für oder gegen etwas, er denkt nicht dialektisch: Er denkt anders. Seine Richtschnur, die getreulich und um jeden Preis seinen skandalösen Evidenzen gehorcht, ist die folgende: »Wir sollen nicht für unsere Zeit oder gegen unsere Zeit, sondern außerhalb unserer Zeit denken. Und was kommt es darauf an, wenn dies unmöglich wäre? Denn das ist vor allem eine grundsätzliche Forderung und eine methodische Regel« (S. 54). Seine bewundernswerten *Escolios*, die bis vor kurzem unbeachtet geblieben waren, haben sich schon allmählich durchgesetzt und allenthalben Anklang gefunden. »Don Colacho« – so nannten ihn seine Freunde – hatte eine solche Nachwirkung nicht vorausgesehen: »Ich möchte kein Werk hinterlassen. Die einzigen Werke, die mich interessieren, sind unendlich weit von meinen Händen entfernt. Wohl aber einen kleinen Band, den jemand hin und wieder aufschlägt. Einen schwachen Schatten, der einige wenige für sich einnimmt. Ja! Eine unverwechselbare und reine Stimme, damit sie über die Zeiten hinweg erklingt« (S. 388).

Hin und wieder, in schlaflosen Nächten, haben wir seine Seiten aufgeschlagen, seiner unverwechselbaren und reinen Stimme, dann seiner einsamen Meditation gelauscht. Seitdem ist sein Werk unser Lieblingsbuch.

Eines Tages wird vielleicht jeder Verstand wie der Gómez Dávilas sein.

Anmerkungen

1 Vgl. Nicolás Gómez Dávila, Einsamkeiten, Glossen und Text in einem. Aus dem Spanischen von Günther Rudolf Sigl, Wien: Karolinger, 1987.

2 Vgl. Nicolás Gómez Dávila, Auf verlorenem Posten. Neue Scholien zu einem inbegriffenen Text. Aus dem Spanischen von Michaela Meßner, Wien: Karolinger, 1992.

3 Vgl. Nicolás Gómez Dávila, Aufzeichnungen des Besiegten. Fortgesetzte Scholien zu einem inbegriffenen Text. Aus dem Spanischen von Günter Maschke, Wien und Leipzig: Karolinger, 1992.

4 Zit. nach: Francisco Pizano de Brigard, Die Schlüssel des Nicolás Gómez Dávila. In: Gómez Dávila, Auf verlorenem Posten, S. 264.

5 Gómez Dávila, Einsamkeiten, S. 112.

6 Gómez Dávila, Auf verlorenem Posten, S. 254.

7 Gómez Dávila, ebenda, S. 183.

8 Gómez Dávila, Einsamkeiten, S. 11.

9 »Volkes Stimme … ist eine Stimme und sonst nichts.«

10 Vgl. Gómez Dávila, Einsamkeiten, S. 164.

11 Gómez Dávila, ebenda, S. 48.

12 Gómez Dávila, ebenda, S. 97.

Sachregister

Personenregister

Inhalt

Die Erstausgabe erschien erstmals als Privatdruck unter dem Titel Notas. *Tomo I* 1954 in Mexiko. 2003 erschien in Bogotá, Kolumbien, bei Villegas Editores die erste Buchhandelsausgabe unter dem Titel *Notas*, herausgegeben unter Mitwirkung von Rosa Emilia Gómez de Restrepo und mit einem Vorwort von Franco Volpi. Dieser Ausgabe folgt die deutsche Übersetzung von Ulrich Kunzmann.

Der Essay von Martin Mosebach *Nicolás Gómez Dávila — Einsiedler am Rand der bewohnten Erde* erschien erstmals in der Zeitschrift SINN UND FORM, 57 (2005) 1, S. 5–9. Die Frontispiz-Fotografie stammt von Martin Mosebach.

Franco Volpi, geboren 1952 in Vicenza (Italien), ist Professor der Philosophie an der Universität Padua (Italien). Er hat außerdem an der Universität Witten/Herdecke, Deutschland, gelehrt (1991–1997) und war Gastprofessor in Nizza (Frankreich), Valparaíso und Santiago (Chile), Luzern (Schweiz), Staffordshire (England) und Mexiko City. Er erhielt den »Premio Montecchio« (1989), den »Capo Circeo Preis« (1997) und den »Friedrich Nietzsche-Preis« (2000). Er ist Autor von wissenschaftlichen Arbeiten, deren Themen von der antiken Philosophie bis zur Ideenwelt der Gegenwart reichen, u. a.: »Heidegger e Brentano. L'aristotelismo e il problema dell'univocità dell'essere nella formazione filosofica del giovane Martin Heidegger« (Padua: Cedam, 1976); »Heidegger e Aristotele« (Padua: Daphne, 1984); »Lexikon der philosophischen Werke« (Stuttgart: Kröner, 1988); »Großes Werklexikon der Philosophie«. 2 Bde. (Stuttgart: Kröner, 1999). Er leitet die Herausgabe der italienischen Ausgabe der Werke Heideggers (1987–) und Schopenhauers (1996–) im Verlag Adelphi, Mailand, und hat in Deutschland die folgenden Schopenhauer-Bände herausgegeben: »Die Kunst, Recht zu behalten« (Frankfurt am Main: Insel, 1995); »Die Kunst, glücklich zu sein« (München: Beck, 1999); »Die Kunst zu beleidigen« (München: Beck, 2002); »Die Kunst, mit Frauen umzugehen« (München: Beck, 2003).

Matthes & Seitz Berlin · Paperback · 043

Erste Auflage dieser Ausgabe 2022

Matthes & Seitz Berlin Verlagsgesellschaft mbH
Göhrener Str. 7 | 10437 Berlin
info@matthes-seitz-berlin.de

Umschlaggestaltung: Pauline Altmann, Berlin
Satz und Gestaltung: Torsten Metelka, Berlin
Druck und Bindung: GGP Media GmbH, Pößneck
ISBN 978-3-7518-0114-0
www.matthes-seitz-berlin.de

Matthes & Seitz Berlin

Georges Bataille
Aufhebung der Ökonomie
Aus dem Französischen von
T. König, H. Abosch und G. Bergfleth
341 S., gebunden mit Schutzumschlag
ISBN 3-88221-225-X
Batterien 22

Georges Bataille
Die Erotik
Herausgegeben und übersetzt von
Gerd Bergfleth
400 S., 20 Bildtafeln
gebunden mit Schutzumschlag
ISBN 3-88221-253-5
Batterien 43

Georges Bataille
Die Freundschaft
(Atheologische Summe II)
Herausgegeben und übersetzt von
Gerd Bergfleth
302 S., gebunden mit Schutzumschlag
ISBN 3-88221-298-5
Batterien 71

Georges Bataille
Die innere Erfahrung
(Atheologische Summe I)
Herausgegeben und übersetzt von
Gerd Bergfleth
Nachwort von Maurice Blanchot
288 S., gebunden mit Schutzumschlag
ISBN 3-88221-283-7
Batterien 65

Georges Bataille
Die psychologische Struktur
des Faschismus.
Die Souveränität
Aus dem Französischen von Rita
Bischof u.a.
Herausgegeben von Elisabeth Lenk
Nachwort Rita Bischof
120 S., gebunden mit Schutzumschlag
ISBN 3-88221-207-1
Batterien 8

Georges Bataille
Theorie der Religion
Aus dem Französischen von A. Knop
Nachwort von Gerd Bergfleth
245 S., gebunden mit Schutzumschlag
ISBN 3-88221-277-2
Batterien 5

Georges Bataille
Wiedergutmachung an Nietzsche
Das Nietzsche-Memorandum
und andere Texte
Herausgegeben und übersetzt von
Gerd Bergfleth
410 S., gebunden mit Schutzumschlag
ISBN 3-88221-280-2
Batterien 62

Jean Baudrillard
Amerika
Aus dem Französischen von
Michaela Ott
192 S., broschiert
ISBN 3-88221-371-X

Jean Baudrillard
Das perfekte Verbrechen
Aus dem Französischen von Riek Walther
240 S., gebunden mit Schutzumschlag
ISBN 3-88221-274-8

Jean Baudrillard
Fatale Strategien
Aus dem Französischen von
Ulrike Bockskopf und Roland Voullié
Mit einem Appendix von Oswald Wiener
256 S., gebunden mit Schutzumschlag
ISBN 3-88221-354-X

Jean Baudrillard
Von der Verführung
Aus dem Französischen von
Michaela Meßner
Mit einem Essay von Laszló F. Földényi
274 S., broschiert
ISBN 3-88221-261-6
Batterien 48

László F. Földényi
Abgrund der Seele
Goyas Saturn
Aus dem Ungarischen von
Hans Skirecki
188 S., Abb.
gebunden mit Schutzumschlag
ISBN 3-88221-267-5
Batterien 52

László F. Földényi
Caspar David Friedrich
Die Nachtseite der Malerei
Aus dem Ungarischen von
Hans Skirecki
156 S., Abb.
gebunden mit Schutzumschlag
ISBN 3-88221-263-2
Batterien 50

László F. Földényi
Heinrich von Kleist
Im Netz der Wörter
Aus dem Ungarischen von Akos Doma
550 S., gebunden mit Schutzumschlag
ISBN 3-88221-284-5
Batterien 66

László F. Földényi
Melancholie
Erweiterte Neuausgabe
Aus dem Ungarischen von
Nora Tahy und Gerd Bergfleth
400 S., broschiert
ISBN 3-88221-239-X
Batterien 35

Horst Dieter Rauh
Epiphanien
Das Heilige und die Kunst
272 S., gebunden mit Schutzumschlag
ISBN 3-88221-849-5
Batterien 72

J. B.Henri Savigny / Alexandre Corréard
Der Schiffbruch der Fregatte Medusa
Ein dokumentarischer Bericht
aus dem Jahr 1817
Nach einer anonymen
Übersetzung von 1818
Mit einem Vorwort von Michel Tournier,
einem Nachwort von Johannes Zeilinger
und einem Bildessay von Jörg Trempler
sowie einem ausführlichen Anhang
256 S., gebunden mit Schutzumschlag
ISBN 3-88221-857-6

Leo Schestow
Athen und Jerusalem.
Versuch einer religiösen Philosophie
A. d. Russ. v. H. Ruoff, Essay v. R. Panikkar,
544 S., gebunden mit Schutzumschlag
ISBN 3-88221-268-3
Batterien 53

Rahel Varnhagen
Ein Buch des Andenkens
für ihre Freunde
Neu herausgegeben, mit Materialien
von Uwe Schweikert und Faksimiles
498 S., gebunden mit Schutzumschlag
ISBN 3-88221-848-7